EFT는

해결하고 싶은 증상을 말로 표현하면서 경락의 경혈점을 두드려 거의 모든 심리적·육체적 문제를 해결하는 기법이다.
전통적인 상담 치료로는 몇 개월에서 몇 년씩 걸리던 증상들이 몇 회 또는 심지어 10분 만에 해결되기도 한다. 그래서 사람들은 종종 EFT를 '5분의 기적'이라고 부르기도 한다.
모든 문제가 이렇게 짧은 시간에 해결되지는 않지만 적어도 이 세상 그 어떤 심리 치료법보다 효과가 강력하고 빠르다고 말할 수 있다.

EFT로 해결할 수 있는 문제들

몸

허리, 어깨, 무릎 등 관절 통증 / 염좌 / 통풍 / 알레르기 / 두통 / 피부염 / 아토피 / 복통 / 소화불량 / 위궤양 / 만성 피로 / 교통사고 후유증 / 생리통 / 당뇨병 / 비만 / 고혈압 / 기능 장애 / 각종 암

마음

스트레스 / 불면증 / 각종 공포증 / 불안장애 / 공황장애 / 우울증 / 중독증 / 트라우마 / ADD·ADHD / 외상 후 스트레스 증후군

인생

대인 관계 / 연애와 결혼 문제 / 자녀 문제 / 학업 성적 / 업무 능력 / 자신감 부족 / 사업 실패 / 목표 설정 / 투자와 재테크

EFT 간단히 알아보기

1 문제 택하기

해결하고 싶은 자신의 육체적, 심리적 문제를 하나 골라보자.
그리고 그 증상이 얼마나 불편한지 잘 관찰해보자. 0에서 10까지의 점수를 매긴다면 어느 정도일까?

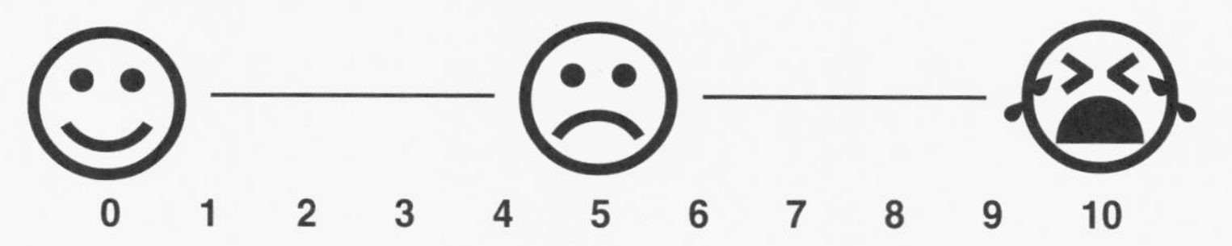

2 받아들이기

아래의 괄호 속에 당신의 문제를 최대한 구체적으로 표현한 후, 손날을 가볍게 두드리며 그 문장을 3회 되풀이하여 말해보자.

"나는 비록 (잠을 잘 못 자서 왼쪽 어깨가 뻐근) 하지만 깊게 완전히 나를 받아들입니다."

3 두드리기

이번에는 문장을 간단히 줄여보자. 다음 타점마다 문장을 한 번씩 되뇌면서, 7회씩 가볍게 두드려보자. **"왼쪽 어깨의 뻐근함"**

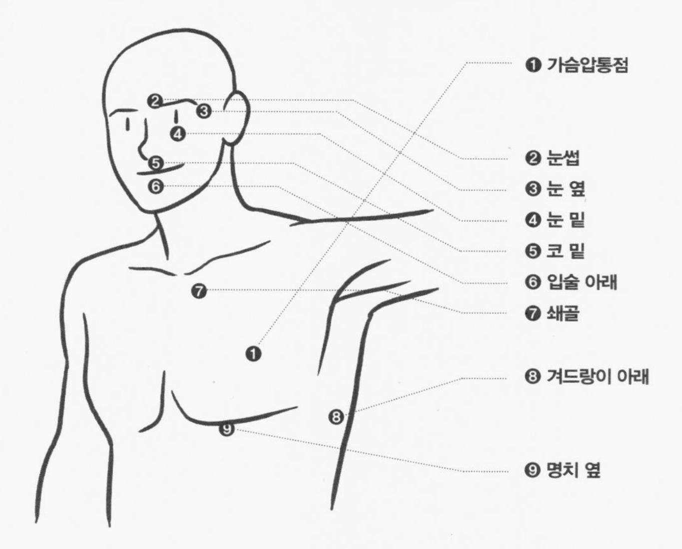

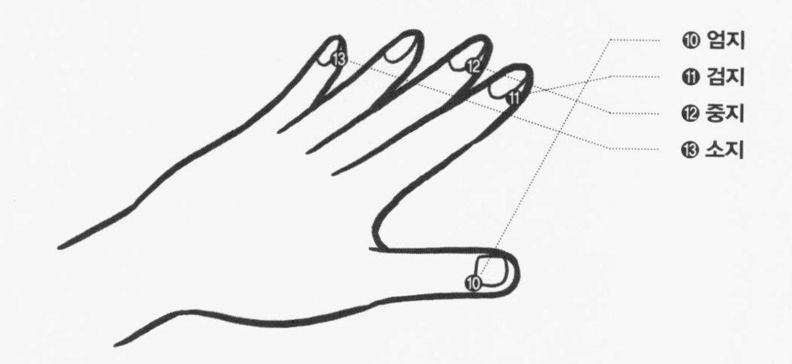

4 점검하기

이제 증상을 느껴보고 점수를 다시 매겨보자. 처음에 매겼던 점수와 비교해보자.

부족하게 느껴진다면

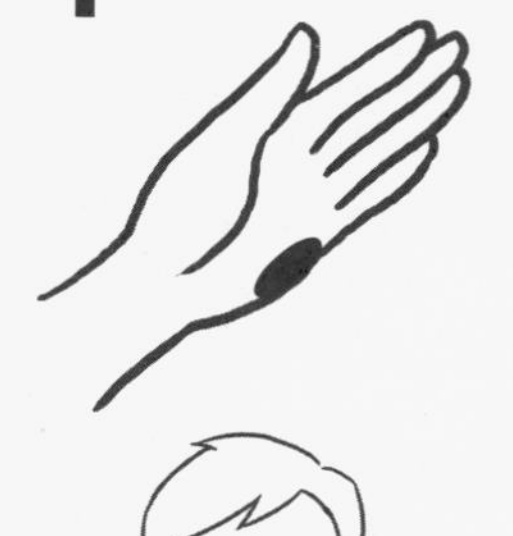

다시 **2 받아들이기**와 **3 두드리기**를 5회 이상 반복하자.

"나는 비록 여전히 (왼쪽 어깨의 뻐근함)이 남아있지만"

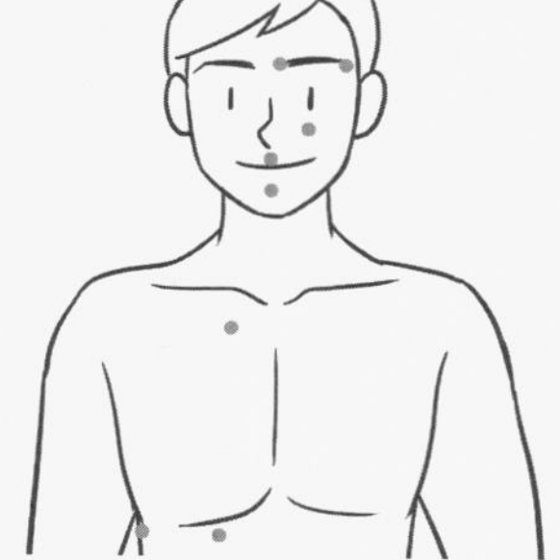

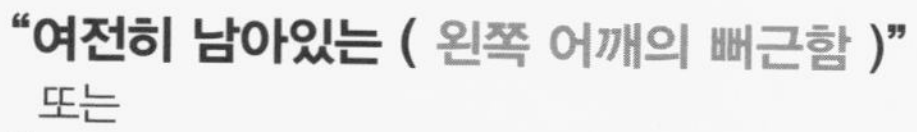

"여전히 남아있는 (왼쪽 어깨의 뻐근함)"

또는

"조금 남아있는 (왼쪽 어깨의 뻐근함)"

5분의 기적 EFT

5분의 기적 EFT 전면 개정판

1판 1쇄 발행 2017. 10. 16.
1판 7쇄 발행 2022. 5. 10.

지은이 최인원

발행인 고세규
편집 고정용 | 디자인 조명이
발행처 김영사
등록 1979년 5월 17일 (제406-2003-036호)
주소 경기도 파주시 문발로 197(문발동) 우편번호 10881
전화 마케팅부 031)955-3100, 편집부 031)955-3200 | 팩스 031)955-3111

값은 뒤표지에 있습니다.

ISBN 978-89-349-7890-9 03180

홈페이지 www.gimmyoung.com 블로그 blog.naver.com/gybook
인스타그램 instagram.com/gimmyoung 이메일 bestbook@gimmyoung.com

좋은 독자가 좋은 책을 만듭니다.
김영사는 독자 여러분의 의견에 항상 귀 기울이고 있습니다.

5분의 기적 EFT

전면 개정판

건강·행복·성공의 테크닉

Emotional Freedom Techniques

최인원 지음

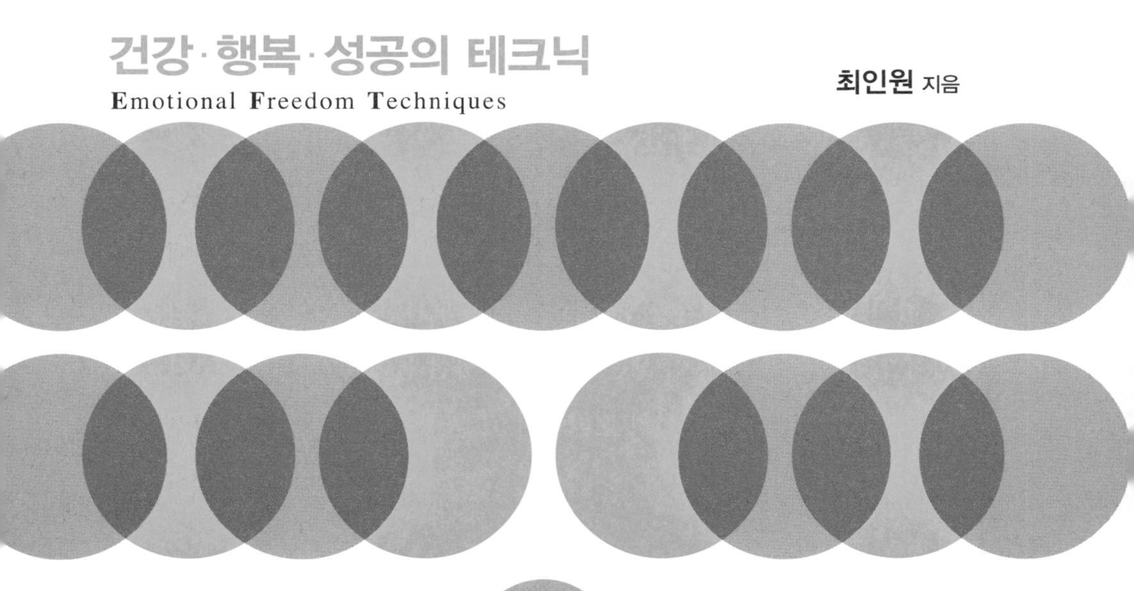

김영사

추천사 1

가정의학과 전문의로서 40년 가까이 진료현장에서 고민하고 연구하고 공부해볼수록, 건강문제의 근본적인 해결을 위해서는 몸의 메시지에 귀를 기울여야 한다는 것을 절감하였다. 약과 수술을 무기로 무조건 병이나 증상과 싸울 것이 아니라, 몸이 보내오는 메시지를 이해하고, 그것을 바탕으로 심신의 회복을 도와야 함을 깨닫게 되었다.

동네 주치의로 일하며 만났던 흔한 문제들, 즉 목감기와 비염을 달고 사는 아이들, 무한 반복되는 위염, 역류성 식도염에 시달리는 사람들, 똑같은 약을 쓰는데도 느닷없이 찾아오는 천식, 알레르기, 시도 때도 없이 오르내리는 혈압과 당뇨 수치, 근육과 관절의 온갖 통증들, 심지어 암에 이르기까지, 이 모든 문제들은 사실 몸이 우리를 살리고자 스트레스에 대응하는 최선의 전략이며 그 과정에 드러나는 현상이라는 것을 이해하면서 오래된 고민을 내려놓았다. 곧 모든 병과 증상은 문제의 시작이 아니라 해결의 시작임을 분명히 알게 된 것이다.

병에 대한 이해가 바뀌면서 어떻게 해결의 과정을 잘 도와줄 수 있는가 하는 질문이 생겼다. 그에 대한 명쾌한 해답 가운데 하나가 바로 EFT Emotional Freedom Technique, 감정자유기법이다. 불편한 증상은 심신의 에너지체계에 부담이 생겼다는 신호로 이해할 수 있다. 장애를 일으키는 에너지 회로를 회복시켜 흐름을 원활하게 하면 심신의 건강은 회복된다. 불편한 증상을 받아들이고, 그것에 집중하고 말하며, 에너지 포인트를 두드리면 정신과 신체가 서로 소통하며 흐름이 회복된다. 이러한 과정을 체계화시킨 EFT는 심신의 문제를 동시에 해결하는 훌륭한 치유법이다. 단순명료해서 배우기 쉽고, 적용할 수 있는 문제들의 제한이 없을 정도로 응용범위가 넓다. 때문에 전 국민이 심신의 스트레스를 해소시키는 구급약으로, EFT를 배워 활용하기를 희망한다.

최인원 선생님의 치유자로서의 고민의 여정에 깊이 공감하며, 워크숍 강의에 즐겨 참석했었다. 출발은 달랐으나 같은 목적지를 향해 가고 있는 오랜 도반을 만난 듯이 반가웠기 때문이었다. 더불어 EFT 외에도 노장사상부터 불교철학, 조지프 캠벨을 아우르는 방대한 독서와 깊이 있는 사유를 바탕으로 줄줄이 흘러나오는 주옥같은 어록에 반하기도 했다. 무의식에 대한 선생님의 강의는 세계적으로 어디에 내놓아도 견줄 대상이 없을 정도로 뛰어나다고 생각한다. 워크숍에서 보여주는 자료의 풍부함도 압권이다. 선생님 자신이 생활 속의 모든 문제에 실제로 적용하고 실행하고 효과를 검증하는 과정을 거쳐 피부에 와닿는 설명을 하는 점도 뛰어나다. 이러한 모든 것들이 EFT를 배우는 이들에게 엄청난 동기를 부여하고 있다. 10여 년 간의 임상 경험과 그동안 저술한 모든 책의 내용을 녹여서 EFT의 최신 완결판을 출간하는 일을 반겨 환영한다. 선생님의 책이 널리 전해져서, 더욱 많은 사람들이 심신의 스트레스를 EFT로 해소하여 건강을 되찾고, 마음의 평화와 행복을 쌓아가기를 기원한다.

2017년 9월
서울대학교 의학박사, 통합치유 전문가
《매트릭스 리임프린팅》 시리즈 역자
박 강 휘

추천사 2

최인원 선생과의 인연은 2013년 한방신경정신과 워크숍에서 시작되었다. 한의학이 전통적인 치료법에 의존하는 것에서 탈피하여 새로운 분야와의 융합이 모색되던 시절, 보완대체의학의 한 분야인 에너지 치료법에서 한의학과 심리학의 융합으로 만들어진 EFT를 접할 수 있었고, 당시 한의사로서 EFT를 강의와 저술, 그리고 임상에 적극적으로 활용하는 최인원 선생을 만나게 되어 이에 대한 소개를 학회에 부탁드리면서였다.

EFT는 감정의 응어리를 풀어가는 치료법으로 한의학에서 활용되는 경혈(침자리)를 두드리는 방식으로 진행하게 된다. 환자로 하여금 자신의 감정 상태를 확인하게 하고, 문제점을 인지한 이후 경혈자극을 줌으로써 뭉쳐있는 응어리를 풀어준다. 쉽게 말해 침을 직접적으로 사용하지 않는 침술이라고 할 수 있다. 심리적 괴로움을 손가락 자극을 통하여 해결하는 방법으로 보완대체의학 분야 가운데 에너지 의학 Energy Medicine 분야에서 활용되고 있다.

학회에서의 반향은 컸다. 한의학의 치료법이 전통적인 방법에서 다른 학문과 융합하여 새로운 모델을 제시할 수 있다는 데 흥분하였고, 이후 한의학의 임상가들에게도 많이 알려진 방법이 되었다.

학회에서는 단지 임상에서의 활용이 아닌 연구에도 힘을 썼다. SCI급 전문학회지인 〈Evidence-Based Complementary and Alternative Medicine〉에 화병 환자를 대상으로 하는 불안치료의 효능을 밝혔는데, 불안에 대한 다른 비약물 치료에 비하여 현저한 증상의 개선뿐만 아니라 효과를 지속시키는 데도 기여하는 것으로 나타났다. 그리고 보완대체의학 분야 대표적인 학회지인 〈Energy Psychology〉에는 노년기 불면증 환자를 대상으로 하는 연구를 통해 EFT가 수면개선뿐 아니라 우울감 해소에도 기여를 한다는 보고를 하였다. 2017년 미국에서 개최된 에너지 심리학Energy Psychology 학회에서는 EFT에 대한 의학적 효능에 대한 토론이 열띠게 진행되었는데, 한국에서의 임상적 활용과 연구가 주목을 받았다.

《5분의 기적 EFT》는 한의학 분야에서 의료 현장에서의 활용과 연구에 있어서 시발점이 되어준 책이다. 게다가 단지 시발점에 그치지 않고 현재에도 언제든 꺼내보면서 임상적 도움을 받고 있는 책이다.

이 책은 의학적 활용에만 국한된 것은 아니다. EFT를 처음 고안한 개리 크레이그Gary Craig의 소망대로 누구나 활용할 수 있는 방법으로 다양한 영역에서 응용할 수 있다. 이 책을 통해 책의 제목처럼, 부정적인 감정으로부터의 자유를 짧은 시간 만에 얻어내 고통으로 벗어나고 새로운 희망으로 세상을 만나기를 기원한다.

개정판 출간에 즈음하여 최인원 선생에게도 축하와 함께 감사를 드린다.

2017년 9월 9일

경희대학교 한의과대학 한방신경정신과 교수

(전) 대한한방신경정신과학회 회장 김 종 우

당신이 모든 것을 잃고 딱 하나만 갖게 된다면?

어느 날 EFT에 심취한 한 사람에게 내가 물었다.

"어느 날 하느님이 나타나 당신이 가진 모든 것을 가져가는 대신에 당신이 원하는 것 하나만 준다고 한다면 무엇을 갖겠어요? 당신의 집도 차도 건강도 능력도 다 가져간다면 무엇을 갖겠어요?"

그러자 그는 잠시 고민하더니 바로 대답했다.

"EFT요."

"왜요?"

"EFT가 있으면 잃어버린 건강도, 잃어버린 능력도, 다른 모든 것들도 다시 찾을 수 있으니까요."

이에 내가 웃으면서 말했다. "정답이네요!"

EFT를 처음 접하는 독자들은 이런 말을 듣고 당혹스러울 것이다. "도대체 EFT가 뭐길래 저렇게 엄청난 허풍을 떠는 거야?" 당연히 이런 생각이 들 것이다. 하지만 이것은 모두 사실이다.

2008년 한국 최초의 EFT 전문서인 《5분의 기적 EFT》를 펴내고 강의도 하면서 EFT를 한국에 알린 지 이제 거의 10년째가 되어간다. 그동안 수많은 사람들이 EFT로 몸과 마음과 인생이 바뀌었다며 내게 온갖 경험담을 전해왔다.

- 선생님 덕분에 노처녀 신세에서 벗어났어요.
- 자살 충동과 우울증에서 벗어나서 이제 마음잡고 살아요.
- 망가진 신장이 살아났어요.
- 이제 그림이 잘 그려져요.
- 이제는 빚도 다 갚고 풍요롭게 삽니다.
- 조현병이 완전히 나아서 이제는 학교에 다니고 있어요.
- 망가진 허리가 다 나아서 3년 만에 걸을 수 있게 됐어요.
- 암이 나았어요.

사실 나 스스로가 EFT의 가장 큰 수혜자이기도 하다. EFT와 확언을 하면서 파산의 위기를 벗어났고, 불안증에서 벗어났고, 고질적인 복숭아 알레르기와 목 결림을 고쳤다. 게다가 망해가던 한의사 신세를 벗고, 어떤 병도 자신 있게 고쳐주는 한의사가 되었다. 그뿐만 아니라, 숨은 능력을 발휘하여 저술가와 자기 계발 강사로서도 큰 능력을 발휘하고 있다. EFT를 만나지 못했더라면 나는 어떻게 되었을까? 늘 여기저기 아파하고, 돈도 안 되는 한의원을 운영하면서, 낫지 않는 환자들을 앞에 두고 무력감을 곱씹으면서 평생을 보내야 했을 것이다.

기존의 《5분의 기적 EFT》가 거의 10년 동안 많은 독자들에게 꾸준히 사랑을 받고, 많은 사람들의 인생을 바꾸어주었다. 하지만 시간이 꽤 흐르는 동안 누적된 성과와 새로운 기법을 다 알릴 수 없어 아쉬움이 컸다. 그래서 이번 개정판에는 독자 여러분 모두가 EFT로 몸의 건강과 마음의 행복과 인생의 성공을 다 누릴 수 있도록 기존 내용을 대폭 개정하고 증보하여 새롭고 방대한 책을 썼다. 이제 마지막 한마디로 이 글을 정리하고자 한다.

"EFT로 건강과 행복과 성공을 다 누리세요!"

최 인 원

왜 모든 사람에게 이 책이 필요한가?

1. 감정 및 정신의 문제가 최단시간에 가장 효과적으로 해결된다.

당신이 전문 치료사이건 환자이건 간에 EFT를 활용하면 엄청난 효과를 얻을 수 있다. 전통적인 상담 치료로는 몇 개월에서 몇 년씩 걸리던 증상들이 몇 회 또는 심지어 10분 만에 해결되기도 한다. 그래서 사람들은 종종 EFT를 '5분의 기적'이라고 부르기도 한다. 또한 10~20년 넘게 앓으면서 포기했던 문제들이 몇 주나 몇 달 만에 치료될 정도로 강력하다. 초보자도 여기에 나오는 공식대로 EFT를 활용한다면 적어도 50퍼센트 정도의 효과는 얻을 것이다. 당연히 모든 문제가 이렇게 짧은 시간에 해결되지는 않지만 적어도 이 세상 그 어떤 심리 치료법보다 효과가 강력하고 빠르다고 말할 수 있다.

2. 거의 대부분의 신체 증상이 좋아지거나 완치된다.

당신이 일단 EFT로 심리적 문제가 얼마나 잘 해결되는지를 알고 나면, 다음 단계는 EFT가 각종 신체 증상에 얼마나 효과가 좋은지를 경험할 차례다. 두통과 요통 등의 각종 통증이 줄어든다. 눈의 각종 불편함이 사라지기도 하고, 심지어 암이나 당뇨 같은 난치병도 호전되거나 완전히 낫는다. 원인과 치료법이 불명확한 온갖 신체 증상에 일단 EFT를 적용할 수 있고, 적지 않은 효과도 기대할 수 있다.

3. 하나의 방법으로 몸과 마음과 인생을 다 고친다.

골프 실력을 올리는 데에 쓰는 것과 똑같은 방법을 발표 공포증에도 쓴다. 흔한 감기에서 암에 이르는 모든 문제에도 같은 방법을 쓴다. 1995년에 발표된 EFT는 그 이후로 이 책에 소개된 거의 모든 심리적 문제, 즉 공포증, 트라우마, 우울증, 열등감, 불안 등에 탁월한 효과를 보이고 있다. 이것이 바로 EFT가 건강과 행복과 성공의 만능열쇠가 되는 까닭이다. 일단 EFT의 강력하고 보편적인 효과를 확실히 알게 되면, 독자 여러분들도 반드시 EFT의 열렬한 애호가가 될 것이라고 확신한다. 세상 어느 곳에도 이와 비슷한 것은 없다고 확신한다.

"EFT는 몸과 마음과 인생을 고치는 가장 탁월한 도구이다."

이 책을 활용하는 방법

가장 최근에 보고된 긍정 심리학의 연구 성과에 따르면 행복과 감사, 믿음 같은 긍정적 감정이 건강한 몸을 만들고 성공하는 행동을 하게 만든다는 것이 증명되었다. 건강, 행복, 성공 등은 서로 다른 분야이지만 마음이 주된 변수가 된다는 공통점이 있다. 인간의 거의 모든 문제에 EFT를 적용할 수 있는 이유가 바로 이것이다. 이 책에 모든 치료법이나 성공 공식을 담지는 못했지만, 이 책의 내용을 숙지하는 것만으로도 무궁무진하게 응용할 수 있을 것이다.

질병 치료를 보면 병과 증상에 따라 약이나 치료 기술이 다 다르다. 성공학 분야를 보아도 너무나 다양한 방법들이 있다. 하지만 EFT는 특이하게도 하나의 방법을 건강과 행복과 성공의 모든 분야에 적용한다. 따라서 독자 여러분의 문제와 완전히 일치하지 않아도 이 책에 나오는 방법들을 유심히 살펴보면 다양한 문제에 적용되는 일관된 방법이 있음을 알 수가 있을 것이다. 이 책의 다양한 주제들을 살펴보면서 당신의 문제와의 연관성과 공통점을 찾아보는 방식으로 여러 번 읽다 보면 해결책을 찾게 될 것이다.

EFT와 이 책을 처음 접하는 독자들이라면 일단 그 방대함에 놀라 선뜻 손을 대기가 어려울 수 있으므로 초보자들을 위한 안내를 하고자 한다. 초보자가 아니더라도 다음에서 제시하는 방법대로 이 책을 보는 것이 가장 효율적일 것이다.

1. 먼저 '1부 이것이 EFT다'를 보는 것이 좋다. 그중에서도 '1. EFT 소개'와 '2. EFT 기초'를 숙독하여 일단 EFT를 간단하게 해보라. 여기까지는 그다지 큰 어려움이 없을 것이다.

2. 그다음에 '3. EFT 심화'와 '4. EFT 고급과정을 위한 TIP'을 보면서 더 깊이 있게 EFT를 활용하는 법을 배워라.

3. 그다음에 '5. 확언'을 보면서 확언과 벽글씨의 개념을 이해하라.

4. 그다음에 '6. EFT로 몸 · 마음 · 인생을 고친 사례들'을 보면서 EFT가 구체적으로 어떤 병과 어떤 문제를 어떤 식으로 고쳤는

지를 보면서 당신의 문제에 응용하는 방법을 연구해보라.

5. 그다음에 '7. EFT로 마음을 고치면 병이 낫는 이유'를 보면서 마음의 상처가 누적되어 병이 생긴다는 것에 대해서 깊이 생각하고 이해해보라.

6. '1부 이것이 EFT다' 자체가 EFT에 관한 기본 매뉴얼이며, EFT에 관해 알아야 할 기본 지식은 여기에 다 갖추어 놓았다. '2부 EFT로 안 되는 것은 없다'는 어찌 보면 1부의 응용 및 심화편이라고 할 수 있다. 2부에서는 1부에서 배운 지식을 육체 증상과 심리 치료, 자기 계발의 각 분야에 구체적으로 응용하는 법을 자세히 설명한다. 그러다 보니 내용이 방대하지만 우선 자신과 관련이 있는 분야부터 보면 어렵지 않을 것이다.

개리 크레이그는 EFT를 잘 활용하는 법에 관해서 "나의 방법론은 하나의 길일 뿐이지 확정된 길이 아니다 My way is a way, not the way"라고 말한다. 곧 누구나 독창적으로 자신의 방법을 만들 수 있다. 10년 만에 내는 이 《5분의 기적 EFT》 전면 개정판에도 내가 스스로 개발한 방법을 많이 담아내었다.

1부 이것이 EFT다

1 EFT 소개

2 EFT 기초

3 EFT 심화

4 EFT 고급 과정을 위한 TIP

5 확언

6 EFT로 몸·마음·인생을 고친 사례들

7 EFT로 마음을 고치면 병이 낫는 이유

2부 EFT로 안 되는 것은 없다

1 마음을 고치는 EFT

2 몸을 고치는 EFT

3 인생을 바꾸는 EFT

1부

이것이 EFT다

1
EFT 소개

EFT란 무엇인가?

우선 EFT를 정의하자면 다음과 같이 말할 수 있다.

> 첫째, 침을 사용하지 않고 말을 사용하는 침술이다.
> 둘째, 마음을 치료하는 침술이다.
> 셋째, 몸을 치료하는 침술이다.

또 이렇게 정의할 수도 있다.

> EFT는 동양의 침술과 서양의 심리 치료를 결합하여 몸과 마음에 모두 탁월한 치료 효과를 내는 기법이다.

이를 종합해서 한마디로 설명하면 다음과 같다.

> EFT는 해결하고 싶은 증상을 말로 표현하면서 경락의 경혈점을 두드려 거의 모든 심리적 문제와 육체적 문제를 해결하는 기법이다.

미국 EFT 공식 매뉴얼은 현재 200만 부 이상 배포되었고, 30개 이상의 언어로 번역되었다. 미국 심리학회American Psychological Association, APA에 따르면 EFT는 불안증, 우울증, 외상 후 스트레스 장애PTSD 및 공포증에 효과가 있음이 입증되었고, EFT에 관한 100편 이상의 논문이 심리학 또는 의학 전문 학술지에 발표되었다. 이 가운데는 하버드, 퍼듀, 스탠퍼드, 애리조나 대학 같은 저명한 기관의 연구자들이 실시한 무작위 대조실험 논문을 포함한 다양한 논문 수십 편이 있다. 2015년에는 우리나라에서 강동 경희대한방병원 김종우·정선용 교수팀이 EFT가 화병과 불면증에 탁월한 효과가 있음을 증명하는 논문 2편을 국제적으로 인정받는 SCI급 저널에 발표했다.[1]

현재 우리나라에서도 내가 2008년에 한국 최초로 EFT 전문서 《5분의 기적 EFT》를 낸 이후에 많은 의사, 한의사, 상담사 등이 EFT를 사용하고 있고, 심지어 EFT를 주요 기법으로 표방하는 의료인과 상담사

---

1 "한방 경락치료요법 'EFT', 화병·불면증 개선에 효과 있어", 경향신문, 2015. 11. 26.

도 갈수록 늘어나는 중이다. 아주대학교병원 암센터와 강동 경희대한방병원 암센터에서도 EFT를 암 치료에 활용하고 있고, 의사들과 한의사들의 정신과 학회에서도 EFT를 교육하고 있다. 한국 EFT 협회 홈페이지eftkorea.net에도 약 500건의 체험 사례가 올라와 있다.

2008년 5월 EFT 학회에서 만난 사람들이다. 한 사람은 나이지리아, 또 한 사람은 사우디아라비아에서 왔다. 나머지 한 사람은 같이 간 동료이다. 무려 아프리카와 아랍에서도 EFT를 한다는 것이 매우 놀라웠다.

EFT는 어떻게 만들어졌나?

EFT의 기원은 일단 동양의 침술이라고 볼 수 있다. 동양에서는 수천 년 전부터 인체의 기가 흐르는 경락에 침을 놓아 많은 병을 고쳐왔다. 다만 분명한 것은 전통 침술은 주로 몸을 치료하는 수단이었지 마음을 치료하는 수단은 아니었다는 점이다.

그러던 가운데 1962년에 응용근신경학Applied Kinesiolgy의 창시자로 유명한 카이로프랙터[2] 조지 굿하트George Goodheart, 1918~2008는 침술의 큰 효과와 그 가능성에 매료되어 침술을 연구하게 되었다. 그러다 경혈에 침을 놓는 대신 두드리는 자극을 주는 것만으로도 침의 효과가 난다는 것을 발견하게 되었다. 아프지도 무섭지도 않은 이 두드리는 침술은, 그 간편함 덕분에 서구에 더 널리 퍼지게 되었다.

그러다 마침내 1970년대에 호주 출신의 정신과 의사인 존 다이아몬드John Diamond, 1934~가 경락을 활용한 특별한 치료법을 개발한다. 그는 다음 표에서 보이듯이 특정한 경락이 약해지면 고유의 부정적인 감정이 생긴다는 것을 발견했다. 또 약해진 경락을 진단하여 찾아내어서, 이것을 치료하는 확언(긍정 암시문)을 말함으로써 해당 경락의 기능을 강화하면 이에 해당하는 긍정적인 감정이 생긴다는 사실도 발

2 카이로프랙틱 시술자를 뜻한다. 카이로프랙틱은 척추를 교정하여 다양한 질병을 치료하는 방법이다.

견했다. 경락을 활용하는 심리치료법을 만들어낸 것이다.

	긍정적 감정	부정적 감정	치료 확언
폐 경락	관용	편협함	나는 겸손하고 관대하다.
간 경락	행복감	불행감	나는 행복하고 운이 좋다.
담 경락	사랑	격노	나는 사랑을 방사한다.
비장 경락	미래에 대한 믿음	미래에 대한 걱정	나는 나와 미래를 믿는다.
신장 경락	성적인 지조	성적인 우유부단함	나는 성적으로 균형 잡혀있다.
대장 경락	자존감	죄책감	나는 사랑받을 가치가 있다.
삼초 경락	과거를 잊음, 관대함, 이완	질투, 성적 긴장, 후회, 한탄	나는 과거를 잊고 관대하고 이완된다.
심장 경락	사랑, 용서	화	나는 용서한다.
위장 경락	만족감	실망, 혐오, 탐욕	나는 만족하며 고요하다.
심포 경락	가벼움	무거움, 우울	나는 가볍고 희망이 가득하다.
소장 경락	기쁨	슬픔, 서러움	나는 기쁨으로 뛰어오른다.
방광 경락	평화, 조화	조마조마함, 조바심	나는 평화롭다.

《Life Energy》

존 다이아몬드는 이 책에서 경락과 감정의 관계를 밝힌다. '경락을 활용하여 당신의 감정의 숨은 힘을 풀어주기 Using the meridians to unlock the hidden power of your emotions'라는 부제가 보인다.

이렇게 경락을 활용한 심리치료법이 개발되었지만 아직도 미완성의 단계였다. 1980년대 초반에 임상 심리학자인 로저 캘러핸 Roger Callahan, 1925~2013은 매리 Mary라는 40대 여성이 평생 갖고 있던 물 공포증을 치료하고 있었다. 그녀의 물 공포증은 매우 심각해서 욕조에 몸을 담글 수도 없었다. 심지어 비가 오는 날이면 어김없이 공포에 떨었고, 수시로 물에 빠지는 악몽에 시달렸다. 그녀는 바다가 있는 캘리포니아에 살면서도 해변에 갈 엄두를 감히 내지 못했다.

캘러핸은 매리에게 기존의 심리치료 기법을 사용하여 1년 반이나 치료했지만 거의 진전이 없었다. 그의 갖은 노력에도 그녀는 겨우 풀장 가에 마지못해 안절부절못하며 앉을 수 있는 정도로 좋아졌을 뿐이었다. 그마저도 풀장에서는 물을 바로 볼 수가 없었고, 매번 치료가 끝나면 치료의 압박감과 긴장감 때문에 머리가 깨질 것 같은 두통에 시달려야 했다.

그렇게 고통스런 치료를 1년이나 이어가던 어느 날이었다. 그녀는 물 공포증을 느낄 때마다 위장 부위에서 끔찍한 통증을 매번 느끼고 있었고 그날도 이 불편함을 호소했다. 캘러핸은 평소에 기존의 심리치료의 효과에 만족하지 못해 새로운 방법들을 꾸준히 찾고 있었고 당시에 마침 침술을 연구하던 중이었다. 그는 혹시나 하는 마음으로 위장 경락의 말단인 승읍혈(눈두덩 아래, 현재 EFT에서는 눈 밑 타점)을 두드려보라고 했다.

곧이어 몇 번 두드리자마자 매리가 외쳤다. "위장의 그 끔찍한 느낌이 완전히 사라졌어요." 그리고는 곧장 의자에서 일어나 수영장으로 곧장 달려가는 것이 아닌가! 이에 캘러핸은 수영을 못하는 매리가 걱정되어 따라갔더니 매리가 답했다. "걱정 마세요. 나도 내가 수영 못하는 줄 알아요." 매리는 수영장 가에서 편안하게 머무를 수 있었고, 이것으로 그녀의 물 공포증은 완전히 사라져서 30년이 지난 현재까지도 재발하지 않았다.[3]

이 놀라운 첫 효과에 캘러핸은 침술의 기본이 되는 경락과 경혈이[4] 부정적 감정을 지우는 효과가 있음을 인식하고, 경혈을 두드려 부정적

---

3 이상의 내용은 로저 캘러핸의 공식 홈페이지(www.rogercallahan.com)를 참고했다.

4 경락은 기가 흐르는 선이고, 경혈은 경락 가운데 침을 놓는 점을 의미한다.

감정을 제거하는 법을 연구하기 시작한다. 모든 위대한 시작이 그렇듯 다른 모든 내담자들도 매리처럼 몇 분 안에 낫지는 않았고, 당연히 온갖 어려움과 시행착오를 거칠 수밖에 없었다.

마침내 10여 년이 지나 1990년경에 TFT Thought Field Therapy 라는 이름으로 그의 완성된 치료법을 공개했는데, 그는 이것으로 감히 상상할 수 없을 정도로 빠르게, 심지어 10분에서 며칠 만에, 기존에는 누구도 치료하지 못했던 공포증, 외상 후 스트레스 장애 PTSD 등을 치료하는 성과를 보여서, 〈오프라 윈프리 쇼〉나 CNN 등 미국의 주요 매체에서 화제가 되어 소개되기도 했다.

캘러핸은 1990년 무렵부터 무려 10만 달러라는 거금을 받고서 TFT를 가르쳐주었는데, 그의 첫 학생이 바로 개리 크레이그 Gary Craig 였다. 원래 개리는 성공한 사업가이자 상담가 life coach 로 평생 동안 마음의 문제로 시달리는 사람들에게 연민을 느꼈고, 이것을 해결할 수 있는 다양한 도구들을 섭렵해온 터였다. 그는 그전까지 몇 년간 NLP[5] 라는 기법을 써오다, 이 기적 같은 효과를 듣고서는 도저히 뿌리칠 수 없는 마음에 선뜻 거금을 들여 배우게 된 것이었다.

원래 TFT는 사람마다 증상마다 두드리는 경혈의 순서가 모두 다

5 NLP는 신경 언어 프로그래밍 Neuro-Linguistic Programming 의 영문 약자로 1970년대 중반에 리차드 밴들러와 존 그린더가 당대의 탁월한 심리치료사들의 기법을 모방하고 종합하여 만든 일종의 심리치료 및 관리 기법이다.

르고, 맨 처음 나름의 진단법에 따라 이 순서를 정하게 되는데 때로는 이런 경혈의 순서가 무려 A4 용지 여러 장을 채울 정도로 많고 복잡했다. 그러다 보니 TFT는 너무 복잡하고 사용하기가 너무 힘들었다. 개리는 몇 년 동안 TFT를 활용하면서 이런 복잡성에 회의를 느끼고 개선을 시도하다가, 마침내 모든 경락(14개의 경락이 있다)의 경혈점 14개를 모두 두드려도, TFT와 동일한 효과가 난다는 것을 알게 되었고, 이것을 'EFT'Emotional Freedom Techniques라고 이름 붙였다.

다음 그림들에 표시된 기가 흐르는 선이 경락이고, 그 선위 점들이 침을 놓는 경혈이다. 인체에는 모두 14개의 경락이 있다.

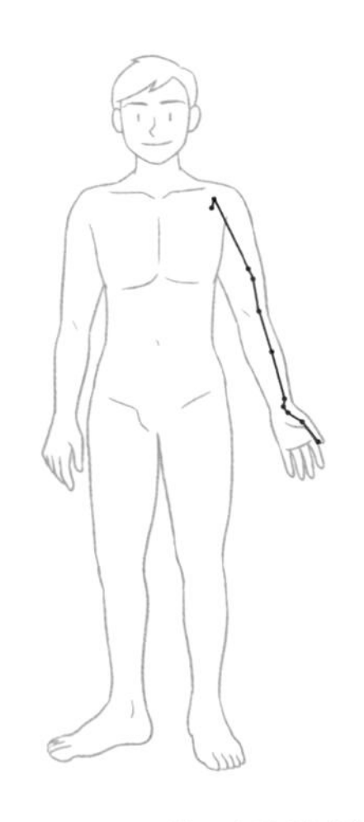

1. 수태음폐경(手太陰肺經)

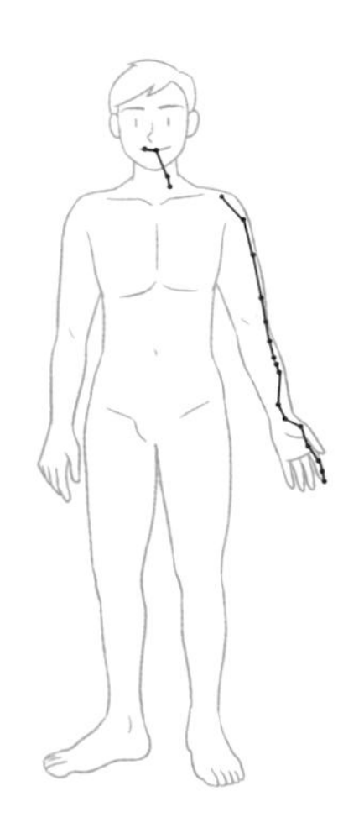

2. 수양명대장경(手陽明大腸經)

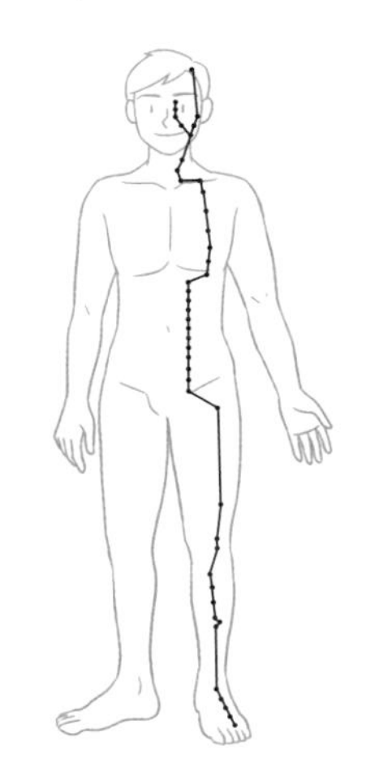

3. 족양명위경(足陽明胃經)

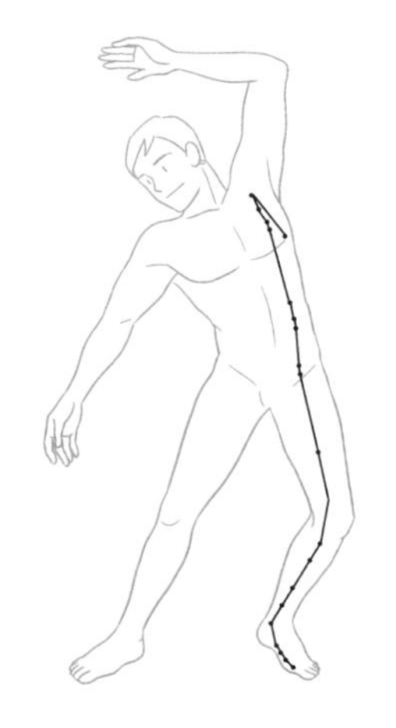

4. 족태음비경(足太陰脾經)

5. 수소음심경(手少陰心經)

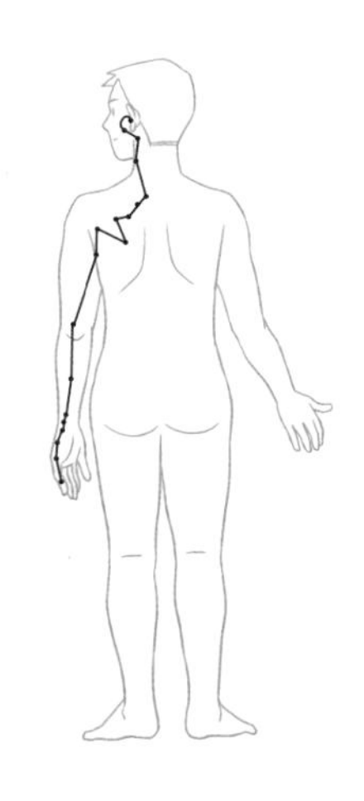

6. 수태양소장경(手太陽小腸經)

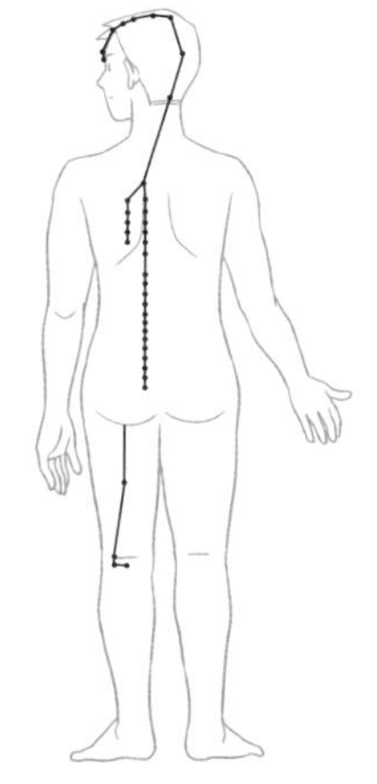

7. 족태양방광경(足太陽膀胱經)

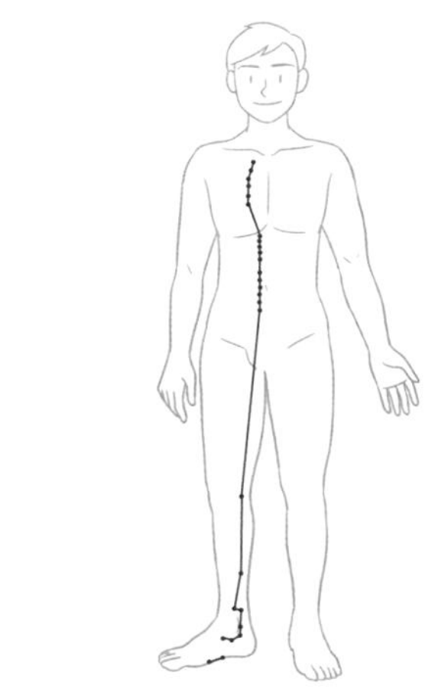

8. 족소음신경(足少陰腎經)

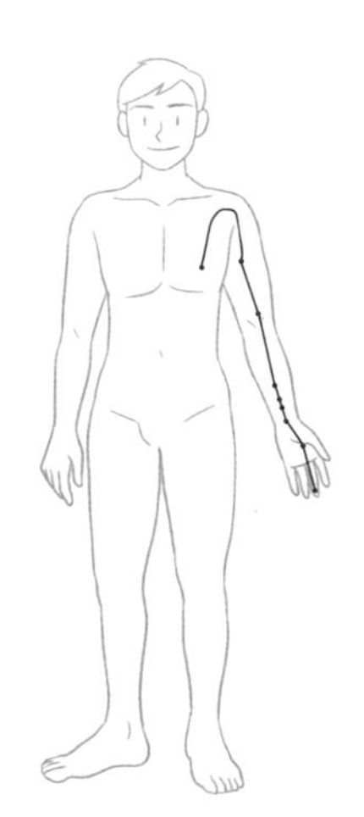

9. 수궐음심포경(手厥陰心包經)

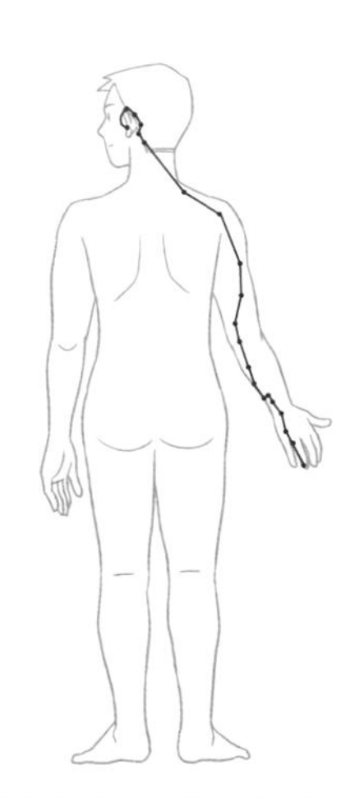

10. 수소양삼초경(手少陽三焦經)

11. 족소양담경(足少陽膽經)

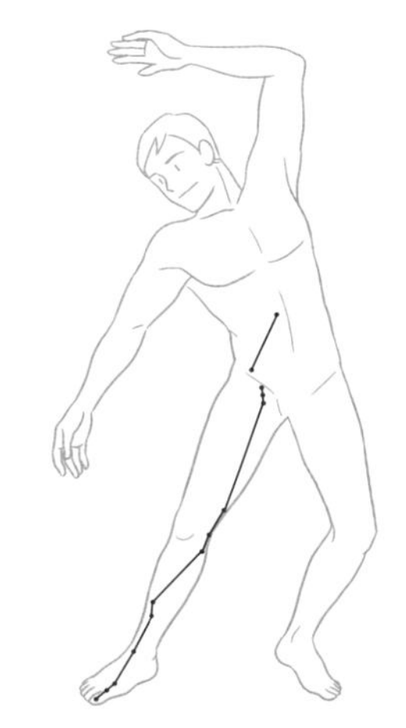

12. 족궐음간경(足厥陰肝經)

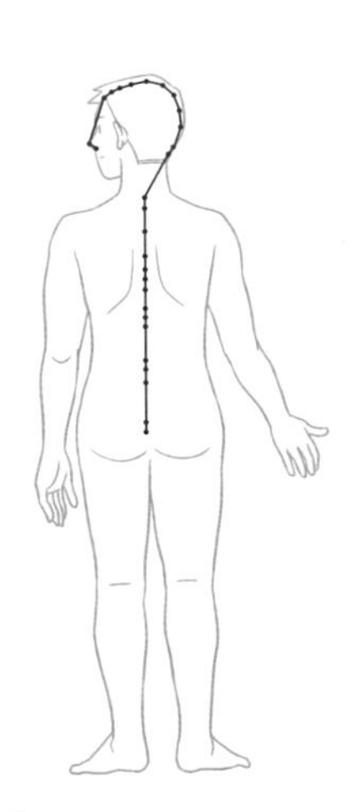

13. 독맥(督脈)

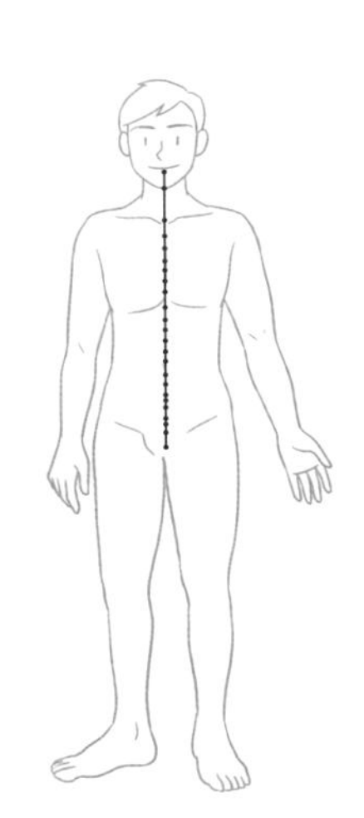

14. 임맥(任脈)

1994년 8월에 개리는 EFT의 효과를 실증할 역사적 기회를 갖게 된다. 개리는 LA에 위치한 재향군인 시설에 수용된 베트남전 참전 용사들의 PTSD를, 자비부담이기는 하지만 어렵게 승낙을 얻어, 6일 동안 치료할 기회를 갖게 된 것이다. 그런데 그들이 앓고 있는 PTSD의 심각성은 상상을 초월했다. 그들은 매일 밤낮없이 전쟁 장면을 마음에서 보았다. 선량한 아이와 민간인을 강압에 의해 쏘는 모습, 사람들을 구덩이에 생매장하는 모습, 사지가 분해되어 죽어가는 동료의 모습 등. 온갖 소리들도 들렸다. 총 쏘는 소리, 폭탄 소리, 사이렌 소리가 수시로 머리에서 울렸다. 오직 강한 약물들만이 이런 모습과 소리를 겨우 잠시 진정시킬 수 있는 정도였다.

그들은 시도 때도 없이 진땀을 흘리고, 정신 나간 듯 울었다. 머리는 항상 아팠고, 걱정과 불안이 발작적으로 몰려왔다. 그들은 항상 침울했고, 온몸이 아팠고, 공포와 두려움에 시달리면서 전쟁의 악몽 때문에 밤마다 잠을 이루지 못했으며 무려 20년 동안 어떤 치료도 그다지 듣지 않는 상태였다. 개리는 이들이 EFT로 조금만이라도 좋아진다면 많은 사람들이 성공으로 여길 거라고 생각할 정도로 증상은 심각했다. 그러나 개리의 애초의 소박한 기대와는 달리 이 6일간의 EFT는 이들에게 기존의 20년의 치료가 해내지 못했던 엄청난 성과를 보여주었다.

이 성과 가운데 하나인 리치Rich의 사례를 설명해보자. 그 당시 리치는 PTSD로 17년째 치료를 받는 중이었지만 효과는 그닥 없었다. 당시의 그의 증상은 다음과 같은 정도였다.

- 약 100개의 전쟁 장면이 매일 번갈아 가면서 머리에 떠올랐다.
- 베트남전에서 50회 이상의 낙하산 점프를 하면서 심각한 고소공포증이 생겨 고층 베란다에 나갈 수가 없었다.
- 불면증이 너무 심각해서 최고도의 약물을 먹어도 3~4시간이 지나야 겨우 잠들 수 있었다.

그런데 놀랍게도 EFT를 활용하자 모든 문제들이 점차 사라지기 시작했다. 처음에는 당연히 리치 역시 두드리고 중얼거리는 이 이상한 방법의 효과를 믿지 않았지만 어쨌든 시도하기로 했다. 우선 고소공포증부터 시작했는데 불과 15분 만에 증상이 사라져서, 결과 확인을 위해 몇 층 위로 올라가 비상계단에서 땅바닥을 내려다보았는데도 전혀 불안하지 않았다. 그다음에 개리와 리치는 가장 심각한 기억 몇 개를 1시간에 걸쳐 EFT의 영화관 기법(131쪽 참조)으로 중화시켰다.

그러자 기억을 할 수는 있는데, 마치 남의 일처럼 무덤덤하게 느껴지는 것이 아닌가. 리치는 며칠 동안 스스로 EFT를 했고 마침내 모든 전쟁의 기억을 다 지웠다. 기억은 나지만 더 이상 괴롭지 않았고, 그 결과 불면증도 사라졌다. 개리가 2달 뒤에 리치에게 전화로 확인했는데 여전히 멀쩡한 상태였다. 그는 EFT를 통해 20년간 갇혀 있던 마음의 감옥에서 비로소 탈출한 것이다. 그리고 이들의 EFT 치료 과정은 개리의 〈The EFT Course〉라는 7장짜리 DVD 동영상에 고스라니 기록되어 누구나 확인할 수 있다.

이런 축적된 성과를 바탕으로 개리는 1995년에 80쪽짜리 〈EFT 매뉴얼〉을 무료로 배포하고, 〈The EFT Course〉라는 7장짜리 DVD 동영상(처음에는 비디오테이프로 출시)을 저가로 판매하여 누구나 EFT를 배울 수 있도록 했다. 개리는 꾸준히 EFT를 활용하면서 EFT가 육체 질환에도 효과가 있음을 점차 발견하게 된다. 신기하게도 감정과 생각이 변화되면 육체 질환이 사라진다는 사실을 거듭 확인하게 된 것이다. 그는 처음에는 그저 단순 통증이나 육체적 불편감에서 시작해서 점차 만성적인 통증이나 온갖 난치병에 이를 활용했다. 그는 이런 작업을 개인 상담과 공개 워크숍을 통해 지속해왔고, 내담자들의 동의를 얻어 이런 치료 장면을 순차적으로 모두 무려 65개의 DVD 동영상(약 160시간 분량)에 담아 꾸준히 공개해왔다.

이 중의 압권은 2006년에 발표되어 EFT의 위력의 정수를 보여주는 〈난치병에 EFT 활용하기Using EFT for Serious Diseases〉라는 15개 약 40시간 분량의 DVD 세트이다. 여기에는 온갖 성별과 연령을 가진 미국인들의 다양한 난치병에 EFT를 적용하는 내용이 담겨있다. 그 질환들을 열거하면 루게릭병, 만성피로 증후군, 류마티스 관절염, 다발성 경화증multiple sclerosis(신경이 파괴되면서 온몸이 마비되고 아픈 병), 강직성 척추염ankylosing spondylitis(척추가 대나무처럼 굳는 병), 원추형 각막증keratakonis(각막이 원뿔 모양으로 뾰족해지면서 시력 이상이 생기는 병), 조산 후유증으로 인한 만성 질환, 파킨슨병, 낭포성 섬유증cystic fibrosis(백인에게 높은 비율로 나타나는 치명적인 유전성 질환으로 체내 점액의 과잉생산으로 폐와 췌장에 이상이 발생하는 병), 유방암, 심각한 두부 외상 후유증, 전립선암, C형 간염, 복합 부위 통증 증후군(가벼운 접촉에도 심지어 아무런 자극이 없어도 참을 수 없는 국소 통증을 호소하는 병), 천식, 신경병증(당뇨병 후유증으로 신경 손상이 일어나 사지 말단에 각종 통증과 이상 감각을 느끼는 병), 뇌하수체암, 극심한 물질 알레르기substance allergy, 당뇨 등이다.

사실 처음에 나는 이 동영상들을 보면서 여러 가지로 충격을 받았다. 첫째, 온갖 난치병 환자들의 처참한 증상을 직접 목격하는 일이 괴로웠다. 둘째, 대부분의 의사는 엄두도 못 내는 일에 의사도 아닌 개리가 도전하고 있다는 점이 충격적이었다. 셋째, 그중에서도 가장 큰 충격으로 다가온 것은, 병을 가진 환자들을 호전시키거나 완치시켰다는 사실이었다.

예를 들어서 스튜어트라고 하는 50대 영국 남성은 만성 류마티스 관절염을 20년 정도 앓아서, 온몸의 관절이 파괴되고 굳어버렸다. 그래서 첫날 EFT 시연 대상으로 무대에 올라올 때에는 목발을 짚은 상태에서 부축을 받고서야 겨우 올라왔다. 그런데 하루 1~2시간씩 개리에게 EFT를 받고 나서 이틀 뒤에는 목발이나 다른 사람의 도움 없이 혼자서 무대 위를 척척 걷는 것이 아닌가. 게다가 몇 달 뒤에 개리가 전화로 상태를 확인했을 때에는 1마일1.6km 정도는 편하게 걸을 정도로 좋아져 있었다. EFT를 받기 전에는 집안에서도 혼자 거동하기 힘든 상태였다.

또 다른 사례를 들어보자. 필립은 49세의 남자로 22년간 강직성 척추염을 앓았다. 이 병에 걸리면 척추 사이의 인대가 모두 뼈같이 굳어버려서 척추가 대나무같이 뻣뻣하게 변한다. 이때 엄청난 고통과 경련이 일어나는데 현대 의학으로는 고칠 수 없는 병이다. 처음에 연단 위에서 개리에게 EFT를 받기 위해 허리를 굽혔을 때에는 손이 겨우 무릎까지 갈 뿐이었다. 개리가 필립에게 약 1시간 정도 EFT를 한 후에 다시 허리를 굽히게 하자 손이 놀랍게도 한 뼘 정도나 더 내려갔다. 다시 몇 달 뒤에 개리가 필립에게 전화했을 때 필립의 증상의 약 50퍼센트가 사라졌다고 하는 것이 아닌가!

EFT의 기본 전제 또는 원리

다음에 소개하는 기본 전제(또는 원리)들은 수학처럼 기본 공리에서 연역되어 나온 결과가 아니라 EFT를 무수히 적용하는 경험 속에서 귀납적으로 발견된 사실들을 법칙 또는 전제 조건으로 만든 것이다. 즉 경험이 쌓이면서 패턴을 발견하고 그것을 법칙으로 만든 것이다. EFT를 처음 접하는 독자들은 이런 원리가 낯설겠지만 점차 EFT를 많이 하다 보면 다음의 원리들이 옳다는 사실을 체득하게 될 것이다.

● 경락의 기능이 망가지면 부정적 감정이 생긴다

우리가 흔히 하는 '기가 막힌다'는 표현이 있다. 이 말이 바로 여기에 딱 맞는 말이다. 기의 통로가 경락이고 경락의 기능이 망가지면 기가 막히는 것이니, 경락이 막혀 기가 못 돌면 온갖 감정이 생기는 것이다. 이때 기의 통로인 경락(경혈)에 침을 놓거나 두드려주면 경락이 뚫려 기가 돌고 감정이 풀어진다.

기존 심리학 이론에서는 과거에 일어난 충격적 사건이 부정적인 기억이 되어 부정적인 감정을 일으킨다고 보았다. 그래서 이런 기억을 약화시키는 것이 치료라고 생각했고, 그래서 치료자는 내담자에게 고통스러운 기억을 자꾸 말하게 해서 이 기억을 약화시키려고 하는데, 그럴수록 효과보다는 고통만 더 가중되었다.

게다가 동일한 충격적 사건을 겪어도 사람마다 느끼는 부정적인 감정은 모두 다르다. 예를 들어 대구지하철 화재 사건이나 삼풍백화점 붕괴사고 같은 대규모 사건을 함께 경험한 사람들 모두가 동일한 고통을 겪고 있는 것은 아니다. 어떤 사람은 정신질환으로 몇 년이 지나도 헤어나지 못하는 반면에 어떤 사람은 비교적 멀쩡하기도 하다.

같은 버스에 타고 있다가 교통사고를 당한 사람들도 마찬가지다. 어떤 사람은 사고 후에 운전도 못하고 버스도 못타는 반면에 어떤 사람은 며칠 지나서 멀쩡하게 차도 타고 고속도로에서 운전도 한다. 이처럼 과거 사건이나 기억이 부정적 감정을 일으키는 직접적인 원인이라고 말하기는 어렵다. 그럼 EFT의 관점에서는 이런 현상을 어떻게 설명할까? 먼저 다음의 도식을 보라.

부정적 사건 발생 → 경락 기능의 손상 → 부정적 감정 발생
부정적 사건 발생 → 경락 기능의 손상 없음 → 부정적 감정 안 생김

부정적 사건이 생겼더라도 경락 기능에 손상이 없으면 부정적 감정이 발생하지 않는다. 동일한 사건을 겪었으나 멀쩡한 사람들은 바로 이에 해당한다. 반면에 가벼운 사건이라도 경락 기능이 손상되면 부정적 감정이 발생한다. 따라서 감정의 치료는 부정적 사건에 대한 기억을 바꾸는 것이 아니라 이와 관련된 경락 기능의 손상을 복구하는

것이다. 그것이 바로 경락(경혈)에 침을 놓는 것이고 EFT에서는 경락(경혈)을 두드려주는 것이다.

경락을 두드림 → 경락 기능 회복 → 부정적 감정 소멸

● 부정적 감정이 신체화되어 육체 증상을 일으킨다

원래 EFT는 감정을 치료하기 위해 만들어진 방법이다. 하지만 앞서 본대로 EFT의 26년의 역사는 한마디로 '감정 치료(또는 마음 치료)가 몸 치료가 된다'는 분명한 사실이 드러나는 과정이었다. 이와 관련해서 참고로 일본의 심료내과[6]에서는 인체 질병의 거의 90퍼센트 이상이 심리적 문제에서 발생한다고 본다. 또《통증 혁명》으로 유명한 존 사노 박사는 만성 통증의 거의 대부분이 마음의 문제라고 주장한다.

● 풀지 못한 과거의 심리적 상처는 반드시 신체 질병으로 나타난다

개리는 종종 이런 말을 많이 한다. "풀지 못한 부정적 감정은 반드시 몸에 나타난다" 그래서 암, 당뇨, 류마티스 관절염, 강직성 척추염 등의 만성 난치 질환을 치료할 때에는 반드시 마음속에 쌓아두고 풀지 못했던 과거의 상처들을 영화관 기법으로 지워준다. 곧 이것은 과거

---

6 심료내과는 일본 의료계에만 있는 진료 과목으로, 통증을 포함한 대부분의 만성질환의 원인이 마음에 있다고 보고 심리 치료를 통해 육체 질환을 치료한다.

에 상처받고 풀지 못했던 감정들이 시간이 지나 쌓이게 되면, 몸에 증상으로 나타나게 되고, 역으로 이런 감정들을 풀어주면 몸이 낫는다는 것을 뜻한다.

● 부정적 사건의 기억이 쌓이면 부정적 신념이나 태도를 형성한다

몇 번 사업에 실패하면 '나는 실패자야'라는 신념이 형성되기도 하고, 몇 번 시험에 떨어지면 '나는 시험에는 약해'라는 신념이 형성되기도 한다. 때로는 단 한 번의 경험으로도 신념이 만들어지기도 한다. 한 예로 어떤 이는 초등학교 때 잠시 한 번 따돌림당한 것만으로도 '사람들은 모두 나를 싫어하고 공격해'라는 신념이 생겨서 10년 이상 모든 사람을 외면하는 경우가 있었다. 또 다른 예로 한 여성은 남자에게 단 한 번 성추행을 당한 것만으로도 '남자들은 다 짐승이야'라는 무의식적 신념이 생겨 모든 남자들을 혐오하기도 했다.

● 부정적 감정이 제거되면 신념과 태도가 바뀌어 행동이 바뀐다

모든 부정적 신념과 태도 뒤에는 계기가 된 사건의 기억이 있다. 이들 사건(또는 기억)을 찾아서 EFT로 부정적 감정을 지워버리면 그런 기억들이 남의 일처럼 덤덤해지면서 그로 인한 신념이나 태도가 바뀐다. 예를 들어 앞의 여성이 성추행당한 기억의 감정을 EFT로 지워버리면 '남자들은 다 짐승이야'라는 신념이나 태도도 바뀌게 된다. 당연히 행동도 바뀌어 편하게 남자를 만나고 사귈 수 있게 된다.

● 경락이 잘 소통되면 기가 잘 돌아 온갖 신체 증상이 낫는다

원래 경락과 경혈이란 침을 놓는 자리이고, 전통적으로 침은 마음보다는 몸을 치료하는 데에 탁월했다. 한의사인 나는 침을 무수히 놓으면서 그 효과에 놀란 적이 많다. '어떻게 피부 몇 군데를 찌르는데 허리가 낫고, 위가 낫고, 어깨가 나을까!' 현재 많은 한의사들이 침만으로도 다양한 질병을 치료하고 있다. 참고로 과학적으로는, 금속성 침이 피부에 들어가는 순간 이온화되면서 생기는 미세 전류가 경락을 자극함으로써 치유 효과가 생기는 것으로 설명할 수 있다.

이와 마찬가지로, 피부를 두드리는 것만으로도 침을 놓는 것과 같은 전기적 자극이 생긴다. 마치 라이터의 스위치를 딸깍 누르면 그 압력이 전기를 발생시켜 점화가 되듯, 두드리는 기계적 자극이 역시 전기적 자극으로 피부에서 변환되기 때문이다. 그 결과 타점을 두드리는 것이 침을 맞는 효과를 내면서 몸을 치료하는 것이다. 시험 삼아 뒷부분의 타점(경혈점)을 아무 말 없이 그저 5~10분 정도 두드려보라. 이것만으로도 50퍼센트 이상의 사람들이 몸이 가볍고 시원해짐을 느낄 것이다.

아직까지 침이 병을 치료하는 기전이 과학적으로 밝혀진 것은 없다. 다만 경혈에 침을 놓았을 때, 뇌영상 촬영장치fMRI로 뇌의 특정 부위의 활동이 변화됨이 많은 논문으로 보고되고 있다. 뇌란 우리 몸의 모든 기능을 조절하는 중추이므로 '침으로 경락이 소통되면 병이 낫는다'는 사실을 '침이 뇌라는 전신 조절 중추를 조종하여 병이 낫게 된다'라고 해석할 수도 있다.

EFT의 놀라운 효과를 보여주는 사진들

1. EFT로 뇌파가 바뀌다

정지혜 님께서 EFT 워크샵에 참가하고, 갑작스럽게 사고로 동생을 잃은 뒤에 그 충격을 EFT로 극복하는 과정을 뇌파 촬영으로 남긴 것이다. 이밖에도 EFT로 뇌파가 바뀌는 자료는 아주 많다. 이것으로 볼 때 EFT가 뇌에 상당히 좋은 영향을 준다고 볼 수 있다. 나의 경험과 해외 사례에 비추어 보아도 파킨슨병이나 초기 치매, 또는 원인 불명의 뇌신경 증상에 EFT가 상당한 효과를 낸다.

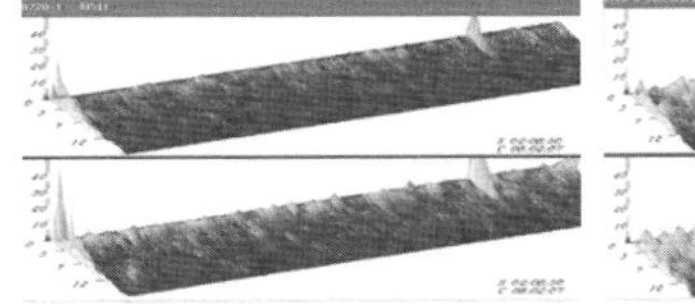

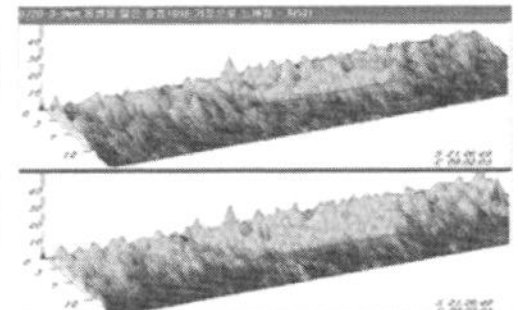

2. EFT로 뭉친 혈구가 풀어지다

10분 정도 EFT를 한 뒤에 뭉쳐있던 적혈구가 풀어지는 모습을 찍은 것이다. 영양요법으로 이런 효과를 내려면 보통 2~3개월 정도 걸린다고 한다. 그런데 불과 10분 만에 이런 일이 생긴 것이다.

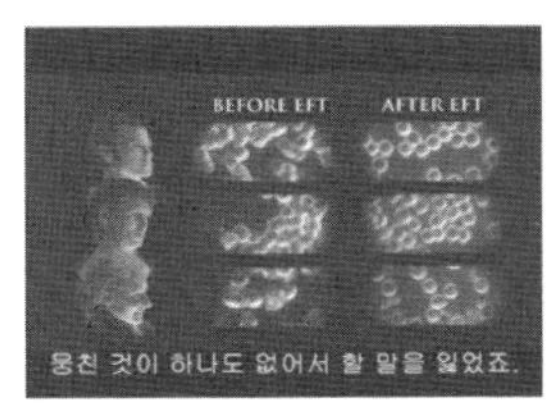

3. EFT로 걸을 수 있게 되다.

50대의 행크 하들리는 아래 사진에 나오는 대로 평생 여러 번에 걸친 추락 사고로 척추 자체가 뭉개져서 휠체어 생활을 하고 있었다. 그런데 EFT를 하면서 점차 호전되어서 몇 달이 지나자 드디어 팔 벌려 뛰기를 할 수 있을 정도가 된다. EFT는 실제로 각종 요통에 탁월한 효과를 낸다.

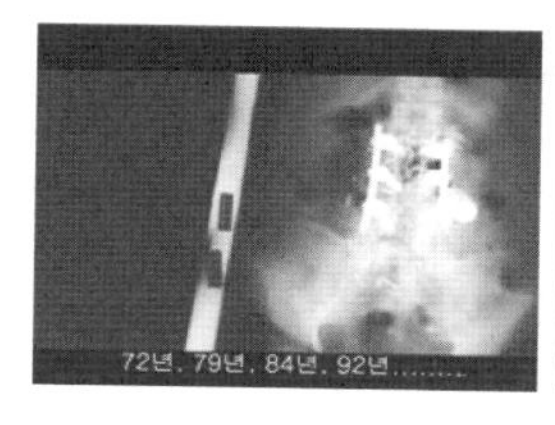

4. EFT로 코가 뻥 뚫리다.

한의사 박상현 님은 비염 환자를 자주 진료한다. EFT 워크샵에 참가해서 EFT를 배운 뒤에 모든 비염 환자에게 10~20분 정도 짧게 EFT를 했는데, 거의 대부분이 효과를 보았다고 한다. 어느 날 비내시경으로 코 안을 찍어 보았는데, 놀랍게도 EFT를 하자 부어있던 코안의 점막들의 부기가 확 빠진 모습이 나타났다고 한다. 다음은 당시의 실제 비내시경 사진이다.

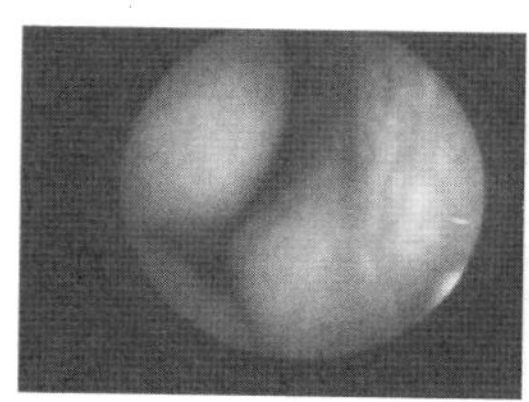

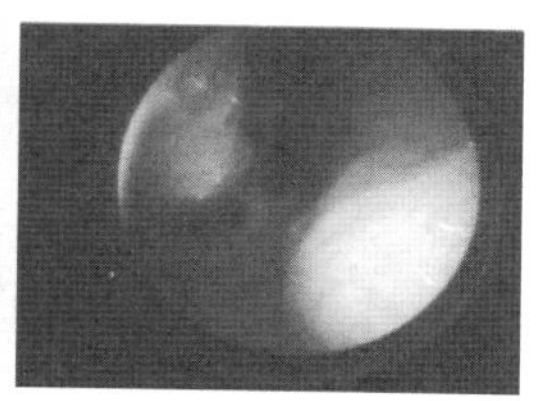

창시자 개리 크레이그는 어떤 사람인가?

개리 크레이그Gary Craig는 1940년생으로 13살 때부터 마음의 계발을 통한 인간의 성장에 관심을 기울여왔고, 생각이 인생에 그대로 반영된다는 것을 일찍 인식했다. 그는 평생 이러한 문제를 탐구하고 실천해 왔다. EFT는 이런 평생의 탐구와 실천의 최종 산물이라고 할 수 있다.

그는 20대에 스탠퍼드 공대를 졸업했고, 30대에는 보험 영업을 했고, 이후에 연금투자 유치 사업과 투자 회사를 운영했다. 탁월하고 유능한 사업가로 언제 어디서나 무에서 유를 창조하는 놀라운 능력을 발휘했다. 50세에 평생 먹고살 정도의 돈을 벌고서는 은퇴하여 EFT로 사람들의 행복과 평화를 증진하는 데에 전심전력하고 있다. 평생 자기계발 프로그램이나 세미나에 참석하고 관련 서적을 탐독했으며, 차를 타고 이동할 때에도 온갖 강의 테이프를 들었다. 그중에는 EFT에 큰 영향을 준 NLP나 TFT도 있다.

특히 미국의 저명한 영성 서적인 《기적수업A Course In Miracles》을 20여 년간 연구했으며, 그런 정신적 영적 바탕은 이 책의 사상과 일치한다고 볼 수 있다. 그의 정신적 영적 바탕과 목적은 EFT에도 잘 드러난다. 그는 단순히 사업이나 이윤이 목적이 아닌 인간의 행복과 능력 계발이라는 관점에서 EFT를 보급하고 있다. 홈페이지emofree.com에서 무료로 EFT를 강의하고 자료를 널리 보급하고 있으며, EFT와 관련된 로열티를 요구하지도 않는다.

개리는 누구보다 많은 공부와 연구를 했지만 공식적인 심리학 또는 의학 방면의 학위나 자격증이 있는 전문가는 아니다. 그는 남부 캘리포니아에서 교파와 종파를 초월한 '온 하느님의 교회'the Universal Church of God

를 꾸려가는 목사이다. 개리는 분명히 영적인 관점에서 EFT를 가르치고 활용하지만 그 누구에게도 자신의 관점을 강요하지는 않는다. 개리 크레이그는 〈EFT의 달인 되기Mastering EFT〉라는 동영상에서 암이나 강직성 척추염 같은 난치병을 치료하는 과정 중에 다음과 같이 말했다.

"EFT의 궁극적 목적은 단지 육체적 치료나 감정의 조절에 머무는 것이 아니라 사랑이며 영적인 자각이다. 부정적 감정과 기억들이 없어져야 영적인 자각이 생기고 영적인 자각이 있어야 사랑을 실현할 수 있다. 사랑은 밖에서 얻는 것이 아니라 우리 내부에서 가득 차서 밖으로 방사되는 것이다. 부정적 감정과 기억들은 이러한 사랑의 빛이 방사되는 것을 방해한다."

2008년 5월에 EFT 학회에서 개리를 만나서 당시에 나온 《5분의 기적 EFT》 초판을 증정하고 찍은 기념사진이다. 개리가 이렇게 사인을 해 주었다. "한국인이 EFT 가족의 일원이 되어서 기쁩니다."

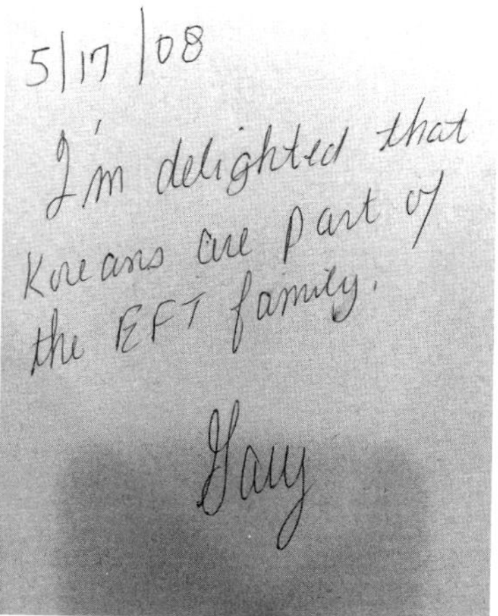

2
EFT 기초

들어가기 전에

초보자로서 EFT를 처음 접하는 독자들은 다음 사항을 익히면 된다. 초등학생도 30분 정도면 읽고 따라할 수 있을 정도로 쉽고 간단하다.

1. 먼저 전체적인 흐름을 익힌다.
2. 타점의 위치를 확인한다.
3. 손가락으로 두드리는 방법을 익힌다.
4. 다시 전체 과정을 꼼꼼히 이해하고 익힌다.
5. 자신의 실제 문제에 적용해본다.

전체적인 흐름을 알자 (표지의 QR코드 참조)

다음은 전체 과정의 흐름을 보여주는 도표이다. 사실 이것만 잘 익히면 EFT의 기초는 거의 다 이해한 셈이다.

문제 확인

치료하고 싶은 증상 확인 (육체적 문제/심리적 문제)

주관적 고통지수 측정: 0~10 사이로 고통지수를 측정하기

기본 과정

● 준비단계

가슴압통점을 문지르거나 손날 두드리기를 하면서 수용확언을 3회 말하기

수용확언

나는 비록 ________ 하지만,

깊게 완전히 나 자신을 받아들입니다.

연속 두드리기

연상어구 ________________

연상어구를 반복해서 큰소리로 말하면서 다음의 타점들을 5~7회 두드리기

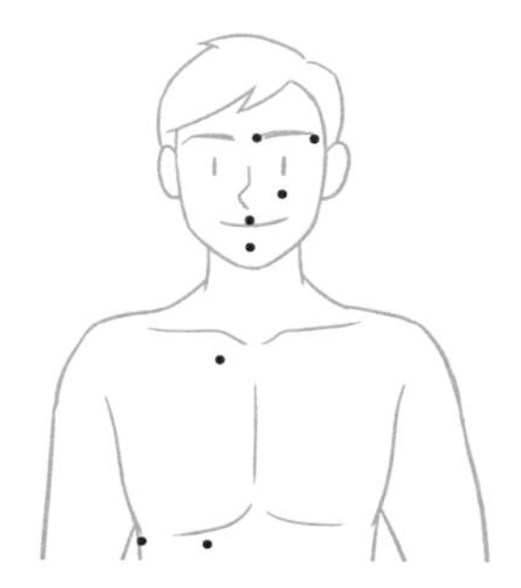

눈썹/눈 옆/눈 밑
코 밑/입술 아래
쇄골/겨드랑이 아래
명치 옆
엄지/검지/중지/소지

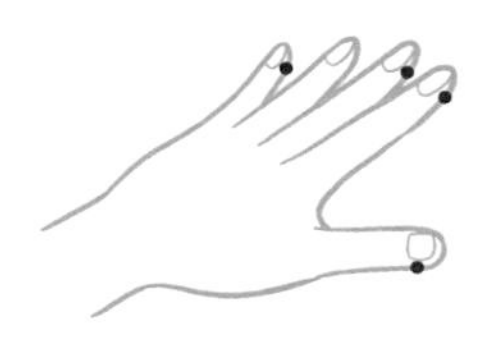

뇌조율 과정

손등점(그림의 위치를 참조)을 계속 두드리며 아래 동작을 순서대로 하기

❶ 눈을 감는다 ❷ 눈을 뜬다
❸ 머리를 움직이지 말고 눈동자만 최대한 빨리 오른쪽 아래로 움직인다 ❹ 머리를 움직이지 말고 눈동자만 최대한 빨리 왼쪽 아래로 움직인다 ❺ 머리를 움직이지 말고 눈동자만 시계 방향으로 크게 돌린다 ❻ 머리를 움직이지 말고 눈동자만 시계 반대 방향으로 크게 돌린다
❼ 밝은 노래를 약 2초간 허밍한다 ❽ 1부터 5까지 빨리 숫자를 센다 ❾ 다시 약 2초간 허밍한다

● **연속 두드리기(반복)**

연상어구를 반복하면서 다음의 타점들을 5~7회 두드리기

눈썹/눈 옆/눈 밑/코 밑/입술 아래/쇄골/겨드랑이 아래/명치 옆/엄지/검지/중지/소지

조정 과정

효과없음	부분적인 효과	완전 치료
고통지수에 변화가 없음 → 문제를 구체화해서 기본과정 다시 시도하거나 '3. EFT 심화(96쪽)'를 참고	고통지수가 조금만 감소함. → 수용확언을 "나는 비록 여전히 ___이 남아 있지만……" 으로 변경 → 연상어구는 "여전히 조금 남은___"로 변경	고통지수가 0이 됨 → 치료 종료

전체 과정의 흐름을 보여주는 도표이다.

사실 이것만 잘 익히면 EFT의 기초는 거의 다 이해하는 셈이다.

타점의 위치를 알자

이번에는 타점의 위치를 자세히 알아보자.

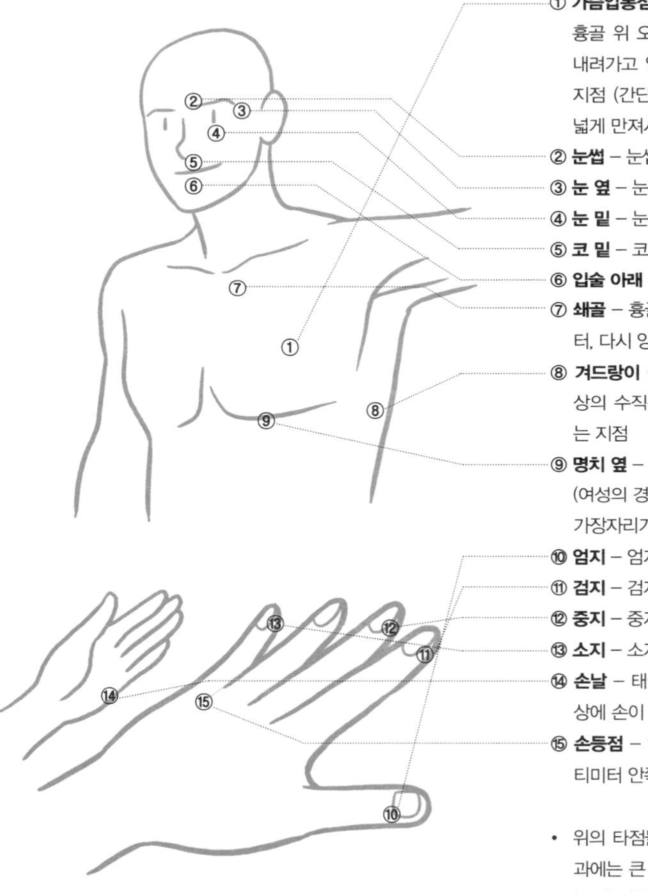

① **가슴압통점**
흉골 위 오목한 부분에서 아래로 7.5센티미터 내려가고 옆으로 7.5센티미터 벗어난 좌우 두 지점 (간단하게는 양 유두 위의 가슴 부분을 넓게 만져서 아픔을 느끼는 지점)

② **눈썹** – 눈썹의 안쪽 끝

③ **눈 옆** – 눈가 바깥쪽

④ **눈 밑** – 눈 아래 2.5센티미터 지점

⑤ **코 밑** – 코와 입술 중간 지점(인중)

⑥ **입술 아래** – 아랫입술과 턱의 중간 지점

⑦ **쇄골** – 흉골 위 오목한 부분 아래로 2.5센티미터, 다시 양쪽으로 2.5센티미터 벗어난 지점

⑧ **겨드랑이 아래** – 옆구리 가운데를 지나는 가상의 수직선이 유두를 지나는 수평선과 만나는 지점

⑨ **명치 옆** – 유두 아래 2.5센티미터 부위 (여성의 경우, 유방 또는 브래지어 부분의 하단 가장자리가 가슴과 만나는 곳)

⑩ **엄지** – 엄지손톱의 몸쪽 모서리

⑪ **검지** – 검지손톱의 엄지쪽 모서리

⑫ **중지** – 중지손톱의 엄지쪽 모서리

⑬ **소지** – 소지손톱의 엄지쪽 모서리

⑭ **손날** – 태권도에서 손날로 격파할 때 격파 대상에 손이 닿는 지점

⑮ **손등점** – 약지와 소지가 만나는 부위에서 1센티미터 안쪽 지점

- 위의 타점들은 꼭 정확히 두드리지 않아도 효과에는 큰 영향이 없으므로, 정확한 위치를 찾는 데 너무 신경 쓰지 않아도 된다.

타점을 두드리는 방법을 익히자

이번에는 타점을 두드리는 방법을 알아보자.

1. 검지와 중지를 가지런히 나란하게 모아서 두 손가락으로 두드린다.
2. 타점 중에서 일부는 대칭으로 신체 좌우에 위치하는데 어느 쪽을 두드려도 상관없다.
3. 양쪽을 다 두드려도 된다.
4. 가슴압통점은 두드리지 말고 양손 손가락으로 넓게 문질러준다.
5. 두드리는 손은 좌우 어느 쪽이든 편한 손으로 하면 된다.

이제 본격적으로 익혀보자

전체적인 흐름과 타점의 위치, 두드리는 방법을 익혔으니 좀 더 자세히 설명해보자. 들어가기 전에 전체 과정을 설명하는 도표(51쪽)를 한 번 더 보도록 하자.

● 문제 확인

내가 해결하고 싶은 증상이나 문제를 적절히 설정하고, 불편한 정도를 확인하는 과정이다.

① 고치고 싶은 증상이나 문제를 확인하기

EFT를 사용해서 고치고 싶은 증상이나 해결하고 싶은 문제를 선택한다. 최대한 구체적으로 증상을 표현하라.

② 주관적 고통지수를 측정하기(0~10 사이에서 숫자 고르기)

증상이나 문제를 얼마나 고통스럽게 느끼는지를 자신의 판단에 따라 0에서 10사이의 숫자를 선택해 등급을 매긴다. 예를 들어 아무런 느낌이 없고 편안하면 0이 되고, 현재 도저히 감당하기 힘들 정도이면 10이 된다. 이 수치를 기록해두고 EFT를 적용한 후에는 어떻게 바뀌는지를 확인해보아야 한다.

● **기본 과정**

문제 확인을 마치면 이제 본격적으로 치유 또는 문제 해결에 들어간다. 그 핵심이 바로 기본 과정이다. 기본 과정은 준비 단계, 연속 두드리기, 뇌조율 과정, 연속 두드리기(반복)의 네 단계로 구성된다. 이 네 단계에 관해서 자세히 알아보자.

① 준비단계

a. 수용확인

수용확인의 형식은 다음과 같다.

> "나는 비록 __________ 하지만, 깊게 완전히 나 자신을 받아들입니다."

여기서 빈 칸에는 앞의 문제 확인에서 선택한 증상이나 문제를 넣는다. 가슴압통점을 가볍게 문지르면서 수용확인을 3회 소리 내어 반복하면 된다. 또는 손날점을 두드리면서 수용확인을 3회 반복한다. 둘 중에서 자신에게 편한 방법을 하나 선택하면 된다.

b. 연상어구

수용확언에서 빈칸에 넣었던 부분을 연상어구로 만든다. 다음은 수용확언과 연상어구에 대한 예들을 정리한 표이다.

수용확언	연상어구
나는 비록 남편이 갑자기 잔소리를 해서 짜증나지만 깊이 완전히 나를 받아들입니다.	남편이 갑자기 잔소리를 해서 짜증난다.
나는 비록 그녀에게 벌컥 화를 내서 미안하지만 깊이 완전히 나를 받아들입니다.	그녀에게 벌컥 화를 내서 미안하다.
나는 비록 왼쪽 어깨가 빠질 듯이 아프지만 깊이 완전히 나를 받아들입니다.	왼쪽 어깨가 빠질 듯이 아프다.
나는 비록 코가 콱 막혀서 숨을 쉬기가 힘들지만 깊이 완전히 나를 받아들입니다.	코가 콱 막혀서 숨을 쉬기가 힘들다.

② 연속 두드리기

연속 두드리기의 타점들은 다음과 같다.

눈썹, 눈 옆, 눈 밑, 코 밑, 입술 아래, 쇄골, 겨드랑이 아래, 명치 옆, 엄지, 검지, 중지, 소지

연속 두드리기는 앞에서 만든 연상어구를 말하면서 각 타점을 5~7회 정도 두드려 주는 과정이다. 자신에게 편한 손을 이용하여, 검

지와 중지 두 손가락 끝을 가지런히 모아서 두드린다.

③ 뇌조율 과정

뇌조율 과정은 좌뇌와 우뇌가 서로 조화를 이루게 해준다. 이때 손등점을 계속 두드리면서 아래의 과정을 실행한다.

- 눈을 감는다.
- 눈을 뜬다.
- 머리는 움직이지 말고 눈동자만 움직여서 최대한 빨리 오른쪽 아래를 본다.
- 머리는 움직이지 말고 눈동자만 움직여서 최대한 빨리 왼쪽 아래를 본다.
- 머리는 움직이지 말고 눈동자를 시계 방향으로 크게 돌린다.
- 머리는 움직이지 말고 눈동자를 시계 반대 방향으로 크게 돌린다.
- 약 2초 정도 '생일 축하합니다'를 허밍한다. 그 외에도 밝은 노래라면 어느 것이든 좋다.
- 12345 1~5까지 숫자를 빨리 센다.
- 다시 약 2초간 허밍을 반복한다.

④ 연속 두드리기(반복)

뇌조율과정이 끝나면 앞에서 실시한 연속 두드리기를 반복한다.

이렇게 기본 과정은 '준비 단계-연속 두드리기-뇌조율 과정-연속 두드리기'의 순서로 진행된다.

● 조정 과정

여기까지 따라했다면 1회전을 끝마친 것이다. 1회전에 문제나 증상이 다 해결되는 경우도 있고, 아직 남아있거나 별다른 효과가 없는 경우도 있다. 이렇게 1회전이 끝난 후에 문제나 증상을 다시 확인하고 평가하고 다시 해결해가는 과정을 조정 과정이라고 한다. 1회전이 끝나면 다음 세 가지 경우의 하나에 해당하게 될 것이다.

① 효과가 없을 때

1회전이 끝난 상태에서 주관적 고통지수를 다시 측정해본다. 그리고 앞에서 측정한 고통지수와 비교해본다. 숫자의 변화가 없다면 좀 더 구체적으로 증상을 표현하는 수용확언을 만들어서 전 과정을 다시 반복한다. 또는 '3. EFT 심화(96쪽)'를 읽고 여기에 맞게 다시 해본다.

② 부분적인 효과가 있을 때

고통지수가 작아졌지만 아직 0이 아니라면 수용확언을 다음과 같이 바꿔보라.

> "나는 비록 여전히(또는 아직도) ______가 남아있지만,
> 깊이 완전히 나 자신을 받아들입니다."

또는

> "나는 비록 여전히(또는 아직) ______ 하지만,
> 깊이 완전히 나 자신을 받아들입니다."

이렇게 수용확언을 바꾸고, 연상어구도 "아직(여전히) 남아있는 A "나 "아직(여전히) B 하다"로 바꾸어서 기본 과정을 다시 실시한다.

예를 들어보자.

처음 수용확언	바꾼 수용확언	바꾼 연상어구
나는 비록 뒷목이 뻑뻑하지만 깊게 완전히 나를 받아들입니다.	나는 아직 뒷목의 뻑뻑함이 남아있지만 깊게 완전히 나를 받아들입니다.	아직 남아있는 뒷목의 뻑뻑함
	나는 비록 뒷목이 아직도 뻑뻑하지만 깊게 완전히 나를 받아들입니다.	아직 뒷목이 뻑뻑하다
나는 비록 남편이 갑자기 술에 잔뜩 취해서 들어와서 너무 짜증나지만 깊이 진심으로 나를 받아들입니다.	나는 아직도 너무 짜증나지만 깊이 진심으로 나를 받아들입니다.	아직도 너무 짜증난다
	나는 아직도 짜증이 남아있지만 깊이 진심으로 나를 받아들입니다.	아직 남아있는 짜증

③ 완전한 치유

주관적 고통지수가 0이 되는 경우이다. 아주 기쁜 일이다. 다시 한 번 처음의 증상이나 문제가 확실히 사라졌는지 확인해보고, 완전히 사라져서 고통지수가 0이 된 것이 확실하다면 이제 다른 문제나 증상에 EFT를 적용해보자.

실제 사례에 적용해보자

자 이제 이해가 잘 되었나? 처음 보는 독자들은 약간 당혹스러울 수도 있다. 하지만 그냥 따라하다 보면 최소한 초보자의 50퍼센트 정도는 이것만으로도 효과를 볼 수가 있다. 이제 이해를 돕기 위해 실제 상황에 적용하는 예를 한 번 보자.

철수는 어젯밤 과음한 탓에 아침에 일어나기가 무척 힘들다. 머리가 지끈지끈 아프고, 속은 메스껍고, 목도 뻐근하다. 그래서 제일 힘든 증상이 무엇인지 먼저 살펴본다. '우선은 목이 너무 뻐근해서 움직이기가 힘들군!' 불편한 정도, 즉 주관적 고통지수를 측정해보니 8이었다.

동작	말하기
손날 두드리기 또는 가슴압통점 문지르기	"나는 비록 뒷목이 뻑뻑하게 굳어서 잘 돌아가지 않지만 깊게 완전히 나 자신을 받아들입니다." (3회 반복)

동작	말하기
 눈썹 7회 두드리기	뒷목이 뻑뻑하게 굳어서 잘 돌아가지 않는다
 눈 옆 7회 두드리기	뒷목이 뻑뻑하게 굳어서 잘 돌아가지 않는다
 눈 밑 7회 두드리기	뒷목이 뻑뻑하게 굳어서 잘 돌아가지 않는다
 코 밑 7회 두드리기	뒷목이 뻑뻑하게 굳어서 잘 돌아가지 않는다
 입술 아래 7회 두드리기	뒷목이 뻑뻑하게 굳어서 잘 돌아가지 않는다
 쇄골 7회 두드리기	뒷목이 뻑뻑하게 굳어서 잘 돌아가지 않는다

 겨드랑이 아래 7회 두드리기	뒷목이 뻑뻑하게 굳어서 잘 돌아가지 않는다
 명치 옆 7회 두드리기	뒷목이 뻑뻑하게 굳어서 잘 돌아가지 않는다
 엄지 7회 두드리기	뒷목이 뻑뻑하게 굳어서 잘 돌아가지 않는다
 검지 7회 두드리기	뒷목이 뻑뻑하게 굳어서 잘 돌아가지 않는다
 중지 7회 두드리기	뒷목이 뻑뻑하게 굳어서 잘 돌아가지 않는다
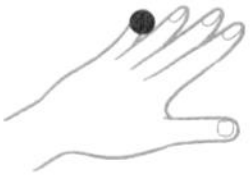 소지 7회 두드리기	뒷목이 뻑뻑하게 굳어서 잘 돌아가지 않는다

동작 1	동작 2
눈 감기	손등점 계속 두드리기
눈 뜨기	
왼쪽 아래 쳐다보기	
오른쪽 아래 쳐다보기	
시계 방향으로 눈동자 돌리기	
시계 반대 방향으로 눈동자 돌리기	
2초간 허밍	
1~5까지 숫자 세기	
2초간 허밍	

동작	말하기
눈썹 7회 두드리기	뒷목이 뻑뻑하게 굳어서 잘 돌아가지 않는다
눈 옆 7회 두드리기	뒷목이 뻑뻑하게 굳어서 잘 돌아가지 않는다
눈 밑 7회 두드리기	뒷목이 뻑뻑하게 굳어서 잘 돌아가지 않는다
코 밑 7회 두드리기	뒷목이 뻑뻑하게 굳어서 잘 돌아가지 않는다
입술 아래 7회 두드리기	뒷목이 뻑뻑하게 굳어서 잘 돌아가지 않는다
쇄골 7회 두드리기	뒷목이 뻑뻑하게 굳어서 잘 돌아가지 않는다

 겨드랑이 아래 7회 두드리기	뒷목이 뻑뻑하게 굳어서 잘 돌아가지 않는다
 명치 옆 7회 두드리기	뒷목이 뻑뻑하게 굳어서 잘 돌아가지 않는다
 엄지 7회 두드리기	뒷목이 뻑뻑하게 굳어서 잘 돌아가지 않는다
 검지 7회 두드리기	뒷목이 뻑뻑하게 굳어서 잘 돌아가지 않는다
 중지 7회 두드리기	뒷목이 뻑뻑하게 굳어서 잘 돌아가지 않는다
 소지 7회 두드리기	뒷목이 뻑뻑하게 굳어서 잘 돌아가지 않는다

철수는 이 전체과정 곧 1회전을 끝내고 목의 통증이 어떤지 살펴본다. "음 많이 편해졌네. 그래도 머리를 돌리기는 아직 힘들어. 고통지수는 4정도네." 이에 철수는 수용확언을 "나는 비록 뒷목이 아직도 뻑뻑하게 굳어서 잘 돌아가지 않지만 깊이 진심으로 나를 받아들입니다"로 바꾸었다. 그리고 다시 기본 과정을 반복한다. 이렇게 기본 과정을 바꾸어서 하는 것을 앞에서 조정과정이라고 했음을 명심하자.

2회전(조정과정)을 도표로 정리하면 다음과 같다.

동작	말하기
손날 두드리기 또는 가슴압통점 문지르기	"나는 비록 뒷목이 아직도 뻑뻑하게 굳어서 잘 돌아가지 않지만 깊게 완전히 나 자신을 받아들입니다." (3회 반복)
눈썹 7회 두드리기	뒷목이 아직도 뻑뻑하게 굳어서 잘 돌아가지 않는다
눈 옆 7회 두드리기	뒷목이 아직도 뻑뻑하게 굳어서 잘 돌아가지 않는다

눈 밑 7회 두드리기	뒷목이 아직도 뻑뻑하게 굳어서 잘 돌아가지 않는다
코 밑 7회 두드리기	뒷목이 아직도 뻑뻑하게 굳어서 잘 돌아가지 않는다
입술 아래 7회 두드리기	뒷목이 아직도 뻑뻑하게 굳어서 잘 돌아가지 않는다
쇄골 7회 두드리기	뒷목이 아직도 뻑뻑하게 굳어서 잘 돌아가지 않는다
겨드랑이 아래 7회 두드리기	뒷목이 아직도 뻑뻑하게 굳어서 잘 돌아가지 않는다
명치 옆 7회 두드리기	뒷목이 아직도 뻑뻑하게 굳어서 잘 돌아가지 않는다
엄지 7회 두드리기	뒷목이 아직도 뻑뻑하게 굳어서 잘 돌아가지 않는다
검지 7회 두드리기	뒷목이 아직도 뻑뻑하게 굳어서 잘 돌아가지 않는다
중지 7회 두드리기	뒷목이 아직도 뻑뻑하게 굳어서 잘 돌아가지 않는다
소지 7회 두드리기	뒷목이 아직도 뻑뻑하게 굳어서 잘 돌아가지 않는다

2회전 곧 조정과정을 할 때에는 뇌조율 과정을 생략하는 경우가 많다. 다시 말해서 2회전을 할 때에는 '준비 단계(바뀐 수용확언 말하기)-연속 두드리기(바뀐 연상어구 말하기)-연속 두드리기(바뀐 연상어구 말하기)'의 3단계로 해도 된다.

2회전이 끝난 후에 고통지수를 확인하고, 아직도 증상이 남아있으면 완전히 사라질 때까지 조정과정을 반복하면 된다. 이렇게 해서 철수는 목의 통증이 사라졌고, 두통과 메스꺼움에 대해서도 EFT를 했고, 이 증상들도 사라져서 철수는 편안한 기분으로 출근하게 되었다.

이상이 EFT의 핵심이자 기본이다. 설명이 길어졌지만, 실제로 하는 시간은 몇 분이 채 안 된다. 처음 보는 독자들은 이 과정 자체가 너무 특이하고 단순해서 약간의 당혹감이 생길 수도 있다. 하지만 일단 효과를 확인하고 나면 자연스럽게 두드리게 될 것이다. 우선은 무작정 위에서 제시한 방법대로 말하고 두드려보라. 초보자라 하더라도 50퍼센트 정도의 효과는 날 것이다.

EFT를 활용을 위한 필수 지식

여기에서는 앞서 배운 내용을 활용할 때 필요한 EFT 지식들을 담아 보았다. 크게 어렵지 않으니 가볍게 읽어보면 EFT를 활용하는 데에 많은 도움이 된다.

● 주관적 고통지수 측정하기

EFT를 할 때에 맨 처음에 고통스러운 정도를 수치로 측정하고 표현하게 한다. 이것을 주관적 고통지수SUD: Subjective Unit of Distress라고 하는데, 초보자는 이 점수를 매기는 일이 익숙하지 않아서 힘들다고 하는 경우가 많다. 고통지수는 본인이 느끼는 대략적인 수치일 뿐이므로 꼭 정확하게 할 필요는 없다. 다만 처음 수치와 나중의 수치를 보고 변화가 생겼는지를 확인하는 것이 목적이다. 그래도 어렵다고 생각되면 다음의 기준에 따라 점수를 매겨보라.

- 지금 이 증상이나 문제가 내가 감당할 수 없을 정도로 심하면 10이다.
- 10은 아니지만 그래도 아주 심하게 느낀다면 7, 8, 9 중 하나이다.
- 전혀 불편함이 없는 편안한 상태이면 0이다.
- 심하지는 않지만 약간 불편하면 1, 2, 3 중에서 하나를 고르면 된다.
- 0과 10의 중간 정도라고 느끼면 4, 5, 6 중에서 하나를 고르면 된다.

이 기준을 이해하면 대략적인 수치가 마음속에서 떠오른다. 내 경험상 지적 수준이 높지 않은 아이와 노인들도 이렇게 설명하면 다들 수치를 잘 말했다.

● **구체적으로 콕 집어서 이야기하라.**

EFT 초보자들이 가장 많이 하는 실수는 증상을 너무 두루뭉술하게 이야기한다는 것이다. 내가 초보자들에게 EFT를 가르칠 때에 가장 자주 하는 말이 있다. "모호하게 하면 모호하게 해결되고, 꼼꼼하게 하면 꼼꼼하게 해결된다." 자신의 생각과 감정을 아주 모호하게 표현하는 사람들이 많은데, 이런 사람들이 EFT를 하면 어떻게 될까. 아마도 이런 식이지 않을까.

- 사는 게 그저 그렇지만…… 받아들입니다.
- 그 사람 표정을 보니 기분이 그냥 그렇지만…… 받아들입니다.
- 오늘 마음이 그저 그냥 그렇지만…… 받아들입니다.

이렇게 한다고 안 되는 것은 아니지만, 성공 확률이 그다지 높지 않을 것이다. 사람들이 생각을 모호하게 표현할 때에 나는 자주 이렇게 물어본다. "내 생각과 감정을 육하원칙에 맞게 다시 꼼꼼하게 표현해 보세요. 무엇이 왜 어떻게 불편하게 하나요?"

먼저 심리적 문제의 예를 들어보자. "나는 비록 늘 우울하지만, ______________ "라고 해서 우울증을 치료해도 일단은 되지만, 그다지 큰 효과가 없는 경우도 많다. 이럴 때에는 자신을 우울하게 만든 이유나 사건들을 찾아보고 그것에 대해 EFT를 적용해야 한다. 앞의 경우에는 "혼자 자취를 하고 있어서/ 여자 친구와 헤어져서/ 시험에 떨어져서/ 어머니가 돌아가셔서/ 월급이 몇 달째 안 나와서"등의 여러 가지 구체적인 원인이나 상황이 있을 수 있다. 이런 개별 상황과 원인에 대해 EFT를 적용해야 효과가 커진다.

두루뭉술하게 할 때	꼼꼼하게 할 때
나는 비록 늘 우울하지만 깊이 진심으로 나를 받아들입니다.	– 나는 비록 혼자 자취하고 있어서 우울하지만 …… 받아들입니다. – 나는 비록 한 달 전에 여자친구와 헤어져서 우울하지만 …… 받아들입니다. – 나는 일주일 전에 공무원 시험에 떨어져서 우울하지만 …… 받아들입니다. – 나는 비록 이번 달 월급이 안 나와서 우울하지만 …… 받아들입니다.

이번엔 육체적 문제의 예를 들어보자. 신체 증상을 고치고자 할 때에도 증상을 꼼꼼하게 구체적으로 표현하는 게 좋다. 예를 들어 '나는 비록 뒷목이 뻑뻑하지만'이라는 말로 시도해볼 수도 있지만 좀 더 구체적으로 표현할수록 더 효과가 있다. 그럼 신체 증상을 구체적으로

표현하는 요령은 무엇인가? 일단 다음 질문에 맞게 신체 증상을 표현해보면 된다.

"어디가 어떻게 할 때 어떤 상황에서 어떤 느낌으로 얼마나 아프냐?"

이상의 내용을 구체적인 예를 들어서 아래에 표로 만들어보았다.

어디가	어떻게 할 때	어떤 상황에서	어떤 느낌으로	얼마나
아픈 부위	아프게 하는 동작	아프게 하는 상황이나 조건	느낌	주관적 고통지수의 크기
뒷목이 앞이마가 허리 가운데가 양 눈이	돌릴 때 숙일 때 굽힐 때 해당 없음	신경 많이 쓰면 돈 걱정하면 아침에 일어나면 책을 오래 보면	뻑뻑하다 지끈지끈 쑤신다 콱 결린다 침침하다	8 7 5 4

이상을 수용확언으로 만들어보자.

- 나는 비록 뒷목이 신경 많이 쓰면 돌릴 때 뻑뻑하지만……

- 나는 비록 돈 걱정하면 앞이마가 숙일 때 지끈지끈 쑤시지만……

- 나는 비록 허리 가운데가 아침에 일어나면 굽힐 때 콱 결리지만……

- 나는 비록 책을 오래 보면 양쪽 눈이 침침하지만……

이렇게 구체적으로 꼼꼼하게 적용하면 성공률과 더불어 자신감도 일취월장한다. 참고로 개리 크레이그는 이에 관해서 늘 강조하는 말이 있다. "구체적으로 해라Be specific."

● 양상을 이해하고 잘 적용하라.

여러분은 혹시 모자이크 그림을 본 적이 있는가? 멀리서 보면 그저 하나의 물체로 보이지만 다가갈수록 여러 개의 조각들이 드러나기 시작한다. 우리의 생각과 감정도 이와 같다. 처음에는 그저 한 덩이의 단일한 생각과 감정으로 느껴지지만 EFT를 하다 보면 온갖 다양한 생각과 감정들이 덩어리를 이루고 있음을 알게 된다. 큰 덩이를 이루는 이 작은 조각들을 개리는 양상aspect이라는 말로 표현하는데 구체적인 예를 들어보자. 2년 전에 교통사고를 당한 이후로 운전 공포증이 생겨 운전을 못하게 된 여성을 치료할 때의 상담 모습이다.

처음에 "나는 그때의 사고를 생각하면 아직도 무섭지만……"이라는 수용확언으로 EFT를 해주고 어떠냐고 물었다. "여전히 무서워요." "그럼 지금은 어떤 생각이 드나요?" "그때 내 눈을 확 비추던 헤드라이트 빛이 보이네요. 너무 무서워요." 이에 이 느낌을 EFT로 지우고 다시 물었다. "여전히 무서워요." "지금은 무엇이 생각나고 무섭나요?" "그때 끽하던 소리가 귀에 울리네요." 이에 또 이것을 EFT로 지웠다.

일단 여기서 잠시 멈추고 보충 설명을 해보자. 여기까지 약 30분 정도 EFT를 했는데, 그녀는 여전히 무섭다고 했지만, 실제 두려움을 일으키는 내용물은 계속 바뀌고 있었다. 많은 사람들이 EFT를 해도 변화가 없다고 하는 경우가 많은데, 전체적인 느낌은 비슷한 것 같지만 실제로는 그 구성요소들, 즉 양상들은 바뀌고 있는 경우가 많다. 이것은 효과가 없다기보다는 효과가 진행 중인 것이라고 보면 된다.

"이제는 무슨 생각이 들어요?" "여전히 무서운데, 그때 쿵하고 부딪히던 느낌이 떠오르네요. 온몸이 막 떨려요." 이에 EFT를 하고 다시 물었다. "이제는 무섭지는 않네요. 그런데 막 화가 나요." "왜죠?" "신호 위반으로 사고를 낸 운전자 때문에 내가 이렇게 고생한다는 생각이 들어서 짜증이 확 올라오네요." 이에 이 짜증나는 감정을 EFT로 지웠고, 이런 식으로 1시간 정도 꾸준히 양상의 변화를 따라가면서 드러나는 양상을 모두 지웠다. 그 과정에서 두려움, 분노, 걱정, 슬픔 등의 온갖 생각과 감정이 나타났다.

해결하고 싶은 심리적 문제	이 심리적 문제의 양상들
자동차 사고 트라우마	사고를 생각만 해도 무섭다, 헤드라이트가 무섭다, 끽 하던 소리가 무섭다, 쿵 하던 느낌이 공포스럽다, 고생해서 짜증난다.

운전 공포증이라는 단순한 감정으로 보였던 것들이 실제로는 온갖 다양한 생각과 감정의 결합체였던 것이다. 대체로 우리가 한 사건이나 사람 등에 대해 느끼는 생각과 감정도 이와 같다. 겉으로는 아주 단순하게 보이지만 좀 더 깊이 들어갈수록 온갖 다양한 양상들이 드러난다. 흔히 '애증이 교차한다'고 하는데, 이것도 바로 이런 예에 들어갈 것이다. EFT를 잘하는 방법은 이런 원리를 잘 이해하고, 양상의 변화를 잘 확인하면서 그에 맞게 EFT를 하는 것이다.

이번에는 신체 증상에서 양상이 어떻게 드러나는지 알아보자. 어떤 사람이 물건을 들다가 허리를 삐어서 치료를 받으러 왔다. 몇 달 동안 이런저런 치료를 받아도 낫지 않는다고 했다. 고통지수는 8이었고, 허리를 펴고 걷는 것이 무척 힘들었다. 다음에서 그에게 적용한 수용확언을 보면 신체 증상의 양상이 어떻게 바뀌고 드러나는지 잘 알 수 있을 것이다.

"나는 비록 당겨서 허리를 펴고 걷기가 힘들지만……"으로 1회전을 하고 나니 허리가 펴졌다. 하지만 아직도 걸을 때 통증을 호소했다.

"나는 비록 걸을 때 오른쪽 허리가 쿡쿡 결리지만……"으로 1회전을 하고 나니, 걸을 때의 통증이 사라졌다. 하지만 몸통을 돌리니 또 아프다고 했다.

"나는 몸통을 돌릴 때 이 자리가 아프지만……"으로 1회전을 하고 나니, 통증이 3으로 줄면서, 이렇게 힘들게 일해야 하는 자신의 신세가 한탄스럽다고 했다.

"나는 비록 이렇게 아파도 일을 해야 하므로 신세가 한탄스럽지만……"으로 1회전을 하고 나니 한탄스러운 느낌은 사라졌다. 하지만 통증은 여전히 3이고 갑자기 몇 년 전에 지금처럼 허리가 아파서 고생했던 기억이 떠오른다고 했다.

"나는 몇 년 전에도 이렇게 허리가 아파서 너무 힘들었지만……"으로 1회전을 하고 나니 그 기억도 희미하게 사라지고 허리의 통증도 0이 되었다.

그렇다면 이런 양상들이 무한대로 계속 튀어나온다면 어떻게 해야 할까? 혹 평생 EFT를 해야 하는 것일까? 그렇지는 않다. 아무리 복잡한 양상이 있어도 예를 들어 약 100개가 있다면 보통 5~15개 정도만 제대로 지우면 나머지 양상들은 함께 사라진다. 이를 '삭제의 일반화 효과'라고 한다. 그러니 걱정 말고 두드려보라.

고치고 싶은 육체적 문제	이 문제의 양상들
허리 통증	당겨서 허리 펴기 힘들다, 걸을 때 결린다, 돌릴 때 아프다, 아파도 일해야 되는 신세 한탄, 허리 아팠던 기억

● 핵심 주제를 이해하고 잘 찾아라

어느 날 50대 여성이 찾아왔다. 며칠 동안 양 종아리가 터질 듯이 아프고, 양 발도 화끈거려서 잠을 못 잤다면서 내원했다. 처음에는 일단 증상 자체에 대해서 EFT를 해보았지만 아무런 변화가 없었다. 이에 핵심 주제를 찾아야겠다는 생각이 들어서 아프기 전에 무슨 일이 있었는지를 물었다. 그러자 그녀가 대답했다. "아 글쎄 요즘 들어 왜 이렇게 안 되는지 몰라요."

좀 더 자세히 물어보았다. 이분은 보험 영업을 하는데 요즘 실적이 워낙 신통찮아서 스트레스가 많다고 했다. 그래서 이분의 말을 그대로 옮겨서 수용확언을 만들었다. "나는 요새 하루 종일 돌아다녀도 계약 한 건도 안 되고, 도리어 보험 해약 요청만 들어와서 사는 게 너무 힘들고 짜증나지만……" 이것으로 1회전을 하자 그 효과는 정말 극적이었다. 짜증이 가득하던 얼굴에 채 10분도 되지 않아서 살짝 미소가 떴다. "아휴 사는 게 이럴 때도 있죠, 뭐. 하루 이틀 해본 것도 아니고." 그와 동시에 증상도 싹 사라졌고, 며칠 뒤에 다시 확인했는데 잠도 잘 자고 있다고 했다.

결국 그녀의 이 모든 복잡한 육체 증상을 일으키는 핵심 주제는 '최근의 영업 부진'이었던 것이다. 바로 이런 것이 핵심 주제이다. 양상에 맞춰 드러나는 증상을 많이 해결했음에도 어느 단계에서 더 이상 진전이 되지 않으면 보통 핵심 주제가 관건이다. 핵심 주제가 해결되지 않으면 증상이 전혀 개선되지 않거나, 개선되더라도 한계가 뚜렷하다. EFT를 해도 효과가 잘 안 나는 사람들은 대부분 핵심 주제를 찾지 못한 데에 원인이 있다. 다만 만성질환이나 난치병인 경우에는 핵심 주제가 하나가 아니라 여러 개일 수도 있다.

● 모든 육체적 심리적 증상과 문제에 적용해보라

개리 크레이그가 EFT에 관해 가장 많이 하는 말이 있다. "어떤 것도 듣지 않을 때에도 EFT는 종종 듣는다It often works when nothing else will." "모든 것에 시도해보라Try it on everything." 이런 말 그대로 EFT의 효과와 적용 범위는 무궁무진하다. 범위가 너무 광범위하니 개리의 《EFT 매뉴얼》 6판의 표지에 나오는 적용 범위를 여기에 인용해보자.

> "다음과 같은 문제를 포함한 기타 모든 문제들. 제반 통증, 두려움과 공포증, 분노, 알레르기, 각종 중독, 호흡기 질환, 체중 조절, 혈압, 불안, 인간관계, 트라우마, 여성 문제, 우울증, 아동 문제, 학교 문제, 스포츠 능력, 성기

능, 편두통에서 암에 이르는 난치병 등."

그 밖에 내가 직접 간접으로 경험한 몇 개의 사례만 나열해보자.

- 숙취로 두통이 있었는데 EFT로 몇 분 만에 바로 사라졌다.
- 일주일 이상 계속되던 딸꾹질이 몇 분 만에 멎었다.
- 막힌 코가 몇 분 만에 뚫렸다.
- 10년 넘은 극심한 접촉성 피부염이 사라졌다.
- 알레르기성 비염이 나았다.
- 극심한 근시가 좋아졌다.
- 영어 성적이 향상되었다.
- 스키 실력이 향상되었다.

위의 것들은 그저 몇 개의 예들에 불과하지만 이것만으로도 EFT의 적용 범위가 얼마나 큰지 알 수 있을 것이다. 나는 수천 수만 명에게 EFT를 직접 가르쳐왔지만 EFT로 무엇이 얼마나 가능한지 아직도 모른다. EFT는 아직도 무궁하게 발전하면서 치료와 효과의 범위를 넓혀가고 있기 때문이다. 사람들이 늘 이렇게 묻는다. "____에도 될까요?" 그럴 때마다 내가 말한다. "해보세요."

나는 아직도 EFT로 해본 것보다 못 해본 것들이 더 많고, 아직 어디까지 얼마만큼 될지 모른다. 언제나 EFT는 깜짝 놀랄 결과를 보여주었고, EFT가 가능한 범위를 헤아리다 지쳐서 이제는 포기할 정도가 되었다. 지금도 전 세계 수천만의 EFT 사용자들에 의해 EFT의 성과는 갈수록 늘어가고 있고, 미국의 공식 EFT 홈페이지eftuniverse.com에는 수천 건의 사례가 올라와 있다.

그러나 이런 나의 주장을 전문가의 치료나 상담을 버리라는 말로 오해하거나 모두가 스스로 EFT로 다 좋아진다고 오해하지 않기를 바란다. 심각한 증상이나 질환을 치료하는 데에는 해당 전문가의 경험과 능력이 필요하고, EFT 전문가의 도움과 조언도 역시 필요하다. 이 책은 일반인이 일반적인 문제를 EFT로 해결하는 데에 도움을 주는 것이 목적이지, 심각한 수준의 문제를 해결하게 하는 것이 목적이 아니다. 그러니 자신의 문제가 심각하다고 느낀다면 EFT 전문가의 도움을 받기를 권한다.

이제 EFT의 기본 형식은 모두 배웠다. 그런데 아직도 어디에 어떻게 활용해야할지 막연할 수도 있을 것이다. 다시 한 번 설명하자면 '두통, 요통, 발목 염좌'를 비롯한 모든 신체 증상과 '차가 막혀서 생기는 짜증, 앞선 차의 난폭운전으로 인한 분노, 발표 불안' 등의 모든 부정적인 감정 문제에 적용해보라.

이해를 돕기 위해 신체 증상에 활용한 수용확언의 예를 다음과 같이 들어보았다. 물론 이때에는 양상을 고려하여 구체적으로 콕 집어서 문제를 표현하는 것이 좋다.

- 나는 비록 지금 머리 앞쪽이 터질 듯이 아프고 열이 나지만
- 나는 비록 어제 발목을 삐어서 걸을 때마다 발목 옆쪽이 시큰거리지만
- 나는 일어설 때마다 왼 무릎 안쪽이 우리하게 아프지만
- 나는 산후풍이 있어서 양말을 벗으면 양발이 시리고 아리지만
- 나는 허리 디스크가 있어서 왼쪽 다리를 들면 오금이 당기지만
- 나는 목 디스크가 있어서 왼손이 저리고 당기지만
- 나는 허리를 삐끗해서 허리를 숙이면 뒤쪽이 콱 결리지만
- 나는 아침에 일어나면 코가 간질간질하고 콧물이 나고 재채기가 나서 견딜 수가 없지만

이번에는 심리적 문제에 대한 수용확언의 예를 들어보자.

- 나는 비록 내일 시험 볼 때 떨려서 망치면 어떡하나 불안하지만
- 나는 친구가 별일 아닌 일로 화를 내며 나를 무시하나 하는 생각이 들지만
- 나는 이렇게 많은 사람들 앞에서 노래를 부르려고 하니 머리가 멍하고 심장이 쿵쾅거리지만
- 나는 지금 10층 발코니에서 밖을 내려다보니 온몸이 떨리고 무섭지만

- 나는 어두운 곳에 있으면 구석에서 뭔가 나와서 나를 덮칠 것 같아서 온몸이 움츠러들고 머리칼이 곤두서지만
- 나는 매일 가게에 손님이 없어서 돈 걱정에 뒷골이 당기지만
- 나는 부장님에게 결제를 받으러 갈 때마다 지적 받을까봐 움츠러들고 불안하지만
- 나는 다가오는 수능을 생각하면 망치면 끝장이라는 생각에 손에 땀이 나고 머리가 멍해지지만

위의 예들처럼, 독자들이 느끼는 모든 불편한 신체적 감정적 증상을 떠오르는 대로 느끼는 대로 표현해서 수용확언을 만들고 두드리다 보면 이것만으로도 최소한 50퍼센트는 효과를 볼 것이다.

EFT로 즉석에서 효과를 본 사례들

다음은 유나방송una.or.kr[7]에서 내게 겨우 30분 정도의 설명을 들으면서 EFT를 처음 따라한 분들이 올린 사례들이다. 이렇게 짧은 시간에도 이런 큰 효과가 난다는 것이 신기하지 않는가!

7 마음공부 및 명상 전문 방송. 정목 스님과 김재진 시인이 설립한 인터넷 방송으로 각계의 저명한 전문가를 강사로 모시고 마음공부에 관련된 프로그램을 방송하고 있다.

● **어깨 통증**

반신반의하는 상태로 방송을 따라했더니 신기하게도 밤새 찌뿌둥했던 어깨 통증이 사라졌다. 너무 신기해서 다른 통증이나 불안감에도 적용해봐야겠다. – 장유정

● **가슴 답답함**

가슴이 답답해서 숨 쉬는 것이 시원하지 않았는데, EFT를 하자 트림이 계속 나면서 시원해졌습니다. 감사드립니다. – 한영순

● **양쪽 어깨의 만성 통증**

양쪽 어깨에 만성적인 통증이 있었습니다. 어깨가 단단히 굳어있는 상태였지요. 최근에는 목까지 뻐근하면서 두통도 생겼습니다. 선생님이 시키는 대로 두드렸더니 어깨가 한결 가벼운 느낌이 나고 목을 돌릴 때 통증이 덜하네요. 다음 시간이 기다려집니다. – 마로

● **팔의 통증**

그대로 따라했더니 조금 불편한 오른팔의 통증이 없어졌어요. 신기하네요. 감사드립니다. – 김화숙

● 고혈압

제 몸으로 임상실험을 해봤습니다. 우리 집 식구들이 유전적으로 혈압이 좀 높습니다. 전후를 체크했는데 물론 하루의 터울이 있었지만, 전 혈압 135, 후 혈압 116입니다. 효과가 분명하군요. 감사합니다. 이런 걸 알게 해주신 유나방송과 원장님께 감사드립니다. 물론 하던 운동은 계속해야죠. – 홍성우

● 오른팔 통증

최인원 선생님! 안녕하세요. 저는 오른쪽 팔을 주로 사용하는 편이라 오른쪽 어깨가 최근들어 많이 아팠어요. 어젯밤 방송 들으면서 따라 해봤습니다. 1회 해봤는데 많이 아픈 부분의 통증이 줄었어요. 어?! 그래서 다시 2회를 해봤더니 아픈 곳과 그 주위의 아픈 느낌이 많이 없어졌어요. 잠자고 일어나 오늘 아침 팔을 움직여보니 아픔이 싹 없어진 건 아니지만 움직이기가 훨씬 수월해졌어요. 신기해요. 고맙습니다. – 백영희

● 눈의 통증

너무 놀랍네요. 요즘 며칠째 수면부족으로 눈이 너무 아팠는데 마침 선생님의 수용확언 예시에도 '수면부족으로가' 들어가서 저도 "수면부족으로 왼쪽 눈이 아프지만…… 받아들인다" 하면서 따라 하니 신

기하게도 눈이 풀리고 부드러워지면서 통증이 싹 사라졌습니다. 한쪽 눈을 먼저 했는데 한 눈이랑 안 한 눈이랑 확연히 비교가 되어서 그 즉각적인 효과를 알 수 있었어요. 곧바로 나머지 눈도 2번 하고 조심스럽게 눈을 크게 굴려봤는데 통증이 없었어요. 하기 직전까지 눈알을 돌리면 찌르는 통증과 뻐근함이 생겨서 눈물이 날 정도였는데 이런 효과가! 최인원 선생님과 유나방송에 깊은 감사드리면서 분명 뭔가가 있는 EFT의 세계로 푹 빠져봐야겠습니다. – 법인봉

● **식체**

바쁜 일과로 하루 종일 굶다 저녁 9시쯤 저녁을 먹고 음식물이 내려가지 않은 듯 꽉 막히고 속이 더부룩하였습니다. 유나방송의 다시 듣기로 EFT 하는 방법을 배우고, 혼자서 '속의 더부룩함'을 가지고 금방 해봤습니다. 2단계까지 하고 났더니, 헛구역질 세 번과 기침이 났습니다. 그랬더니 지금은 속이 뻥 뚫려서 시원합니다. 음식물이 쑥 내려갔나 봅니다. 와! 거 참 신기하네요. 편안히 잘 수 있겠습니다. 좋은 방송 감사합니다. – 황희정

● **오른쪽 어깨 통증**

안녕하세요. 너무 놀라워서 방송 듣다가 글을 남깁니다. 6개월째 오른쪽 어깨가 뻐근했는데 2번의 실행으로 이렇게 개선되었습니다. 침도

맞고 아침에 일어나 목을 몇 번 돌려도 개선되지 않던 증상이었습니다. 공부를 하는 학생이라 조금 무리해서 공부하면 다시 아프곤 했습니다 그런데 두 번의 실행으로 이렇게 좋아지는 것이 놀랍기만 합니다. EFT의 밝은 나눔에 감사드립니다. 고맙습니다. – 윤진영

● **왼쪽 어깨 통증**

"나는 비록 잠을 잘 못자서 왼쪽 어깨가 뻐근하지만……" 방송으로 들려주시는 예시문과 증상이 똑같아서 그대로 따라 해봤는데요. 80퍼센트 이상 팔과 어깨가 가벼워졌어요. 두드리는 타점들이 어찌 그리 아픈지요? 감사합니다. 혼돈 선생님. – 오명희

● **극심한 목의 통증**

아주 어릴 때부터 목이 아팠고, 결혼하고 나서 몹시 심해져서 1자목이 지나 역 S자 목이 되어, 매일 1분 1초를 늘 고통 속에서 생활했습니다. 확실하게 심하게 아파진 건 약 15년 정도 됩니다. 병원에 다녀도 그때뿐 차도가 없었고, 작업(직업이 공예)을 하면 더욱 목이 아파서 사는 게 정말 힘들었습니다. 그런데 신기하게 원장님 강의 들으면서 따라서 두드리니 훨씬 부드럽고 안 아픕니다. 기적 같아요. 책 읽을 때는 몰랐는데 잘 들어보니 5~7회가 아니라 그냥 가볍게 여러 번 두드리시네요. 전 좀 세게 일곱 번 세면서 두드렸거든요. 이제 더 쉽게 가볍게 해

볼 수 있어서 좋습니다. 방송 열심히 다시듣기 하겠습니다. 왠지 살맛이 납니다. - 김민정

● **알레르기 비염**

30여 년간 비염으로 고생이 심합니다. 아침부터 코가 막히고 콧물이 줄줄 흐릅니다. 이런 때에는 알레르기 약 안 먹으면 하루 종일 고생인데 방송 들으면서 따라했더니 신기하게도 코가 뚫렸고 콧물도 그쳤네요. 고맙습니다. - 이지원

● **눈이 맑아짐**

저는 방금 눈을 예로 들어 타점을 두드렸는데 훨씬 눈이 맑아 졌어요. 참 신기하네요. 또 다시 3번째 방송 들으러 휘리릭 갑니다. - 박병란

● **찌뿌둥한 몸과 무거운 어깨**

감사합니다. 저는 새벽 2시 30분쯤에 잠이 들고, 또 6시 55분쯤에 다시 일어나려고 하니, 온몸이 개운치 않고, 어깨도 무거우며, 코도 막혀 있었습니다. 방송을 들으며 EFT를 하고 나니 막힌 코도 뚫리고 몸도 상쾌해졌습니다. EFT를 하지 않았다면, 몰려오는 피로감에 다시 이불 속으로 들어갔을 텐데 기분 좋게 오늘 하루를 시작합니다. - 김혜진

● **목과 허리의 디스크 통증**

전 늦깎이 동참자입니다. 처음부터 하나하나 빠지지 않고 녹음을 해서 스마트폰에 저장하여 늘 듣고 따라하려 합니다. 불과 몇 번 안 했는데도 목과 허리의 디스크로 인한 뻐근한 통증이 다소 줄어드는 현상에 놀라워하고 있습니다. – 이형철

● **목과 어깨의 통증**

한방정신과에서 공황장애 및 불면증으로 치료받고 있는 중입니다. 어제 잠을 또 설쳐서인지 목과 오른쪽 어깨 통증이 와서 아무리 아픈 곳을 누르고 목 근육을 이완시켜봐도 소용이 없었는데 EFT를 여러 번에 하고 난 뒤 나도 모르게 저절로 통증이 사라졌습니다. 이제라도 EFT를 알게 되어 감사드립니다. 어려움 속에서도 삶의 고통을 완화하면서 앞으로 나갈 수 있을 것 같습니다. – 조진순

● **불안과 초조함**

감사합니다! 불안과 초조함이 10이었는데. 머리와 가슴이 멍할 정도로 편해졌어요. 거듭 감사드립니다! – 이미순

● **무릎 통증**

정말 신기하네요. 금방까지 무릎이 아팠는데 따라하다 보니 통증이

없네요. – 오선화

● **만성 어깨 통증**

만성적인 오른쪽 어깨통증이 좋아졌습니다. 통증 없이 오른팔이 위로 들리네요. – 목정일

● **왼쪽 어깨 통증**

어제 저녁 원장님 강의 듣고 타점을 따라 두드렸습니다. 늘 어깨가 잘 때마다 돌아누우려면 불편했었는데 어제 밤에는 돌아누울 때 어깨가 아프지 않았습니다, 참 신기했어요. 돌아누울 때마다 나오는 '아야' 소리가 없이 그냥 아침까지 잘 잤습니다. 왼쪽 어깨가 많이 편안해져서 신기할 뿐 입니다. 오늘도 계속 시간 날 때마다 톡, 톡, 톡 두드리니 팔도 머리도 개운해지는 것을 느낍니다. 고맙습니다. 열심히 하겠습니다. – 안화복

● **왼쪽 발 통증**

통풍으로 왼쪽 발이 욱신거려서 불편했는데 방송이 끝나고 나니 한결 편해졌습니다. 마음속에 꽉 붙들고 있던 것들을 조금 건드려서인지 마음도 조금 가벼워졌어요. 감사합니다. – 신은경

● **시험 스트레스로 눈이 어지럽고 귀가 멍함**

시험을 앞두고 스트레스를 너무 많이 받아 눈앞이 어지럽고 귀가 멍해 공부를 거의 못하고 있었습니다. 방송을 듣는 내내 누워서 따라하다가 선생님께서 "시험을 망쳐 죽고 싶은 마음이지만"이라고 하셨을 때 갑자기 눈물이 너무 나서 견딜 수 없어 울었습니다. 일단 실컷 울고 나니 속이 후련하고 스트레스가 많이 풀린 기분입니다. 귀가 멍한 것은 조금 좋아졌고, 어지럼증도 따라 하기 전보다 좋아졌습니다. 앞으로 시험까지 30여 일, 잘 활용해야겠습니다. 감사합니다. – 김숙현

● **배가 더부룩하고 가스가 참**

감사합니다. 윗배가 더부룩하고 가스가 차서 불편했는데, EFT를 1~2회 정도 해봐도 별로 나아지지 않아 다시 한 번 더 해봤습니다. 그랬더니 갑자기 위에서 꾸르륵 소리가 나고 트림이 났습니다. '어!' 하는 마음이 들었습니다. 저는 제가 체했는지 전혀 몰랐는데, 트림과 위에서 나는 꾸르륵 소리를 듣고 나서야 '아, 내가 체했었구나' 하고 알아차렸습니다. 지금은 윗배가 편안합니다. 작은 경험이지만 나누어봅니다. – 최우현

● **2년 된 팔꿈치 통증**

저는 약 2년 전부터 팔꿈치 통증으로 고생했습니다. 견딜 수 없을 때

마다 통증클리닉에 가서 치료 받았지만 그나마 1년쯤 지나자 주사도 효과가 없었고, 한의원을 몇 군데 다녀보았지만 전혀 차도가 없었습니다. 그런데 유나방송에서 EFT를 따라하다가 수용확언을 '나는 비록 육체노동마저 못 하게 될까봐 두렵지만' '나는 비록 테니스엘보 증상은 쉬기 전에는 절대 낫지 않는다는 소리를 많이 들었지만' 등으로 바꾸니 갑자기 확 상태가 호전되는 것을 느꼈습니다. 며칠이 지난 후에도 일할 때마다 고통스럽던 통증이 많이 호전되었음을 느낍니다. 신기하고 감사합니다. 앞으로 열심히 따라해야겠습니다. – 목정일

● 수술 받은 어깨의 통증 재발

칠순이 훨씬 넘은 어머니가 어깨 근육 수술을 받으셨는데, 최근 다시 통증이 심해지셨어요. 처음 고통지수가 8이었는데 기본과정을 한 번 했더니 4로 떨어지고, 다시 두 번 만에 통증이 제로가 되었습니다. 어머니가 눈이 동그래지시면서 어떻게 통증이 하나도 없냐며 깜짝 놀라셨습니다. 혼자 하겠다고 당신도 가르쳐달라고 하시더라고요. 정말 되는군요. 제가 하고도 놀랍습니다. – 희망벗

두드리기만 하면
무슨 소원이든
들어드립니다.

3
EFT 심화

추가된 타점

기본 과정에서 설명한 기본 타점 외에도 종종 사용하는 타점이 있다. 백회(정수리), 내관, 삼음교 타점이다. 이들 타점을 의무적으로 꼭 두드려야 할 필요는 없지만, 기본 과정을 하면서 지루한 감을 덜기 위해서 추가로 이들 타점을 두드려주어도 된다. 특히 정수리 타점을 제일 많이 쓰는데, 다음에서 설명하는 단축 과정을 할 때 정수리를 추가하여 두드리는 경우가 많다.

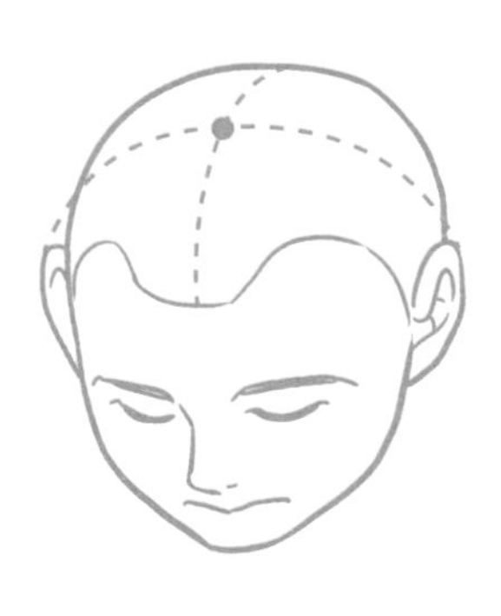

백회(정수리)

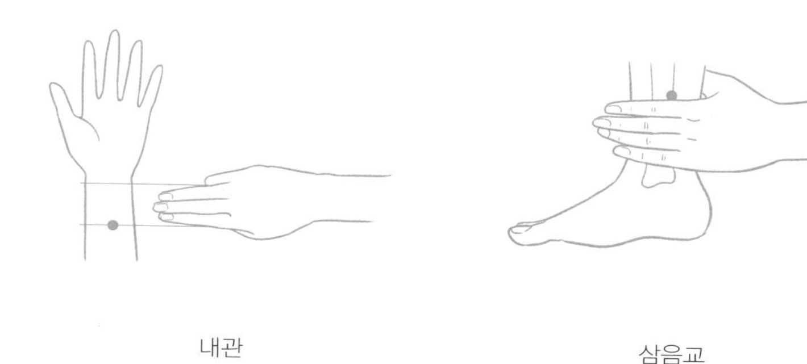

기본 과정이 길다면 '단축 과정'을 써라

기본 과정에서 몇몇 부분을 생략한 것이 단축 과정이다. 기본 과정도 몇 분밖에 걸리지 않지만, 편의상 몇 부분을 생략해도 거의 같은 효과가 나기 때문에 실제로는 단축 과정도 많이 사용한다.

● 가장 많이 쓰는 단축 과정

세계적으로 가장 많이 쓰는 단축 과정을 이제 설명한다. 앞에서 배운 기본 과정은 [준비 단계(수용확언)-연속 두드리기(연상어구)-뇌조율과정(손등 두드리기)-연속 두드리기(연상어구)]의 4단계로 구성되어 있었다. 여기에서 뇌조율과정을 생략한다. 그러면 [준비 단계(수용확인)-연속 두드리기(연상어구)-연속 두드리기(연상어구)]가 되는데, 여기서 또 하나를 생략할 수 있다. 바로 '연속 두드리기'를 할 때의 타점들 중에서 손가락에 있는 타점을 모두 생략하는 것이다. 이렇게 단축시킨 전체 과정을 알기 쉽게 그림으로 나타내면 다음과 같다.

① 증상 확인하기

EFT를 사용해서 치유하고 싶은 증상을 선택한다. 이 부분은 기본 과정과 동일하다.

② 주관적 고통지수 측정하기

이 부분도 기본 과정과 동일하다.

③ 수용확인 말하기

"나는 비록 ________ 하지만
깊게 완전히 나 자신을 받아들입니다."

④ '연속 두드리기'를 두 번 반복하기

연상어구는 수용확인에서 ________에 해당하는 내용이다. 연상어구를 반복하면서 다음의 타점들

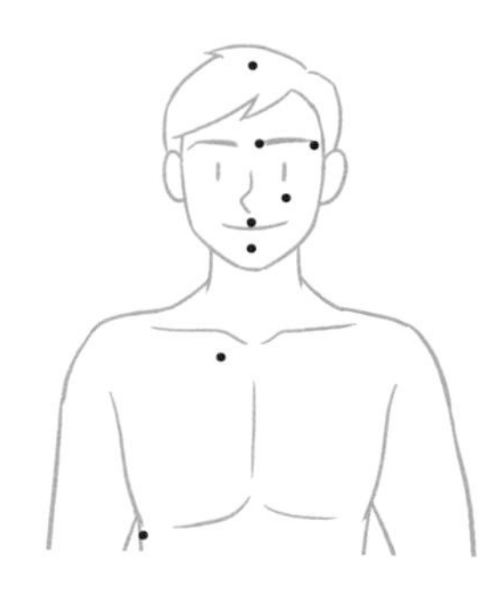

을 각각 5~7회씩 두드린다.

➡ 백회(기본 과정에는 없지만 단축 과정에 추가하여 많이 쓴다. 위치는 96쪽 참고), 눈썹, 눈 옆, 눈 밑, 코 밑, 입술 아래, 쇄골, 겨드랑이 아래

기본 과정과 비교하면, 명치 옆과 손가락 타점들이 제외된다. 또한 뇌조율 과정도 생략한다.

⑤ 고통지수를 다시 평가하고 단축 과정 반복하기

대부분의 경우에 단축 과정을 사용해도 좋은 효과가 난다. 단축 과정을 사용해서 잘 해결이 되지 않는다면 기본 과정을 다시 반복하거나 '3. EFT 심화(96쪽)' 부분을 보고 다시 해보는 것이 좋다.

EFT의 발생지인 미국에서 출간되는 수많은 EFT 서적들을 보면 위에서 소개한 단축 과정으로 EFT를 하는 경우가 많다. 아마도 이렇게 하는 것이 상당히 편하면서도 효과가 큰 차이가 나지 않기 때문일 것이다. 나도 몇 년 동안 유나방송에서 EFT 강의를 하는데, 편의상 이 단축 과정을 주로 쓰고 있다.

● 말없이 두드려도 효과가 난다

“도대체 뭐라고 말하면서 두드려야 돼요?”라는 질문을 늘 받는다. 사람들이 EFT를 할 때에 제일 어려워하는 것이 생각과 감정과 증상을 말로 표현하는 것인 듯하다. 그런데 이런 어려움을 해소해주는 아주 좋은 기법이 있으니 ‘침묵 기법’이다. 침묵 기법이란 말 그대로 말을 하지 않고 두드려만 주는 것인데 이것만으로도 좋은 효과가 있다. 다음과 같은 방법이 있다.

- 전체 타점을 그냥 다 말없이 두드린다.
- 편의상 손가락 타점만 두드린다. 이때에는 네 번째 손가락도 함께 두드린다.
- 깍지 껴서 손가락 타점을 동시에 자극한다.

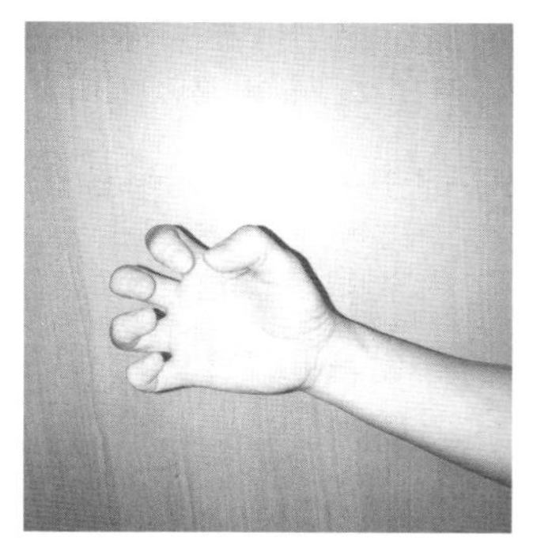
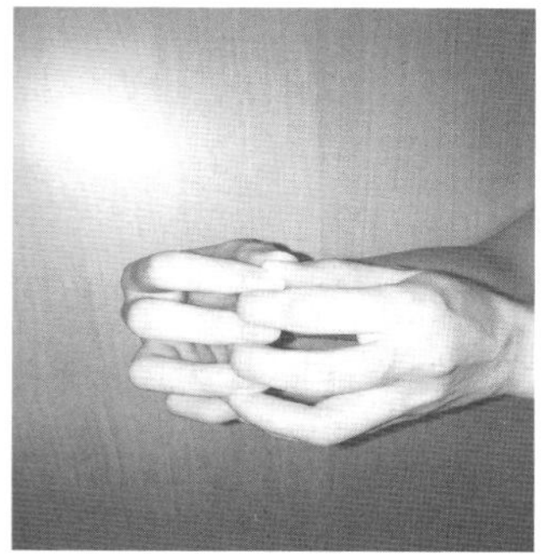

먼저 양손을 그림과 같이 끝을 구부려 갈고리 모양으로 만든다. 그다음에 손가락 끝마디만 깍지를 끼면 손가락 타점 10군데를 동시에 자극하는 모양이 된다.

습관적으로 말없이 타점을 두드리는 것만으로도 많은 효과를 볼 수 있다. 그렇기 때문에 나는 사람들에게 늘 텔레비전을 보거나, 지하철 안에 있을 때에도 습관적으로 두드리라고 권한다.

"습관적으로 두드리다 보면 몸과 마음이 습관적으로 좋아진다."

'선택 기법'으로 원하는 미래를 창조하라

'선택 기법'Choice Method이란 수용확언 대신에 선택확언을 넣어서 EFT를 하는 기법인데, 팻 캐링턴Patricia Carrington이라는 EFT 마스터에 의해 개발되었다. 기존의 EFT가 부정적인 문제를 지우는 데에 치중하는 반면에, 선택 기법은 미래에 대한 긍정적인 선택을 할 수 있게 도와주는 장점이 있다.

선택확언의 기본적인 형태는 다음과 같다.

"나는 비록 A 하지만 B 하는 것을 선택합니다."

선택확언은 아무 상황에서나 사용하기보다는 먼저 기존의 EFT를 써서 문제나 증상을 3 이하로 떨어뜨린 다음에 선택확언을 사용하는 것이 좋다. 문제나 증상이 7 이상으로 심각한 경우에 선택확언을 쓰면 무의식이 선택확언이 의미하는 내용을 받아들이려 하지 않기 때문이다. 이 공식에서 A부분은 기존의 수용확언에 들어가는 내용과 같고, B부분은 이런 상황에서 어떤 긍정적 선택을 할 것인지를 결정해서 넣어야 한다.

예를 들어보자. 몇 년 전에 어느 날 50대의 한 사업가가 죽을상이 되어서 찾아왔다. 그는 10여 년을 고생해서 사업이 겨우 자리를 잡으려고 하는데, 갑자기 업계에 총체적인 불황이 닥쳐서 다시 사업이 와르르 무너질지 모르는 위기를 맞고 있었다. 그는 나를 보자마자 이렇게 외쳤다. "총체적 위기에요. 이건 내 탓이 아니잖아요. 너무 억울해요! 내 모든 노력이 수포로 돌아갔어요. 이제 나는 쫄딱 망해서 다시 일어설 수 없을 거예요!"

일단 그의 이런 좌절과 절망과 분노에 대해서 EFT를 했다. 한 30여 분이 지나자 그가 말했다. "내 마음속의 두려운 생각들을 다 말하고 다 두드려서 지우니 참 후련하네요." 처음에 10이었던 고통지수가 3으로 떨어졌다. 이에 나는 그에게 물었다.

"이제 이런 상황에서 산전수전 다 겪고 성공한 현명한 사업가가 당신에게 조언을 한다면 뭐라고 할까요?"

그는 이렇게 대답했다.

"아마도 이렇게 말하겠죠. '괜찮아. 겉보기만큼 그렇게 나쁘지는 않아. 모든 일은 마땅한 이유가 있어서 생겨. 너는 너 자신을 진정시키기 위해서 네 스스로 할 수 있는 것만 해. 네가 잘 아는 도구들이 있잖아. 심호흡, 명상, 일기, EFT 말야. 지겹게 듣는 말이지만 어쨌든 동트기 전이 가장 어두워.'"

그의 이런 말들을 들으면서 다음과 같이 정리해서 선택확언으로 만들었다.

- 비록 지금 당장 경기가 바닥을 쳐서 나는 넋이 나갔지만, 나는 내가 할 수 있는 것을 하면서 평정심을 되찾는 것을 선택합니다.
- 비록 나는 사실 넋이 나가서 어찌할 바를 모르지만, 겉보기만큼 상황이 나쁘지는 않다는 것을 깨닫고, 차츰차츰 창의적인 해결책을 찾고 실천하는 것을 선택합니다.
- 이 캄캄한 어둠이 언제 끝날까 하는 마음이 있지만, 동트기 전 새벽이 가장 어둡다는 말을 마음에 되새기는 것을 선택합니다.
- 비록 경기가 바닥을 치고 경제가 무너지는 것 같지만, 나는 바꿀 수 없는 것에 대해서는 평정심을, 바꿀 수 있는 것에 대해서는 바꿀 용기를, 그리고 이 둘을 구분할 줄 아는 지혜를 갖는 것을 선택합니다.

이렇게 선택확언을 만들고 처음 연속 두드리기를 할 때에는 앞에서 느꼈던 부정적인 감정에 대한 연상어구를 사용한다.

두 번째로, 연속 두드리기를 할 때에는 긍정적인 선택 부분을 연상어구로 사용하여 두드리면 된다. 이렇게 선택확언을 활용하게 되면 부정적 감정을 해소할 뿐만 아니라 미래에 대한 행동이나 상황을 주체적으로 선택할 수 있어서 능동적인 삶을 사는 데에 큰 도움이 된다.

첫 번째 연속 두드리기의 연상어구	두 번째 연속 두드리기의 연상어구
지금 당장 경기가 바닥을 쳐서, 나는 넋이 빠졌다	내가 할 수 있는 것을 하면서 평정심을 되찾는 것을 선택한다
넋이 빠져서 어찌할 바를 모른다	나는 겉보기만큼 상황이 나쁘지 않다는 것을 깨닫고 창의적인 해결책을 찾는 것을 선택한다.
이 캄캄한 어둠이 언제 끝날까	나는 동트기 전 새벽이 가장 어둡다는 말을 되새기는 것을 선택한다
경기가 바닥을 치고 경제가 무너진다	나는 바꿀 수 없는 것에 대해서는 평정심을, 바꿀 수 있는 것에 대해서는 바꿀 용기를, 그리고 이 둘을 구분할 줄 아는 지혜를 갖는 것을 선택한다.

2008년 5월에 미국에서 선택 기법을 만든 팻 캐링턴과 기념사진을 찍었다.

《EFT Choices Manual》

팻 캐링턴의 '선택 기법'을 설명하는 책이다.

'핵심 주제'를 잘 찾아야 EFT를 잘한다

EFT가 워낙 쉽고 단순하다 보니 자신이 느끼는 증상과 문제를 무작정 단순히 말로 표현하면서 두드려도 대체로 50퍼센트 이상은 좋아진다. 개리 크레이그는 심지어 이런 말을 하기도 했다. "초등학생에게 EFT 기본 과정을 10분 동안 가르쳐주어라. 그리고 이제 이 아이를 쇼핑센터 같은 데 보내 아무나 붙잡고 두드려주게 하라. 그러면 그중에서 50퍼센트 정도는 좋아질 것이다." 이렇게 쉽게 효과를 내기도 하지만 EFT는 종종 효과가 너무 더디거나 전혀 없는 경우도 많다. 주로 핵심 주제를 찾지 못한 것이 원인이다. 따라서 핵심 주제를 잘 찾는 것이 초보자와 전문가의 차이이기도 하다.

● 육체적 문제와 핵심 주제의 관계

애초에 EFT는 심리적 문제 해결을 위해 만들어졌지만 현재까지 누적된 경험에 따르면 EFT는 온갖 육체 증상에도 정말 탁월한 효과를 발휘한다. 그런데 처음에 육체 증상만으로 EFT를 적용해도 어느 정도 효과가 나지만, 핵심 주제를 찾아야만 완전한 효과가 나는 경우도 많다. 이제 여기서 구체적인 사례를 통해 핵심 주제가 무엇인지 알아보자.

사례 1 어느 날 50대 여성이 왼쪽 엄지손가락이 아프다며 찾아왔다.

남편과 텔레비전 앞에서 말다툼하다 남편이 화면을 가리지 말라고 리모컨을 휘둘렀는데, 여기에 맞은 뒤로 한 달이나 지났는데도 여전히 너무 아파서 손가락을 굽힐 수가 없다고 했다. 이에 처음에는 증상으로 접근해서 "나는 왼쪽 엄지손가락이 너무 아파서 굽힐 수가 없지만……"라는 수용확언으로 두드렸다. 그런데 전혀 효과가 없었다. 그래서 1회전을 더 해보았지만 역시나 효과가 아예 없었다.

그래서 그녀에게 물었다. "손가락 처음 다칠 때 기분이 어땠어요?" "그야 당연히 미워서 콱 패고 싶었죠. 안 그래도 부부 사이도 안 좋았는데, 손가락까지 다치게 만들고. 너무 열 받아서 하여튼 그날 밖에서 외박해버렸어요." 이에 '바로 이거다' 하는 생각으로 이렇게 수용확언을 만들었다. "나는 그때 남편이 내 손가락을 쳐서 너무 미워서 콱 패고 싶었지만……" 그리고 EFT를 했더니 바로 나아버렸다. 결국 그녀의 손가락 통증의 원인은 남편에 대한 분노였고 바로 이것이 핵심 주제였던 것이다.

사례 2 또 어느 날 30대 여성이 다친 손이 몇 달째 낫지 않는다고 찾아왔다. 몇 달 전에 넘어지면서 바닥을 짚다가 손목을 접질렸는데 병원에서 사진상으로 아무 이상이 없다고 하는데도 아파서 손목을 굽힐 수가 없었다. 의사는 "이 정도면 한 달이면 낫는데 안 낫는 게 이상하다"고 말하면서 당황해했다. 의사도 환자도 서로 답답해 어쩌지 못하는 상황이었다. 게다가 이 여성은 EFT를 좀 아는 사람이었다. "선생님 30분이나 했는데도 아무 효과도 없어요. 이건 안 되나 봐요." 이에 내가 직접 EFT를 해주었다.

맨 처음에는 "나는 비록 손목이 욱신거려서 굽힐 수가 없지만……"으로 두드렸지만 통증은 변화가 없었다. 이에 핵심 주제를 찾기 위해서 다칠 당시에 무슨 일이 있었는지 물었다. "사람들이 많아서 일단 쪽팔렸죠." 이에 "나는 비록 사람들이 다 보고 있어서 너무 쪽팔렸지만……"이라고 말하면서 두드렸다. 그러자 통증이 9에서 7로 떨어졌다.

여기서 더 이상 떨어지지 않아 다시 그때 무슨 일이 있었는지 물었다. "게다가 옆에 있던 남자 친구가 넘어진 나를 도와주기는커녕 뚱뚱해서 자빠졌다고 놀려서 엄청 열 받았죠." 이 말을 하는 동안 그녀의 얼굴은 벌써 노기가 가득했다. 이에 이 말 그대로 수용확언을 만들어서 두드리자 통증은 즉각 0이 되고 몇 달 동안 굽힐 수 없었던 손목을 자유자재로 쓸 수 있게 되었다. 결국 그녀의 손목 통증의 핵심 주제는 '쪽팔림'과 '분노'였던 것이다.

앞에 나온 유나방송 애청자의 사례를 다시 한 번 보자.

"저는 약 이년 여전부터 팔꿈치 통증으로 고생했었습니다. 견딜 수 없을 때마다 통증클리닉에 가서 치료받았지만 1년쯤 지나자 주사도 효과가 없었고, 한의원을 몇 군데 다녀보았지만 전혀 차도가 없었습니다. 그런데 유나 방송에서 EFT를 따라하다가 수용확언을 '나는 비록 이나마 육체노동이라도 못 하게 될까봐 두렵지만' '나는 비록 엘보 증상은 쉬기 전에는 절대 낫지 않는다는 소리를 많이 들었지만' 등으로 바꾸니 갑자기 확 상태가 호전되는 것을 느꼈습니다. 며칠이 지난 후에도 일할 때마다 통증이 많이 호전되었음을 느낍니다."

이분의 팔꿈치 통증의 원인은 무엇인가? 그렇다. 일을 하지 못할 거라는 걱정과 쉬지 않으면 안 낫는다는 불안이 바로 핵심 주제였던 것이다. 이렇게 낫지 않는 대부분의 육체 질환 뒤에는 심리적인 원인이 숨어있고, 이러한 심리적 원인을 핵심 주제라고 부른다.

다시 또 다른 예를 들어 설명해보자. 오른쪽 발목을 삔 세 사람이 있다. 모두 나이와 성별도 같고, 겉보기 상태도 비슷하고, 사진 상으로도 모두 골절이 아닌 인대 부상이며, 증상도 비슷해서 발목을 굽히기가 힘들고 걸을 때 많이 아픈 정도다. 원인도 동일해서 모두 걸어가다가 삐끗했다고 한다. 이렇게 증상이 동일할 때 의사들의 치료는 모두 동일하다. 의사들이 말하는 예후도 똑같다. "이 정도면 한 달이면 다 나을 거예요"라는 정도일 것이다.

그런데 증상과 질병이 같다고 모두가 이런 일반적인 예후에 따르는 것은 아니다. 갑순은 실제로 2주 안에 다 나아서 뛰어다니는데, 을순과 병순은 4주가 지나도록 별로 호전이 되지 않고, 특히 병순은 갈수록 더 아프다. 왜 그럴까? 왜 똑같은 증상에 똑같은 치료를 했는데 결과는 다 다를까? 기존 의학의 패러다임으로는 도저히 예측도 이해도 되지 않는다.

이것이 기존 의학의 한계다. 기존 의학은 사람이 아닌 병만 보고, 마음을 뺀 몸만 보기 때문이다. 그런데 그들이 나에게 온다면 나는 먼저 이렇게 물어본다.

1. 관련된 사건: 구체적으로 어떤 상황에서 발목을 삐게 되었죠?
2. 관련된 감정: 발목 삔 것과 관련해서 어떤 기분이나 느낌이 들죠?
3. 관련된 생각: 발목 삔 것과 관련해서 어떤 생각이 많이 드나요?

이들이 각각 내놓은 답변을 다음과 같이 표로 정리해보자.

	갑순	을순	병순
육체 증상	발목 돌릴 때 시큰거리고 걸을 때 욱신거림	발목 돌릴 때 시큰거리고 걸을 때 욱신거림	발목 돌릴 때 시큰거리고 걸을 때 욱신거림
증상에 관련된 사건	걷다가 실수로 삐끗함	친구가 장난으로 밀어서 삐끗함	전날 바람피운 남편과 대판 싸웠는데, 그 다음 날 친구가 장난으로 밀어서 삐끗함

증상에 관련된 부정적 감정	없음	친구에 대한 짜증	친구에 대한 짜증, 남편에 대한 치솟는 분노, 막 꼬인 인생에 대한 좌절감
증상에 관련된 생각	없음	없음	나는 되는 것이 없다. 남편을 용서할 수 없다. 내 인생은 완전 실패다.

이렇게 되면 증상은 같아도 그들에게 해주는 EFT는 다 달라진다.

갑순

- "나는 비록 발목 돌릴 때 시큰거리고 걸을 때 욱신거리지만……"

을순

- "나는 비록 발목 돌릴 때 시큰거리고 걸을 때 욱신거리지만……"
- "나는 비록 친구 장난으로 발목 삐어서 너무 짜증이 나지만……"

병순

- "나는 비록 발목 돌릴 때 시큰거리고 걸을 때 욱신거리지만……"
- "나는 바람피운 남편도 밉고 나를 민 친구에게도 너무 짜증이 나지만……"
- "나는 도대체 남편도 그렇고 친구도 그렇고 되는 일이 없다고 느끼지

만……"

- "나는 남편도 용서가 안 되고, 인생 자체가 완전 실패라고 느끼지만……"

갑순과 을순과 병순은 증상이 같지만 이와 관련된 사건과 감정과 생각은 모두 다르다. 바로 이 차이가 증상을 지속시키거나 악화시키는 원인으로 작용한다. 갑순은 일반적인 치료에 잘 반응하지만, 을순과 병순은 관련된 감정과 생각까지 지워주지 않으면 증상이 지속되거나 재발하거나 도리어 악화되기 쉽다. 바로 이 점을 기존 의학에서는 간과하고 있고, 그들이 간과하는 점들이 바로 병의 원인으로 작용하고 있음을 이제 나는 확신한다. 이런 경우에 EFT를 적용해보면 바로 이들 원인이 해결되면서 효과를 보게 되기 때문이다.

이렇게 육체 증상을 만드는 사건과 감정과 생각을 뭉뚱그려서 나는 '육사감생' 모델이라고 흔히 부르고 강의한다. 다시 풀어서 말해보자. 낫지 않는 육체 증상 뒤에는 관련된 사건과 감정과 생각이 있고, 이것을 핵심 주제라고 부른다.

육사감생에서 사감생(사건, 감정, 생각)이 핵심 주제다!

그럼 이제 다시 사감생을 곧 핵심 주제를 찾는 질문법을 말해보자.

① 아플 무렵에 어떤 힘든 일이 있었나요?

관련된 사건을 묻는 질문인데 이렇게 물으면 대답을 못하는 경우도 많다. "별일 없었는데요." 그러면 이렇게 말하면 된다. "아무리 사소한 일이라도 됩니다. 조금이라도 신경 쓰이는 일이 있었으면 말해보세요." 그래서 나온 대답에 대해서 EFT를 하면 된다. 필요하다면 영화관 기법을 쓰는 것도 좋다.

② 살면서 힘들었던 일이 무엇인가요?

이것 역시 관련된 사건을 묻는 질문인데 힘들었던 일이 누적되어서 큰 병이 되기 때문에 이 질문을 해보는 것이 중요하다. 단순한 통증인 경우에는 1번 질문만으로도 잘 해결되는데 복잡하고 오래된 병에는 이 질문을 반드시 하게 된다.

③ 내 인생을 다시 산다면 생략해버리고 싶은 사건이나 사람은 누구인가요?

이 질문은 2번 질문과 취지가 같으나 좀 더 강하게 물어보는 것이다. 이 질문을 통해서 상처가 되는 사건을 EFT로 지우면 된다.

④ 이와 비슷한 느낌을 받은 다른 일은 무엇인가요?

인간의 경험은 대체로 패턴을 형성하기 때문에 앞의 질문으로 나온 대답에 대해서 EFT를 해도 부족하다고 느끼면 이런 질문을 해서 더 많은 상처가 되는 사건들을 찾아서 지워야 한다.

⑤ 아픈 것과 관련해서 드는 생각과 감정은 무엇인가요? 또는 아프니까 어떤 생각과 감정이 많이 드나요?

이 질문은 사감생 중에서도 감정과 생각을 묻는 질문이다. 이 질문에 대해 나왔던 답을 이해를 돕기 위해 몇 개 나열해보자.

- 아파서 아무것도 못 하니까 짜증나죠.
- 아파서 일도 못 하니 뭐 먹고 사나 걱정되죠.
- 수술 안 하면 절대 안 낫는다고 해서 나을 수 있을까 걱정돼요.
- 나이 들어서 그냥 참고 살아야 된다고 해서 우울하죠.
- 계속 아프고 안 나을까봐 불안하죠.

⑥ 병이 있어서 혹 좋은 것이 있다면 무엇일까요? 이 증상이 없어져서 안 좋은 것이 혹 있다면 무엇일까요? 이 증상이 사라지지 않게 하는 이유가 있다면 무엇일까요? 이 증상이 사라지면 안 되는 이유가 있다면 무엇일까요?

우리는 의식적으로는 병이 낫기를 바라지만, 때로는 무의식은 도리어 병이 낫지 않기를 바라는 경우도 많다. 이런 것을 심리적 역전(160쪽에서 자세히 설명)이라고 한다. 이런 심리적 역전을 찾는 질문이다.

● 심리적 문제에서 핵심 주제 찾기

앞에서 육체 증상을 일으키는 핵심 주제에 대해 설명했는데 이번에는 심리적 문제를 일으키는 핵심 주제를 설명해보자. 어느 날 40대 중반의 미혼남이 찾아왔다. 그는 결혼은 하고 싶은데, 일명 '여자 공포증'이 있어서, 아무리 착한 여자를 만나도 불안해져서, 아무 말도 못하고 억지스럽게 앉아 있다가 오는 경우가 대부분이었다. 그 과정에서 사람이 이상하다, 불친절하다, 매너가 없다는 등의 오해도 많이 받았고, 실패 경험도 수십 번이 넘었다.

그러다 한번은 이런 그의 첫인상에도 불구하고, 그를 이해하고 받아주는 여자가 생겨서, 여자 쪽이 더 용감하게 결혼을 요구하는 정도까지 진전이 되었다. 그런데 이제 본인의 승낙만 남은 순간에 갑자기 스스로도 이해할 수 없는, '어떤 여자도 믿을 수가 없어'라는 의심이 들면서 모든 연락을 끊고 피해버렸다고 했다. 그는 아직 혼자라는 사실 때문에 처절하게 괴로워하면서도 이런 두려움과 의심을 어찌할 수가 없어서 여전히 혼자라며 울부짖었다.

이에 맨 처음에는 여자를 만날 때 드는 생각과 감정부터 시작해보기로 했다.

"그냥 여자 앞에만 서면 막 불안하고 떨려요. 8 정도 되는 것 같아요."

이것으로 EFT를 했다.

"조금 줄어서 6 정도 되는데 하지만 여전히 불안해요."

이에 몇 번 더 EFT를 했지만 좀처럼 변화가 없었다. 이에 핵심 사건을 찾기로 했다.

"언제부터 이런 느낌을 받았어요?"

"아주 어렸을 때부터요. 언제인지 기억할 수도 없어요. 언제나 여자만 보면 불안했어요."

"그럼 엄마 앞에서도 불안했나요?"

"네."

"엄마도 그랬다고요?"라고 내가 묻자 조용하던 그가 갑자기 두려움의 표정을 지으면서 말했다.

"엄마와 아빠가 항상 싸웠어요. 아빠와 싸우고 나면 항상 나에게 무슨 일이 생겼어요. 아빠 닮아서 제대로 하는 게 하나도 없다고 마구 때리고 욕하곤 했어요."

그러면서 그는 흑흑거리며 울기 시작했다. 이에 나는 여자 공포증의 원천이 엄마에 대한 기억이라는 사실을 직감하고, 엄마에게 학대받은 사건(기억) 몇 개를 찾아서 영화관 기법(뒤에서 설명)으로 지웠다. 그가 무척 편안해진 얼굴로 말했다.

"이제는 여자가 두렵지는 않네요. 하지만 여전히 여자를 믿을 수는 없을 것 같아요."

"왜죠?"

"몰라요. 자꾸 그런 생각이 들어요."

"그럼 당신의 인생에서 당신이 결코 믿을 수 없었던 여자가 있다면 누구일까요?"

잠시 생각한 뒤 말했다.

"또 엄마군요. 그렇게 나를 구박하고 때리다가 중학교 1학년 때 갑자기 가출한 뒤로 한 번도 본 적이 없어요."

"그 뒤로 엄마에 대해 어떤 생각을 많이 했나요?"

"그렇게 나를 때렸는데도 엄마가 그리웠고, 사람들과 가까워지는 게 무서웠어요. 언제 또 나를 떠날지도 모르니까요."

결국 '어떤 여자도 믿을 수가 없어'라는 생각은 사실 '나는 떠나간 엄마를 믿을 수가 없어'였고, 그의 무의식은 떠나간 엄마에 대한 기억을 '모든 여자는 언제라도 나를 떠날 수 있다'라고 해석해서 믿게 되었던 것이다.

이에 '엄마가 나를 버려서 나는 누구도 어떤 여자도 믿을 수 없다고 생각하게 되었지만……'이라는 수용확언으로 EFT를 한 뒤 이제 어떤 생각과 감정이 드는지 물었다.

"이상하게 이제는 의심이 안 드네요."

이윽고 몇 달이 지났고 그에게서 한 여자와 열렬하게 연애중이라는 소식이 왔다. 드디어 그는 여자에 대한 두려움과 의심에서 완전히 벗어난 것이다. 이런 식으로 우리가 현재 어떤 상황과 사람에 대해서 느끼는 생각과 감정의 원천은 대부분 과거의 기억(또는 사건)에 의존하고 있는 경우가 많다. 이렇게 지금 내가 해결하고 싶은 심리적 문제의 원인이 되는 과거사건 또는 기억을 개리는 핵심 주제core issue라고 부른다.

드러나는 생각과 감정에 EFT를 아무리 적용해도 진전이 되지 않을 때에는 핵심 주제가 원인인 경우가 많고, 이들 핵심 주제를 찾아서 EFT를 하면 확 좋아지는 경우가 많다. 그럼 핵심 주제는 어떻게 찾을까? 보통 다음 질문을 하면 된다.

① 왜 그렇게 생각하세요? 구체적으로 말해보세요

한 사람이 '나는 되는 게 없어요'라고 말한다. 그래서 "나는 비록 되는 게 없지만……"이라고 EFT를 하면 효과가 없거나 떨어질 가능성이 많다. 문제 자체가 너무 광범위하고 모호하기 때문이다. 이럴 때 이 질문을 하면 된다. 그러면 이 사람은 이런 판단을 하게 된 온갖 사건들을 나열할 것이다. 예를 들어 사업 실패, 아내와의 다툼, 아이의 비행 등을 말할 것이고 이것에 대해서 EFT를 하면 '나는 되는 게 없어요'라는 좌절감도 사라질 것이다.

② 현재와 비슷한 느낌을 받았던 어린 시절의 사건(기억)이 있다면 무엇일까?

사람들은 유년기의 부정적 경험으로 인해 생긴 사고의 틀을 가지고 이후의 모든 인생사를 판단하게 된다. 예를 들어보자. 어려서 '너는 왜 늘 이 모양이냐'라는 비판을 자주 받은 아이는 '나는 항상 부족하다'는 생각의 틀을 갖게 되고, 그래서 무엇을 해도 자신감이 없고 잘 못하게 된다.

그러다 30대가 되어 직장 생활을 하다가 나에게 와서 이렇게 말한다. "나는 늘 자신감이 없어요." 그러면 나는 이렇게 묻는다. "언제부터 자신감이 없었죠? 언제 이런 느낌을 많이 받았죠?" 그러면 관련된 경험을 죽 말할 것이다. 이런 경험들을 EFT로 죽 지워버리면 자아상이 바뀌고 현재의 문제도 당연히 해결된다.

③ 지금과 비슷한 느낌을 처음 받게 된 사건이 있다면 무슨 일인가?

대체로 많은 심리적 문제가 특정한 계기가 있기 마련이다. 예를 들면 발표 공포증은 어렸을 때 발표하다가 너무 떨어서 생기는 경우가 많고, 사람에 대한 두려움은 학창 시절 왕따를 당하고 나서 생기는 경우가 많고, 운전 공포증은 교통사고가 난 뒤에 생기는 경우가 많다. 이런 경우에 계기가 되는 사건을 영화관 기법으로 지워주면 대체로 잘 해결된다.

④ 이 문제에 대해서 어떤 생각과 감정이 드는가?

때때로 해결하고 싶은 감정(1차 감정)에 대한 감정(2차 감정)이 문제가 되는 경우가 많다. 예를 들어보자. 공황장애 환자가 와서 처음 EFT를 하는데 30분이 지나도 별 반응이 없어서 물었다. "지금 어떤 생각과 감정이 드세요?" "정말 이렇게 두드린다고 공황장애가 나을 수 있을까요?" 그래서 '나는 비록 두드린다고 나을 수 있을까……'라고 말하면서 두드려주었고 그때부터 효과가 났다. 여기서 해결하고 싶은 감정(1차 감정)은 공황장애였고 EFT에 대한 의심은 2차 감정이었다. 2차 감정이 1차 감정의 해결을 막고 있었던 것이다.

⑤ 인생을 다시 살게 된다면 어떤 사람이나 사건을 생략하고 싶은가? 또는 살면서 가장 힘들었던 일은 무엇인가요?

살면서 힘들었던 일들이 쌓여서 심리적인 문제를 만들기 마련이다. 연애 문제, 사업 문제, 이혼, 사별, 배신, 애정결핍 등 온갖 문제가 마음속에 쌓여서 풀리지 않으면 우울증, 공황장애, 강박증, 정신분열 등의 심각한 정신질환도 된다. 심각한 심리적 문제에는 반드시 이 질문을 하게 된다.

⑥ 이 증상이 생길 무렵에 힘들었던 일은 무엇인가?

우울증이든 강박증이든 공황장애든 증상이 처음 생길 무렵에 반드시 심각한 스트레스를 받고 있었음에 틀림없다. 따라서 발병 당시의 힘든 사건들을 지워주는 것이 증상 해결에 당연히 중요하다.

⑦ 이 증상이 있어서 혹 좋은 것이 있다면 무엇일까요? 이 증상이 없어져서 안 좋은 것이 혹 있다면 무엇일까요? 이 증상이 사라지지 않게 하는 이유가 있다면 무엇일까요? 이 증상이 사라지면 안 되는 이유가 있다면 무엇일까요?

심리적 문제에도 역시나 심리적 역전이 작용하는 경우가 많으므로 심리적 역전을 찾는 질문으로 심리적 역전을 찾아내는 것이 중요하다.

문제에 살금살금 접근하기

종종 사람들은 너무 심각한 문제를 갖고 있다. 너무 큰 문제라서 도저히 건드리고 싶지도 않다. 그것은 죄책감일 수도 있고, 트라우마일 수도 있고, 두려움일 수도 있는데, 하여튼 너무 크고 압도적이라서 건드리면 자신이 통제가 안 되고 괴로워서 미칠 것 같다고 생각한다. 사람들은 다시는 이것을 생각하거나 입에도 올리고 싶어 하지도 않는다.

나의 상담 경험으로 볼 때 다음과 같은 것들이 트라우마의 주요 원인이 되었다. 가족에게 성폭행 당한 충격, 자동차 정면충돌 사고로 죽을 뻔한 경험, 전쟁터에서 동료의 사지가 분해되는 광경을 목격한 경험, 목매어 자살한 애인의 시신을 목격한 경험, 실수로 사람을 죽인 경험, 성폭행 당한 일 등, 이런 일들을 그 자리에서 바로 생생하게 떠올려서 EFT를 적용하려고 하면 상당수의 사람들은 도망가거나 거부할 것이다.

하지만 다행히도 이를 해결하는 EFT가 있으니 바로 '문제에 살금살금 접근하기'Sneaking Up On The Problem기법이다. 이것을 다른 말로 '부드러운 기법'Gentle Techniques이라고도 한다. 이 방법을 쓰면 문제에 조심조심 접근해서 문제의 날카로운 모서리를 살살 깎아가면서 천천히 문제로 접근하기 때문에 고통이 훨씬 적다. 이 기법의 개념 자체는 단순하지만 숙달하는 데에는 연습이 필요하다. 그럼 이제 이 기법을 실행하는 법을 설명해보자.

처음에는 일단 에둘러서 모호하게 문제에 접근하는 것이 좋다. 그래서 나는 일단 해결할 문제를 '그 큰 문제'라고 내담자에게 지칭하기로 약속한다. 그리고 내담자에게 '그 큰 문제'라고 소리 내어 말하게 하고, 그때에 드는 불편한 느낌에 대해 주관적 고통지수를 매겨보게 한다. 그러면 대체로 7, 8, 9 정도의 강한 불편함을 호소한다. 동시에 심장 두근거림, 손의 식은 땀, 목이 조임 등의 신체적 증상도 나타나는데 이에 대해서도 고통지수를 매겨보게 한다.

그다음에는 이것들에 EFT를 적용해서 '그 큰 문제'의 날카로운 모서리를 살짝 깎아내는 것이다.

- 나는 비록 이 문제가 생각하기도 불편하지만……
- 나는 비록 이 문제가 감당하기 어렵다고 느끼지만……
- 나는 비록 이 문제를 떠올리기만 해도 괴롭지만……
- 나는 비록 이 문제를 생각하니까 심장이 두근거리지만……
- 나는 비록 이 문제를 생각하니까 목이 조이지만……

문제의 상세한 내막은 당분간 무시한다. 그래야 일명 '돌직구'의 고통을 덜 수 있기 때문이다. 일단 당분간은 모호하게 에둘러 접근하는 것이 이 기법의 핵심이다. 이렇게 몇 회전을 하고 난 뒤에 내담자가 안도의 한숨을 쉬는 순간이 오면 다시 내담자에게 '그 큰 문제'를 소리 내어 말하게 해본다. 그러면 아마도 그 문제에 대한 감정적 반응과 신체적 반응 모두 많이 작아져 있을 것이다. 그렇다면 이제 이렇게 물어라.

"이제 그 문제에 관해서 편하게 말할 수 있는 부분이 있나요?"

내담자가 편하게 말할 수 있는 부분이 있다면 이제 드디어 문이 열린 것이다. 이제 내담자는 갈수록 더 상세한 내막을 말할 것이다. 물론 도중에 다시 말하기 힘들어하는 부분이 있다면 앞의 방식으로 다시 에둘러가라. 그리고 내담자의 상태가 괜찮아지면 다시 상세한 내막을 말하게 하라. 이렇게 '에둘러'와 '상세히'를 반복해서 잘 적용하라. 고통을 최소화하면서 문제를 해결하는 이 기법은 직면을 특징으로 하는 기존의 심리 치료 방법들에 비해 확실히 EFT의 가장 중요한 장점이라고 할 수 있다.

통증 따라가기

"수반되는 육체 증상을 치료하다 보면 심리적 문제가 같이 해결된다."

심리적 문제를 해결하기 위해서 EFT를 하게 되면 그와 동시에 수반되는 다른 육체 증상도 같이 사라지는 경험을 누구나 매번 끝없이 경험하게 된다. 분노나 두려움이 사라지면서 동시에 지끈지끈거리는 두통, 콱 결리는 요통, 가슴 두근거림, 속 쓰림 등이 사라진다. 수천 수만 개의 다양한 육체 증상들이 사라지는 것을 나는 누누이 경험했다. 이런 결과는 종종 수술, 약물, 방사선 등의 치료로도 듣지 않던 병에 나타난 것이라서 때로는 그저 기적이라고도 할 수 있다.

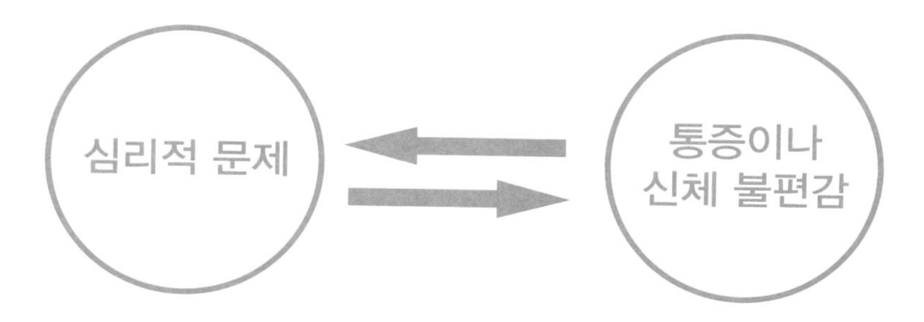

이렇게 심리적 문제와 육체 증상은 서로 연결되어 있고, EFT로 심리적 문제를 풀어서 육체 증상이 사라지듯이 반대로 육체적 문제를 EFT로 해결하면 심리적 문제도 같이 해결할 수 있다. 실제로 우리는 다음과 같이 심리적 문제가 육체 증상으로 나타나는 경험을 많이 한다.

- 그 일만 생각하면 머리가 지끈지끈 아파.
- 그 인간만 보면 밥맛이 떨어지고 소화가 안 돼.
- 시험 걱정에 어깨가 결리고 머리가 아파.
- 그 무서운 직장 상사만 보면 가슴이 두근거리고 손에 식은땀이 나.
- 시험 때가 되면 자꾸 배가 아프고 설사를 해.
- 그 인간을 생각만 하면 진짜 몸에 소름이 돋아.

몸과 마음이 상호작용한다는 이 엄청난 개념을 잘 적용한다면 심각한 문제가 있는 내담자에게 큰 고통을 주지 않고서도 치유 효과를 거둘 수 있다. 심리적 문제를 언급하지 않고 육체 증상만 다루면 되니까. 개리는 이 방법을 '통증 따라가기'Chasing The Pain라고 부르는데, 심리적 문제에 수반되는 신체 불편감이나 통증을 EFT로 치유하다 보면 증상 부위가 바뀌거나 신체의 느낌이 바뀐다. 이런 바뀐 부위나 느낌에 대해 다시 EFT를 적용하면 이것들이 다시 또 바뀌어서 나타날 것이다. 이런 식으로 증상이 완전히 사라질 때까지 바뀌는 증상을 따라가면서 EFT를 적용하면 애초의 심리적 문제도 완전히 사라지게 된다.

이제 '통증 따라가기'를 하는 방법을 자세히 설명해보자.

1. 먼저 내담자가 해결하고 싶은 심리적 문제를 정해서 마음속으로 떠올리게 한다. 그리고 그 문제의 고통지수가 얼마인지 정한다.
2. 내담자가 그 문제를 떠올릴 때 어떤 신체 반응을 몸에서 느끼는지 꼼꼼하게 확인하고서 말하게 한다.
3. 이제 그 신체 반응이 얼마나 불편하거나 고통스러운지 내담자가 주관적 고통지수를 정하게 한다.
4. 이제 현재의 증상 또는 반응에 대해서 EFT 기본 과정을 실시한다.
5. 그 증상이 부위가 바뀌거나 느낌이 바뀌었다면 이에 맞춰 다시 기본 과정을 실시한다.
6. 이상의 과정을 반복해서 아무런 육체 증상이 느껴지지 않으면 애초의 심리적 문제가 이제 얼마나 불편하게 느껴지는지 주관적 고통지수를 다시 매겨본다.

통증 따라가기에서는 육체 증상만으로 EFT를 해야 하기 때문에 특히 증상을 구체적으로 표현하는 것이 중요하다. 증상을 구체적으로 표현하기 위해서는 다음과 같이 질문해보자.

"어디가(부위) 얼마만큼(고통지수) 어떻게(통증의 느낌) 얼마나 크게(불편한 부위의 크기) 느껴지는가?"

이 질문을 더 자세히 설명하면 다음과 같다.

- 어디가: 불편한 부위가 어디인지 구체적으로 말한다. 만약 두통이면 앞머리, 뒷머리, 관자놀이, 이마 등.
- 얼마만큼: 고통지수가 얼마인가?
- 어떻게: 어떤 식으로 아픈가? 우리하다, 지끈거린다, 콱 결린다, 뻑뻑하다 등.
- 얼마나 크게: 불편한 느낌의 크기는 어느 정도인가? 손바닥만 하다, 엄지손가락만 하다, 축구공만 하다, 손톱만 하다 등.

이번에는 실제 사례를 들어보자. 어느 날 찾아온 50대 초등 교사는 새로 맡은 업무에 대한 부담감을 너무 크게 느끼고 있었다. 그 부담감으로 왼쪽 어깨가 많이 아팠고 고통지수는 10이었다. 이에 통증 따라가기로 부담감을 지워보기로 했다. "어깨의 어디가 얼마만큼 어떻게 얼마나 크게 아픈가요?" "어깨 한 가운데가 8만큼 콱 쥐어짜는 듯이 손바닥만 한 크기로 아파요." 이 말 그대로 EFT를 하고 다시 질문을 하니 이번에는 이렇게 말했다. "이젠 어깨 뒤가 6만큼 콱 당기듯이 손바닥만한 크기로 아파요." 이런 식으로 EFT를 30분 정도 했더니 마침내 어깨의 불편함이 다 사라졌고, 이와 동시에 부담감도 다 사라졌다.

그때 사용했던 수용확언을 열거하면 다음과 같다. 보시다시피 통증의 부위와 느낌과 크기가 EFT를 할 때마다 바뀌고 이에 맞춰 EFT를 하자 통증과 심리적 문제가 모두 사라졌다.

- 왼 어깨 한 가운데가 8만큼 콱 쥐어짜는 듯이 손바닥만한 크기로 아프지만……
- 왼 어깨 뒤가 6만큼 콱 당기듯이 손바닥만한 크기로 아프지만……
- 왼 날개 죽지 쪽이 4만큼 엄지손가락 크기로 결리지만……
- 왼 어깨 전체가 3만큼 손 하나 크기로 뭉쳐서 아프지만……
- 왼 어깨 가운데가 1만큼 엄지손가락 두 개 크기로 살짝 결리지만……

비유적 표현을 활용하여 EFT하기

종종 내담자들은 자신의 육체 증상을 다음과 같은 말로 표현한다.

- 가슴을 바위 덩어리가 짓누르는 것 같아요
- 꼭 바늘로 콕콕 찌르는 것처럼 아파요.
- 끓는 물에 닿은 것처럼 화끈거려요.
- 어깨를 누가 찍어 누르는 것 같아요.
- 뒷목에 마치 철심이라도 박힌 것처럼 목이 딱딱하고 안 돌아가요.

실제 일상생활에서도 우리는 이렇게 다양한 비유적 표현을 활용하여 신체 증상을 표현하고 있다. 이 표현을 그대로 EFT에 적용하면 상당히 좋은 효과를 볼 수 있다.

- 나는 비록 가슴을 바위 덩어리가 짓누르는 것처럼 아프지만…… 받아들입니다.
- 나는 비록 꼭 바늘로 콕콕 찌르는 것처럼 위가 아프지만…… 받아들입니다.
- 나는 비록 혀가 끓는 물에 닿은 것처럼 화끈거리지만…… 받아들입니다.
- 나는 비록 어깨를 누가 찍어 누르는 것처럼 무겁고 아프지만…… 받아들입니다.
- 뒷목에 마치 철심이라도 박힌 것처럼 목이 딱딱하고 안 돌아가지만…… 받아들입니다.

EFT 후에는 비유적 표현이 다음과 같이 바뀐다.

- 이제는 가슴을 바위보다는 작은 돌덩어리가 누르는 것 같아요
- 이제는 바늘이 아니라 뭉툭한 볼펜으로 쿡쿡 누르는 것 같아요.
- 이제는 끓는 물이 아니라 좀 뜨거운 물에 닿은 것처럼 뜨거워요.
- 이제는 어깨를 누가 손으로 꽉 쥐는 것 같아요.
- 이제는 뒷목이 생고무인 것처럼 좀 딱딱하고 결려요.

그러면 다시 이 표현으로 EFT를 하면 된다.

기억을 지워주는 '영화관 기법'

● 기억을 바꾸면 인생이 바뀐다

사례 1 몇 년 전 사업 실패로 실직 상태였던 갑돌이는 아내와 말다툼을 하다가, 서로가 욱하는 와중에 '돈도 못 버는 주제에 큰 소리는'이라는 말을 들었고, 무척 속이 상했다. 이제 시간이 지나서 제법 돈도 벌고 아내와 완전히 화해했는데도, 이 말이 자꾸 생각나면서 자기도 모르게 아내에게 자꾸 짜증을 내게 되어서 부부 사이가 이후로 전과 같지 않다.

사례 2 을순이는 4년 전에 지방 도로에서 급하게 운전하며 집으로 가던 중이었다. 그런데 맞은편의 차가 중앙선을 넘어와 정면충돌하는 바람에 생사를 오가는 위기를 겪었다. 다행히 부상은 크지 않아서 한 달 만에 퇴원했는데, 운전대만 잡으면 자기를 확 덮치던 그 차의 모습이 자꾸 떠올라서 운전대를 몇 년째 못 잡고 있다.

사례 3 병식이는 초등학교 때 발표를 하다가 말을 더듬은 적이 있다. 그런 병식이를 보고 친구들은 물론 선생님이 웃음을 터뜨리자, 소심한 병식이는 큰 충격을 받았다. 이후로 병식이는 다른 사람들 앞에서 발표할 일만 생기면 목소리와 온몸이 떨리고 머리가 멍해져서 발표를 할 수가 없었다. 이후로도 남들 앞에서 발표하는 것을 피하며 살아왔다. 그러다 보니 이제는 입사 10년차의 어엿한 직장인인데도, 능력에 비해 진급이 되지 않아 우울증과 화병까지 생기게 되었다.

사례 4 고등학생 정식이는 우수생이었는데, 어느 날 수학 시험에서 답안지에 답을 밀려쓰는 바람에 시험을 망친 적이 있었다. 그 뒤로는 공부할 때에는 잘 하는데, 시험 때만 되면 자꾸 불안해져서 그렇게 좋던 수학 성적이 널뛰기를 하면서 자꾸 떨어졌다.

이상은 과거의 기억이 현재에 어떤 영향을 주는지를 잘 보여주는 몇 가지 사례들이다. 만약 이들이 이런 일이 없었더라면 아니 그런 기억을 컴퓨터를 포맷하듯 확 지워버린다면 어떻게 될까? 당연히 갑돌이는 아내와 가까워지고, 을순이는 마음껏 운전하고, 병식이는 발표를 잘 해서 승진하고, 정식이는 수학 성적을 잘 받아 서울대에 갔을 것이다. 한마디로 모두 인생이 환상적으로 다 바뀔 것이다. 그러자 이런 말을 듣던 한 사람이 이렇게 톡 쏜다. "꿈같은 소리 하네. 그게 가능이나 해!" 그런데 이런 꿈같은 일이 가능하다면, 그런 방법이 있다면 한 번 해보고 싶지 않은가?

EFT는 이 세상에서 가장 강력한 기억 지우개다.

여기까지 읽다보니 어떤 느낌이 드는가? EFT로 내 기억을 확 지워서 새로운 마음으로 새로운 삶을 살고 싶다는 생각이 들지 않는가? 그럼 여기서는 그 방법을 알아보자. EFT로 기억을 지우는 데에는 약간의 지식과 기술이 필요하다.

● 기억의 특성 이해하기

영화관 기법을 잘 활용하려면 먼저 기억의 특성을 이해해야 한다. 기억의 특성을 가장 쉽게 이해하는 방법은 기억을 하나의 영화로 보는 것이다. 영화처럼 장면이 보이고, 소리도 난다. 앞서 소개한 을순의 기억을 예로 들어보자. 을순은 사고를 떠올릴 때마다 맞은 편 차가 확 달려드는 모습(시각), 서로 맞부딪치며 우지끈하는 소리(청각), 터지는 에어백에 부딪쳐 온몸이 휘청하던 느낌(체감각), 급제동하느라 타이어가 타는 냄새(후각), 대시보드에 부딪쳐서 다친 얼굴에서 난 피가 입안으로 흐를 때 나는 피의 비린 맛(미각) 등이 생각난다. 이렇게 기억은 오감의 요소로 구성된다. 이것이 기억의 첫 번째 특성이다.

을순은 이런 사고의 와중에서 몇 가지의 생각이 뇌리를 스쳤다. '이렇게 죽는구나' '남편과 애들을 두고 어떻게 가나!' '남은 가족들이 불쌍하다' 등이다. 또 그 뒤로는 그 사건을 떠올릴 때마다 '운전은 위험하다' '언제 무슨 일이 닥칠지 모른다' '다시는 운전하고 싶지 않다' 등의 생각이 자꾸 들면서 실제로 운전하기가 싫고 두려워졌다. 운전대에 앉는 것이 사형장에 끌려가는 것 같다는 기분이 들면서 아예 운전을 할 수 없게 되었다. 마치 우리가 영화를 보다보면 장면에 따라 온갖 생각이 들면서 이에 따른 다양한 감정을 느끼듯, 기억에도 똑같이 당시나 이후의 생각과 감정이 포함되어 있고, 이런 생각과 감정이 기억의 또 다른 구성요소다.

이제 기억의 특성을 다시 표로 정리해보자.

	1. 오감의 요소	2. 당시의 생각과 감정	3. 사후의 생각과 감정
영화의 구성요소	장면, 소리, 몸의 느낌(소수의 최신 영화관)	영화를 보면서 드는 생각과 감정	영화를 본 뒤에 느끼는 생각과 감정
기억의 구성 요소	장면, 소리, 맛, 냄새, 몸의 느낌	사건 당시에 드는 생각과 감정	사건을 겪은 뒤에 드는 생각과 감정

이렇게 기억은 크게 세 가지의 구성 요소를 갖고 있다. 영화는 그 특징상 냄새나 맛을 느낄 수는 없지만, 요즘 최신 영화관에서는 간혹 놀이기구를 타듯 흔들리는 장면이 나오면 관객석이 흔들리는 곳도 있어 약간의 체감각(몸의 느낌)도 느끼게 해준다고 볼 수 있겠다. 참고로 수천 명에게 수십 만 번 이상 영화관 기법을 해본 내 경험상 대부분의 기억에서 오감의 요소가 모두 드러나지는 않는다. 대체로 시각과 청각과 체감각의 요소가 제일 많고 미각과 후각의 요소는 드문 편이다.

● 영화관 기법 적용하기

이제 여기서부터는 EFT의 꽃이자 핵심이라 할 수 있는 '영화관 기법'으로 실제로 기억을 지우는 법을 배워보자. 영화관 기법을 쓸 때 가장 먼저 할 일은 당연히 지우고 싶은 사건을 고르는 것이다. 이때 너무 오래 진행된 사건이라면 10분 이내로 말하고 떠올릴 수 있는 사건을 고르는 것이 좋다. 예를 들어 군대에서 1년 동안 특정 선임자에게 시달린 기억이 있다면, 그중에서 특별히 기억나는 대표적인 상황만을 골라서 영화관 기법을 쓰고, 다시 또 다른 상황을 골라서 EFT를 하다 보면 그 선임자에게 시달렸던 기억을 모두 지울 수 있다.

지울 기억을 골랐다면 이제 이 기법을 사용하는 데 가장 중요한 것은 질문을 잘 하는 것이다. '그 사건(또는 일)에 대해서 무엇이 보이고 들리고 느껴지고 어떤 생각과 감정이 드나요?' 이 질문을 반복하면 그에 맞는 대답을 하게 되고, 이 대답에 EFT를 적용하면, 나중에는 그 사건이 더 이상 생각나지 않거나 아무런 느낌이 들지 않게 된다.

예를 들어보자. 한 여성의 교통사고 기억에 영화관 기법을 쓸 때의 대화다. 이 여성은 백화점 지하 주차장에 들어가다가 주차권 받는 곳에서 서있는 앞차를 박았고, 그 뒤로 백화점 지하 주차장처럼 회전하면서 내려가는 좁은 길에서는 앞차를 박을 것 같은 두려움이 너무 심해서 이런 주차장에서는 아예 운전을 못 했다. 그래서 그 기억을 EFT로 지워보기로 했다.

나: 그 사건에 대해서 무엇이 보이고 들리고 느껴지고 어떤 생각과 감정이 드나요?

여성: 잠시 한눈팔다가 갑자기 앞차가 선 것을 보고, 급하게 브레이크를 밟는데 차가 도리어 확 튀어나가서 심장이 멎을 것 같아요. 가속기를 밟았나 봐요.

이에 '나는 잘못해서 가속기를 밟아 차가 확 튀어나가니까 심장이 멎을 것 같지만……'으로 이 모습과 느낌이 사라질 때까지 두드려주었다.

나: 다시 이제 그 사건에 대해서 무엇이 보이고 들리고 느껴지고 어떤 생각과 감정이 드나요?

여성: 이제는 앞차가 제 차에 쿵 부딪치네요. 가슴이 섬뜩하네요.

이에 '앞차가 내 차에 쿵 부딪치니 가슴이 섬뜩하지만……'으로 이 느낌이 사라질 때까지 두드렸다.

나: 또 그 사건에 대해서 무엇이 보이고 들리고 느껴지고 어떤 생각과 감정이 드나요?

여성: 부딪치는 모습은 사라졌는데, 아직 쿵 하는 소리가 들려서 심장이 떨

려요.

이에 '아직 쿵 하는 소리가 들려서 심장이 떨리지만…'으로 두드렸다.

나: 또 그 사건에 대해서 무엇이 보이고 들리고 느껴지고 어떤 생각과 감정이 드나요?

여성: 이제는 앞차 주인이 내려서 나를 째려보네요. 차 주인이 우락부락하게 생겨서 너무 무서워요.

이에 '우락부락 너무 무섭게 생긴 차 주인이 내려서 나를 째려보지만……'으로 두드렸다.

나: 이제는 어떤가요?

여성: 어, 이제는 아무 생각이 안 나네요. 막 뛰던 심장도 괜찮아요.

이렇게 20분 정도 지나서 기억을 지우자, 이 여성은 백화점 지하 주차장이 편안하게 느껴졌고, 일주일 뒤에는 마침내 백화점에 운전해서 다녀오게 되었다. 이렇게 기억이 지워지면 행동이 바뀐다.

또 다른 예를 들어보자. 40대의 한 여성은 7년 전에 퇴근이 늦어져, 탁아소에 맡긴 아이를 찾으러, 지방도에서 서둘러 차를 몰다가 커브

길에서 중앙선을 넘어온 차와 정면충돌을 하게 되었다. 하마터면 바로 목숨을 잃을 정도로 큰 사고여서, 거의 한 달 이상을 입원하고 6개월 이상 외래로 진료를 받아야 될 정도로 신체 손상이 컸다. 차는 폐차 처분이 필요할 정도로 부서졌다. 그녀는 이 사건을 지우고 싶다고 했다.

나: (눈을 감게 하고 타점을 두드려주어 긴장을 풀어준 뒤) 그 교통사고를 생각하면 무엇이 보이고 들리고 느껴지고 어떤 생각과 감정이 드나요?

여성: 커브에서 그 차가 갑자기 나에게 와락 달려드는 모습이 보여요. 어어, (온몸이 떨리고 갑자기 얼굴에 공포의 표정이 서린다) 차 앞 범퍼가 내 눈앞으로 쳐들어오는 모습이 보여요. (이제는 흐느낀다) 흑흑, 정말 죽을 것 같아요.

나: (몇 분 동안 계속 그녀에게 타점을 두드려준다. 감정이 너무 고조될 때에는 이렇게 가만히 두드려주는 것만으로도 큰 효과를 본다. 이윽고 어느 정도 진정이 되었다.) 자, 이제 따라 해보세요. 나는 차 앞 범퍼가 내 눈앞으로 쳐들어와서 죽을 것 같았지만…… (같이 말하고 두드린 뒤에) 자, 이제는 어떻게 보이고 느껴지세요?

여성: 어, 이제 그 충돌 장면은 안 보여요. 이제는 에어백이 터져서 온몸이 휘청거리면서 놀라는 모습이 보여요.

나: (같이 두드리면서) 나는 에어백이 터져서 온몸이 휘청거려 놀라고 있지만…… 이제는 어떤가요?

여성: 이제는 그 장면도 그 느낌도 안 느껴져요. 이제는 부딪치고 나서 온몸이 빽빽하고 차에서 뭔가 타는 냄새가 나서 혼란스럽고 정신없는 게 생각나요.

나: (같이 두드리면서) 나는 온몸이 빽빽하고 차에서 뭔가 타는 냄새가 나서 혼란스럽고 정신없지만…… 이제는요?

여성: (완전히 편안하고 진정된 모습으로 안도의 한숨을 쉬면서) 이제는 아무 생각도 느낌도 안 나요.

나: 다시 한 번 그때를 생생하게 떠올려보세요. 어떤가요? (아무 생각도 안 난다는 말에) 그럼 끝난 거예요. 혹 약간이라도 떠오르면 다시 이 과정을 하면 됩니다. 완전히 지워질 때까지 반복해야 됩니다.

이렇게 30분 정도 기억을 지우자 놀라운 일이 생겼다. 그녀는 사고 후유증으로 어깨와 목이 항상 빽빽하고 결렸는데, 그 증상이 기억이 사라지면서 바로 없어진 것이다. 내 경험상 교통사고 후유증은 복잡하고 난치가 많은데, 많은 부분이 이렇게 사고의 기억 때문에 생긴다.

● 변화를 확인하는 방법

영화관 기법이 제대로 되었다면 보통 다음 두 가지 현상이 나타난다.

첫째, 아무리 애를 써도 그 장면이나 소리(또는 기타 오감의 요소)가 떠오르지 않는다. 실제로 많은 사람들이 '마치 영화의 끝처럼 장면이 하얗게 보인다'고 말하기도 한다. 둘째, 장면이 전환된다. 예를 들어보자.

- 칼을 든 사람에게 쫓기는 내 모습이 사라지면서, 내가 무사히 피해서 안도하는 모습이 나타난다.
- 앙칼지게 악담을 퍼붓던 아내의 목소리가 사라지고 보통 때의 편안한 아내의 목소리가 들린다.
- 자동차 정면 충돌 장면이 사라지고 사건이 다 정리되어서 길가에서 안심하고 있는 모습이 보인다.

이렇게 장면과 소리 등의 오감의 요소가 사라지고 바뀌는 것으로 그 효과를 대체로 확인할 수 있지만 더 꼼꼼하게 기억이 완전히 지워졌는지 확인하는 것이 좋다. 첫째, 생생하게 그 기억을 다시 떠올려본다. 둘째, 가능하다면 이런 느낌이 드는 상황에 직면해본다.

예를 들자면 교통사고 기억을 지웠으면 운전대를 잡아보고, 발표하다 망신당한 기억을 지웠으면 실제 발표를 해보고, 폭행당한 기억을 지웠으면 가해자를 만나보고, 물에 빠져 죽을 뻔 했던 기억을 지웠으면 물에 들어가보는 것이다. 이 정도까지 했는데도 아무런 느낌도 없고 기억도 나지 않는다면 영화관 기법이 잘 된 것이다. 가벼운 기억은 보통 한 번에 끝나지만 충격이 컸던 사건은 5회 이상 반복 확인하면서 지우는 경우도 많으니 한 번에 기억이 깨끗하게 다 지워지지 않는다고 실망할 필요는 없다.

영화관 기법을 쓰면 이렇게 기억의 장면이 바뀐다.

● 개리 크레이그가 제시하는 영화관 기법

여기서는 개리 크레이그가 제시한 대로 영화관 기법을 하는 법을 설명해보자. 나도 처음에는 개리 크레이그가 제시한 영화관 기법을 그대로 따랐으나, 시간이 지나면서 앞에서 설명한 기억의 특성을 활용하는 기법이 더 효과가 확실해서 이 방법으로 강의하고 설명한다. 하지만 개리 크레이그의 방법론이 원조이고 또한 일단은 쉽고 단순하다는 장점도 있어서 여기에서 설명한다.

먼저 괴로운 기억 하나를 고른다. 이것을 단편 영화로 만든다고 생각하고, 주제를 잘 표현하는 제목을 붙인다. 상영 시간은 대략 10분 정도가 좋다. 하루 종일 또는 그 이상 지속된 일이라면 몇 개의 장면으로 분할해서 하나씩 하면 된다. 예를 들어 7살 때 물에 빠져 죽을 뻔했던 기억이라면 '하마터면 물귀신 될 뻔 함'이라고 제목을 붙이면 되고, 백화점 지하 주차장에서 운전하다가 앞차를 들이박은 일이라면 '앞차 들이박고 정신 줄 놓음'이라고 제목을 붙이면 된다.

이제 이 영화(기억)를 마음속에서 상영한다고 생각한다. 다시 말해서 내 마음이 영화관이 되어 기억이라는 영화를 상영하고 나 자신은 그 영화를 설명하는 변사[8]가 되는 것이다. 만약 너무 고통스러운 기억이라면 앞에 나온 '문제에 살금살금 접근하기'나 '눈물 없는 트라우마'나 '통증 따라가기' 같은 기법을 써서 충격을 먼저 완화시키는 것이 중요하다.

이제 자신이 마치 변사가 된 것처럼 영화장면을 꼼꼼하게 설명하고, 고통지수가 올라가는 부분이 있으면 일단 멈추고 그 장면에 대해

8 1910년대 무성영화(無聲映畫)시대에 스크린에 펼쳐지는 극의 진행과 등장인물들의 대사 등을 관객들에게 설명하여 주던 사람을 말한다.

서 EFT를 한다. 이런 식으로 영화를 끝까지 상영하고 나면, 다시 한 번 영화를 상영하면서 감정을 느끼는 부분이 없는지 확인한다. 이때에는 모든 감각을 총동원하여 그 장면들을 확대시켜 느껴보고 감정의 동요가 생기지 않는지 확인하고, 필요하면 EFT를 실시한다. 기억이 완전히 사라졌는지 확인하기 위해 최소한 영화를 두 번 이상 상영하면서 감정의 동요가 있는지를 확인한다. 감정의 동요가 없고 덤덤하게 남의 일 같이 과거 사건을 회상할 수 있게 된다면 모두 해결된 것이다.

1. 고통스러운 기억을 고른다.
2. 특징을 고려해서 제목을 정한다.
3. 너무 긴 기억은 잘라서 10분 정도 이야기할 거리로 만든다.
4. 영화 내용을 설명하다가 감정이 고조될 때마다 멈추고 EFT를 한다.
5. 다시 처음부터 영화를 상영한다. 소리도 키워보고 장면도 확대해본다. 그 밖에 촉각이나 후각으로 느껴지는 다른 양상이 있으면 최대한 생생하게 느껴본다. 감정이 느껴지면 EFT를 한다.
6. 더 이상 아무런 느낌이 없을 때까지 이상의 과정을 반복한다.

● 눈물 없는 트라우마 기법

영화관 기법과 더불어 반드시 같이 알아야 할 기법이 바로 '눈물 없는 트라우마'Tearless Trauma 기법이다. 지우고 싶은 기억 중에는 소위 트라우마에 해당하는 것이 많고, 트라우마가 되는 기억은 떠올리는 것 자체로 너무 고통스러운 경우가 많다. 이런 경우에 '눈물 없는 트라우마 기법'은 트라우마를 최소한의 고통으로 치료하는 기법이다. 다만 '눈물 없는'이라고 해서 진짜로 전혀 눈물을 흘리지 않거나 고통이 전혀 없는 것은 아니고, 트라우마의 충격을 완충시키거나 최소화시켜서 치료하는 기법이라고 이해하면 되겠다.

1. 지우고 싶은 트라우마 또는 기억을 고른다.
2. 그것을 살짝 떠올린다. 이때 절대로 생생하게 떠올리면 안 된다.
3. 살짝 떠올렸을 때 느끼는 심리적 육체적 불편함에 대해서 EFT를 한다.
4. 2번과 3번을 반복하면서 주관적 고통지수가 3 이하 정도가 되어서 당신이 트라우마를 생생하게 말할 수 있을 정도가 되면 영화관 기법을 써서 그 트라우마를 지운다.

● 왜 EFT로 기억이 지워질까?

심리학자 존 왓슨은 1920년에 이른바 '리틀 앨버트 실험'이라는 유명한 실험을 해서 기억은 일종의 학습 과정에 의해서 만들어진다는 것을 밝혔다. 어린 앨버트는 원래 흰쥐를 좋아했다. 그런데 어린 앨버트가 흰쥐와 있을 때마다 큰 징 소리를 내어 앨버트를 놀래킨다. 곧 큰 소리와 흰쥐를 연결시킨 것이다. 이런 일이 반복되자 앨버트는 흰쥐를 싫어하게 되었고, 더 나아가 다른 흰색도 싫어하기 시작했다. 심지어는 흰색 가운을 입은 간호사도 싫어하게 되었다. 이것을 '공포 조건화'라고 하는데, 공포(또는 공포의 대상)가 학습된 것이다.

특정 대상(흰쥐) + 공포(징소리) ── 반복 → 무의식적 기억(공포 반응)

진화론적으로 우리는 생존에 위협이 되는 것은 반드시 기억하도록 프로그램되어 있다. 위협을 느끼면 뇌의 편도체amygdala가 활성화된다. 원래 편도체는 위험을 감지하고 기억해서 다음에 이런 위험에 빠지지 않도록 하는 기능을 한다. 예를 들어 우리가 불에 덴 고통이나 맹수에게 물린 고통을 잊는다면 다시 그런 위험에 빠지게 될 것이다. 그래서 우리는 대체로 분노나 불안 등의 부정적 감정을 느꼈던 일들을 잘 기억하는데, 이때 편도체가 활성화되기 때문이다. 특히 공포나 두려움을 느끼는 사건에서는 편도체가 크게 활성화되어 뇌에서 기억을 관장하는 부위들을 강하게 자극한다.

그럼 왜 부정적 감정을 느끼는 편도체가 기억에 중요한 역할을 할까? 그것은 편도체가 일차적으로 생존을 유지하기 위해서 각각의 상황을 즉각적으로 의미 있다고 판단하는 역할을 하기 때문이다. 다시 말해서 편도체는 생존을 위해서 두려움, 공포, 불안 등의 부정적 감정을 느끼는 상황을 우선 의미 있다고 판단하게 된다. 그러면 어떻게 우리는 의미가 없는 상황보다 의미가 있는 상황을 더 잘 기억할까? 여기에 편도체가 관여한다. 편도체가 활성화되면 기억을 관장하는 해마와 기타 뇌의 부분에 이 상황과 사건은 중요하니 기억하라고 명령한다. 반대로 편도체가 활성화되지 않으면 뇌는 중요하지 않다고 생각해서 정보를 저장하지 않는다. 그 결과 우리의 뇌(무의식)에는 편안했던 것보다는 괴로웠던 것들만 남게 된다.[9]

그런데 편도체가 지나치게 활성화되어 문제가 없는 많은 것들까지 위협으로 간주하게 된다면 도리어 생존을 위협하는 심각한 문제가 될 것이다. '자라 보고 놀란 가슴 솥뚜껑 보고 놀란다'는 속담이 이런 상황을 잘 보여준다. 예를 들어보자.

- 고등학생 시절에 심한 집단 따돌림을 당한 한 여성은 사람이 두려워서 마흔이 넘은 나이에도 외톨이로 살고 있다.
- 답안지를 밀려 써 입시에 떨어진 학생은 그 후에도 시험을 볼 때마다 떨려서 제 성적이 안 나온다.
- 한 여성은 큰 교통사고가 난 뒤로 도저히 운전을 할 수가 없어 외출이 힘들다.

9 KBS 특집 다큐 〈마음〉, 2005

뇌의 이런 과민 반응에 대한 해결책은 없는 것일까? 그런데 놀랍게도 침을 놓으면 뇌활동이 변화되면서 신경전달물질 특히 엔돌핀이 많이 분비된다는 것이 뇌영상 촬영으로 널리 발표되고 있다. 아직 신체 표면의 침 자극이 두개골 안의 뇌에 어떻게 영향을 주는지 그 상세한 기전은 알 수 없지만 그 둘의 상관성은 분명히 증명되고 있다. 따라서 EFT가 기억을 지워주는 효과는 이렇게 설명할 수 있다고 본다.

> 언어로 문제가 되는 특정 기억을 찾아냄(수용확언이나 연상어구)
> + 침이 뇌를 조절하는 효과(경혈 두드림)
> → 특정 기억이 무의미한 기억으로 바뀌면서 사라짐

● 영화관 기법을 적용한 사례들

사례 1 악몽 때문에 잠을 잘 수가 없어요

70세의 김영수(가명) 님은 1년 넘게 비슷한 악몽에 시달리면서 잠을 못 자는 심각한 불면증 때문에 나를 찾아왔다. 유명한 종합병원 수면 치료 센터에도 갔는데 아무런 효과가 없었고, 수소문 끝에 나에게 온 것이었다. 그분은 꿈만 꾸면 사람들과 싸우거나, 사람들에게 쫓기거나, 외출해서 신발을 잊어버리는 꿈을 자꾸 꾸었다. 그분은 이런 꿈 때문에 도저히 잠을 깊이 잘 수도 없었고, 꿈이 사실처럼 너무나 생생해서 잠에서 깨고서도 항상 불안하고 찝찝했다. 이에 나는 이분의 악몽 장면을 EFT로 주 1~2회씩 한 달 동안 모두 지워주었고, 이에 악몽도 없이 숙면을 취하게 되었다. 이렇게 너무나 끔찍하고 생생한 악몽에도 영화관 기법을 적용하면 좋다.

사례 2 자살한 후배가 자꾸 떠올라요

31세의 김진택(가명) 님은 2년 전에 친하게 지내던 후배가 우울증에 시달리다 투신자살했고, 그 후유증에 아직도 시달리고 있었다. 자살하기 며칠 전에 전화로 힘들다고 도와달라고 했는데, 과거에 자주 그랬기 때문에 무심하게 넘겼다. 그러다 마침내 급하게 연락받고 장례식장에 가서 후배가 아파트 창문에서 뛰어내렸다는 말을 들었다. 그 뒤로 직접 보지도 않았는데, 후배가 창문틀에서 아래로 뛰어내리는 장면이 자꾸 떠올라서, 그때마다 죄책감과 슬픔이 확 올라오고 가슴이 쥐어짜는 듯 아픈데도 그 장면을 지울 수가 없었다. 그래서 나는 그에게 영화관 기법을 썼고, 20분 동안 지웠더니 마침내 그 장면이 더 이상 떠오르지 않았다. 그러자 2년 넘게 시달렸던 죄책감과 슬픔과 가슴의 통증도 한 번에 모두 사라졌다. 영화관 기법은 이렇게 사실이 아닌 사실처럼 떠오르는 상상도 지울 수가 있다.

사례 3 변태 남성의 잊히지 않는 목소리

40대 초반의 김수연(가명) 님은 카드사의 상담원으로 일하는 중 끔찍한 일을 당했다. 어느 날 한 남성이 그녀에게 상담 전화를 해놓고서는 다짜고짜 차마 입에도 담을 수 없는 끔찍한 외설적인 말을 해댄 것이다. 상담 중에 너무나 놀란 그녀는 어찌어찌해서 그 남자의 전화를 추적해 회사차원에서 소송까지 걸었지만, 문제는 그 남자의 말과 연상되는 장면이 자꾸 떠올라서 마음이 도저히 진정이 되지 않는다는 것이었다. 그래서 벌써 한 달이 지났는데도 업무를 볼 수가 없어 병가를 내고 나에게 찾아왔다. 나는 그녀에게 영화관 기법으로 한 시간씩 3회의 상담으로 그 목소리를 깨끗하게 싹 지워주었고, 그녀는 그 끔찍한 목소리에서 벗어나 업무에 복귀할 수 있었다.

사례 4 목매어 자살한 사촌 동생의 모습이 자꾸 생각나요

한 30대 청년은 우연히 목매어 자살한 사촌 동생의 시신을 목격했다. 그 뒤로 1년째 밤에 잠도 깊이 잘 수 없고, 혼자 있으면 천장에 매달린 축 처진 시신의 모습이 떠올라 괴로워 견딜 수가 없었다. 또 한 30대 청년은 한여름에 옷장에서 목을 매고 자살한 여자 친구를 일주일 만에 발견했고, 시신이 부패된 냄새가 몇 년이 지나도 코끝에 매달린 것처럼 남아서 공황장애가 생겼다. 이에 주 1회씩 몇 회를 하면서 이 기억을 지웠고, 두 달이 지나자 더 이상 시신의 모습도 보이지 않고 냄새도 나지 않았다.

빌려 쓰는 이익

'빌려 쓰는 이익'Borrowing Benefit이라는 기법은 다수의 청중을 대상으로 하는 단체 치료에 많이 활용하는 방법이다. 방법은 두 가지가 있다.

첫째는 혼자서 하는 방법으로, 먼저 자신이 해결하고 싶은 문제를 종이에 적고 그 증상의 고통지수도 기록한다. 그다음에 타인의 치료 동영상을 보면서 마치 자신이 치료받는 것처럼 똑같이 따라한다. 몇 차례 반복한 후에 고통지수의 변화를 확인해보고 부족하면 다시 이 과정을 반복한다.

둘째는 단체로 모여서 하는 방법이다. 여러 명이 앉아있고 내담자 한 명이 앞으로 나와 시술자에게 EFT 치료를 받는다. 나머지 사람들은 미리 자기가 해결하고 싶은 문제를 확인해서 종이에 적고 그 고통지수도 적는다. 이후에는 시술자가 앞에 나온 내담자에게 하는 말과 행동을 그대로 따라한다. 마치 앞에 나온 사람의 문제가 자신의 문제인 것처럼 모두 함께 따라한다. 이렇게 다 같이 몇 차례를 반복하고 나서 각자 자기 증상의 고통지수 변화를 확인한다.

따라하는 사람의 몰입도에 따라 차이가 나기는 하지만, 다른 사람의 EFT를 따라했음에도 대체로 80퍼센트 이상은 자신의 증상이 경감되는 효과를 얻는다. 그리고 효과가 나는 속도도 아주 빠르다. 집단에 의한 증폭 효과가 생기기 때문이다. 이 기법의 효과에 대해서 개리는 이렇게 설명한다.

1. EFT 기법에 능통하지 않은 사람들도, 집 거실이나 방 같은 편안한 장소에서 부담 없이 동영상을 보며 따라하는 것만으로도 치유 효과를 얻을 수 있다.
2. 깊은 문제나 핵심 주제가 집단으로 한꺼번에 놀랍도록 빨리 해결되게 한다. 많은 사람들이 EFT에 익숙하지 않아도 단체로 따라하면서 군중 심리에 의한 효과의 증폭을 경험하기 때문이다.

물론 이 기법만으로 모든 문제를 바로 그 자리에서 다 해결할 수는 없다. 모든 사람이 극적인 결과를 얻는 것도 아니고 종종 전문가의 도움도 필요하기 때문이다. 그럼에도 이 방법으로 대부분의 사람들이 큰 이익을 얻을 수 있고, 또한 따라하면 되기 때문에 아주 쉬워서 EFT를 모르고서도 상당한 효과를 볼 수 있다.

이와 관련된 나의 사례를 하나 말해보자. 오래 전에 약 20명을 대상으로 EFT 강의를 하다가 시범을 보여주기 위해서 발표 공포증이 있는 사람을 불러내어서 앞에서 EFT를 해주고, 다른 사람들은 따라하게 했다. 약 20분 정도 하고 나니 그들 중 한 명을 제외하고는 모두 증상이 완화되었다. 물론 모든 사람의 모든 증상이 한결같이 고통지수 0으로 떨어진 것은 아니지만, 이렇게 짧은 시간에 많은 사람이 한꺼번에 좋아지기는 쉽게 생기는 일은 아닐 것이다. 이들 중에는 비염으로 막혔던 코가 뻥 뚫린 사람도 있고, 심지어 다쳐서 사시였던 눈이 바로 돌아온 사람도 있고(이분은 나중에도 눈이 정상이라고 이메일을 보내셨다), 신경 손상으로 한쪽 눈이 거의 안 보이다가 조금 더 보인다는 사람도 있었다. 마치 예수께서 기적을 일으키듯 EFT로 집단 기적이 일어나는 느낌이었다.

이 감동적인 현상을 개리는 '우리는 결국 하나이기'one wholeness 때문에 일어나는 현상이라고 설명한다. 우리는 서로 분리되어 존재하는 별개의 존재가 아니라 결국 이렇게 하나로 연결되어 공명하는 존재라는 것을 어쩌면 이 기법이 일깨워주는 것인지도 모른다.

넋두리 기법

이 방법은 부정적 생각이나 사고가 마치 폭풍이나 급류처럼 머릿속을 휘젓고 지나가서 도대체 어떻게 수용확언을 정해야 할지도 모르겠고, 생각이 정리도 되지 않을 때에 쓰는 방법이다. 모든 타점을 죽 두드려주면서 떠오르는 대로 자신의 생각을 넋두리하듯 말하면 된다. 부정적 생각과 감정이 너무나 많을 때에 이것들을 표현하지 못하면 마음속에 쌓이고 자꾸 증폭된다. 따라서 이 방법을 쓰면 휘몰아치는 생각과 감정이 가라앉으면서 마음이 점차 고요해지고 이에 따른 신체증상도 더불어 좋아진다. 넋두리 기법을 쓸 때에는 동반되는 신체증상을 같이 넣어도 좋다.

어느 날 40대 기혼 여성이 경제적 문제로 남편과 다툰 후 몸살이 나서 왔다. 그녀는 나를 보자 대뜸 말했다. "저는 왜 대체 되는 게 없죠?" 이에 뭐가 그렇게 힘드냐고 묻자 그녀는 온갖 푸념을 다 늘어놓았다.

"남편이란 인간은 생활비도 안 되는 돈을 벌어주면서 온갖 성질은 다 내죠. 게다가 요즘 친정 엄마까지 왜 그러는지! 그냥 다 나보고 참으래요. 이게 도대체 몇 년째예요. 언제까지 이렇게 참고 살아야 돼요? 참는다고 해결이 돼요! 없는 돈 들여서 애들 학원 보냈더니 글쎄 큰 애는 이번 성적이 최하예요, 최하. 내가 사는 낙이 없어요. 내 친구들은 이제 다들 여유가 생겨서 해외여행도 가고 그러는데 나는 꿈도 못 꿔요. 아이고 이놈의 팔자야. 게다가 몸은 여기저기 왜 이렇게 쑤시고 아픈지, 머리도 지끈지끈 아프고, 허리도 쑤시고……."

나는 마침 이때를 놓치지 않고 그녀의 푸념을 다 들으면서 타점을 돌아가면서 다 두드려주었다. 이렇게 30분 정도 지나자 한숨을 쉬면서 좀 풀어진 표정으로 그녀가 말했다. "어허, 신기하네요. 선생님한테 주저리주저리 쏟아놓고 나니 좀 편하네요." 그리고 몸살 증상도 함께 다 사라진 것을 확인하고 그녀는 다시 놀랐다. "어떻게 몇 분 만에 몸살이 나을 수가 있죠!"

이렇게 넋두리 기법으로 늘 완벽한 효과를 보는 것은 아니지만 언제나 기대 이상의 효과를 준다고 보장할 수는 있다.

긍정적인 말을 하면서 두드리기

원래 EFT는 부정적 감정을 제거하기 위해서 만들어진 것이므로 수용확언에 들어가는 말은 전부 부정적인 말들이었다. 그런데 EFT를 오랫동안 널리 사용하다 보니 긍정적인 말을 하면서 두드리면 긍정적인 감정이 더 고취되어 긍정적인 신념이 강해진다는 것을 발견하게 되었다. 이런 현상을 정리해서 말해보면 다음과 같다.

1. 부정적인 말을 하면서 두드리면 부정적인 감정이 사라진다.
2. 긍정적인 말을 하면서 두드리면 긍정적인 감정이 더 강해지면서 무의식에 더 강하게 각인되고, 이에 반대되는 부정적인 감정은 줄어든다.

예를 들어 지금 무척 외로운 사람이 "나는 여자 친구에게 차여서 너무 우울하다"라고 말하면서 타점을 두드리면 우울함이 줄어든다. 반대로 이 사람이 "세상은 넓고 여자는 많다"라고 말하면서 타점을 두드리면 우울함은 줄고 도리어 자신감이나 희망이 커진다. 개리의 치료 동영상을 보면 어떤 심한 간질 환자가 발작을 하려고 하자 "나는 고요하고 편안하다"라고 말하면서 계속 두드렸더니 위장의 불편한 느낌과 간질 발작이 사라졌다는 내용도 나온다.

그렇다면 골치 아프게 문제를 고민하지 말고 무조건 좋은 말만 하면서 두드리면 좋지 않을까? 반드시 그렇지는 않다. 실제 치료에서는 구체적으로 문제가 되는 원인을 해결하고 그다음에 긍정적 말을 하는 것이 훨씬 더 효과가 좋다.

이런 효과를 이용하여 내가 확신하고 긍정하고 싶은 말을 하면서 타점 두드리기를 하면 말의 효과가 배가된다. 따라서 타점을 두드리면서 확언을 하면 무의식이 더 쉽게 빨리 확언을 받아들이게 된다. 물론 긍정확언을 할 때에는 수용확언을 말하면서 손날점을 두드리는 준비과정은 필요가 없다. 문제를 해결하는 과정이 아니기 때문이다. 이때 타점을 두드리는 정해진 방법은 없으나 전체 타점을 돌아가면서 다 두드려 주는 것이 대체로 좋다.

대리 EFT

'대리 EFT'Surrogate EFT란 타인의 몸과 마음을 치료하기 위해서 자신의 몸에 EFT를 하는 것이다. 그 사람이 자기 앞에 있든 없든 그 사람을 위해서 자신에게 EFT를 하는 것이다. 이 기법은 기존의 의학과 과학의 개념을 넘어서는 것으로 사실 아주 흥미롭고도 신비한 현상이다. 이것은 어쩌면 눈에 보이지 않는 모든 것이 연결된 영적 세계에 대한 단초를 제공하는 것일지도 모른다.

갑자기 뜬금없이 웬 영적 세계냐고? 그렇다면 내 몸에 EFT를 했는데 어떻게 남이 나을 수가 있는가? 이것은 눈에 보이지는 않지만 나와 그 사람 사이에 연결선이 있음을 증명하는 것이 아니겠는가? 이것은 가시적인 세계를 넘어선 보이지 않는 세계가 있어서 이세상에 영향을 주고, 이 세계의 만물이 하나로 연결되어 있음을 증명하는 것은 아닐까?

대리 EFT의 방법은 아주 간단하다. 별다른 주문도 절차도 필요 없다.

1. 먼저 대리 EFT를 해줄 사람을 정하고 그 사람의 문제를 생각하라.
2. 당신이 그 사람이라고 생각하고 그 사람의 입장에서 EFT를 하라.
3. 그 사람의 구체적인 문제나 심리 상태를 잘 모른다면 연기자가 연기하듯 상상력을 발휘해서 당신의 문제인 것처럼 되도록 구체적으로 꼼꼼하게 EFT를 하라.

그럼 대리 EFT는 어떤 때에 사용하면 좋은가? 말을 할 수 없는 동물, 마찬가지로 표현력이 없는 애기나 아이들, EFT를 모르고 멀리 떨어져 있는 가족들, 군대나 중환자실에 있어서 접근할 수 없는 사람들에게 도움을 주고 싶을 때 대리 EFT는 상당히 좋은 도구가 된다.

미국에서는 특히 동물들에 이 기법을 적용해서 성공한 사례들이 많이 나오는데, 우리나라에서도 반려 동물 인구가 자꾸 늘고 있으므로 이 기법을 적용하면 상당한 도움이 될 것이다. 예를 들어 강아지가 발이 아파서 절뚝거린다면 당신의 발이 아픈 것처럼 감정이입해서 EFT를 하면 된다. 아마도 상당한 효과를 보고 깜짝 놀랄 것이다. 미국에서는 땅이 넓어 일상적으로 비행기를 타게 된다. 이때 고도가 바뀌면 우는 아이들이 종종 있다. 개리는 실험 삼아 비행기를 타는 아이들에게 수십 번 이상 대리 EFT를 했는데 약 80퍼센트의 성공률을 얻었다고 한다. 놀랍지 않은가!

● 대리 EFT 사례

사례 1 개의 종양을 고치다[10]

최근에 우리 개의 목에 동전 크기의 혹이 있음을 발견했다. 나는 너무 놀랐다. 벌써 두 마리의 개를 암으로 잃었기 때문이다. 나는 이것 때문

10 emofree.com에 실린 사례이다.

에 겪을 막대한 치료비와 감정 소모를 생각하면서 얼굴을 찌푸렸다. 혹은 근육에 붙어서 통증을 일으키는 듯했다. 나는 이런 통증에 대해서 대리 EFT를 했고, 그 결과 개가 느끼는 통증이 많이 줄은 듯했다.

- 나는 비록 이 혹 때문에 아프지만……
- 나는 비록 이 혹이 너무 딱딱하고 꼼짝하지 않고 버티지만……

며칠이 지나서 개의 상태를 확인했는데, 혹은 더 커져있었다. 나는 조용히 개 옆에 앉아서 개의 상황에 대해서 명상을 해보았다. 나는 이 개를 어느 단체로부터 입양했는데, 그 단체는 이 개가 나무에 묶인 상태로 방치되어 있어서 구출했다고 했다. 이런 사연 때문에 개가 관심을 얻기 위해서 혹을 만들어내고 있다는 생각이 들었다. 이 개는 현재 우리 집에서 다른 여러 마리의 개와 살고 있고, 사랑을 받으려면 경쟁을 해야 했기 때문이다. 그래서 나는 수용 확언을 바꾸어 보았다.

- 나는 비록 주목받기 위해서 혹을 만들어 내고 있지만……
- 나는 비록 관심받기 위해서 혹을 키우고 있지만……
- 나는 비록 사랑과 관심을 못 받고 키워졌지만……

다시 며칠이 지나서 확인해보니 혹이 감쪽같이 사라진 것이 아닌가! 나는 다른 가족에게 다시 확인하게 해볼 정도로 몹시 놀랐다. 몇 번이고 해당 부위를 만져보았지만 혹은 남아있지 않았다.

사례 2 평생 아프던 왼 발목이 15분 만에 낫다

2008년에 나는 미국 뉴멕시코 주에서 개리 크레이그의 '대리 EFT'를 주제로 하는 워크숍에 참가했다. 그때 50세 정도 되는 한 미국 여성이 왼쪽 발목 통증을 호소했고, 개리는 그녀가 15분 동안 바깥에 있다가 들어오게 했다. 그동안 약 100여 명의 참가자들은 개리의 주도로 그녀를 위해 단체로 대리 EFT를 해주었다. 마침내 그녀가 들어와 다시 연단에 섰고, 개리가 그녀에게 발목을 확인해보라고 했다. 그러자 그녀는 왼쪽 발로만 잠시 서보더니 갑자기 놀라서 말했다. "정말 미치게 좋네요Damn good!" 곧 이어서 그녀가 말했다. "거의 평생 동안 이렇게 왼발로만 서본 적은 없어요."

사례 3 세균성 복막염이 낫다

나의 어머니는 만성 신장병을 앓아서 몇 년째 복막투석을 하고 있다. 몇 년 전에는 갑자기 세균성 복막염에 걸려서 부산의 어느 병원에 입원하게 되었다. 어머니는 서울에 사는 내게 전화를 해서 항생제 주사를 맞은 지 며칠이 지나도 염증이 잡히지 않는다고 좌절과 불안이 가득한 목소리로 말했다. "이제 더 이상 못 사나 보다." 나는 이 말을 듣

고 그날 저녁에 바로 대리 EFT를 해야겠다고 결심했다.

약 한 시간 넘게 전화로 느낀 어머니의 불안, 걱정, 공포, 좌절감을 어머니의 입장에서 속으로 말하면서 EFT를 했다. 그리고 그 다음 날 다시 어머니에게 전화가 왔다. 밤새 염증이 확 줄어서 이 정도면 며칠만 관찰하다가 퇴원해도 될 것 같다고 말했다. 그리고 며칠 뒤에 정말 퇴원하게 되었다. 그럼 정말 나의 어머니가 대리 EFT의 효과로 염증이 줄어든 것일까? 물론 이미 끝난 일을 과학적으로 증명할 수는 없지만《EFT로 낫지 않는 통증은 없다》에 의념과 의도가 물질이나 생물에 미치는 영향에 대해서 자세히 설명해놓았으니 관심 있는 독자들은 참고하기 바란다.

심리적 역전

● 모두 마음속에 청개구리가 있다

나는 EFT 강의에서 심리적 역전을 설명할 때마다 이렇게 말한다. "모든 사람의 마음속에는 청개구리가 있다." 엄마 말 안 듣는 청개구리 이야기는 누구나 한 번쯤 들어보았을 것이다. 심리적 역전이란 의식적으로는 문제가 해결되기를 원하면서도 그의 무의식에서는 도리어 문제를 유지하고 싶어 하는 상태를 말한다. 달리 말하면 이것은 본인의 의식이 원하는 것과 무의식이 원하는 것이 서로 달라서 치료를 원하는 의식에 무의식이 저항하고 치료를 회피하는 현상이다.

EFT의 준비 과정은 바로 이런 심리적 역전을 풀어주는 역할을 한다. 심리적 역전은 크게 두 가지가 있는데 하나는 일반적인 심리적 역전이며, 또 하나는 '부가적 이득'에 의한 심리적 역전이다. 일반적인 심리적 역전이란 경험해보지 못해서 무의식이 문제가 해결되는 것을 믿으려고 하지 않는 마음의 상태를 말한다. 또 부가적 이득에 의한 심리적 역전이란 문제가 해결되지 않는 것이 오히려 이득이라고 생각해서 무의식이 문제의 해결을 방해하거나 도리어 문제를 유지하고 있는 상태를 말한다.

- 일반적 심리적 역전: 무의식이 문제가 해결된 상태를 경험해보지 못해서 문제가 해결된다는 것을 믿으려고 하지 않는 상태
- 부가적 이득에 의한 심리적 역전: 무의식이 문제가 있는 것이 이득이라고 생각해서 문제의 해결을 방해하거나 심지어 문제를 유지하고 있는 상태

● 마음을 보여주는 근력 검사

앞에서 심리적 역전에 대한 설명을 들었지만 많은 독자들은 아직 반신반의할 것이다. '이론은 그럴듯하고 대충 알겠는데 과연 그런 게 진짜 있는 거야? 아픈 게 안 낫고, 문제가 해결되지 않기를 바라는 사람

이 도대체 어디에 있겠어?' 만약 이런 사람들에게 마음이란 것을 눈으로 보여줄 수만 있다면 얼마나 좋을까? 그래서 "자 여기 봐. 심리적 역전에 걸려 있잖아!"라고 말해줄 수 있다면 얼마나 좋을까!

그런데 바로 이런 필요성에 대응하기 위해서 EFT의 전신인 TFT의 창시자 로저 캘러핸이 발견한 '근력 검사'muscle test라는 것이 있다. 요즘은 CT나 MRI로 사람 몸을 구석구석 다 꿰뚫어보는데, 혹 사람 마음까지 꿰뚫어보는 기계는 없을까? 놀랍게도 그런 기계는 없어도 그런 방법은 있는데, 그것이 바로 '근력 검사'라고 불리는 것이다. 그 방법을 구체적으로 알아보자.

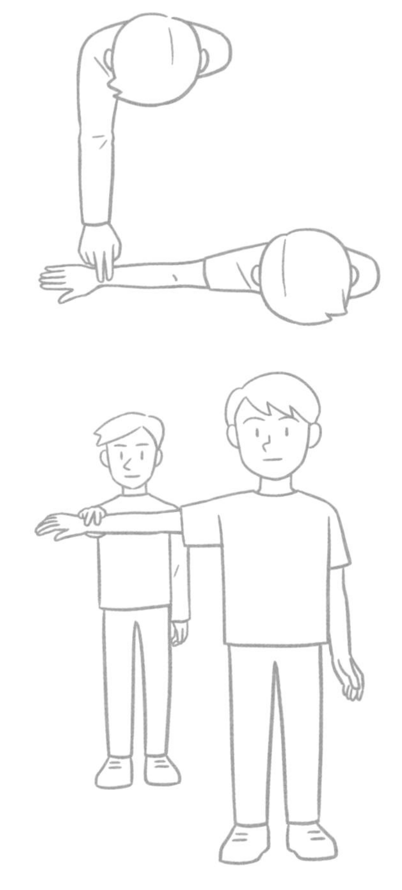

1 내담자는 긴장을 풀고 정면을 보고 편안하게 서서, 한쪽 팔을 어깨 높이 정도로 들어 수평을 유지한다. 겨드랑이에 공간을 두어 팔과 손이 몸통과 닿지 않도록 한다.

2 시술자는 내담자와 마주 보지 않고 비껴 선다. 내담자의 앞이나 뒤 어느 쪽에 서도 무방하지만, 서로 마주보지 않도록 주의한다. 특히 내담자는 측정 내내 시선과 얼굴을 자신의 정면으로 고정한다.

3 시술자는 두 손가락(검지와 중지)으로 내담자의 손목 부분을 접촉한 다음, "버티세요"라고 하면서 일정한 힘으로 내담자의 팔을 수직 아래 방향으로 지그시 누른다. 내담자는 시술자에 의해 팔이 쉽게 내려가지 않도록 수평을 유지하면서 일정한 힘으로 버틴다. 시술자는 이때 저항하는 힘의 변화를 다양한 상황에서 측정한다.

1. 중립성 검사: 아무 생각이 없을 때의 근력 정도를 측정한다.
   먼저 아무런 말도 하지 않은 상태에서 시술자가 내담자의 손목을 눌러 본다. 이때의 팔의 힘의 정도를 확인한다.

2. 거짓말 검사: 무의식의 믿음과 반대되는 말을 해서 근력 정도를 측정한다.
   남성 내담자가 '나는 여자다'라고 2, 3번 말하게 한 다음에 시술자가 그림처럼 손목을 누르면 중립성 검사 때보다 힘이 약해진다.

3. 참말 검사: 무의식의 믿음과 일치되는 말을 해서 근력 정도를 측정한다.
   반대로 '나는 남자다'라고 말하고 검사하면 저항하는 힘이 중립성 검사 때보다 더 강해진다. 물론 여성 내담자는 반대로 하면 된다.

이렇게 우리 몸은 무의식의 믿음과 반대되는 말을 하면 순식간에 힘이 약해진다. 한마디로 우리 몸은 거짓말하지 않는다. 이 방법의 최초 발명자는 EFT의 전신인 TFT를 발명한 임상 심리학자 로저 캘러핸이다. 이제 이 방법을 심리적 역전을 찾기 위해서 또 다음과 같이 활용해 보자.

1. 중립성 검사를 한다.
2. '나는 이것이 낫기를(또는 해결되기를) 원한다'라고 2, 3번 말하게 한 다음에 손목을 눌러서 힘의 정도를 확인한다.
3. 다시 이번에는 '나는 낫기를 원하지 않는다'라고 2, 3번 말한 다음에 손목을 눌러서 힘의 크기를 확인한다.

몇 년 전에 어느 한의사가 내게 EFT와 근력 검사를 배우고서는 스스로에게 실험을 해보았다. 그는 한의원 경영이 잘 되지 않아 심각한 고민에 빠져 있었고, 당연히 한의원이 잘 되어 경제적 어려움에서 벗어나기를 바라고 있었다. 그래서 아무런 의심 없이 '나는 한의원이 잘 되기를 바란다'는 생각을 하면서 간호사를 시켜 자신의 팔을 누르게 했는데 놀랍게도 힘이 쫙 빠졌다. 반대로 '나는 그냥 이대로 살고 싶다'라고 생각하고 간호사가 팔을 누르는 순간 도리어 팔의 힘이 확 세지는 것이 아닌가!

이에 깜짝 놀라서 그토록 돈 없다고 힘들어하면서도 왜 이런 결과가 나올까를 곰곰이 생각해보니 무심코 자주 했던 생각들이 쑥쑥 떠올랐다. '내가 돈을 어떻게 버나' '나는 체력이 약해서 환자가 많으면 피곤해' '돈 벌려면 욕심이 많아야 되는데 욕심내는 것도 귀찮아' '환자가 너무 많으면 힘들어질 거야' 등이었다. 여기서 '내가 돈을 어떻게 버나'라는 생각이 일반적 심리적 역전에 해당한다. 한 번도 한의원이 잘 된 적이 없기 때문에 한의원이 잘 된다는 것을 도무지 믿지 못하는 것이다.

반면에 '나는 체력이 약해서 환자가 많으면 피곤해' '돈 벌려면 욕심이 많아야 되는데 욕심내는 것도 귀찮아' '환자가 너무 많으면 힘들어질 거야'라는 생각은 부가적 이득에 의한 심리적 역전에 해당한다. 곧 그의 무의식은 한의원이 잘 되어서 피곤해지고 귀찮아지고 힘들어지는 것보다 차라리 한의원이 안 되더라도 편하게 사는 게 낫다고 생각하고 있었던 것이다. 결론적으로 그는 의식적으로는 한의원이 잘 되기를 바랐지만 무의식에서는 도리어 이대로 머물러 있기를 바랐던 것이다. 아무리 의식적으로 바라더라도 무의식이 바라지 않으면 무의식의 의도대로 된다. 우리의 행동은 무의식이 결정하기 때문이다.

그는 이런 생각과 감정들을 지우기 위해서 다음과 같이 수용확언을 만들어서 EFT를 했다.

- 나는 돈을 벌어본 적이 없어서 내가 어떻게 돈을 버냐는 의심이 들지만……
- 나는 환자 많으면 피곤하고, 돈 욕심내는 것도 귀찮고, 환자가 많아서 힘든 것도 싫지만 ……

그러자 점차 한의원을 운영하는 태도가 적극적으로 바뀌었고, 마침내 몇 달이 지나자 드디어 개원 5년 만에 최고의 매출을 올렸다.

이렇게 낫겠다고 하는 사람의 상당수가 놀랍게도 '낫기(해결되기)를 원하지 않는다'고 나오는 경우가 많다. 이런 상태를 심리적 역전Psychological Reversal이라고 하는데, 심리적 역전에 걸린 사람은 '낫기를 원한다'고 하면 팔의 힘이 약해지고, '낫기를 원하지 않는다'고 하면 팔의 힘이 강해진다. 의식적으로는 낫고 싶어 하지만 무의식에서는 바라지 않는 상태여서 우리의 행동과 감정은 모두 무의식의 지배를 받으므로 결국 낫지 않는 상태에 머물게 된다.

● 심리적 역전을 찾아내는 법

만약 검사 결과 심리적 역전에 걸렸음이 확인되면, 심리적 역전을 찾는 질문을 해서 EFT로 그 생각을 지우고 바꿔주어야 한다. 낫지 않는 증상이나 병일수록 심리적 역전을 일으키는 생각을 찾아서 지워주는 것이 중요하다. 이를 찾는 질문은 다음과 같다.

- '내가 만일 지금 당장 다 좋아진다면 어떤 일이 생길까요?' 많은 사람들이 이 질문에 처음에는 그저 '다 나으면 그냥 좋죠'라고 할 것이다. 그럴 때 그냥 넘기지 말고 다시 한 번 물어보라. '좀 더 구체적으로 어떤 일이 생길지 얘기해보세요.'
- '이 문제가 있어서 혹 좋은 것이 있다면 무엇일까요?' 이 질문에도 처음

에는 많은 사람이 당황하면서 '그런 것은 없어요'라고 부인하고 부정할 것이다. 이에 굴하지 말고 다시 한 번 물어라. '혹 있다면 무엇이든 말해 보세요.'

- '이 증상(문제)이 없어져서 안 좋은 것이 혹 있다면 무엇일까요?' 이 질문에도 처음에는 많은 사람이 당황하고 부정한다. 우리가 가장 못하는 것 중의 하나는 내 안의 진실을 직면하는 것이기 때문이다. 하지만 한 번 더 물어보라. '혹 있다면 무엇이든 말해보세요.'

- '이 증상(문제)이 사라지지 않게 하는 이유가 있다면 무엇일까요?' 또는 '이 증상이 사라지면 안 되는 이유가 있다면 무엇일까요?'

내면 아이 치유 기법

상처가 되는 과거의 기억을 지우기 위해서 EFT를 하다 보면, 종종 어렸을 때의 상처받은 어린 내가 마음속에서 이미지로 보이는 경우가 많다. 예를 들어보자. 세 명의 내담자들이 각각 이렇게 말을 한다.

- 갑: 7살 때쯤 자고 일어났는데 아무도 없어서 혼자 텅 빈 집에서 울고있

는 어린 내가 보여요.

- 을: 10살 때쯤 엄마 아빠가 심하게 부부 싸움을 하는데, 나는 무서워서 말리지도 못하고 이불만 뒤집어쓰고 떨고있어요. 아빠가 칼까지 들고 날뛰는 바람에 바들바들 떨고 있어요.

- 병: 9살 때쯤 막 전학 와서 학교에서 친구가 없어서 혼자서 교실 구석에서 함께 노는 친구들을 부러워하며 눈치를 보고있어요.

이런 모습들이 사진이나 동영상처럼 보이는 경우가 많다. 이렇게 보이는 어린 나를 '상처받은 내면 아이'Wounded Inner Child라고 흔히 부른다. 실제로 시중에서 가장 널리 쓰이면서 또한 효과도 강력한 상담 치유 기법 중에 '상처받은 내면 아이 치유'라는 기법이 있다. 개리의 홈페이지emofree.com에 올라온 3,000여 개의 사례를 보면 이 기법에 EFT를 결합해서 사용해서 더욱 큰 효과를 보는 경우도 많다.

이런 이미지가 보일 때 그냥 영화관 기법을 써도 되지만 '상처받은 내면 아이 치유 기법'을 활용하여 EFT를 하면 좋다. 그 방법을 간단히 살펴보자.

● **상처받은 내면 아이 만나기**

어렸을 때의 상처받은 내 모습을 떠올려본다. 그 아이는 어떤 모습이며, 무엇을 하고 있으며, 그 아이의 주변 상황은 어떠한가?

● **현재의 내가 양육자 되기**

현재 성인인 내가 내면 아이에게 현명한 이모나 삼촌 같은 양육자가 되어서 아이를 달래준다고 생각하라.

● **내면 아이에게 질문하기**

양육자로서 다음과 같은 질문을 해보라. "얘야 내가 너를 달래줄게. 기분이 어때? 어떤 생각이 들어?" 만약 내면 아이가 망설이고 말을 잘 못한다면 이렇게 덧붙여도 된다. "괜찮아. 나한테는 다 말해도 돼."

● **내면 아이의 생각과 감정을 EFT로 풀어주기**

이런 질문을 하면 내면 아이는 자신이 처한 상황에서 느끼는 생각과 감정을 말하게 된다. 이제 그런 생각과 감정을 EFT로 풀어준다.

● **내면 아이와 꾸준히 대화하면서 EFT 하기**

앞의 과정까지 EFT를 하다 보면 내면 아이의 생각과 감정이 바뀌고, 이에 따라 행동도 바뀌게 된다. 그러면 다시 날마다 또는 일정 시간을 정해서 내면 아이에게 어떤 생각과 감정이 드는지 물어보고 이에 맞게 EFT를 한다.

그럼 실제 사례를 보자. 앞에 나온 갑, 을, 병의 내면 아이들에게 질문했더니 이렇게 말을 했다.

- 갑의 내면 아이가 속에서 이렇게 말하면서 마구 우는 게 보였다.
: 다들 나만 두고 어디 갔어. 무서워, 제발 빨리 와. 엄마, 아빠, 오빠 빨리 와. 제발 나 좀 혼자 두지 마.

- 을의 내면 아이는 바들바들 떨면서 자지러지듯 울면서 말했다.
: 아빠 엄마 죽이지 마. 엄마, 제발 도망가. 아빠 제발 그러지 마. 아빠, 엄마 좀 살려줘. 아빠, 제발 칼 좀 내려놔. 엄마 죽으면 어떡해. 내가 무서워서 죽을 것 같아. 누가 아빠 좀 말려주세요.

- 병의 내면 아이는 기죽고 우울한 표정과 모습으로 이렇게 말했다.
: 다들 자기들끼리는 잘 알고 친한데, 나만 아는 애가 없어. 낯설고 어색하고 불편해. 누가 아는 척 해주면 좋겠는데, 다들 자기들끼리만 놀아. 슬퍼서 울고 싶은데 애들이 볼까봐 울지도 못해.

이렇게 대답이 나오면 이제 내면 아이의 입장에서 수용확언을 만들어서 EFT를 한다.

수용확언 갑: 자고 일어났는데 아무도 없어서 너무 무섭고 두렵고 외롭다. 다들 나만 두고 어디 갔어. 무서워, 제발 빨리 와. 엄마, 아빠, 오빠 빨리 와. 제발 나 좀 혼자 두지 마. 비록 이런 생각과 느낌이 들지만 어쨌든 깊이 진심으로 나는 나를 이해하고 믿고 받아들입니다.

수용확언 을: 아빠 엄마 죽이지 마. 엄마, 제발 도망가. 아빠 제발 그러지 마. 아빠, 엄마 좀 살려줘. 아빠, 제발 칼 좀 내려놔. 엄마 죽으면 어떡해. 내가 무서워서 죽을 것 같아. 누가 아빠 좀 말려주세요. 나는 비록 이런 생각과 감정이 들지만 깊이 진심으로 나를 이해하고 믿고 받아들이고 사랑합니다.

수용확언 병: 다들 자기들끼리는 잘 알고 친한데, 나만 아는 애가 없어. 낯설고 어색하고 불편해. 누가 아는 척 해주면 좋겠는데, 다들 자기들끼리만 놀아. 슬퍼서 울고 싶은데 애들이 볼까봐 울지도 못해. 나는 비록 이런 생각이 들지만 깊이 진심으로 나를 이해하고 믿고 받아들입니다.

갑과 을과 병은 이런 내면 아이의 생각과 감정을 EFT로 풀어주었다. 그러자 다음과 같은 변화가 생겼다.

- 갑의 내면 아이: 외로움과 두려움이 사라지면서 울음을 그쳤다. 그리고 이렇게 말했다. "엄마 아빠 모두 집 앞의 밭에 일하러 갔어. 멀리 있는 것도 아니고 곧 오실 거야."

- 을의 내면 아이: 아빠가 칼을 든 모습은 안 보이고, 엄마와 아빠도 이제 싸움을 그쳤다. 그래서 내면 아이도 이제 한숨 돌리고 안심하고 있다. 그리고 이렇게 말한다. "아빠가 너무 화나서 시늉만 한 거지. 진짜 엄마를 찌르려고 한 게 아니라는 것은 알겠어."

- 병의 내면 아이: 장면이 바뀌어서 내면 아이가 친구 하나를 사귀었다. 내면 아이가 말한다. "처음에는 낯설고 애들이 무서웠는데, 이제 친구 하나를 사귀었어. 다른 애들도 처음만큼 무섭지는 않아."

상처받은 내면 아이를 왜 치유해야 하는가?

① 우리의 부정적 감정의 원천은 바로 상처받은 내면 아이이다

우리는 종종 이런 말을 한다. "그렇게 하면 안 된다는 것을 이성적으로는 아는데, 감정적으로 조절이 안 돼요." 이때 조절되지 않는 감정이 바로 상처받은 내면 아이의 감정이다. 인간은 이성의 동물이 아니라 감정의 동물이다. 그리고 대부분의 부정적 감정의 원천이 바로 상처 받은 내면 아이에게서 온다. 그래서 상처받은 내면 아이를 치유하는 것이 중요하다.

② 상처받은 내면 아이의 파괴력은 엄청나다

상처받은 내면 아이는 우리의 몸과 마음과 인생을 망가뜨릴 수 있는 엄청난 힘을 갖고 있다. 나는 종종 이렇게 말을 한다. "상처받은 내면 아이는 나를 잘 되게 할 수 있는 힘은 없지만, 나를 못 되게 할 수 있는 힘은 엄청나다." 어릴 적 상처는 인간의 거의 모든 심리적, 육체적 문제의 원인이 되고, 그만큼 상처받은 내면 아이의 파괴력도 엄청나게 크다.

③ 내면 아이 기법은 심리적 재양육이다

성장기에 마음에 상처를 받으면 그 상황에서 심리적 성장이 멈춘다. 바로 이 상처가 상처받은 내면 아이가 된다. 그런데 신기하게도 EFT로 내면 아이 치유 기법을 하다 보면 내면 아이가 점차 성장하는 것을 보게 된다. 처음에는 젖먹이나 꼬마였는데 점차 소년이 되어서 나중에는 어른인 나와 합치되면서 사라지는 것이다. 그와 동시에 조절되지 않던 우리의 부정적 감정과 욕구도 점점 더 조절되고 성숙해진다. 그래서 나는 내면 아이 치유를 '심리적 재양육'이라고 부르기도 한다. 사실 많은 성인들이 몸만 성인이지 그들의 감정은 어린아이들이다. 그래서 누구나 이런 심리적 재양육의 과정이 필요하다.

④ 상처받은 내면 아이가 치유되면 원더 차일드(wonder child)가 나타난다

상처받은 내면 아이가 치유되면 점차 신기한 일이 일어난다. 편안함, 여유, 평화, 호기심, 도전 욕구 등이 생겨나면서 씩씩하고 용감해져서 도전하게 된다. 이것은 마치 집단 따돌림을 당해서 집 안에 숨어서 벌벌 떨기만 하던 아이가 갑자기 피터 팬이 되어서 악당과 용감하게 싸우고 모험을 즐기는 아이가 되는 것처럼 보인다. 사실 우리는 누구나 내면에 호기심과 모험심과 탐구심과 천재성이 가득한 아이가 있는데, 상처받은 내면 아이가 치유되는 만큼 이런 원더 차일드가 드러나는 것이다. 그래서 나는 또 이렇게 종종 말한다.

> "우리는 모두 원더 차일드로 태어난다. 하지만 자라면서 상처받은 내면 아이가 된다."

통제되지 않는 감정의 원천은
바로 상처받은 내면 아이다.

즉흥 연주 기법

앞에서 기본 과정에 대해서 설명했는데, 실제 EFT 전문가들이 하는 것을 보면 기본 과정을 엄격하게 고수하지 않는다. 그들은 수용확언과 연상 어구를 자유롭게 변조해서, 마치 재즈 연주자들이 홍에 겨우면 즉흥 연주를 하듯 자유롭게 EFT를 한다. 이에 대해서 개리는 기본 과정을 '기계적인 EFT'mechanical EFT라고 부르기도 하는데, 이것도 효과가 좋지만 경우에 따라서 이른바 '즉흥 연주 EFT'를 할 줄 아는 것도 좋다. 다음에 비난과 비판의 두려움에 관련한 즉흥 연주 EFT를 보기로 넣어보았다. 참고로 유나방송una.or.kr에 들어가면 나의 EFT 강의를 통해 이런 즉흥 연주 EFT를 많이 보고 들을 수 있다.

● **기계적인 EFT 예시**

수용확언 나는 비난과 비판이 두려워서 시도하지 못하지만 마음속 깊이 진심으로 나를 받아들입니다.

연상어구 비난과 비판이 두려워서 시도를 못 한다.

● **프리 스타일 EFT 예시**

수용확언 나는 사람들의 평가가 두려워서 시도하지 못하는데, 시도하지 않으면 비난도 안 받지만 칭찬도 못 받는다. 비난과 비판을 안 받는 것은 좋지만 비난과 비판을 받지 않으려고 아무것도 못하는 삶이 삶인가. 그러니 어쨌든 무조건 나는 나를 이해하고 받아들입니다.

수용확언 나는 내 생각과 행동을 사람들이 비판할까봐 두려워서 아무것도 못 하는데, 그 사람들이 내 인생 대신 살아주나. 왜 내 인생을 남들 눈치 보면서 살아야 하나. 게다가 뭔가 시도하다가 비판받는 것이 아무것도 안 해서 비판받을 거리도 없는 것보다 더 나을 게 뭔가. 숨만 쉬고 사는 게 삶인가. 그러니 어쨌든 무조건 나를 이해하고 믿고 받아들입니다.

수용확언 나는 사람들의 비난과 비판이 두렵다. 그런데 공자도 예수도 석가도 다 씹혔다. 내가 무슨 용가리 통뼈라고 안 씹히고 사나. 세상이란 씹고 씹히는 곳이 아닌가. 그러니 어쨌든 깊이 진심으로 나를 이해하고 믿고 받아들입니다.

연상어구 사람들의 비난과 비판이 신경 쓰인다, 두렵다, 걱정된다. 그렇다면 아무것도 안 하면 된다. 그런데 아무것도 안 하면 100퍼센트 실패한다. 게다가 또 결국에는 아무것도 안 하고 못 한다고 사람들이 비난하고 비판한다. 해도 욕 듣고 안 해도 욕 듣는다. 그럴 바에야 해보고 싶은 것 생각하는 것 시도라도 해보고 욕 듣자. 안 해보고 욕 듣느니 해보고 욕 듣자. 자꾸 하다 보면 성공도 하게 되고, 그러면 그 전에는 욕하던 사람도 이제는 다시 본다. 그러니 사람들이 비웃을 땐 보란듯이 더 뻔뻔하게 해서 확 성공해버리자.

복수 기법

'때린 놈은 웅크리고 자고 맞은 놈은 발 뻗고 잔다'는 속담이 있는데, 사실 반대인 경우도 많다. '때린 놈은 쉽게 잊고 웃으며 살고, 맞은 놈은 평생 한 맺혀 얼굴 찌푸리며 산다.' 왜 그럴까? 인간은 억울하게 당한 것을 잘 못 잊는 경향이 있기 때문이다.

보통 억울하고 분한 감정이 많을수록 쉽게 못 잊는 경우가 많고 이런 경우에 EFT를 해도 효과를 보는 속도가 더딘 경우가 많다. 그래서 이런 문제를 개선하기 위해서 만든 것이 바로 '복수 기법'이다. 인간은 가해자로서 미안했던 일은 잘 잊어도 피해자로서 억울했던 일은 잘 못 잊는데, 그 이유는 복수심 때문이다. 당한 만큼 갚아줘야 마음이 풀린다고 느끼기 때문이다. 곧 복수심은 인간의 본능이다. 그래서 복수심을 풀어주어야 감정이 빨리 풀어진다. 복수 기법은 이 원리를 활용한다.

복수 기법은 다음과 같이 진행된다.

1. 너무 분하고 억울해서 반드시 복수해야 풀릴 것 같은 상황(기억)을 고른다.
2. 당신이 그 상황으로 다시 돌아가서 복수를 한다면 어떻게 하고 싶은가? 그 상황으로 다시 돌아가서 가해자에게 내가 하고 싶은 만큼 실컷 복수하는 상황을 상상하면서 모든 타점(손날 타점과 연속 두드리기 타점)을 돌아가면서 두드린다. 온갖 쌍욕을 해도 좋고, 맞은 만큼 두드려 패도 좋다.
3. 이렇게 해서 어느 정도 복수심이 풀리면 남은 생각과 감정을 수용확언으로 만들어서 EFT를 한다.
4. 복수심과 원망이 너무 커서 한 번에 풀리지 않는다면 이상의 과정을 몇 번 반복한다.

그럼 이번에는 복수 기법을 썼던 사례를 보자.

정식은 초등학교 5학년 때 여자 담임에게 영문도 모르고 반 전체가 보는 앞에서 빰을 맞았고 그 충격으로 소심한 성격으로 변하고 성적까지 떨어졌다. 그런데 거의 30년이 지난 40대가 되었는데도 그 일만 생각하면 억울하고 화가 나서 견딜 수가 없고, 용서하자고 다짐해도 소용이 없어서, 반드시 한 번 그 담임을 찾아가서 확 개망신을 주고 싶다는 생각이 종종 들었다. 그래서 이 사건에 복수 기법을 썼다.

먼저 내가 물었다. "다시 그 상황으로 돌아가서 당신이 실컷 복수할 수 있게 된다면 어떻게 하겠어요? 무슨 말을 하고 무슨 행동을 할 거예요?" "정말 제 맘대로 할 수 있다면 똑 같이 해줘야죠. 야이 xx년아, 니가 뭔데 이유도 없이 나를 때려. 니가 선생이면 다야. 너도 똑같이 한번 맞아봐. 기분이 어떤지." 정식은 이런 말을 하면서 마음속으로 담임의 빰을 때리고 발로 차는 상상을 하고, 실제로 몸으로 이런 시늉까지 했다. 그와 동시에 그의 온몸과 표정에는 마치 당장이라도 사람을 죽일 듯한 분노가 가득해 보였다.

그동안에 나는 그의 타점을 막 두드려주었다. 참고로 이런 상상을 하는 중에 타점을 두드려주는 것이 상당히 중요하다. 그래야 복수심과 분노가 빠져나가기 때문이다. 10분 정도가 지나가 그의 온 얼굴에 가득한 노기도 좀 가라앉고 진정되는 듯 보였다. 그래서 물었다. "이제 좀 어때요?" "이제는 안 억울하네요. 그 선생 얼굴도 생각이 잘 안 나고요. 한편으로 그렇게밖에 살 줄 모르는 선생이 불쌍하다는 생각도 드네요. 이젠 그만 잊어도 될 것 같아요." 이에 남은 생각과 감정을 수용확언으로 만들어서 마저 지웠고, 그는 드디어 30년이 넘은 분노의 기억에서 벗어났다.

복수 기법에서 주의할 것은 다음과 같다.

1. 복수를 즐기고 곱씹기 위해서 하면 안 된다. 복수심과 원망에서 벗어나기 위해서 이것을 한다는 것을 먼저 명심하라.
2. 적나라하고 노골적으로 솔직하게 감정과 행동을 표현하라. 하고 싶은 말과 행동을 예의와 염치를 이때만큼은 다 버리고 하고 싶은 대로 하라.

내적 평화 과정

● '내적 평화 과정'을 통해 얻은 새로운 삶

내적 평화 과정Personal Peace Procedures의 중요성은 말로 다 표현할 수가 없다. 이 과정의 중요성에 대해서 개리는 다음과 같이 말했다.

"대부분의 심리적 육체적 문제는 과거의 상처가 마음에 쌓여서 해소되지 않아 생긴다. 그중 대다수의 과거 상처는 EFT로 쉽게 해결할 수 있다."

곧 암, 당뇨, 류마티스성 관절염, 다발성 경화증과 같은 육체적 문제나 공포증, 공황장애, 우울증 등의 심리적 문제가 대부분 과거 사건의 부정적 기억이 무의식에 쌓여서 생기는 것으로 이것들만 잘 처리하면 이런 문제들이 얼마든지 좋아질 수 있다는 것을 의미한다. 실제로 나의 경험이나 전 세계에서 보도되는 수천 건의 EFT 치유사례를 보면 이런 방법으로 심각한 몸과 마음의 병이 좋아지고 있음을 확인할 수 있다. 우리가 무의식에 쌓인 과거의 상처들을 지워나간다면 건강, 행복, 자신감, 건강한 자아상을 만드는 데에 엄청난 효과를 볼 수가 있다.

그럼 이 방법을 구체적으로 설명해보자.

1. 현재 의식할 수 있는 과거의 모든 상처가 되는 사건을 죽 적어본다. 최소한 20가지 이상은 적는 것이 좋다. 지금은 크게 문제가 안 되어 보이는 것이라 하더라도 일단 적어본다. 기억난다는 사실 자체가 뭔가 여전히 안 좋은 감정이 있음을 의미하기 때문이다.

2. 이들 사건 목록에서 하나를 골라 '영화관 기법'을 적용하여 마음속에서 지운다. 아무 느낌이 없을 때까지 확실하게 지운다. 이런 식으로 목록에서 매일 하나씩이라도 지워 나간다. 하나의 사건을 처리하는 데에 걸리는 시간은 사건마다 다 다를 수가 있다. 하루에 20~30분씩이라도 매일 투자해보라.

3. 이상의 과정을 하는 동안 새롭게 떠오르는 사건이 있다면 목록에 다시 추가하라. 이렇게 하루에 세 개의 사건을 석 달간 지워 나간다면 당신은 무려 270개의 사건을 지울 수 있다. 이 과정에서 매주 한 번씩 이미 지워진 사건들을 보고 지금 당신이 그것에 대해 어떻게 느끼는지 확인한다. 몸과 마음에도 어떤 변화가 있는지 확인한다. 혈압, 두통, 어깨 결림, 요통 등의 신체 증상도 확인해보라. 아마도 당신보다 주변 사람들이 당신의 변화를 먼저 눈치채고 한마디 할지도 모른다. "요즘 젊어 보여요. 요즘 편안해 보이네요."

독자 여러분이 몸과 마음과 인생과 운명에 근원적인 변화를 만들어 내고 싶다면 지금 당장 '내적 평화 과정'을 해보라.

● 내적 평화 과정 경험담

(경험담을 쓴 김병준 님은 EFT를 받을 당시 군대를 갔다온 복학생으로 몇 년째 심각한 불면증과 만성통증을 비롯한 온갖 질환을 앓고 있었고, 다양한 치료를 받아도 전혀 호전되지 않는 상태에 있었다.)

과거의 나는 말 그대로 만신창이였다. 내가 겪은 증상들은, 역류성 식도염, 만성 우울증, 조울증, 만성 피로 증후군, 안구건조증, 항강증(목 결림), 허리 디스크, 목 디스크, 위염, 불안장애, 야맹증, 빛 번짐, 시력 저하, 심각한 불면증 등이었다.

내 머릿속은 온갖 분노와 두려움으로 가득했고, 밤마다 악몽을 꾸었다. 겉으로는 멀쩡하게 보이니까 이런 나를 아무도 이해해주지 않았고, 그런 상황이 나를 더욱더 벼랑 끝으로 몰고 갔다. 나는 늘 이렇게 말했다. '내가 왜 이러는지 나도 잘 모르겠다.' 도대체 내 머릿속이 왜 이런지 도무지 알 길이 없었다, 그래서 주변의 사랑하는 사람들에게 본의 아니게 상처를 많이 주었다.

하지만 EFT를 만나게 되면서 나는 내가 왜 이런 행동을 하는지를 이해할 수 있었다. 나를 이렇게 만든 어린 시절의 상처들이 하나씩 보이기 시작했다. 그중에 가장 컸던 것은 바로 아버지에게 받은 상처였다.

주위에서 아버지나 어머니를 증오하는 사람을 종종 본다. 아버지로부터 과거에 폭언과 폭행을 자주 당했다면 성인이 되어서 아버지에 대한 그 분노는 아버지가 아닌 주변 다른 사람들에게 쏟아진다.

자기도 모르게 분노가 치밀어서 죽을 것 같고, 심하면 폭력이나 살인까지 저지르게 된다. 대표적으로 대부분의 연쇄살인범들은 어렸을 때 부모로부터 심한 학대를 당했다. 이렇게 어렸을 때 받은 상처들이 현재의 나의 부정적인 행동 패턴을 만든다. 시간이 지나면서 이 상처들은 무의식으로 숨어들어가고, 이렇게 만들어진 '상처받은 내면 아이'는 마음 한 구석에서 울면서 현재의 나의 행동을 비뚤어지게 만든다. 많은 사람들이 이렇게 말한다. "나도 모르게 화가 나요. 나도 모르게 우울해서 미치겠어요. 나도 모르게 그렇게 행동하게 돼요." 이렇게 수많은 나도 모르는 감정을 갖고 있는데 모두 대부분 어린 시절의 상처에서 비롯된다. 그 상처들을 EFT로 하나씩 지워주면 몸과 마음은 몰라보게 좋아진다.

나는 학대받지는 않았지만 어렸을 때 아버지에게 많이 혼나면서 자랐다. 아버지는 나를 너무 사랑하셨지만 분노를 많이 표현하셨고, 그러다 보니 나도 모르게 그런 아버지를 그대로 닮게 되었다. 하지만 자라면서 이런 분노를 억누르는 상황이 많이 생겼고, 분노 위에 다시 두려움이 쌓이면서 내 속은 썩어들어 갔다.

또 학창 시절을 보내면서 여러 상처들을 받았고, 그래서 분노 외에도 두려움, 수치심, 외로움 등의 온갖 감정들이 지금의 나를 계속 괴롭히고 있었다. 그래서 이런 기억들을 EFT로 지워나갔다. 엑셀에 현재까지 겪었던 모든 부정적 기억들을 써보니 300개가 넘었다. 별것 아닌 것 같은 데도 막상 EFT를 해보면 큰 상처인 경우도 많았다.

빨리 지우겠다는 생각을 버리고 하루에 하나씩 EFT를 해나갔다. 과거를 직면하는 것이 쉬운 일은 아니었다. 어렸을 때 느꼈던 아버지에 대한 두려움과 원망과 분노, 친구들에게 느꼈던 외로움과 수치심과 창피함과 부끄러움, 재수와 삼수를 할 때의 고독감과 불안, 군대에서 느낀 온갖 트라우마 등이 떠올랐다.

그중에서도 분노와 창피함이 제일 크고 많았고, 그 기억이 모두 사라져서 내가 완전히 자유로워질 때까지 두드렸다. 처음에는 많이 서

틀렀기에 내적 평화 과정을 하면서 고생도 많이 했다. 시험 기간에 EFT를 하다가 미처 지우지 못한 기억과 감정들이 너무 올라와서 시험을 보는 도중에 백지를 내고 나온 적도 있었다.

그렇지만 좋아지고 있다고 믿으면서 꾸준히 EFT를 했다. 기억을 못 지우고 실패를 해도 천천히 하나씩 쉽게 다시 들어가서 지우고 내면 아이를 마주하면서 달래주다 보니 나쁜 기억들이 하나씩 무너지기 시작했고, 그렇게 3개월이 지나자 다 지우지 않았는데도 300개의 기억들이 다 무너져 있었다. 하나의 기억을 지우면 그와 비슷한 기억이 같이 지워지는 이런 효과를 일반화 효과라고 한다.

그렇게 지우니 몸과 마음이 몰라보게 좋아졌다. 우선 천근만근 무거웠던 목과 어깨가 다 풀어져서 지금은 아무리 세게 만져도 전혀 아프지 않다. 전에는 조금만 만져도 아파서 견딜 수 없었고, 책상에 오래 앉아있지도 못했다. 상처의 기억들이 하나씩 지워지니 어깨뿐만 아니라 몸 전체의 굳어있던 근육들이 하나씩 다 풀어졌고, 병든 소가 마치 건강한 수소로 바뀐 기분이었다. 먹기만 하면 체했는데 늘 부어있던 위와 식도도 깨끗하게 좋아져서 뭘 먹어도 이제는 소화가 바로 된다. 라식 수술을 한 뒤로 계속 나빠졌던 시력이 점점 좋아졌고, 밤에 운전도 못하게 심했던 빛 번짐은 많이 사라졌다.

정말 너무나 엄청난 변화였다. 말로만 듣던 내적 평화 과정의 결과들을 직접 경험하니 너무나도 행복했고, 부정적 기억과 감정들이 몸을 아프게 한다는 말을 확실히 믿게 되었다. 마음도 아주 좋아졌다. 밤마다 우울하던 기분은 이제 내면에서 솟아오르는 기쁨으로 바뀌었고, 작은 것 하나에도 감사하게 되었다. 더불어 부정적 믿음과 생각들이 사라져서 어떤 일을 하든 긍정적인 생각과 확신을 갖게 되었다. 나는 이 과정에서 어떤 약도 먹지 않았다. 그렇다고 약을 끊으라는 말은 절대 아니다. 오로지 내 안의 부정적 기억과 감정들을 지우고 상처받은 내면 아이가 스스로 좋아지게 EFT를 했을 뿐이다. 지금도 내적 평화 과정은 시간 날 때마다 하고 있고, 몸과 마음이 날마다 더 좋아지고 있어서 몹시 기쁘다.

내적 평화 과정은 일종의 심리적 재탄생이다. 과거의 나를 허물 벗듯 버리고 완전히 새로운 몸과 마음을 가진 사람으로 살게 해준다.

EFT로 신념 바꾸기

● 신념이 형성되는 원리

EFT는 처음에 PTSD나 공포증, 불안 같은 부정적인 감정을 지워주는 심리치료 기술로 시작했고 이것만으로도 탁월했지만, 20여 년이 지나면서 더욱 엄청난 발전을 하게 되었다. 그 발전의 성과 중 가장 큰 것이 EFT가 부정적인 신념(믿음)을 지우고 바꿔준다는 것이다. 그래서 이제는 EFT는 단순한 심리치료 기법이 아니라 가장 강력하고 탁월한 자기 계발과 능력 향상의 도구가 되었다.
그러면 EFT는 어떻게 믿음과 생각과 신념을 바꿔주는 것일까? 여기서 그 원리를 설명해보자.

먼저 신념의 중요성에 대해서 알아보자. 우리가 가진 신념은 인생을 창조하기도 하고 파괴하기도 한다. 좋은 결과를 만들어내기도 하고 나쁜 결과를 만들어내기도 한다. 그런데 이 신념 또는 믿음이란 것은 생각과 감정이 결합된 것 이상도 이하도 아니다. 비슷한 사건을 경험하면서 반복된 감정을 느끼다보면 그 과정에서 일반화된 생각을 갖게 되는데 바로 이것을 신념이라고 한다. 곧 반복된 사건과 감정을 통해 만들어진 일반화된 생각이 신념(믿음)이라고 할 수 있다.

신념(믿음) = 생각 + 감정

쉽게 예를 들어 설명해보자. 어떤 사람이 사업하다가 처참하게 세 번 실패해서 그때마다 엄청난 고생을 하면서 좌절, 슬픔, 분노 등을 경험했다. 이렇게 비슷한 사건과 감정을 반복해서 경험하다 보니 그는 어느새 '나는 사업에는 약해' '나는 실패자야'라는 신념이 생긴다. 그러고 나면 네 번째 사업을 할 때에는 시도를 못 하거나 하더라도 '내가 할 수 있을까?' '될까?' 하는 생각이 자꾸 들어서 사업을 제대로 못하게 된다. 이렇게 신념은 '반복과 감정'에 의해서 형성된다.

또 다른 예로, 시험에 서너 번씩 자꾸 낙방하는 사람이 있다고 하자. 당연히 이 사람은 시험만 생각하면 불안해진다. '붙을 수 있을까?' '난 시험에 약해' 등의 생각이 자꾸 들기도 한다. 이것도 또한 신념이며 믿음이다.

앞서 말한 사업가의 '나는 실패자야'라는 신념의 바탕에는 사업 실패로 겪었던 온갖 부정적 감정이 깔려있고, 앞의 수험생의 '나는 시험에는 약해'라는 신념 뒤에는 시험에 떨어져서 느꼈던 온갖 감정, 곧 좌절감 분노 등이 가득 깔려있다. 이렇게 모든 신념에는 강한 감정이 결합되어 있고, 이 감정이 그 신념을 유지시키는 힘으로 작용한다. 생각과 감정이 강하게 결합되어 신념을 형성하기 때문에 반대로 감정이 사라지면 신념도 사라진다. 예를 들어 앞의 사업가의 '나는 실패자야'

라는 신념에 결합된 좌절과 분노가 사라지고 앞의 수험생의 '나는 시험에는 약해'라는 신념에 결합된 억울함과 좌절이 사라지면, 그들의 신념도 그저 힘을 잃게 된다.

그런데 놀랍고 중요하게도 EFT는 이런 신념 뒤에 배어있는 좌절, 분노 등의 감정을 확실하게 지워준다. 그래서 이렇게 EFT로 감정이 탈색된 신념은 그저 수많은 떠도는 생각들 중의 하나로 바뀌게 된다. 그래서 '나는 실패자야' '나는 시험에는 약해'라고 생각할 수는 있지만 그런 생각이 그저 남의 얘기로 들리면서 나의 행동과 마음에 아무런 영향도 전혀 주지 않게 된다. 바로 이것이 EFT로 신념을 바꾸는 원리이다.

그 외에도 많은 사람들이 가진 '나는 멍청해' '나는 되는 게 없어' '나는 자신감이 없어' 등의 신념도 EFT로 그 이면에 있는 좌절감, 분노, 무기력감 등의 온갖 감정 등을 싹 지워버리고 나면 사람들은 모두 이렇게 말하게 된다. "아까는 그 생각하니 답답하고 가슴이 아팠는데, 이제는 그저 무덤덤해요. 마치 남의 일처럼 느껴져요." 이렇게 신념의 힘은 감정에 있고, EFT로 그런 감정들을 말끔히 지울 수 있다.

"감정이 지워진 신념은 아무런 힘도 없다."

● **학습된 무기력(learned helplessness)**

신념과 관련하여 아주 주목할 만한 실험이 있다. 긍정 심리학의 창시자로 유명한 마틴 셀리그만Martin Seligman은 좌절감과 관련된 아주 획기적인 실험을 했다. 첫날에 셀리그만은 여러 마리의 개들을 다음 세 가지 서로 다른 조건을 갖춘 우리에 하루 동안 가둬놓았다.

- 첫째 우리: 하루 종일 여러 번 바닥을 통해 전기 충격을 받지만 우리 한쪽의 나무판을 밀면 전기 충격이 멈춘다.
- 둘째 우리: 하루 종일 여러 번 바닥을 통해 전기 충격을 받지만 어떤 행동을 해도 전기 충격이 멎지 않는다.
- 셋째 우리: 전기 충격을 주지 않고 그냥 내버려 둔다.

하루가 지난 뒤 이들 세 집단의 개를 새로운 우리에 넣고 관찰했다. 이 우리는 가운데에 모든 개가 충분히 넘어갈 수 있는 낮은 칸막이가 있고, 한쪽에는 바닥으로 전기 충격을 보낼 수 있었다. 관찰 결과 충격적인 현상이 관찰되었다. 첫째와 셋째 우리에 갇혔던 개들은 한쪽에서 전기 충격을 받으면 다른 쪽으로 넘어가는데, 둘째 우리에 갇혔던 개들은 아무 시도도 하지 않은 채 전기 충격의 고통을 그저 묵묵히 견딜 뿐이었다.

둘째 우리에 갇혔던 개들은 반복된 좌절 경험을 통해 '아무리 해도 안 된다'라는 신념을 갖게 된 것이다. 셀리그만은 이것을 '학습된 무기력'learned helplessness이라고 불렀는데, 이것으로 신념은 반복과 감정에 의해서 만들어지고, 이렇게 일단 한 번 만들어진 신념은 설사 그 신념 때문에 죽게 되더라도 평생 우리를 지배한다는 사실을 다시 절실하게 알 수 있다.

● 판단은 감정에서 나온다.

많은 사람들이 이렇게 말한다. "머리로는 그 말이 옳다고 생각하는데, 마음으로 받아들일 수가 없어요." 이것이 감정의 중요성을 잘 표현한다. 슬픈 마음에는 슬픈 일과 사람만 보일 뿐이고, 배고픈 사람에게는 먹을 것만 보이고, 자신감 있는 사람에게는 어디서든 가능성이 보이고, 좌절한 사람은 되는 사람을 보고서도 '나만 왜 안 되지'라고 생각하기 마련이다. 흔히 경험하는 예를 들어보자.

- 가재는 게가 뭔 짓을 해도 잘 했다고 한다. 원래 게 편이니까.
- 미운 놈은 아무리 잘 해도 '저게 왜 저러나'라고 의심한다.
- 예쁜 놈은 큰 실수해도 '다음에 잘 하겠지'라며 넘긴다.

또 다른 예를 들어보자. 컵에 물이 반쯤 들어 있다. 이 때 한 사람은 '물이 반밖에 없네'라고 한다. 반면에 또 다른 사람은 '물이 반이나 있네'라고 한다. 동일한 것에 대한 판단이 왜 이렇게 다른 것일까. 이것도 역시 감정이 판단을 좌우하는 예다. 한 사람은 상실감이나 좌절감이 많은 사람일 테고, 다른 사람은 자신감이 가득한 사람일 것이다.

사람들이 된다느니, 안 된다느니 말하는 것 자체가 어쨌든 그것이 어느 정도의 가능성이 있다는 말이다. 100퍼센트 안 되는 것을 하자고 하는 사람도 없고, 100퍼센트 되는 것을 의심할 사람도 없다. 예를 들어 사과가 나무에서 떨어지는 것을 의심하거나, 죽은 사람을 살리겠다고 할 사람은 없을 것이다. 그러니 되니 안 되니 하는 것 자체가 가능성이 있는 것이고, 자신감 있는 사람은 되는 것만 보면서 된다 할 것이고, 자신감 없는 사람은 안 되는 것만 보면서 안 된다 할 것이다.

그래서 된다고 하는 사람은 결국 되게 만들 것이고, 안 된다고 하는 사람은 결국 안 되게 만들 것이다. 따라서 되는 것도 맞고, 안 되는 것도 맞다. 결국 내가 느끼는 대로 판단하다가, 결국 그렇게 만들 테니까. 바로 이것이 감정과 판단(또는 믿음)의 관계이다. 결국 이렇게 인간은 이성의 동물이 아니라 감정의 동물이다. 논리적으로 된다고 생각하기 때문에 된다고 판단하는 것이 아니라, 된다고 느낄 때 된다고 판단하게 되는 것이다.

인간의 행동도 감정에서 비롯된다. 인간은 논리적으로 된다고 생각하기 때문에 되게 행동하지는 않는다. 된다고 느껴야지 비로소 되게 행동한다. 따라서 신념(또는 판단)의 힘은 논리가 아니라 그 신념을 떠받치는 감정에 있다. 감정의 힘을 가장 적나라하게 표현하는 말이 '환장한다'이다. 나의 신념이 나를 환장하게 할 때, 우리는 미친 듯이 달려들어 해내고 만다. 이렇게 감정은 인간이라는 기계를 움직이는 유일한 초강력 엔진이다.

자, 이제 정리해보자. 앞서 본 대로 감정은 나의 모든 판단과 신념과 행동을 유발하는 원천이다. 그렇다면 나의 판단과 행동을 변화시키는 유일하고 확실한 방법은 바로 나의 감정을 변화시키는 것이다. 따라서 나의 감정을 조절하는 자가 나를 조절하고 내 인생을 조절한다. 한마디로 감정 컨트롤이 인생 컨트롤이다. 그리고 감정 컨트롤의 가장 확실한 수단은 EFT이다.

● 자아상

신념 중에서도 가장 크고 중요한 것은 자아상이다. 자아상이란 과연 무엇인가? 자아상이란 스스로에 대해 가진 믿음이다. '내가 누구냐'라는 물음에 대한 나의 답, '내가 생각하는 나'가 또한 자아상이다. 예를 들어서 '나는 똑똑해' '나는 지고는 못살아' '나는 힘든 것은 못해' 등과 같이 나에 대한 모든 믿음이 바로 자아상이다. 그런데 자아상이 왜 그렇게 중요할까? 자아상은 내 인생의 모든 것을 결정하고 자아상이 바뀌면 내 인생 전부가 바뀌기 때문이다. 그래서 이렇게 말할 수 있다.

"인생을 바꾸고 싶다면 내 자아상을 바꿔라."

자아상을 만드는 데 가장 큰 역할을 하는 사람은 부모님이다. 나는 EFT 워크숍에서 참가자들로 하여금 어렸을 때에 부모님이 자주 했던 말을 한 10개 정도 죽 적어보게 한다. 그 가운데에는 좋은 것도 있고 나쁜 것도 있는데, 어찌 됐든 부모님에게 들었던 말 그대로 사는 경우가 많다. 이런 부모의 말이 자식들 인생의 절반 이상을 결정하는 것 같다.

'야 모자란 놈아 너 그거 해서 되겠냐' '네가 뭘 하겠냐' 등의 말을 들었던 사람은 대부분 정말 자신감이 부족해서 열등감 속에서 불안하게 살고 있었다. 반면에 '그래, 너는 할 수 있을 거야' '우리 아들 멋지다. 너는 무엇이든 잘해'라는 말을 많이 들었던 사람은 정말 자신감 있게 잘 살고 있었다. 날 때부터 잘난 사람도 없고 못난 사람도 없지만 잘난 것처럼 느껴지는 것을 자꾸 경험하다 보면 잘나게 되고, 못난 것처럼 느껴지는 것을 자꾸 경험하다 보면 못나게 된다.

● EFT로 신념을 바꾸는 방법

그럼 EFT로 어떻게 부정적인 신념을 바꿀 수 있을까? 첫째는 나를 이 상황에 있게 만드는 부정적인 신념들을 먼저 찾아내어 이런 신념들을 수용확언으로 만들어서 EFT를 적용한다. 이렇게 EFT를 하다 보면 신념을 떠받치는 힘 곧 부정적인 감정이 살살 빠지기 시작한다. 더 구체적으로 어떻게 하는지 예를 들어보자. '나는 멍청하다'는 자아상이 있어서 무얼 해도 잘 안되고 힘든 갑돌이가 여기 있다. 일단 갑돌이의 부정적 신념을 수용확언으로 만들어서 두드리면 된다.

수용확언 나는 내가 멍청하다고 생각하지만 마음속 깊이 진심으로 이런 나도 이해하고 믿고 받아들이고 사랑합니다.

이런 수용확언으로 두드리다 보면 '나는 멍청하다'는 자아상을 떠받치는 온갖 감정들 곧 억울함, 열등감, 좌절감 등이 싹 빠지면서 이런 신념에서 점차 벗어나기 시작한다. 또, 이렇게 하다 보면 이것과 관련된 다른 신념들이 또 떠오를 수도 있다. 원래 모든 신념이란 비슷한 것들끼리 뭉쳐져 있기 때문에 '나는 멍청하다' '나는 뭘 해도 더디다' '나는 성질이 더럽다' 등의 신념들도 함께 따라온다. 그런 생각들에도 EFT를 적용하면 된다.

수용확언 나는 내가 멍청하다고 생각하지만 마음속 깊이 진심으로 나를 있는 그대로 받아들입니다.

수용확언 나는 뭘 해도 더디다고 생각하지만 마음속 깊이 나 자신을 이해하고 받아들입니다.

수용확언 나는 성격이 더럽다고 생각하지만 마음속 깊이 진심으로 나 자신을 이해하고 받아들입니다.

많은 부정적 신념들이 이렇게만 해도 잘 지워지는데, 자아상이나 세계관이나 인생관처럼 큰 신념은 이것만으로 부족한 경우가 많다. 그래서 그 다음 단계가 필요하다. 2단계는 내가 언제부터 이런 생각을 하게 되었고, 언제 어디서 무엇 때문에 이런 신념을 갖게 되었는지를 알아서, 이런 신념을 갖게 만든 경험을 EFT로 지워버리는 것이다. 이런 신념을 갖게 된 경험을 찾는 질문은 다음과 같다.

- 내가 언제부터 어디에서 이런 생각을 하게 되었을까?
- 누가 나에게 이런 생각을 가르쳤을까?
- 언제 내가 처음 이런 신념을 갖게 되었을까?
- 이 신념과 관련해서 떠오르는 사건이나 경험이 있다면 무엇인가?
- 이것과 관련해서 떠오르는 사건이 있다면 무엇인가?

이런 질문을 하다 보면 이것과 관련되는 인생의 경험들 사건들이 떠오르기 시작한다. 잘 안 떠오를 때는 그냥 그럴듯하게 꾸며도 된다.

예를 들면 '이런 일이 있었던 것 같고 그때 그랬던 것 같다'는 식으로 만들어도 된다. 이런 방법을 자유 연상이라고 하는데, 마구 지어내는 것 같아도 무의식의 요구와 필요에 맞게 만들어지기 때문에 내 무의식의 진실을 담고 있다. 그다음에는 이런 사건과 경험들을 영화관 기법으로 깨끗하게 지우면 된다. 이렇게 관련된 사건과 경험을 지우다 보면 어느새 나의 자아상이나 신념이나 세계관이 바뀌게 된다.

4
EFT 고급 과정을 위한 TIP

모든 것에 적용해보라

"이런 것도 되나요?" EFT가 워낙 효과가 좋고 적용 범위가 넓다 보니 EFT를 강의할 때에 내가 제일 많이 듣는 말이 바로 이것이다. 그럴 때마다 내가 하는 말이 있다. "그냥 해보세요. 하는 데 5분도 안 걸려요." 사실 수 천 명을 상담해본 나도 못 해본 것이 더 많고, EFT로 무엇이 얼마만큼 좋아질 수 있는지는 창시자인 개리 크레이그도 다 알지 못한다. EFT는 여전히 발전하고 있고, 그 효과의 범위도 넓어지고 있기 때문이다. 개리 크레이그의 홈페이지emofree.com에는 전 세계에서 EFT를 적용한 3,000여 개의 사례가 올라와있다. 독자들의 EFT 활용 편의를 위해 이들 사례를 몇 개의 분야로 정리해보았다.

● **온갖 통증**

EFT는 각종 통증에 탁월한 효과를 발휘한다. 두통, 요통, 관절통, 화상통, 외상성 통증, 암 통증 등 거의 모든 통증에 탁월한 효과를 발휘한다. 그중에서 특이하게도 신장 결석 통증에 효과를 본 것도 몇 건이 있었는데, 결석이 빨리 배출되고 통증이 즉각 멈추기도 했다는 사례가 있었다.

● **온갖 불안 및 공포**

애초에 EFT가 물 공포증 치료에서 시작되었듯이 EFT는 거의 모든 공포증에 탁월한 효과를 발휘한다. 실제로 임상에서는 사람 수만큼 많은 공포증을 볼 수 있다. 광장 공포증, 거미 공포증, 벌레 공포증, 고소공포증, 폐쇄 공포증, 어둠 공포증, 비행 공포증 등 모든 공포증에 EFT는 탁월한 효과가 있다.

● **각종 트라우마**

앞서 영화관 기법에서 설명했듯이 EFT는 가장 강력한 기억 지우개다. 그래서 온갖 상처받은 기억, 곧 트라우마를 다 지워준다. 그래서 당연히 외상 후 스트레스 장애PTSD에도 효과가 좋다. 성폭행, 어린 시절의 온갖 상처, 각종 충격적 사고, 교통사고, 집단 따돌림 등에도 마찬가지이다.

● 각종 난치병

천식, 다발성 경화증, 암, 파킨슨 병, 당뇨 등에 효과를 본 여러 사례가 실려있다. 특히 천식이 치료된 사례가 제법 많은데, 공포와 불안의 감정에 수반되는 신체 증상으로 EFT를 해서 공포와 불안이 줄면서 천식이 저절로 치료된 경험이 몇 건 있었다. 또한 파킨슨병에 EFT를 적용해서 증상이 완화된 경우도 몇 건 있었다.

● 중독

담배, 술, 성, 약물, 음식에 대한 중독이 여러 건 실려있다. 음식 중독은 폭식이나 섭식 장애를 의미한다. EFT로 불안과 걱정이 주는 것만으로도 중독 증상은 자연스럽게 줄어든다. 내 경험상 많은 사람들이 EFT를 하면서 술이나 담배를 줄이고 끊었다는 말을 실제로 많이 한다.

● 각종 능력 향상

EFT는 시험, 운동, 사업, 예술 등 거의 모든 분야에서 능력을 최고도로 발휘할 수 있게 도와준다. 실패의 트라우마와 좌절감, 비난과 비판에 대한 두려움, 실패의 두려움, 잘해야 한다는 부담감 등을 지워주고 자신감과 평정심을 키워서 최고의 능력을 발휘하게 한다.

● 아이들의 온갖 문제

학습 장애, ADD, ADHD, 소아 틱장애, 떼쓰기와 편식 등의 안 좋은 행동 교정, 아이들의 온갖 정서 문제 등을 비롯해, 특히 야뇨증을 치료한 사례들이 몇 개가 있다.

● 여성들의 온갖 문제

생리통, 불임, 출산의 두려움, 출산의 통증, 폐경기 증후군, 자궁 출혈 등. 특히 불임과 마음과는 큰 상관성이 있는데, 불임 치료에도 EFT가 큰 도움이 된다.

● 기타 심리적 문제

분노 조절 장애 및 화병, 우울증, 공황장애, 불안장애, 학대받은 상처, 말더듬, 가족을 잃은 슬픔과 충격, 죄책감, 각종 스트레스, 거식증과 폭식증 같은 섭식장애 등에도 효과가 있다. 한마디로 EFT는 거의 모든 심리적 문제에 탁월한 효과를 발휘한다고 말할 수 있다.

● 기타 육체적 문제

음식 알레르기, 먼지 알레르기 등 약 50건의 알레르기 치유 사례가 있다. 또한 특이하게도 9건의 난독증 치유 사례가 있다. 부정맥, 고혈압, 심장 발작 등을 포함한 심혈관 질환에 해당하는 12건의 사례가 있다.

과민성 대장 증상을 포함한 소화기 질환 치유 사례도 있다. 사마귀나 습진 등을 포함한 13건의 피부 질환 사례가 있다. 이 밖에도 수근관 증후군, 각종 안과 증상, 수면 장애나 불면증, 이명증, 만성 피로, 비만, 딸꾹질 등이 있다.

● 동물에게 적용하기

개와 고양이와 말과 새 등의 각종 동물에게 EFT를 적용한 사례들이 50건 이상 올라와 있다. 서구에서는 반려 동물의 각종 문제를 EFT로 해결한 사례들이 많다. EFT 워크숍에 참가한 어느 분이 동물을 치료한 경험담을 말했다. 며칠 전에 갓 태어난 새끼 고양이를 집 앞에서 주웠는데, 콧물을 흘리고, 눈곱도 끼고, 축 쳐져서 다 죽어가고 있었다. 동물병원에 데려갔으나, 잘 낫지 않는 감기에 걸렸고 거의 가망이 없다고 했다. 이에 그녀는 불쌍한 마음에 고양이의 타점을 두드리면서 "사랑한다, 살아나라"라고 말했다. 이틀 동안 10분씩 두드려주었는데, 놀랍게도 고양이가 살아났다.

일반화 효과

어느 문제를 구성하는 양상이 100개 이상이라고 하면, 이를 모두 지워야 하는 것은 아니다. 대략 5~15개 정도를 지우면 나머지 양상도 같이 사라진다. 예를 들어 한 사람이 '나는 못났어'라는 자아상을 갖고 있고, 이런 자아상을 갖게 된 경험이 200개 정도 된다면 이 모든 경험을 다 지우는 것은 아니다. 자아상을 만드는 경험도 영화관 기법으로 일부분을 지우다보면 전체가 모두 지워지고, 그 결과 자아상과 성격이 바뀌게 된다. 곧 '나는 못났어'라는 자아상이 '나 정도면 괜찮아'라는 자아상으로 바뀌게 된다는 것이다.

예를 들어 리치Rich라는 어느 베트남전 참전 용사는 20년 넘게 심각한 외상 후 스트레스 장애를 앓고 있었다. 20년이 지났는데도 전쟁터의 참혹했던 기억이 100여 개의 장면으로 매일 번갈아가면서 떠올랐다. 개리가 처음에 그의 기억 두 개를 지워주는 데에는 좀 긴 시간이 걸렸고, 이후 리치가 스스로 몇 개를 지울 때에는 시간이 적게 걸렸다. 대체로 시간이 지날수록 지우는 데에 시간이 덜 걸린다. 이렇게 10개 정도의 기억을 지우자 100여 개에 이르는 모든 기억이 같이 사라지면서 마음이 덤덤해졌고, 마침내 20여 년의 고통에서 해방되었다.

이렇게 몇 개의 구성요소들만 제거하면 이것들이 대표하는 증상이나 신념, 의견, 믿음 등이 다 사라지는 현상을 삭제의 '일반화 효과'라고 한다. 이 현상은 어찌 보면 도미노 게임과 유사하다. 몇 개의 도미노만 넘어뜨리면 전체 도미노들이 연쇄적으로 넘어가면서 모든 도미노가 마침내 쓰러지게 되는 것처럼 말이다.

일반화 효과는 신념이나 가치관이 만들어지는 과정에서도 작용한다. 예를 들어 갑돌이는 여자에게 3번 차였다. 그러자 그는 '모든 여자들은 나를 싫어해'라는 신념을 가지게 된다. 그런데 지구상의 인간의 수는 약 70억이고, 그중에서 여자를 35억이라고 한다면 갑돌이가 만난 여자는 겨우 35억 명 중의 3명이다. 이것을 계산하면 약 0.00000009퍼센트에 해당한다. 곧 그는 겨우 이 정도의 수치를 100퍼센트라고 굳게 믿는 것이다. 이렇게 인간은 몇 개의 경험을 뻥튀기해서 일반화시켜 완벽한 진리라고 믿는 경향이 있다.

인간의 모든 신념과 가치관은 일반화에 의해 만들어진 뻥튀기에 불과하다.

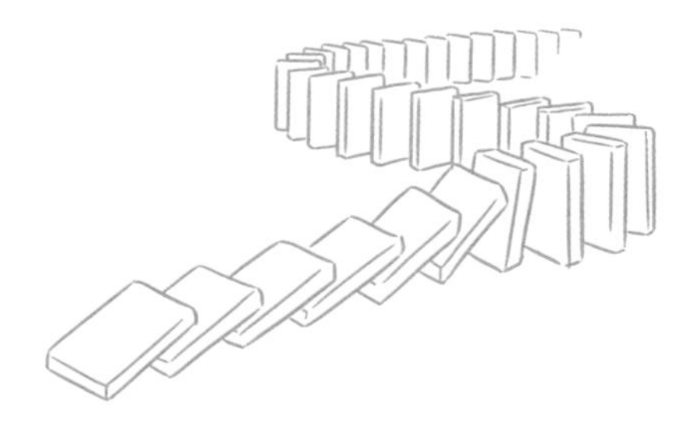

마치 도미노 효과처럼 일부분만 EFT를 해도 전체 문제가 사라진다.

책상의 상판과 다리

'책상의 상판과 다리'는 개리 크레이그가 난치병을 치료할 때에 많이 쓰는 비유이다. 예를 들어 설명해보자. 발표 불안과 대인 공포증이 심해서 발표할 때마다 불안해서 발표를 못하고 피하는 사람이 왔다. 그와 상담하다 보니 그의 마음에 '나는 늘 부족해'라는 신념(자아상)이 있음을 알게 되었다. '나는 늘 부족하다'는 마음이 있으니 남들 앞에만 서면 부족한 모습이 드러날까봐 전전긍긍했던 것이다.

이 사람에게 "나는 늘 부족하다고 느끼지만……"이란 수용확언으로 EFT를 하면 어떻게 될까? 대체로 효과가 부족하거나 없는 경우가 많다. 수용확언 자체가 너무 추상적이고 막연하기 때문이다. 추상적이고 막연하면 추상적이고 막연하게 해결된다. 그래서 물었다. "왜 그렇게 생각하죠? 왜 그렇게 느끼죠?"라고 묻자 이렇게 생각하게 된 이유 또는 구체적인 경험들이 나왔다.

- 중학교 2학년 월말 고사에서 전보다 훨씬 좋은 점수를 받았는데도, 아버지는 "겨우 이 정도냐"라고 말했다.
- 초등학교 6학년 때 달리기 대회에서 상을 탔는데, 엄마가 "공부나 잘 하면 되지. 달리기는 무슨 달리기야"라고 말했다.
- 초등학교 3학년 때 반에서 1등을 했지만, 전교 1등을 한 형 만큼 하라는

핀잔만 들었다.

그는 이런 경험들을 자꾸 하면서 '나는 늘 부족하다'는 자아상이 자신도 모르게 생겼던 것이다. 여기에서 '나는 부족하다'는 자아상은 책상의 상판에 해당하고, 앞에 나온 구체적인 경험들은 책상 다리에 해당한다. 물론 이런 다리는 네 개가 아니라 수십 수백 개가 될 수도 있다. 이제 이런 다리들을 영화관 기법으로 일부분을 제거하면 일반화 효과에 의해서 남은 다리들도 같이 제거되면서 '나는 늘 부족하다'는 자아상도 사라진다. 아무리 튼튼하게 서있는 책상 상판도 몇 개의 다리만 잘라내면 모두 훅 쓰러진다.

누구나 나름의 자아상, 인생관, 가치관 등을 갖고 있고, 이런 것들은 특성상 너무나 추상적이고 일반론적이다. 이런 추상적인 생각 또는 신념들은 이것들을 떠받치는 구체적 경험들을 찾아내어 EFT로 제거하면 마침내 사라지거나 바뀌게 된다. 자아상이나 인생관이나 가치관 등이 상판에 해당되고, 구체적 경험이 다리에 해당한다. 이제 다시 정리해보자.

- 상판은 내가 가진 일반적 신념, 자아상, 세계관, 가치관, 태도, 성격 등을 의미한다. 예를 들면 나는 '실패자야' '돈은 악의 근원이야' '인생은 비극이야' '강한 자만 살아남는다' 등의 생각들이다.

- 다리는 이런 상판을 구성하고 떠받쳐주는 개인의 구체적 경험을 의미한다. 아무리 상판이 크고 튼튼해도 다리 몇 개를 잘라버리면 넘어가듯이 사람들을 그렇게 옭아매는 부정적 신념, 자아상, 가치관, 태도 등도 EFT로 쉽게 바꿀 수 있다.

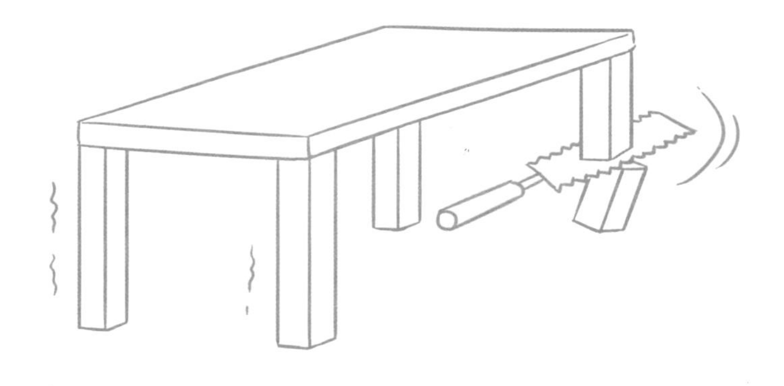

완전한 치유에 이르는 문은 여러 개다

많은 사람들이 자신의 문제에 어떻게 수용확언을 만들어야 하는지, 또 어떤 기법을 써야하는지 나에게 묻는다. 그럴 때마다 내가 말하다. "무슨 말을 하든 무슨 기법을 쓰든 효과만 나면 돼요." 사실 완전한 치유로 가는 문은 여러 개다. 비유로 설명해보자. 일단 내 앞에 보이는 문은 여러 개다. 그중에서 일단 하나를 열어본다. 그 문을 들어가보면 또 다시 여러 개의 문이 있다. 그중에서 또 하나의 문을 열어본다. 만약 이번에는 열리지 않는다면 다른 문을 열어본다. 이렇게 열리는 문을 찾으면서 완전한 치유의 방에 도달할 때까지 전진하는 것이다.

예를 들어서 현재 섬유근통 증후군으로 온몸 여기저기가 다 아프고 또 우울증, 불면증, 소화 장애, 식욕 저하까지 겪는 환자가 있다. 그중에서도 지금 가장 심한 증상은 어깨의 통증이다. 이 사람에게는 처음에 어떻게 EFT를 해야 할까? 다음에 가능한 방법을 죽 나열해보았다. 이렇게 다양한 관점과 방법으로 EFT를 할 수 있다는 것을 명심하라.

- 가장 심한 육체 증상 즉 어깨 통증에서부터 시작한다.
- 심리적 문제 곧 우울증에서부터 시작한다. 맨 처음 우울함을 느낀 사건을 물어보고 EFT를 해본다.
- 핵심 주제 찾기를 해서 시작한다.

- 증상이 너무 많고 복잡하므로 바로 내적 평화 과정을 시작한다.
- 증상이 너무 많고 생각과 감정도 복잡하므로 넋두리 기법을 활용하여 지금 드는 생각과 감정을 죽 말하면서 EFT를 해본다.

직관과 유머와 리프레이밍을 활용하라

개리가 실제로 EFT를 하는 것을 보면 수용확언과 연상어구를 만들 때 유머를 많이 활용하고 또한 사람들에게도 적극적으로 유머를 활용하라고 강조한다. EFT를 적용하는 과정에서 유머를 활용하는 데에는 두 가지의 의미가 있다. 첫째, 아무리 증상이 심하더라도 웃을 수 있다면 치료가 잘 진행되고 있다는 의미이므로 치료의 중간 결과를 확인하는 방법이 된다. 둘째, 딱딱한 치료 분위기를 완화시키고 웃음 자체의 이완 효과에 의해 치료 효과가 증폭된다. 중간중간 적절히 유머를 사용하면 치료 효과가 커진다.

리프레이밍이란 관점 바꾸기라고도 하는데, 문제에 대해서 새로운 관점을 갖게 해주는 것이다. 10년 전에 지인에게 천만 원을 떼인 것을 아직도 못 있는 여성이 있었다. 그 여성이 EFT를 한다면 수용확언은 대체로 이런 내용이 될 것이다.

수용확언 개똥이 엄마가 10년 전에 내 돈 천만 원을 떼먹었다. 아들 등록금으로 쓰려고 모아둔 건데, 떼이는 바람에 아들 대학도 못 보냈다. 나는 죽어도 그년을 잊을 수가 없다. 그래서 10년 동안 이를 갈며 살아왔다. 그런데 그때 개똥이 엄마는 내 돈 갖고 어디로 벌써 날랐는지 알 수도 없었다. 지금은 살았는지 죽었는지 알 수도 없고, 내 앞에도 없지만 내 마음속에는 항상 그때 그 모습으로 남아있다. 내 돈 천만 원을 떼먹는 모습이 지금도 눈에 선하다. 하지만 어쨌든 깊이 진심으로 나를 이해하고 받아들입니다.

물론 이렇게 EFT를 해도 효과는 있다. 하지만 좀 더디고 지루할 것이다. 여기에 유머와 리프레이밍을 활용해서 수용확언을 한 번 만들면 이렇게 될 것이다.

수용확언 개똥이 엄마가 10년 전에 내 돈 천만 원을 떼먹었다. 아들 등록금 하려고 모아둔 건데, 떼여서 아들 대학도 못 보냈다. 나는 죽어도 그년을 잊을 수가 없다. 그래서 10년 동안 이를 갈며 살아왔다. 그런데 그때 개똥이 엄마는 내 돈 갖고 어디로 벌써 날랐는지 알 수도 없었다. 지금은 살았는지 죽었는지 알 수도 없고, 내 앞에도 없지만 내 마음속에는 항상 그때 그 모습으로 남아있다. 내 돈 천만 원을 떼먹는 모습이 지금도 눈에 선하다.

그런데 다시 생각해보자. 개똥이 엄마는 내 돈 천만 원을 한 번 떼먹었지만, 나는 10년 동안 매일 생각했다. 그러다 보니 날마다 새로 천만 원을 떼이는 기분이다. 개똥이 엄마는 딱 한 번 떼먹었지만 나는 내 돈 10년 동안 매일 떼먹었다. 열흘이면 1억이고, 100일이면 10억이다. 내가 내 돈 참 많이도 떼먹었다.

나는 이렇게 힘든 게 모두 개똥이 엄마 때문이라고 생각하지만 다시 생각해보자. 개똥이 엄마가 내 돈은 떼먹었지만 매일 떼인 것 생각하면서 10년 동안 괴로워하라고 했던가? 그렇지는 않다. 개똥이 엄마는 그때 딱 한 번 천 만원 떼먹었지만, 나는 10년 동안 매일 생각하다 보니 수천억은 떼인 것 같다. 그러면 내 돈 제일 많이 떼먹은 사람은 누구인가? 개똥이 엄마인가 나인가? 그렇다면 도대체 앞으로 얼마나 더 천만 원씩 매일 떼여야 하나? 그러니 이제 내 돈 그만 떼이자. 개똥이 엄마보다 내가 내 돈 더 떼먹었다. 이제 내 돈 그만 떼먹자. 어쨌든 마음속 깊이 진심으로 나를 이해하고 받아들입니다.

이렇게 수용확언을 하고 다시 연상어구는 다음과 같이 만들었다.

연상어구 끝난 일은 끝났다. 끝난 일은 안 느껴도 된다. 그때는 개똥이 엄마가 내 돈 떼먹었지만, 이제는 내가 내 돈 떼먹는다. 이제 내 돈 그만 떼먹자. 개똥이 엄마는 그때 한 번 천만 원만 떼 갔지만, 나는 수천억 원을 떼 갔다. 이제 내 돈 그만 떼 가자. 끝난 일은 끝나야 한다. 끝난 일은 더 느끼지 않아도 된다. 그러니 떼인 돈도 떼먹은 사람도 어쨌든 무조건 마음에서 모두 비운다, 지운다, 내려놓는다, 흘려보낸다. 이제 빈 마음에 참으로 오랜 만에 평화의 햇살이 비친다.

개똥이 엄마보다 내가 나 자신을 더 괴롭히고 있다는 새로운 관점과 내가 내 돈 수천 억 떼먹었다는 과장 섞인 해학이 EFT의 효과를 더욱더 배가시킨다. 이 내용은 실제로 내가 유나방송에서 강의한 내용인데, 한 분이 이 방송을 듣고 이렇게 댓글을 달았다. "선생님, 개똥이 엄마 얘기 듣다가, 먹던 김밥 다 튀어 나왔어요. 으이구, 지저분해라. 너무 유쾌한 비유법이예요. 저도 최근에 돈 떼이고 속상했는데 오늘부로 확 잊어야겠어요. 고맙습니다."

EFT가 효과적일 때의 반응들

여기에서는 EFT가 효과를 나타냈을 때 생기는 반응에 대해서 설명한다. 다른 요법들과는 사뭇 다른 반응들이 많고, 모르고 있으면 당황할 수도 있으므로 미리 알아두는 것이 좋다.

● 육체 및 심리 증상이 즉각 사라지거나 또는 천천히 줄어든다

종종 짧게는 몇 달 길게는 몇 년 이상 괴롭혔던 심리적 육체적 문제들이 불과 5~10분 만에 사라지기도 한다. 20년 넘은 벌레 공포증이 5분 만에 사라지기도 하고, 6개월 넘은 오십견 증상이 20분 만에 낫기도 한다. 그래서 개리는 '1분의 기적'1 minute miracle이라는 말을 쓰기도 하는데, EFT를 하려면 적어도 5분은 걸리므로 나는 '5분의 기적'이라는 말을 종종 쓴다.

● 때때로 시간이 지나서 자신도 모르게 좋아진다

EFT의 가장 큰 특징이 즉각적인 효과인데 때로는 자신도 모르게 나중에 효과가 나타나는 경우도 종종 있다. 한 여성은 10년도 넘은 물 공포증이 있어서 물놀이장에서 발만 담갔지 수영은 못했다. 그래서 EFT를 하고, 그 다음 날 수영장에 갔는데 여전히 물이 무서워서 수영장에서 또 EFT를 했지만 결국 그날 수영은 하지 못했다. 그러다 한 달 뒤에 다시 물놀이장에 가서 친구들과 별생각 없이 수영도 하고 물장난도 쳤다.

그런데 생각해보니 이렇게 물을 의식하지 않고 놀아본 게 10여 년 만에 처음이 아닌가! 또 허리 통증이 심해서 일주일간 열심히 날마다 1시간씩 EFT를 했는데 전혀 효과가 없다가 포기하고 자고 일어났더니 싹 나은 경우도 있었다. 이렇게 뒤늦게 효과가 나는 것을 '지연 효과'Delayed Effect라고 개리는 부른다. 이렇게 효과가 나중에 뒤늦게 나타나는 경우도 종종 있다.

● 한숨을 많이 쉰다

부정적 감정이 많으면 호흡이 짧고 불규칙하다. 또한 호흡하는 데 쓰이는 흉곽의 여러 근육들이 굳어서 대체로 깊은 호흡을 잘 못하는 경우도 많다. 그런데 EFT를 하면 이런 호흡 근육들이 이완되고, 기도와 폐까지 이완이 되면서 심호흡 같은 한숨을 많이 쉬게 된다. 실제로 EFT를 하면 폐활량이 증가된다. 따라서 EFT를 해서 한숨을 많이 쉬면 효과가 나고 있다고 생각해도 된다.

● 졸리고 하품이 나온다

부정적인 감정이 있으면 인체는 긴장하는데 EFT를 하면 인체가 이완되어서 졸리거나 나른해진다. 보통 내담자들이 잠이 온다고 하는 경우가 많고, 실제로 EFT를 하다가 졸거나 자는 경우도 많다. 다만 여기서 한 가지 주의할 사항이 있는데, EFT를 하고 싶지 않아서 잠이 오는 경우도 종종 있다는 것이다. 예를 들어서 강박증과 섬유근통으로 찾아온 30세 남성은 다른 문제에 대해서는 EFT를 해도 졸지 않았는데, 엄마에 대한 분노를 다루려고 하면 자꾸 졸았다. 그의 무의식을 분석해보니 그는 엄마에 대한 분노를 다루고 싶지 않았고, 그의 이런 회피심리가 졸음으로 나타났던 것이다. 특정 문제에 대해서 EFT만 하려고만 하면 잠이 온다고 하는 사람 중에는 특히 회피 심리가 많다는 것을 명심하자.

● **기억이 안 난다**

과거의 강한 부정적 기억에 스며있던 감정이 빠지고 나면 그렇게 강렬하던 기억이 스르르 희미해지거나 사라진다. 그래서 많은 사람들이 이렇게 말한다. "어, 이제 기억이 나지 않아요. 아무 느낌이 없네요." 감정이 기억의 주요소로 작용한다는 것은 심리학과 신경생리학에서 이미 정설로 밝혀져 있는 사실이기도 하다. "일주일 전에 아침에 뭐 먹었어요?"라는 질문에 제대로 대답할 사람은 별로 없을 것이다. 아무런 감정이 실리지 않은 기억이기 때문이다. "초등학교 때 선생님께 억울하게 맞거나 혼났던 것 말해보세요." 이렇게 말하면 수십 년이 지났어도 다들 대답할 수 있을 것이다. 애초에 우리의 뇌 또는 마음은 나쁜 것과 좋은 것만을 기억하도록 만들어져있기 때문이다. 그래서 살면 살수록 나쁜 기억이 쌓여서 더 힘들어지게 되는 것이다.

● **무슨 일 있었나요?**

이 반응은 심리적 육체적 문제가 자신에게 있었다는 사실과 EFT를 해서 자신이 좋아졌다는 사실 자체를 잊어버리는 경우를 말한다. 상담자의 입장에서는 상당히 당황스러운 경우가 되므로 미리 내담자의 증상과 고통지수를 적어놓고 시작해야 이런 일을 예방할 수 있다. 미국에서는 이런 반응을 '정점 효과'Apex Effect라고 부르기도 한다.

이와 관련해서 재미있는 일화가 있다. EFT의 전신인 TFT를 로저 캘러핸이 처음 만들었을 때 미국의 부유한 동네인 비벌리힐스에서 개원해서 TFT로 여러 명의 심리적 문제를 고쳐주었는데, 돈을 벌기는 커녕 오히려 쫄딱 망해버렸다고 한다. 일단 너무 빨리 고쳐서 돈이 되지 않았고, 둘째 정점 효과로 내담자들이 도대체 당신이 해준 게 뭐가 있느냐고 도리어 따져 물었기 때문이다.

● 눈물을 흘린다

억제되어 표현하지 못했던 감정들이 확 올라오고 드러나면서 눈물을 흘리는 경우가 많다. 그래서 나의 치료실에는 늘 박스 휴지 한통이 준비되어 있다. EFT를 하자마자 건물 전체가 울릴 정도로 대성통곡하는 경우도 종종 있다. 많은 내담자들이 한참 울고 나서 이렇게 말하기도 한다. "갑자기 왜 저만 이렇게 울죠? 부끄럽게." 내가 대답한다. "괜찮아요. 이 이 의자는 눈물의 의자에요. 수많은 사람들이 그 의자에서 펑펑 울었습니다."

● 행복감이 밀려든다

부정적 감정이 줄어들면서 전에는 느끼지 못했던 평화와 행복과 감사의 감정이 솟아난다. 내담자의 얼굴이 편안해지고, 표정이 누그러지고, 미소를 띠기도 한다. 그래서 자신이 좋아졌다고 느끼기도 전에 주변에서 먼저 이렇게 말하기도 한다. "어머 얼굴이 좋아졌네요. 표정이 밝아졌어요."

애정 결핍이 심각해서 거의 평생 심한 우울증을 겪어온 40세 여성을 치료할 때였다. 그녀가 어느 날 갑자기 말했다. "북한산이 너무 아름다워요." 뜬금없는 이 말에 내가 무슨 뜻인지 물었다. "사실 제가 북한산 밑에 사는데 여기 살면서도 아름다운 줄 모르다가 요즘 우울과 분노가 줄어들면서 매일 보던 북한산이 갑자기 너무 예쁘게 보여서 놀랐어요."

우울, 불안, 공포, 분노 등의 부정적 감정이 마음속에 가득차면 기쁨, 재미, 호기심, 편안함, 용기, 감사 등의 긍정적 감정은 밀려나고 차단된다. 그 결과 부정적 감정 외에는 아무것도 못 느끼게 된다. 그런데 EFT를 하다 보니 부정적 감정이 줄어들면서 차단되었던 긍정적 감정들을 느끼게 되는 것이다.

● 온몸이 나른해진다

부정적 감정은 온몸을 긴장시키고 굳게 만든다. 부정적 감정이 줄어드는 만큼 온몸을 이완시켜서 졸리고 나른하게 만든다. 때때로는 온몸의 힘이 풀려서 손가락도 못 들겠다는 경우도 있다. 이것은 부작용이 아니라 경직되고 탈진되었던 신체가 이완을 통해서 에너지를 축적하고 회복하려는 단계이니 안심해도 된다. 시간이 지나면 도리어 전보다 더 활력이 생기고 생생해진다. 예를 들어 어느 공포증 환자는 처음에 사흘 동안 연달아 졸리고 잠이 많아져서 업무를 보기가 힘들 정도였는데 그다음에는 다시 정상 수면 시간을 회복하고 활력도 더 생겼다.

● 열이 나고 후끈후끈해진다

EFT를 하다 보면 인체의 에너지가 전신으로 원활하게 순환하면서 은은하게 온기가 온몸에서 느껴지기도 한다. 조금 전까지 춥다고 하던 사람이 이제는 덥다고 겉옷을 벗기도 한다. 내 경험상 우울증 환자들은 전부 추위를 심하게 타는데, EFT를 하면 이 증상이 크게 줄어든다.

● 잠을 깊게 많이 잔다

나의 연구와 경험에 의하면 모든 부정적 감정은 일단 수면의 질과 양에 나쁜 영향을 준다. 그래서 수면 상태로 그 사람의 심리 상태를 파악할 수도 있다. 수면 상태가 나쁜 사람은 일단 심리 상태도 나쁘다. 그들은 잠을 깊게 못 자고, 길게 못 자고, 꿈을 많이 꾸고, 규칙적으로 자지 못한다. EFT를 하면 일단 수면의 질과 양이 크게 개선된다. 잠을 더 깊게 길게 규칙적으로 잘 자게 된다.

● 트림이 나고 방귀가 나온다

EFT를 하다 보면 위와 장이 움직이면서 트림이나 방귀가 나오는 경우가 종종 있다. 굳어 있던 장이 EFT를 하면서 풀어지고 운동하면서 생기는 현상인데, 소화기가 좋아지는 신호이다. 실제로 EFT를 하면서 소화가 잘 되고 식욕이 좋아진다는 경험담이 인터넷 게시판에 많이 올라온다.

EFT의 효과가 없거나 부족하다면?

● **준비 단계가 제대로 되지 않았다**

심리적 역전을 바로잡는 준비 단계가 제대로 되지 않으면 효과가 부족하거나 효과가 나지 않는다. 따라서 효과가 나지 않을 때에는 감정을 담아서 더 큰 소리로 수용확언을 말해보라. 다만 소리를 낼 수 없는 상황이라면 마음속으로라도 큰 소리로 말해보라. 대충 말하면 효과가 대충 날 수도 있다.

● **한 번에 여러 가지를 하고 있다**

기본적으로 한 문제에 집중하여 이와 관련된 경락 기능의 장애를 바로잡아 문제를 해결하는 것이 EFT의 작용 방식이다. 따라서 한 번에 하나의 문제에 집중하는 것이 중요하다. 그렇지 않으면 집중력이 분산되어 효과가 떨어질 수 있다. 초보자들이 이런 실수를 많이 한다. 예를 들어 무릎과 머리와 허리가 동시에 아프다고 "나는 무릎도 아프고 머리도 아프고 허리도 아프지만……"이라고 말하면서 두드리면 잘 안 될 가능성이 있다. 이럴 때에는 가장 아픈 한 곳을 골라서 먼저 EFT를 적용하는 것이 좋다. 이밖에도 정신이 산만하거나 딴생각을 하면서 EFT를 할 때에도 당연히 효과가 떨어진다. 애초의 문제를 해결하는 도중에 다른 주제가 활성화되어서 정신이 분산될 수도 있다. 이런 상황에 대해서는 뒤에서 다루도록 하겠다.

● 문제가 너무 광범위하고 모호하다

최대한 꼼꼼하게 문제를 집어내는 것이 중요하다. 어떤 사람들은 너무 광범위한 주제를 문제로 잡아서 두드리고 나서는 효과가 일시적이거나 없다고 의심한다. 예를 들어, '되는 게 없다' '사는 게 다 그렇다' '뭘 해도 안 된다' '나는 만날 우울하다' 등으로 수용확언을 만들면 해결이 잘 되지 않는다. 이럴 때에는 '왜 그렇게 느끼죠?' '왜 그렇게 생각하세요?'라고 묻는 게 좋다.

구체적인 예를 들어보자. 한 번은 '나는 되는 게 없다'고 주장하는 사람에게 이렇게 질문했더니 그가 다음과 같이 대답을 했다.

- 임용 고시에 떨어져서 슬프고 화가 나요.
- 게다가 여자 친구와도 몇 달 전에 헤어졌어요.

- 아버지가 하는 사업이 기울어서 스스로 용돈을 버느라 힘들어요.
- 이런 상황에서 매번 받던 장학금도 아깝게 놓쳤어요.

그래서 그의 대답을 다음과 같이 수용확언으로 만들어 두드렸다.

- 나는 임용 고시에 떨어져서 슬프고 화가 나지만……
- 이런 상황에서 여자 친구마저 나를 버리고 떠나서 배신감이 들지만……
- 나는 아버지 사업이 안 되어서 걱정도 되고 스스로 돈 버느라 너무 힘들지만……
- 나는 한 푼이 아쉬운 상황에서 장학금을 아깝게 놓쳐서 억울하고 열이 받지만……

그러자 '나는 되게 게 없다'는 느낌이 사라지면서 마침내 그가 이렇게 말했다. "살다보면 힘들 때도 있죠. 하늘이 무너져도 솟아날 구멍이 있다잖아요."

문제를 너무 광범위하게 표현하는 것이 초보자들이 가장 흔하게 하는 실수이다.

또 다른 예를 들어보자. 어렸을 때 친엄마에게 늘 폭언과 폭행을 당해서 평생 우울증에 시달린 여성이 왔다. 이 여성이 "나는 어렸을 때에 엄마에게 늘 맞았지만……"이라고 수용확언을 만든다면 문제가 너무 광범위해서 효과가 잘 나지 않는다. 그래서 나는 그녀에게 학대받은 구체적인 경험을 말해보라고 했더니 다음과 같이 말했다.

- 6살 때 남동생과 싸웠다고 뺨을 맞았다.
- 초등학교 5학년 때 성적이 확 떨어지자 '밥 먹을 자격도 없는 년'이라고 했다.
- 고3 때 엄마가 딸까지 대학 보낼 돈이 없다고 해서 대들었더니 나가 죽으라고 했다.
- 7살 때 엄마가 자신만 고모네 집에 한 달 동안 맡겼다.

이에 이 경험들을 영화관 기법으로 지우자 나머지 기억들도 일반화 효과에 의해서 지워졌다. 그리고 그녀는 마침내 엄마에게 학대받은 분노와 두려움과 슬픔에서 벗어났고 우울증에서도 회복했다.

여전히 문제가 광범위하고 모호하다

때때로 여러분은 꼼꼼하게 문제를 집어냈다고 생각하지만 여전히 광범위한 경우도 있다. 예를 들어서 어느 한 30대 직장인은 직장 상사와 논쟁을 하고서 화가 많이 났다. 그래서 "나는 오늘 상사에게 무척 화가 나지만……"으로 두드렸는데 화가 약간 풀릴 뿐 확 풀리지는 않았다. 그래서 나는 그에게 "구체적으로 그 상사의 어떤 점 때문에 화가 났나요?"라고 물었더니 다음과 같이 말했다.

- 상사가 내 말을 잘라서 무시당한다고 느꼈어요.
- 보고서 쓰느라 수고했다는 말 한마디 없이 무작정 지적만 하니까 너무 서운했어요.
- 초등학생 혼내듯이 따지듯이 물어서 자존심이 상했어요.

그래서 이 말을 그대로 수용확언으로 만들었다.

- 나는 상사가 내 말을 잘라서 무시하는 것 같아서 화가 났지만……
- 나는 수고했다는 말도 없이 상사가 무작정 지적만 하니까 너무 서운했지만……
- 상사가 초등학생 혼내듯이 따지듯이 물어서 내 자존심이 상했지만……

이렇게 EFT를 하고 나니 처음에 8이었던 감정이 3까지 확 떨어졌다가 더 이상 떨어지지 않았다. 그래서 그에게 물었다. "혹시 이렇게 비슷한 느낌을 또 받은 적이 있다면 언제 무슨 일일까요?" 그러자 그가 잠시 생각하다가 말했다. "그러고 보니 군대에서 이런 선임 만나서 너무 고생해서 정말 죽고 싶었던 기억이 있네요." 그래서 그 선임에게 시달렸던 기억 몇 개를 영화관 기법으로 지우자 현재의 상사에 대한 분노가 모두 사라졌다.

이렇듯 현재 상황에서 느끼는 감정의 원천이 그보다 오래된 상처에서 오는 경우가 아주 많다. 이런 과거 경험들이 핵심 주제의 핵심 사건에 해당하므로 현재 사건의 감정이 잘 지워지지 않을 때에는 유사한 과거 사건을 찾는 것이 아주 중요하다.

● 현재 사건과 유사한 선행 기억을 먼저 처리하라

현재 사건에 대해서 감정을 느낄 때 그것에만 EFT를 적용해도 감정이 사라지는 경우도 많지만, 그렇지 않을 때에는 앞에서 본 대로 현재의 문제가 유사한 형태의 과거 문제와 결부되어 있음을 의미한다. 이럴 경우에는 선행 기억을 먼저 처리하는 것이 훨씬 효과가 빠르다. 선행 기억을 다루고 나면 현재 사건에서 받는 상처는 훨씬 약화되거나 쉽게 해결된다. 이런 선행 기억을 찾기 위해서는 다음과 같이 질문하면 된다.

"혹시 이와 비슷한 느낌을 받은 적이 있다면 언제 무슨 일인가요?"

● 문제를 더 생생하게 느끼고 표현해보라

EFT가 효과가 나지 않을 때에는 맨 처음 시도해보는 것이 문제를 아주 생생하게 느끼고 표현해서 문제를 꼼꼼하게 집어내는 것이다. 어느 콜라 중독인 여성에게 맨 처음에 "나는 콜라만 보면 엄청 땡기지만……"으로 몇 번을 두드려도 효과가 거의 없었다. 그래서 이 여성에게 물었다. "콜라를 안 마시면 어떤 생각과 감정이 들고 몸에서 어떤 느낌이 들어요?" "콜라 거품이 목구멍을 넘어갈 때 톡 쏘면서 가슴이 뻥 뚫려요. 콜라를 안 마시면 이런 것을 못 느끼니 아쉽고 답답하죠."

이에 수용확언을 만들었다. "콜라 거품이 목구멍을 넘어갈 때 톡 쏘면 가슴이 뻥 뚫리는데 못 마시니 아쉽고 답답하지만……" 이렇게 말하면서 두드렸더니 콜라를 마시고 싶은 느낌이 10에서 5로 확 줄었다. 이런 식으로 문제를 생생하게 느끼고 표현하려면 이렇게 질문하면 된다.

> "당신은 이 문제를 겪고 있는 상황에서 어떤 생각과 감정이 들고 몸에서 어떤 느낌이 드나요?"

● 2차 문제가 간섭하고 있다

문제를 생생하게 느끼고 표현해서 더 꼼꼼하게 집어내어도 아무런 효과가 없다면 2차 문제가 간섭하지 않는지 고려해보아야 한다. 2차 문제가 있으면 원래의 해결해야할 문제에 대한 집중력이 분산되어 효과가 떨어진다. 다양한 2차 문제의 유형들이 있는데 다음 단락에서 자세히 다루도록 하겠다.

● '부가적 이득'이 간섭하고 있다

무의식이 현재의 문제를 해결하지 않고 유지하는 것이 이득이라고 판단하고 있으면 부가적 이득에 의한 간섭과 방해 현상이 일어난다. 이것에 관해서는 '심리적 역전(161쪽)'에서 자세히 다룬다.

● 잘못된 신념을 갖고 있다

종종 EFT로 효과를 보지 못하는 초보자들을 보면 문제와 별도로 잘못된 신념이나 태도를 갖고 있어 문제가 해결되지 않는 경우가 많다. 예를 들어보자. 전에 한 가정의학과 의사가 나를 찾아와서 말했다. "제가 환자들한테 종종 EFT를 해주면 효과가 좋은데, 저한테는 효과가 나지 않아요." 그래서 그와 조금 더 깊이 대화를 나눠보니 "어떻게 이런 간단한 방법으로 병이 다 낫겠어?"라는 전문가의 신념이 드러났다. '아는 것이 병이다'는 속담이 있듯, 의사로서 알고 있는 지식이 그가 낫는 것을 방해하고 있었던 것이다. 반면에 환자들은 의사가 해주니 당연히 믿고 따랐고, 그래서 효과가 났던 것이다.

또 어느 날 조현병에 걸린 여대생이 왔다. 증상 자체로 보아서는 몇 달만 치료하면 나을 병인데 문제는 그녀의 종교적 신념이었다. 그녀는 독실한 기독교 신자였는데, 한 목사에게 '이것은 네게 마귀가 씐 것이니 열심히 기도하면 낫는다'는 말을 너무 많이 들어서 세뇌된 상태였다. 그래서 EFT로 효과가 나면 마치 내가 사이비 교주인 것처럼 생각했고, 결국 치료는 중단되었다. 종종 목사, 스님, 신부, 수녀 같은 종교인들도 치료하는데, 사실 제일 치료하기 힘든 사람들이 이런 성직자들이다. 성직자들은 대체로 감정을 죄악시하거나 억압하는 경우가 많기 때문이다.

또 많은 사람들이 나에게 EFT를 받을 때에는 바로 효과가 나는데, 혼자서 하면 잘 안 된다고 하는 경우도 많았다. 그래서 자세히 탐구해보면 다들 이런 신념을 갖고 있었다. "나 혼자서는 잘 못해. 나 혼자서 하면 효과가 안 날 거야." 그래서 이런 신념을 먼저 EFT로 지워주면 비로소 혼자서 할 때에도 효과가 나기 시작한다. 또 상당수의 목사나 신부 같은 성직자들은 감정 자체를 죄악시하는 경우가 많고, 그러다 보니 감정을 솔직하게 느끼고 표현하는 데에 어려움을 느낀다. 당연히 EFT의 효과도 떨어진다.

다음이 흔히 보는 잘못된 신념들이다.

- 감정은 나쁜 것이다. 감정을 표현하는 것도 나쁘다.
- 나 혼자서는 못한다. 나는 잘 하는 게 없다.
- 이렇게 두드린다고 어떻게 병이 낫나.
- 의사도 약도 수술도 안 듣는데 어떻게 이걸로 나아!
- EFT를 제대로 완벽하게 못 하면 큰일 난다.
- 늙어서 안 낫는 병이다.

- 아무도 못 고치는 병이라고 의사가 말했다.
- 어쨌든 난 죄를 지었으니 천당에 갈 수 없어.
- 하나님만 열심히 믿으면 병이 낫는다.

2차 감정이 문제가 된다

어떤 한의사가 자신은 EFT가 별로 효과가 안 난다고 해서 물었다. "EFT가 효과가 팍팍 나면 어떻게 될까요?" "이렇게 잘 낫는데 한의대를 왜 6년이나 다니면서 고생했나 하는 생각이 들어서 억울할 것 같네요." 그래서 이 억울함을 EFT로 지웠더니 효과가 나기 시작했다. 이렇게 문제 자체보다 문제를 보는 본인의 생각과 감정(2차 감정)이 장애물이 되는 경우도 많다.

다른 예를 보자. 한 요가 강사는 엉덩이 통증이 있어 EFT를 했는데 효과가 없었다. 그래서 물었다. "엉덩이가 아프니 어떤 생각이나 감정이 들어요?" "요가 강사가 몸 관리도 못해서 이렇게 아프니 부끄럽죠." 이에 이런 부끄러움을 EFT로 지우니 효과가 났다. 또 한 30대 여성은 무릎이 아파서 EFT를 했는데 효과가 없었다. 내가 물었다. "무릎이 아프니까 어떤 생각이나 감정이 들어요?" "젊은 나이에 벌써 이렇게 아프니 내가 너무 한심해요." 그래서 이런 한심함을 EFT로 지우니 통증이 사라졌다.

● EFT를 하는 도중에 양상이 바뀌었다

실제로는 문제가 잘 해결되고 있는데도 고통지수가 높게 유지되는 경우가 있다. 양상이 다양한 경우에는 하나의 양상을 다루는 동안 새로운 양상이 나타나서 고통지수가 오히려 커지거나 변하지 않기도 한다. 이럴 때에는 애초의 양상과 현재의 양상이 같은지를 확인해보아야 한다. 고통지수가 줄지 않아도 양상이 바뀌었다면 문제가 잘 해결되고 있는 것이다. 남은 양상 몇 개를 잘 확인하면서 지워나가면 확실히 해결된다.

예를 들어보자. 비둘기 공포증이 심한 사람을 치료할 때의 상황이다. 먼저 컴퓨터로 비둘기 사진을 보여주었더니 공포감이 10이라고 말했다. 이에 "나는 비둘기 사진만 보아도 온몸에 소름이 돋게 무섭지만……"으로 말하면서 두드렸는데도 역시나 공포감이 10이었다. 이에 물었다. "비둘기가 지금은 어떻게 무서워요?"

"저 부리가 나를 막 쪼아댈 것 같아서 무서워요."

이에 "비둘기가 저 부리로 나를 막 쪼아댈까봐 무섭지만……"으로 말하면서 두드렸더니 공포감이 8로 줄었다. 이에 다시 물었다.

"이제 어떻게 무서워요?"

"저 눈이 나를 막 째려보는 것 같아서 소름끼쳐요."

이에 "저 눈이 나를 막 째려보는 것 같아서 소름끼치지만……"으로 두드리니 6이 되었다. 이런 식으로 양상이 바뀌는 것을 확인하면서 이에 맞게 수용확언을 만들어서 두드리니 마침내 0이 되었다.

● 심각한 엄마 뱃속 트라우마나 유아기 상처가 있다

낙태당할 뻔 했거나, 너무 어린 나이에 입양되었거나, 유아기 때 양육자가 여러 명이었거나 등의 이유로 너무 어릴 때 상처를 받으면 무의식은 그 느낌을 기억하지만 의식적으로는 무슨 상처를 받았는지 모르는 경우가 많다. 하지만 무의식에 남은 이 느낌이 너무 강렬하게 통제될 수 없게 올라와서 힘들게 하는 경우가 많다. 이렇게 되면 당사자는 왜 힘든지 이유를 알 수 없는데 감정은 조절되지 않으니 당황하고 혼란스러워한다. 이런 때에는 전문가의 도움을 받는 것이 좋다.

● 문제가 너무 복잡하다

엄마 뱃속 트라우마도 있고, 양상도 너무 많고, 심리적 역전도 있고, 2차 문제도 많고, 핵심 주제도 너무 많은 증상에 EFT를 한다면 어떨까? 아마 한 시간 또는 하루 종일 해도 특별히 해결되는 느낌을 못 받을 것이다. 바로 이런 것이 '문제가 너무 복잡하다'고 할 수 있는 것들이다. 사실 이런 문제는 초보자가 스스로 해결하기에는 너무 어려우니 전문가의 도움을 받기를 권한다. 강박증, 정신분열, 심각한 우울증 같은 심각한 심리적 문제나 섬유근통, 암, 디스크, 아토피 같은 난치병은 대체로 너무 복잡한 문제에 속하는 경우가 많다.

● **감정을 인식하고 표현하는 능력이 부족하다**

어느 날 공황장애가 심한 30세 여성이 찾아왔다. 다음은 그녀와 상담을 하면서 나눈 대화의 한 토막이다.

"그래서 그때 기분이 어땠죠?"

"안 좋았죠."

"어떻게 안 좋았어요?"

"그냥 안 좋았죠."

그래서 나는 다시 물었다.

"안 좋은 것도 여러 가지가 있잖아요. 슬픔, 분노, 짜증, 답답함 같은 것들 중에서 어떤 기분이 들었어요?"

이 질문에 그녀는 아무 말도 하지 못했다. 이런 식으로 기분이 안 좋을 때 안 좋았다, 기분 나빴다, 그냥 그랬다 등의 말 밖에 할 줄 모르는 사람들이 있다. 이런 사람들은 감정을 잘 인식하고 표현하는 능력이 부족하다. 이런 사람들에게는 EFT를 하는 것이 쉽지가 않고, 당연히 효과도 떨어진다.

그 밖에도 종교인이나 교양이 많은 사람이나 남자들은 감정을 억압하는 경우가 많고, 심지어는 자신들이 감정을 억압하고 있다는 사실조차 모르는 경우도 많다. 이런 사람들도 당연히 감정을 잘 인식하지 못하고, 인식하지 못하니 표현도 잘 하지 못한다. 이렇게 감정을 인식하고 표현하는 능력이 부족한 사람들은 특별히 감정을 인식하고 표현하는 능력을 훈련할 필요가 있다.

● 휴식이 필요하다

감기 몸살에 걸렸을 때 EFT를 해보면 잘 안 듣는 경우가 많다. 감기 몸살에 걸리는 것은 몸에 휴식이 부족하기 때문이다. 너무 바쁜 현대인들은 만성 과로 상태에 빠져있고, 아프지 않으면 도저히 쉬지 않기 때문에 감기 몸살이 휴식을 갖는 기회가 되는 것이다. 만성 과로 상태이거나 휴식이 절실히 필요할 때에는 EFT의 효과가 잘 나지 않거나 효과가 나는 속도가 느리다. 이럴 때에는 충분한 휴식을 가지면서 EFT를 하는 것이 좋다.

● 끈기가 필요하다

나는 종종 이렇게 말한다. "EFT는 효과가 너무 빨라서 역설적으로 좌절도 빠르다." EFT의 빠른 효과에 도취되다 보면 효과가 금방 나지 않으면 바로 포기하는 경우가 많다. 그러나 대체로 심각한 문제들은 꾸준히 오래 했을 때 효과가 누적되어 점차 큰 효과가 나기 마련이다. 게다가 처음에는 '지연 효과'delayed effect를 겪을 수도 있다. 처음에는 효과가 나지 않다가 몇 시간 또는 며칠, 몇 달이 지나서 자신도 모르게 효과가 나는 것을 말한다. 그래서 처음에 효과가 없더라도 일주일이나 한 달 정도 매일 조금씩 EFT를 해보는 것도 좋은 방법이다.

● **전문가의 도움이 필요하다**

EFT는 자가 치유법으로서 그 어떤 것보다 강력하고 빠른 효과가 있지만, 그렇다고 모든 문제를 모든 사람이 스스로 다 고칠 수는 없다. 다음과 같은 경우에는 전문가의 도움을 받기를 바란다.

- 앞에서 말한 'EFT가 안 되는 이유들'에 해당하는 것이 너무 많을 때
- 너무 심각한 증상, 예를 들어, 암, 당뇨, 정신분열, 공황장애 등이 있을 때
- 혼자서 오랫동안 EFT를 열심히 해도 효과가 없을 때
- 도저히 혼자서는 EFT를 어떻게 해야 할지 알 수 없을 때
- 혼자서 EFT를 하다가 막혀서 도저히 나아갈 수 없을 때

수용확언에 관한 도움말

● **수용확언은 상황에 맞게 다양하게 응용해야 한다**

기본 과정의 수용확언은 하나로 정해져 있지만 실제로 응용할 때는 다양하게 바꿔줄 수 있다.상황에 맞게 가장 적절하게 느껴지는 말을 직관적으로 사용하면 된다. 보통 많이 쓰는 말을 열거하면 다음과 같다.

- 나는 나를 사랑합니다.

- 나는 나를 용서합니다.
- 나는 이런 나에게 감사합니다.
- 나는 나를 이해합니다.
- 나는 나를 믿습니다.
- 나는 나를 인정합니다.

아이들의 경우 '받아들입니다'라는 말을 이해하지 못할 수 있으므로 다음과 같이 바꾸는 것도 좋다.

- 엄마는 나를 사랑합니다.
- 나는 좋은 아이입니다.
- 나는 나를 좋아합니다.

때로는 내담자 자신이 "나를 받아들입니다"라는 말 자체가 부담이 되어 말을 하지 못하기도 한다. 보통 자존감이 너무 떨어지거나 죄책감이 너무 심하거나 너무 힘든 상황에 처해서 거부감이 심할 때 이런 현상이 나타난다. 이런 경우에는 다음과 같이 바꾸어서 말하는 것이 좋다.

- 나는 이런 나를(또는 나의 마음을) 이해합니다.

- 나는 이런 나를(또는 나의 마음을) 인정합니다.

어느 날 50대 여성 교포가 나를 찾아왔다. 그녀는 20년 전에 야심을 품고 전 재산을 팔아서 미국으로 이민을 갔는데, 영주권이 늦게 나오는 바람에 가져간 돈만 다 까먹고 꿈은 펼치지도 못하다가, 결국 몇 년 전에 대장암에 걸려 수술을 받았다고 했다. 이에 이런 수용확언을 만들었다. "나는 미국 가서 고생만 하고 …(중략)… 암에 걸렸지만 깊이 진심으로 나를 받아들입니다." 그런데 '받아들입니다'의 '받'을 말하는 순간 그녀가 목이 콱 막혀서 말을 하지 못했다. 이에 내가 물었다. "못 받아들이시겠어요?" "네!" 그래서 '나를 받아들입니다'를 '이런 내 마음을 인정합니다'로 바꾸었더니 따라서 말을 할 수 있게 되었다. 그렇게 30분 쯤 EFT를 하고 나니까 그제야 '받아들입니다'라는 말도 따라할 수 있게 되었다.

또 한번은 우울증이 심해서 자살 시도를 3번 한 여대생을 치료하게 되었다. 그녀에게 "나는 …(중략)… 하지만 깊이 진심으로 나를 받아들입니다"라고 말하자마자 그녀가 눈이 똥그래져서 노려보면서 소리쳤다. "받아들이긴 뭘 받아들여요? 이런 나를 어떻게 받아들여요?" 그래서 "인정합니다"라는 말로 EFT를 한 적도 있다.

● 수용확언에는 엄청난 힘과 의미가 있다

맨 처음에 사람들에게 EFT를 가르치면 제일 많이 듣는 말이 이것이다. "그런데 왜 하필 '받아들입니다'라는 말을 해요?" 사실 이에 대해 내가 할 수 있는 유일한 대답은 이것이다. "저도 몰라요. 그냥 이게 공식이에요. TFT를 만든 로저 캘러핸이 처음에 이렇게 만들었으니까요." 이렇게 말을 하면서도 다양한 심리학자들을 연구하다 보니 마침내 이와 관련된 명언들을 알게 되었다.

- 프로이드: 억압된 것은 반드시 돌아온다.
- 칼 융: 저항하면 끈질기게 지속된다.

저명한 심리학자 융과 프로이드가 벌써 문제에 저항하고 문제를 억압하면 문제가 반드시 돌아오거나 끈질기게 지속된다고 말하지 않았던가. 그렇다면 문제가 돌아오지 않고 지속되지 않는 방법은 바로 억압과 저항을 그만두는 것, 곧 받아들임이 아니겠는가! 변화를 원한다면 먼저 받아들여야 한다. 수용과 변화는 서로 연관되어 있다. 긍정적인 변화를 일으키려면 먼저 현재 상황, 즉 현실을 받아들이는 것이 필수이다. 당신이 상황을 받아들이지 못하면 부정과 거부의 상태에 있는 것이다. 이런 상태에서는 어떠한 변화의 노력도 생길 수 없고 그 상태도 지속된다.

수용확언이란 내 무의식이 문제를 인식하고 개선할 수 있게 무의식의 문을 여는 역할을 한다. 아무리 사소한 문제라도 무의식이 이것을 문제로 인식하고 받아들이지 않으면 치유되지 않는다. 진정한 치유는 의식이 아닌 무의식에서 일어나기 때문이다. 무의식이 진정한 나의 원동력 또는 내 주인이라고 할 수도 있다. 무의식이 의식이 제기하는 문제를 거부하는 상태를 심리적 역전이라고 한다. 이렇게 수용확언은 무의식에 바로 작용하기 때문에 수용확언만 잘해도 문제가 해결되는 경우가 많다.

실습 수용확언의 힘을 느끼기 위해 간단한 실습을 해보자. 다음 수용확언을 진지한 마음으로 손날점(또는 가슴압통점)을 두드리면서 큰소리로 음미하면서 여러 번 말해보라.

"나는 돈이 있든 없든, 아프든 건강하든, 잘났든 못났든, 현재 상황이 어떠하든, 언제 어디에 있든, 마음속 깊이 진심으로 나를 힘들게 한 모든 사건과 상황과 사람들을 용서하고 내려놓으며, 이 세상과 우주에 감사하며, 어쨌든 무조건 나 자신을 있는 그대로 사랑하고 이해하고 받아들입니다."

뭔가 느낌이 오는가? 내 말대로 했다면 속에서 뭔가 뭉클하거나 눈물이 핑 돌 수도 있다. 수용확언을 처음 말하는 사람들 중에는 태어나서 처음으로 자신을 사랑한다고 말했다면서 감동하는 이들도 있었다. 수용확언은 자신을 있는 그대로 받아들이고 사랑하는 것이 모든 행복과 가능성의 시작임을 명확히 보여준다.

받아들임은 변화를 일으키는
가장 위대한 힘이다.

EFT에 관해서 많이 하는 질문들

● EFT를 할 때 목소리의 크기는 중요한가? 속으로 생각만 하면 안 되나?

처음 EFT를 배우는 사람들은 크게 말하는 것이 좋다. 우리가 말할 때 목소리를 크게 해서 강조하는 것처럼, 큰소리로 각 구문들을 강조해주면서 반복하면 좋은 결과를 얻을 수 있다. 목소리를 크게 하고 몰입해보라. 그러면 효과가 훨씬 좋다. 물론 길거리를 걸어가거나, 버스나 지하철에 앉아 있거나, 누가 곁에 있다면 입으로 소리를 내는 대신 구문을 생각만 하면서 두드려도 되는데, 어쨌든 마음속으로라도 크게 강조해서 말해보라.

● 수용확언과 연상어구를 반복하는 이유가 무엇인가?

사람의 사고 과정은 드러나는 의식 상태와 드러나지 않고 깊이 숨겨진 무의식 상태로 구성된다. 사고 과정은 언어의 영향을 크게 받는다. 언어를 통해 생각하고 기억하기 때문이다. 특히 무의식은 비판 없이 모든 것을 다 받아들인다. 준비 과정에서 '받아들입니다'를 반복해서 말하면, 비록 의식에서는 자신을 사랑하거나 받아들이지 않는다 하더라도 무의식에서는 말한 그대로 인식하게 된다. 그래서 무의식은 이후에 이뤄지는 치료 과정에 긍정적으로 반응하고 또한 무의식에서 발생하는 심리적 역전을 해소시켜 치료에 대한 무의식의 저항을 없애준다. 또 연상어구를 반복해서 말하면 연속 두드리기를 하는 동안 의식과 무의식이 함께 해결해야할 문제에 집중하게 되어 문제 해결에 도움을 준다.

EFT의 효과는 얼마나 오래가는가?

EFT의 효과는 대체로 지속된다. 한의사로서 수많은 치료법을 써본 나의 입장에서 볼 때, 다른 어떤 치료보다도 EFT의 효과가 지속적이고 근원적이다. 만약 증상들이 다시 나타난다면 이는 관련된 다른 양상들이 아직 남아 있기 때문이다. 또는 증상을 일으키는 원인 요소가 지속될 때에도 증상이 재발할 수 있다. 예를 들어 과로로 몸살이 났을 때는, EFT로 좋아지더라도 계속 철야 작업을 해야 한다면 다시 같은 증상이 일어날 수밖에 없다. 이외에도 유해한 환경, 독소, 음식 등이 제거되지 않으면 EFT로 효과를 보더라도 재발할 수 있다. 그래서 원인 요소를 피하거나 제거하는 노력을 같이 해야 한다.

점수가 낮아지기는 하는데 0으로 내려가지 않아요

① 수용확언 속에 낮아진 상태를 표현해줄 단어를 넣어보라. '아주 조금, 정말 약간, 미세하게' 등의 적당한 단어를 자주 사용하라. "나는 비록 ______이 아주 약간 남아있지만……" 등으로 바꿔서 해보라.

② 연속 두드리기 타점을 골고루 두드리면서 복식 호흡을 5~10회 이상 해보라. 호흡이 얕으면 기의 순환이 좋지 않아서 빨리 고통지수가 떨어지지 않을 수 있다. 이후에 다시 EFT를 적용해보라.

③ 변화가 계속 없다면 용서를 포함시켜서 수용확언을 만들어보라.

"나는 비록 ______이 아직 남아있지만, 이 문제와 관련된 모든 사람과 상황과 사건을 모두 내려놓고 용서하고 깊게 완전히 나 자신을 받아들입니다."

④ 몇 분간 기다렸다가 다시 한 번 점수를 매겨보라. 육체 증상의 경우에는 효과가 점진적으로 나타날 수 있다. 심지어는 오늘의 결과가 다음날이나 며칠 뒤에 나타나는 경우도 있으므로 지속적으로 EFT를 하면서 효과를 확인해보라.

● 복잡한 문제는 어디서부터 어떻게 시작해야 하는가?

증상이 너무 복잡하고 떠오르는 기억도 많다면 먼저 넋두리 기법으로 복잡한 생각과 감정을 줄여보라. 그다음에 아직도 남아서 생각나는 모든 것을 적어서 목록으로 만들어보라. 그 하나하나에 고통지수를 매긴 다음에 따로 따로 EFT를 적용하라. EFT를 적용하는 동안 다른 사건들이 기억나면 그것도 목록에 포함시켜라.

● EFT는 부작용 없이 안전한가?

EFT의 놀라운 효과를 보고 나면, 혹시 반대로 부작용이 나타날 수 있지 않을까 걱정이 될 수도 있다. 하지만 안심해도 좋다. 소송의 천국인 미국에서도 EFT의 부작용과 관련된 소송은 없을 뿐만 아니라, 매일 많은 환자를 보는 내 경험으로도 부작용은 전혀 없었다. 개리도 자신의 홈페이지에 수많은 사례들이 올라오지만 부작용과 관련된 보고는 한 건도 없었다고 이야기한다. 효과는 놀랍고 부작용은 없다! 참으로 기존의 상식을 뛰어넘는 치료법이라고 말할 수밖에 없다.

● EFT를 하면서 왜 기분이 더 나빠지는가?

만약 EFT를 하면서 기분이 나빠진다면 도리어 축하할 일이다. 이것은 처음에 문제에 몰입되지 않았는데 EFT를 하면서 문제에 몰입되면서 감정이 확 올라와서 나타나는 현상으로 EFT가 효과를 내고 있음을 의미하기 때문이다. 다만 감정이 너무 격렬하게 올라온다면 '부드러운 기법'이나 '눈물 없는 트라우마' 기법 등으로 바꿔서 충격을 완화시킬 수도 있다.

● 부정적인 말을 반복하는 것이 도리어 나쁜 효과를 주지 않는가?

종종 이런 질문을 하는 사람들이 있다. EFT의 수용확언은 문제를 해결하기 위해서 하는 말이다 보니, 수용확언을 하다 보면 당연히 문제를 뜻하는 부정적인 말을 할 수 밖에 없다. 하지만 이 문제는 내가 이미 내 마음속에 갖고 있는 것으로써 말을 하지 않는다고 없는 것도 아니고 해결되는 것도 아니다. 또한 잠시 문제를 해결하기 위해서 부정적인 말을 하더라도 그 정도로 큰 영향을 받지는 않는다. 가장 중요한 것은 부정적인 말을 억지로 하지 않는 것이 아니라 부정적인 문제가 사라져서 그것을 말할 필요가 없어지는 것이 아니겠는가?

구조적 문제가 있는 통증에도 EFT는 효과를 낼 수 있을까?

어느 날 개리의 워크숍에서 참가자 한 명이 물었다. "분명히 눈에 보이는 구조적 문제가 있을 때에도 EFT가 효과가 날까요?" 개리가 말했다. "증상 자체에 대해서 EFT를 했는데 통증이 줄지 않으면, 아무리 눈에 보이는 구조적 문제가 있다 하더라도 반드시 심리적인 원인이 있고, 이 원인을 EFT로 다루면 반드시 좋아집니다." 이어서 개리는 자신의 경험담을 말했다.

> 한 번은 전문 치료사들 스무 명 정도가 모인 워크숍을 했어요. 그 자리에 누가 교통사고로 목과 팔을 다친 사람을 데려왔어요. 그녀의 상태는 심각해서 목에는 철심이 박혀 있고, 팔에서는 늘 0~10 가운데 9 정도의 통증을 느꼈어요. 처음에는 증상 자체에 대해 EFT를 했지만 전혀 먹히지 않았어요. 그래서 "혹시나 이 통증과 관련해서 많이 드는 생각과 감정이 뭐죠?"라고 물었어요. 그러자마자 그녀는 얼굴과 목이 새빨개지면서 소리 쳤어요. "사고 낸 운전사에게도 화가 나고, 이 따위로 치료해준 의사에게도 화가 나요. 그래서 이 분노를 EFT로 다뤘죠. 그러자 통증은 바로 사라졌어요. 그리고 두 달 뒤에 연락이 왔는데, 여전히 아프지 않다고 했어요."

사실 워크숍이나 상담에서 이런 질문을 많이 받는다. "척추가 굽었는데 될까요?" "연골이 닳았는데 낫나요?" "퇴행성이라서 그냥 참고 살아야 된다는데 될까요?" 나는 이런 질문을 받을 때에 늘 말한다. "보이는 것과 아픈 것은 다릅니다. 보기에는 병인데 안 아픈 사람도 있고, 보기에는 멀쩡한데 아픈 사람도 있습니다. 실제로 여러 논문들을 보면 50대 이상의 허리가 멀쩡한 사람들을 골라서 사진 찍어보면 반 이상은 디스크나 협착증이나 척추측만증으로 진단이 됩니다. 반대로 허리 아픈 사람들을 골라서 사진 찍어 보면 상당수는 또 허리가 겉보기에는 멀쩡합니다."

실제로 '수술 실패 증후군'이라고 해서 허리 수술을 해도 허리 통증이 낫지 않는 환자들도 여러 명 치료한 경험이 있다. 그들은 분명히 허리 디스크가 튀어 나오거나 척추 한두 개가 완전히 뭉개졌다는 등의 이유로 수술을 받았고, 심지어는 척추에, 나사도 박고 재수술도 받았지만 허리 통증은 여전해서 결국 나에게 온 분들이었다. 이분들을 상담해 본 결과 인생 자체가 심리적 문제의 연속이었고, 몇 달 동안 이런 문제들을 EFT로 지워주자 허리도 나았다.

반대로 눈에 보이는 손상은 없는데 본인은 미칠 듯이 아파서 못 견디는 경우도 많다. 너무나 아파서 마약성 진통제를 먹지 않으면 하루도 한 시간도 못 견디는 경우도 있다. 이에 해당하는 병이 섬유근통이나 복합부위 통증 증후군 등이다. 이런 환자들도 여러 명 치료하면서 이 병들도 역시나 모두 마음의 문제가 몸의 문제 곧 통증으로 표현된다는 것을 확실히 알게 되었다. 이런 경험이 누적되면서 나는 이제

100퍼센트 확실하게 이렇게 말합니다.

"몸은 원래 아프지 않게 되어 있다. 그럼에도 아프다면 몸이 아닌 마음에 어떤 문제가 있기 때문이다."

EFT에 꿈을 활용하라

아주 오래 전에 7년 된 무릎의 만성통증으로 치료받던 어느 내담자가 왔다. 그녀는 너무 아파서 심지어 무릎을 잘라내고 싶다고 했는데, 이런 악몽 같은 통증도 EFT를 하면서 꾸준히 좋아져 이제 몇 달 만에 막 치료를 끝내려던 참이었다. 그녀가 말했다. "꿈에 고양이 두 마리를 봤어요. 오랫동안 그 두 마리를 키워온 것 같아요. 한 마리가 다른 한 마리를 오랫동안 너무 괴롭혀서 내가 내보내줬어요. 그 고양이가 도대체 뭘 의미할까요?"

이에 나는 그녀의 무의식이 답을 말해주기를 기대하면서, 그녀의 타점을 죽 두드려 주면서 물었다. "그 고양이가 무얼까……, 그 고양이가 무얼까? 혹시 떠오르는 것이 있나요?" 그녀가 말했다. "저의 비참한 과거네요. 그런데 허전함이 느껴지네요." "아쉬운가요?" "네. 고양이의 뒷모습이 아른거리네요." "과거를 내려놓기 아쉬워하는군요." "이런 과거를 내려놓으면 그럼 나는 누구죠? 어떻게 살죠? 혼란스러워요."

이에 나는 이런 수용확언을 만들어서 두드려주었다. "나는 비록 과거를 내려놓는 게 너무 아쉽고 또 어떻게 살아야할지 혼란스럽지만……" 그러자 그녀는 혼란과 두려움이 사라졌고, 이것으로 마지막 상담을 마쳤다. 마지막 상담을 앞두고 새로운 사람으로 살아가는 것에 대한 정체성의 혼란이 이런 꿈으로 나타났고, 이 꿈의 내용을 해석하여 EFT를 하자 마음이 완전히 정리된 것이다.

아마도 이 사례가 내가 EFT를 하면서 처음으로 꿈의 세계를 접하게 된 첫 사례인 것 같다. 처음에는 그저 무심히 넘겼는데 EFT를 하면서 꿈 얘기를 듣는 일은 갈수록 많아졌다. 우울증이 심해서 칼로 손목까지 그은 전력이 있는 30대 여성을 치료할 때였다. 그녀가 일주일째 비슷한 기분 나쁜 꿈을 꾼다고 호소해서 전날 어떤 꿈을 꾸었는지 물었다. "남의 물건이 탐나서 훔쳐오면 자꾸 부서지거나 고장나요. 어제는 옆집 할머니가 아끼던 카메라가 탐나서 훔쳐왔는데 집에 가져오자마자 필름이 끝없이 흘러내렸어요. 자꾸 감으려고 해도 계속 흘러내리기만 했어요. 그 상태로 꿈에서 깼어요."

이에 내가 말했다. "그 꿈은 당신의 인생관을 보여주네요. 남이 가진 것을 부러워하고, 빨리 가지고 싶어해요. 그런데 어쩌다 그것을 갖게 되어도, 막상 내 것이 되면 더 이상 아무런 만족감을 느끼지 못해요. 한마디로 남이 가진 것을 빨리 갖고 싶어 하다가도 무엇이든 막상 내 것이 되면, 아무런 만족감이나 감사함을 못 느껴서 허무감과 불만에 빠져요. 맞나요?" 그녀가 말했다. "선생님, 정말 점쟁이 같이 기막히게 맞히네요."

얼마 전에 40대 중반의 기혼 여성을 치료할 때였다. 그녀는 자궁근종으로 인한 심각한 통증을 겪고 있었는데, 5년 이상 한 달의 절반 정도는 통증 때문에 일상생활이 힘든 지경이었다. 병원에서는 자궁 제거 수술을 권유받았으나 장기를 잘라내는 것이 내키지 않아서 한의원 치료를 받다가 안 되어서 나에게 온 것이다. 그녀는 기존의 온갖 치료가 실패해서 왔음에도 나의 치료에 마음을 잘 열지 못했다. 자신의 감정을 드러내는 것을 너무나 꺼려서, EFT는 감정을 치료해서 몸을 치료하기 때문에 감정을 솔직하게 표현해야한다고 여러 번 말했음에도 듣지 않았다.

게다가 치료도 자신의 마음대로 들쑥날쑥 받아서 몇 달이 지났으나 치료가 별 진전이 없었다. 이에 그녀는 이런 상황은 생각하지 않고 통증이 전혀 줄지 않는다고 원망 섞인 하소연을 했다. 그리고 곧이어 내가 대답할 틈도 없이 며칠째 비슷한 악몽을 꾼다고 호소했다. "두 개의 꿈인데요. 하나는 내가 좁은 골목길을 빠져나가려고 애쓰는 꿈이에요. 또 하나는 잔뜩 밀린 숙제를 하지도 않고 걱정만 하면서 등교하는 꿈이에요."

이에 내가 말했다. "그 꿈이 지금 당신의 상황을 다 말해주고 있네요. 첫 번째 꿈은 내 말을 듣고 따라와야 치료가 되는데 당신 뜻대로 해보려고 애쓰다 고생만 하는 상황을 상징하는 거예요. 두 번째 꿈은 EFT로 빨리 마음의 상처를 지우지 못해서 시간에 쫓기는 것을 상징하는 거예요." 그녀가 대답했다. "그렇다고 꼭 그렇게만 해석할 수가 있나요?" 이런 꿈을 꾸고 내가 이렇게 자세히 해석해주는데도 그녀는 결국 수긍하지 않았고, 당연히 치료도 되지 않은 채로 끝났다.

EFT로 많은 사람들의 몸과 마음을 치료해주면서, 나는 애초에 기대하지 않았던 꿈의 세계에 이렇게 발을 들여놓게 되었고, 이제는 꿈을 적극적으로 활용해서 EFT를 하는 경지에 이르게 되었다. 먼저 꿈과 EFT의 상관성에 대한 나의 경험을 정리해서 말해보자.

첫째, 심리적 육체적 문제가 있는 모든 사람들은 악몽을 많이 꾸는데, 이 악몽은 사실 그 사람의 심리 상태를 잘 보여준다. 예를 들면 남자들을 치료하다 보면 이미 제대를 했는데도 군대에 다시 끌려가는 악몽을 꾼다는 말을 많이 듣는다. 힘든 상황에 빠져 있는 사람들이 주로 이런 꿈을 많이 꾼다. 나는 오래 전에 공부를 안 했는데 시험을 보는 꿈을 자주 꾸었는데, 그때 나는 탈출구가 안 보이는 빚더미에 앉은 상태였다. 공부를 안 했다는 것은 내가 능력이 안 되는 것을 뜻하고, 시험은 시련이나 고난을 의미하는 것이다.

둘째, EFT를 하다 보면 이런 악몽이 줄어들고, 꿈이 바뀌게 된다. 수시로 꿈에서 괴물에게 쫓겨서 도망가다가 잠을 깨던 한 여성은 EFT

를 하면서 이런 악몽이 줄었고, 또한 괴물이 나타나도 괴물과 싸우기도 하고 심지어는 괴물을 물리치기도 하는 꿈으로 바뀌었다. 또 한 남성은 꿈속에서 매일 길을 잃었는데, EFT를 하면서 꿈속에서 길을 찾거나 안내자를 만나게 되었고, 나중에는 길을 잃는 꿈 자체를 꾸지 않게 되었다. 이렇게 꿈의 변화를 통해서 무의식의 변화를 볼 수 있고, 또 그만큼 EFT의 효과도 확인할 수 있다.

셋째, 표현력이 떨어지는 사람들은 꿈을 해석하여 EFT를 하면 큰 효과를 볼 수 있다. 오래 전에 중학교를 자퇴한지 몇 년이 지난 은둔형 외톨이 10대 소녀를 치료한 적이 있다. 그 아이는 너무 오래 마음을 닫고 살아서 대화하는 법을 몰랐고, 대화하는 것을 너무 힘들어 했다. 그래서 그 아이가 꾼 꿈을 그림으로 그리게 했고, 그림의 내용을 말로 해석하여 EFT를 해주어서 좋은 효과를 보았다. 내 경험상 말로 표현을 못하는 사람일수록 무의식의 정보를 알려주는 꿈을 더 많이 꾼다는 것을 알게 되었다.

넷째, 악몽도 EFT로 지울 수 있다. 종종 너무 생생한 악몽을 꾸고서 잊지 못해서 고생하는 사람들이 있다. 이럴 때에는 악몽 자체에 영화관 기법을 적용하여 지우면 된다. 전에 한 사람이 귀신에게 팔 다리가 먹혀서 피를 철철 흘리는 꿈을 꾸었다. 꿈이 너무 생생해서 며칠 동안 또 이런 꿈을 꿀까봐 잠을 자지 못할 정도였다. 이에 나는 이 꿈 장면을 영화관 기법으로 지워주었고, 그는 그날 밤 바로 편하게 잠에 들

수 있었다. 독자 여러분에게도 잊히지 않는 악몽이 있다면 EFT로 지워보라.

저명한 심리학자 칼 융과 프로이드는 꿈이 무의식의 표현이라고 보았고, 꿈을 통해서 무의식을 이해할 수 있다고 생각했다. 실제로 칼 융은 평생 내담자들과 자신의 꿈의 내용을 기록하고 해석하는 작업을 했고, 이런 작업이 그의 거대한 심리학의 기반이 되었다. 융이 꿈 해석을 얼마나 잘 했는지 보여주는 일화가 있다. 융이 한때 아프리카의 원시 부족을 탐방했는데, 거기에는 주술사가 있어서 꿈을 해석해주고, 치료도 해주고 있었다. 마침 융은 연구 목적으로 이들의 꿈을 해몽해주었는데, 나중에는 부족민들이 주술사가 아닌 융에게로만 왔다고 한다. 융이 주술사보다 해몽을 더 잘 했기 때문이다. EFT와 꿈의 해석을 병행하다 보면 더 깊이 더 많이 자신과 사람들을 이해할 수 있을 것이다.

5 확언

가능성의 궁전 이야기

이 세상 어디엔가 커다란 궁전이 하나 있다. 이 성城의 이름은 '가능성'이다. 경희궁, 덕수궁과 같은 '가능성궁'이다. 이 궁의 모든 벽과 문에는 "된다/안 된다, 할 수 있다/못한다, 열 수 있다/못 연다, 해야 해/하면 안 돼, 해/하지 마, 좋아/싫어" 등의 다양한 제목이 붙어있다. 나는 이 궁전의 주인이긴 하지만, 이들 벽과 문 가운데서 "된다, 할 수 있다, 좋아, 해야 해" 등의 제목이 붙은 것들만 열어보고 경험하고 다닌다.

다른 방과 건물에도 들어가보고 싶지만, 제목이 허용하지 않기 때문에 그러지 못하고, 혼자서 궁금해 하고 그리워하고, 때로는 원망하기도 한다. 내가 보기에는 저 모든 벽글씨 또는 제목들이 강철이나 시멘트로 만들어진 것 같고, 또 모두 초강력 페인트로 벽에 딱 새겨 붙인 듯하다. 그래서 결코 어길 수 없는 신성불가침의 무언가인 것처럼 느껴진다. 지금 거처하고 다니는 방과 건물들이 너무 좁고 누추하고 이제 너무 지겨워졌지만, 나는 아직도 다른 방과 건물에 가볼 엄두를 못 낸다. 나는 정말 오랜 세월 동안 이 궁전에서 이렇게 살고 있다. "원래 다들 이렇게 사는 거야. 사는 게 다 그렇지 뭐!" 이렇게 나 자신을 달래면서 말이다.

그러던 어느 날 혼돈 도사가 '짜잔' 하고 나타나서 나의 손을 잡고 "할 수 없어"가 적힌 문 앞으로 데려간다. "저 제목을 문질러 봐!" 나는 의심이 가득 찬 눈길로 마지못해서 제목을 문지른다. 어머나, 맙소사! 글자가 마치 솜사탕처럼 바스러지면서 지워지는 것이 아닌가! 이제 나는 이것이 단단한 강철이나 돌이 아니라 언제나 지워질 수 있는 솜사탕 같은 것이라는 것을 알고는 너무나 놀란다.

다시 혼돈 도사가 "안 돼"라고 적힌 벽으로 나를 데려간다. "지워 봐!" 나는 미심쩍어하면서 엄지손가락으로 슬쩍 밀어본다. 얼씨구, 글자가 통째로 툭 떨어지며 부서지는 것이 아닌가. 벽글씨를 자세히 보니 그저 마분지로 얼기설기 대충 붙여 놓은 것에 지나지 않았다. 이때부터 나는 혼돈 도사의 도움 없이 제목들을 하나씩 지워본다. 모두 훅 불면 날아가는 먼지 더미에 불과하다. 또 다른 벽글씨에 손을 댄다. 역시나 모두 새끼손가락 하나로도 구멍을 내거나 뒤집어버릴 수 있는 얼기설기 엮은 마분지 더미에 불과하다.

이렇게 날마다 제목을 지우고 벽글씨를 없애다 문득 깨닫는다. "그렇다! 이 모든 벽과 문에 벽글씨를 만들고 붙인 자는 바로 나다! 그 누구도 아닌 바로 나다." 그러자 갑자기 마른하늘에서 날벼락이 떨어지고 천둥과 번개가 치면서 하늘과 땅이 미친 듯이 요동을 친다. 곧이어 모든 제목과 벽글씨가 마치 수증기처럼 증발해 버렸다. 게다가 갑자기 옷을 갈아입듯 모든 금지와 부정의 벽글씨가 이렇게 바뀌는 것이 아닌가!

> "어서오세요. 환영해요. 맘껏 즐기세요. 실컷 놀다 가세요. 모두 당신의 공간이에요. 모두 가능해요. 뭐든 해보세요. 모두 가져도 돼요. 실컷 해보세요."

'가능성의 궁전과 벽글씨'의 비유는 개리 크레이그의 창안으로 개리의 EFT 워크숍에 참여하면 늘 듣게 되는 상용어이기도 하다. 개리는 십대 때부터 온갖 심리 기법과 자기 계발 과정을 섭렵하면서 수십 년 이상 이와 관련된 이론들을 섭렵했고, 마침내 '벽글씨'라는 비유로 이것을 일목요연하게 정리했다. 이 벽글씨의 비유는 경험이 어떻게 믿음이 되고, 믿음이 어떻게 우리의 삶을 규정하는지를 잘 보여준다.

우리는 '가능성의 궁전'에 산다. 이 궁전은 늘 확장되고 있고, 온갖 황홀한 방과 부속 건물로 가득하며, 그 안에서는 온갖 즐거움과 보람을 맛볼 수 있다. 모든 방은 늘 개방되어 있지만, 우리 대부분은 이 가운데서 그저 몇 군데만 다닌다. 다른 방에 가지 못하게 막는 것은 없지만, 우리 자신이 익숙한 방에서만 머무르려고 하기 때문이다.

어쨌거나 우리는 저기 저 넓고 훌륭한 방과 건물에 속하는 사람이 아니다. 그것들은 우리 아닌 남들을 위한 것이다. 그들은 돈이 많거나 특권이 있거나 더 많은 재능이 있는 사람들이다. 우리는 익숙한 곳(안전지대comfort zones)에만 머물며 감히 우리가 선택한 방의 벽(한계)을 넘으려고 하지 않는다. 왜냐고? 이들 벽과 문에는 "가능" 또는 "불가능"의 벽글씨가 붙어있고, 우리는 그 명령이 만고불변의 실재인 듯 맹종하기 때문이다. 직업, 소득, 관계, 건강, 자아상 등에 이르기까지 우리의 생활 전반에서 이 벽글씨의 영향을 안 받는 곳은 없다.

이 벽글씨는 사실 우리의 "내부 대화(속생각)"를 비유로 표현한 것이다. 이 벽글씨는 우리의 태도, 의견, 신념 등을 의미하며 오랜 세월 마음속에 누적된 것들이다. 상당수는 부모, 조상, 선생님, 종교, 친구, 언론, 기타 저명한 권위자들부터 내게 전해진 것들이다. 자세히 들여다보면 이들 가운데 상당수는 웃긴 것에 지나지 않지만 여전히 막강한 권력을 우리에게 행사한다.

우리는 벽글씨의 꼭두각시다

모르는 단어가 생기면 사전을 찾듯 우리는 늘 벽글씨를 참조한다. 벽글씨는 무슨 일이 생길 때마다 어떻게 해야 하는지 알려준다. 무엇이 가능하고, 무엇이 안 되는지, 무엇이 적당한지, 무엇이 맞고 틀린지 등의 모든 것을 알려준다. 곧 우리가 옳다고 여기는 모든 것은 모두 벽글씨로 되어 있다.

예를 들어보자. 지인의 아버지가 돌아가셨다고 연락을 받았다. 당신은 자문한다. "어떡하지? 내가 직접 가야하나? 부조금은 어떡하지? 옷은 어떻게 입어야 하나?" 그러면 벽글씨가 대답한다. "그 정도 아는 사이면 부조금 5만 원만 내면 돼. 직접 갈 필요는 없어. 그 사람도 저번 내 장인 장례식에 5만 원만 보냈잖아!" 이렇게 벽글씨의 자문을 듣고 당신은 이제 안심한다. 이런 식으로 우리는 일상의 모든 것에서 벽글씨의 자문을 얻는다.

이런 벽글씨는 방법을 제시하기도 하지만 때로는 우리의 한계를 제시하기도 한다. 예를 들어보자. 제법 유능한 IT 회사원 갑돌이가 어느 날 동료 몇 명으로부터 함께 창업해보자는 제의를 받는다. 그는 평소에 자신감이 넘쳐서 무엇이든 할 수 있다고 생각했는데, 결정을 내릴 시기가 다가오자 이런 벽글씨들이 올라온다.

- 나는 아직 사업하기에 너무 젊어.
- 나는 아직 박사도 아니잖아.
- 나는 지방대 출신이라 보이지 않는 벽이 있어.
- 사업은 아무나 하는 게 아냐.
- 사업에는 자본이 있어야 하는데, 나는 그런 게 없어.

마침내 결정 시한이 다가오자 이런 벽글씨 때문에 갑돌은 결국 사업을 포기했다. 그런데 5년 뒤 그 회사가 대박을 쳤다는 소식을 듣는다. 갑돌은 땅을 치고 후회하게 되며 외친다. "그때 내가 왜 그랬을까?"

이제 벽글씨가 무엇인지 그것에 대해 정리해보자.

● 우리는 항상 벽글씨에 따라 판단하고 행동한다

이에 관해서는 이미 충분히 설명했다. 우리는 늘 벽글씨의 조언을 듣고 그에 따라 행동한다. 결국 우리는 벽글씨의 꼭두각시다. 그래서 나는 사람들에게 종종 이렇게 말을 한다. 이와 관련해서 칼 융은 이런 명언을 남겼다. "당신이 무의식(속생각 곧 벽글씨)을 의식하지 못하면 그 무의식이 당신을 지배하게 되고, 당신은 이것을 숙명이라고 부르게 된다." 곧 우리의 숙명의 정체는 바로 벽글씨인 것이다.

● **우리가 진실이라고 판단하는 것의 실체는 우리 내부의 벽글씨다**

우리는 늘 진실이라는 말을 달고 살지만 진실의 실체는 사실 각자가 가진 벽글씨에 지나지 않는다. 명동에 가면 늘 "예수 천국 불신 지옥"을 외치는 사람들이 있다. 나는 예수도 지옥도 믿지 않기에 지옥의 두려움도 없지만, 그들에게 예수와 지옥은 진실 그 자체일 것이다.

● **모든 벽글씨는 외부에서 온 것이다**

우리의 벽글씨는 우리가 갖고 태어난 것이 아니다. 모두 부모, 가족, 형제, 친척, 학교, 친구, 동료, 언론 매체 등에서 받은 정보들이 그냥 무작위로 적혀 있을 뿐이다. 그것들 중 상당수는 알고 나면 우스꽝스럽다. 예를 들어 '산타할아버지는 착한 일을 한 아이에게만 선물을 준다'는 이 말에 얼마나 많은 아이들이 속았을까?!

● **우리의 속생각 또는 내부 대화가 벽글씨다**

평소에 자신이 자주 하는 생각을 죽 적어보라. 그것들이 모두 당신의 벽글씨다. 예를 들어보자. 을돌이는 소개팅을 해서 괜찮은 아가씨를 두세 번 만나 호감을 갖게 되었다. 그래서 문자 메시지도 몇 번 씩 주고받았는데, 하루는 문자 보낸 지 하루가 넘었는데 아무런 답이 없었다. 그러자 을돌이의 마음속에 이런 속생각(벽글씨)들이 나타났다. '마음이 변했나? 갑자기 왜 저러지! 차라리 싫으면 싫다고 말을 해. 괜히 사람 속 썩이지 말고……' 그래서 하루 종일 화가 나고 답답했는데 나중에 전화가 와서 이렇게 말하는 것이 아닌가. "미안해요. 전화기 잃어버렸다 이제 찾았어요." 그러자 을돌이의 마음이 싹 풀린다. 그런데 그동안 을돌이의 마음을 힘들게 한 것은 그 아가씨인가 아니면 을돌이의 벽글씨인가?

● 우리는 과거의 벽글씨에 의해 현 상태에 있다

지금 우리를 현 상태에 있게 한 원인들은 모두 내 벽글씨들이다. 나로 이런 벽글씨로 인해 현재의 모습이 되었고 또 현재의 모습에 갇혀있기도 하다. 나는 어렸을 때에 운동을 싫어했고, 그러다 보니 체육에서 수를 받아본 적도 없다. 그래서 나는 늘 '나는 운동을 못해'라는 벽글씨를 늘 갖고 살았고, 그 대가로 고등학교 졸업할 때까지 나는 늘 할 줄 아는 운동이 하나도 없었다.

그러다 군대에 가니 군대에서는 운동 잘하는 게 가장 중요했고, 다들 건장한 체격의 사내들이다 보니 주눅도 들었다. 그래서 한동안 심각하게 고민했다. "계속 이렇게 운동 못하는 열등감에 절어 살아야 되나!" 그러다 차마 운동을 잘 할 수 있다는 생각은 못하겠고 대신에 '할 수 있는 만큼 해 보자'라고 생각하기로 했다. 곧 벽글씨가 바뀐 것이다. 이렇게 다짐하고 매일 달리기를 몇 달 하다가 나는 군대 마라톤 대회에 참가해서 3등을 했고, 다시 도전했을 때는 2등을 하며 상도 받았다. 바로 이것이 벽글씨의 힘이다.

"벽글씨가 바뀌면 삶이 바뀐다."

● 벽글씨의 내용은 상충되기도 한다

우리는 종종 '양가감정'이나 '애증이 교차한다' '시원섭섭하다' 등의 말을 쓰기도 하고, 우리의 행동도 일관되기보다는 자주 갈팡질팡한다. 이것은 모두 내 안의 벽글씨들이 일관되지 못하고 서로 상충되기 때문이다. 돈을 예로 들어보자. '돈 있으면 좋다'라는 벽글씨와 '돈은 만악의 근원이다'라는 반대되는 벽글씨가 같이 있으면 당연히 돈을 버는 행위도 갈팡질팡하게 된다.

● 우리가 반복하는 생각은 가장 큰 벽글씨가 되어 나의 현실이 된다

무슨 생각이든 자꾸 반복하면 가능성의 궁전에서 어디서나 볼 수 있는 가장 큰 벽글씨가 된다. 그리고 그것은 우리의 현실이 된다.

● 우리의 현실을 바꾸려면 벽글씨를 바꿔라

이제껏 설명한 것으로 우리의 벽글씨가 우리의 현실이 된다는 것을 잘 이해했을 것이다. 따라서 우리의 현실을 바꾸려면 벽글씨를 바꿔야 한다. 이 벽글씨가 처음에는 다 돌에 새긴 것처럼 만고불변일 것 같지만 사실은 다 지워지는 것들이다. 이런 벽글씨를 지우는 가장 좋은 방법은 바로 EFT를 하는 것이다.

● 내 몸도 내 벽글씨를 따른다

지금까지는 벽글씨가 주로 성공, 행복, 자기 계발에만 해당되는 것 같이 보이지만 건강과 질병에도 많은 영향을 준다. 온갖 병을 EFT로 치료하다가 더 이상 진행이 안 되어서 탐색해보면 환자의 이런 벽글씨들이 많이 나왔다.

- 의사가 늙어서 더 이상 좋아질 수 없대요.
- 의사가 수술 안 하면 죽어도 안 낫는대요
- 너무 오래 아파서 빨리 낫지 않을 것 같아요.
- 병원에서 이것을 불치병이래요. 원인도 모르고 약도 없대요.

심지어는 점쟁이한테 점을 보러 가서 생긴 벽글씨들도 건강에 영향을 주는 경우가 많았다.

- 저는 원래 아픈 팔자래요.
- 우리 집에 한 명은 아플 팔자래요. 그래서 자식들보다는 제가 아픈 게 낫잖아요.

- 50살이 되면 크게 고생을 해야 팔자가 풀린대요.

EFT로 이런 벽글씨들이 지워지자 그들은 당연히 낫기 시작했다.

● 벽글씨의 비유를 이해하면 타인과 세상에 대한 포용력이 커진다

세상에서 용서받지 못할 흉악범도 그 사람을 그렇게 만든 벽글씨가 있다. 나는 한때 연쇄살인범에 대해서 연구해본 적이 있다. 그들은 왜 그렇게 잔인한 행동을 하는 것인지 정말 궁금했다. '그 사람 자체가 악한 것일까? 아니면 다른 무엇이 있을까?' 연구해본 결과 악한 것은 그들 자체가 아니라 그들의 벽글씨였다. 대다수의 연쇄살인범에게 "왜 이런 끔찍한 짓을 했느냐?"고 묻는다면 그들은 대체로 이렇게 말할 것이다. "세상과 부모가 나를 이렇게 만들었다."

이들은 공통적으로 아주 어릴 때부터 부모로부터 학대받거나 버림받고 살면서 증오의 벽글씨들을 쌓아왔던 것이다.

- 아무도 나를 도와주지 않는다.
- 힘이 없으면 맞고 힘이 있으면 때리는 거야.
- 엄마 아빠에게 복수할 거야. 나를 방치한 세상 사람들에게도 복수할 거야.
- 부모가 세상이 나를 이렇게 만들었어.

열등감이 많은 사람에 대해서도 말해보자. 나 자체가 못난 것이 아니라 '나는 못한다' '나는 못났다'는 벽글씨가 그렇게 만든 것이다. 그래서 나는 종종 이렇게 말한다. "못난 사람은 없다. 다만 못난 생각을 하는 사람이 있을 뿐이다." 이렇게 인간의 모든 정체가 사실 고정된 실체가 아니라 그저 그들의 벽글씨의 산물이라는 것을 이해하면 타인과 나에 대한 이해와 용서의 마음이 커지고 마음이 더 평화로워진다.

당신은 당신의 벽글씨의 꼭두각시다.

실습 당신의 벽글씨를 확인해보자. 벽글씨를 확인하는 가장 좋은 방법은 빈칸 채우기를 해보는 것이다. 다음에 나열한 몇 개의 예와 같이 반드시 10개를 채워보라. 그러다 보면 당신이 미처 몰랐던 벽글씨들을 많이 발견하게 될 것이다.

- 건강한 사람들은 ______________ 하다.
- 내가 자주 하는 말은 ______________ 이다.
- 엄마가 자주 ______________ 라고 말했다.
- 아버지가 자주 ______________ 라고 말했다.
- 인생은 ______________ 이다.
- 돈이 많은 사람은 ______________ 하다(이다).

확언을 하면 벽글씨가 바뀐다

확언確言, Affirmation이란 자신이 원하는 결과를 긍정적으로 표현하는 말이다. 다른 말로 자기 암시라고도 한다. 이해를 돕기 위해 구체적으로 확언의 예를 들어보자.

> 나는 할 수 있다/ 불가능이란 없다/ 나는 대통령이야(현재는 후보)/ 나는 나를 사랑해/ 나는 건강해/ 나는 날마다 모든 면에서 좋아지고 있다/ 나는 항상 행운아야/ 나는 항상 행복해/ 나는 뭐든지 할 수 있어/ 내 몸매는 설현이야(사실 현재 설현의 몸매에 미치지 못해도)/ 나는 예뻐/ 나는 만인의 사

랑을 받고 인기가 있어/ 내 무릎은 날마다 좋아지고 있어/ 나는 건강과 활력의 화신이야/ 나는 항상 자신감이 있고 편안해

이렇게 자신이 원하는 것이 이루어진 것처럼 표현하는 말을 확언이라고 한다. 이런 확언은 우리의 가능성을 확대하고 우리를 성장시키고 심지어 병도 고친다. 하지만 현실에서 우리는 이와 반대되는 부정적인 자기 암시를 많이 한다. 예를 들어보자.

나는 수영을 못해/ 나는 운동에 약해/ 나는 항상 몸이 약해/ 나는 여자라서 직장에서 승진에 한계가 있어/ 나는 학벌이 나빠서 진급이 어려워/ 나는 항상 이 모양이야/ 내가 하는 것이 다 그렇지/ 나는 늘 우울해/ 나는 겨울만 되면 만날 감기에 걸려/ 도전은 위험해/ 안전이 최고야/ 인생은 원래 그런 거야/ 돈 많은 사람은 인색해/ 정치인은 다 거짓말쟁이야/ 나는 화나면 못 참아

이상의 말들은 자신과 세상과 타인에 대한 한계나 부정적인 면을 표현하고 있다. 이런 부정적인 자기 암시는 우리와 타인과 세상의 발전과 가능성을 억압한다. 우리의 속생각을 살펴보면 이런 부정적인 자기 암시가 너무나 많다. 우리는 이런 속생각이 규정하는 대로 살고 있기 마련이다. 이런 부정적인 자기 암시와 긍정적인 자기 암시가 모

두 합쳐져서 우리 내면의 벽글씨가 된다. 우리는 이런 벽글씨로 우리를 표현하고, 규정하고, 한계 짓고, 목표를 규정하고 우리를 목표에 도달하게 당기고, 현 상황 속에 우리를 가둬두고 있는 것이다.

이런 벽글씨가 바뀌면 결국 나와 내 운명과 내 몸과 내 세상이 바뀐다. 그럼 어떻게 벽글씨를 바꿀 것인가? 바로 확언을 하는 것이다. 확언을 반복하게 되면 확언이 내 마음속에 가장 큰 벽글씨가 되어 나의 모든 것이 바뀌는 것이다.

> "확언은 긍정적인 벽글씨다. 확언을 반복하면 가장 큰 벽글씨가 되어 나의 현실이 된다."

EFT로 지우고 확언으로 새로 써라[11]

> "확언은 개인의 능력 향상을 위해 쓸 수 있는 가장 강력한 도구로 쉽고 신뢰성 있고 완벽한 논리에 기반을 두고 있다."

흠, 그런데 왜 다른 의료인들은 이것을 잘 사용하지 못하는가? 나의

11 이 부분은 개리 크레이그의 《Palace of Possibility》에서 따왔다.

이메일 주소록에는 온갖 다양한 치료사들이 망라되어 있고, 그들의 치료 기술도 엄청나서 최면, 약물, 뉴로피드백 등등 온갖 다양하고 화려한 것들이 많다. 나는 이들과 전화든 세미나든 여러 방법으로 수 없이 많은 논의를 했지만 그 누구도 확언보다 강력한 도구를 제시하지는 못했다. 또한 확언은 "너는 너의 생각의 결과이다"라고 주장하는 다양한 서적에서 가장 중심이 되는 주제이다.

한마디로 확언을 지속적으로 반복하면 마음이 상황을 달리 보도록 조건화시킨다. 확언은 일관된 생각으로 마음속에 자리 잡아서, 마침내 우리 앞에 현실로서 드러난다. 나의 일관된 사고는 나의 현실이 된다. 아주 단순하며 또한 아주 쉽다. 확언은 우리의 능력 개발 도구함에서 열심히 잠을 자고 있으며 우리는 이것을 깨워내야 한다.

물론 어떤 사람들에게는 확언은 쓸데없는 짓이거나 밥 맛 떨어지는 혐오스런 짓이다. 많은 사람들이 확언이 좋은 아이디어라는 생각을 하지만 불행하게도 별로 효과를 보지 못하는 것 같다. 많은 사람들이 해보지만 효과가 안 나서 마침내 그만둔다. 그러나 확언은 분명히 효과가 있다. 그것도 엄청난 효과가 있다. 확언은 사실상 이 세상 어떤 도구보다도 신뢰성 있고, 실제로 일상에서 실현되어 현실로 드러난다. 이제 잠시 내게 귀를 기울여보라. 정말 중요한 말이다. "확언은 사람들이 잘 모르지만, 확언이 실현되는 데에는 필수불가결한 어떤 요소가 없기 때문에 효과가 없는 것처럼 보일 뿐이다(그 부족한 것은 바로

EFT다)."

이것은 실제로 확언의 내용과 관련 있다. 종종 확언으로 표현되는 것과 실제 이면의 내용은 다르다. 때론 완전히 반대의 것을 나타내기도 한다. 우리의 확언은 우리의 인생의 모양을 확실히 결정짓는다. 우리가 우리 내면의 소리를 들어 본다면 '당연히 그렇게 되는구나' 하고 느낄 것이다. 우리 내부의 목소리는 현재의 믿음과 태도에 관하여 쉼 없이 확언을 한다. 우리의 일상 대화도 마찬가지다. 이러한 확언들로 인해 우리는 현재 상태까지 왔고 현재의 한계 속에 우리를 가둬두고 있다.

"확언이 진실로 효과를 발휘하려면 현재 효과를 나타내는 말들이 진실로 우리가 원하는 것인지를 확인해야 한다. 바로 여기에서 EFT를 활용해야 하는 불가피성과 도전 과제가 있다." 이 앞 문장을 다시 읽어보라 정말 중요하다. 이것과 관련한 다음 예를 보라. 200파운드(90.7킬로그램)의 여성이 130파운드(59킬로그램)의 체중을 목표로 확언을 이용한다. 아마도 다음 문장과 같을 것이다.

"나의 정상 체중은 130파운드이며 이게 나의 현재 체중이야."

우리의 논리대로 하자면 이 여성은 계속 확언을 반복하면 일종의 정신적 조건을 형성할 것이다. 그 결과로 자신을 다르게 보고 당연히 식사량과 운동 습관을 조절할 것이며 영구적으로 새 체중을 달성할 것이다. 제대로만 하면 의지력은 필요 없다. 단순히 그녀의 생활 습관이 130파운드의 여성에 맞게 바뀔 것이니까. 나는 이것이 된다는 것을 안다. 내 자신이 해 보았다. 20년 전쯤에 다음과 같은 확언을 꾸준히 반복하여 나는 30파운드(13.6킬로그램)를 줄였다.

"나의 정상 체중은 160파운드이며 바로 현재 체중이다."

6개월 만에 의지력이나 식이조절 없이 나는 160파운드가 되었고 옷을 다 고쳤다. 현재 내 체중은 163파운드이다. 다시 190파운드가 된다는 것은 상상도 안 되는 일이다. 160파운드의 체중을 내 것으로 보는 나의 관점이 바로 "현실이 되어버리는 일관된 생각"의 한 예다. 나는 또 18,000달러인 연봉을 4만 달러 이상으로 올리려고 확언을 사용했다. 이번에도 특별히 의지력이 수반되지는 않았다. 나는 근무 시간을 늘리지도 않았다. 나는 보험 영업 사원이었고, 전에는 엄두도 못 냈던 큰손 고객들에게 전화를 하기 시작했다. 그들은 큰 액수의 보험에 들었다.

그냥 이렇게 단순하다. 하지만 대부분의 사람들은 나와 같은 경험이 없다. 왜일까? 그들이 표현하는 확언이 실제는 진실한 확언이 아니기 때문이다. 알다시피 표현되는 확언에 반대하는 경쟁자가 한 사람의 사고 체계 내에 숨어 있다. 이러한 경쟁적 확언이 표현되는 확언의 꼬리에 미묘하지만 강력하게 달라붙어 진정한 확언이 되어버린다. 예를 들면 아까의 200파운드 여성은 위와 같이 말하지만 다음과 같은 부정적 확언들이 꼬리말로 달라붙을 것이다.

- 체중이 줄면 남들이 내가 계속 힘들게 체중을 유지하기를 기대할 거야.
- 체중이 줄면 새 옷을 사느라 돈이 많이 들 거야.
- 체중이 줄면 남자들이 괜스레 한 건 해보려고 집적댈 거야.
- 체중이 줄면 남자들이 괜히 건드려보지만 내가 별로 매력이 없다는 것만 자각할거야.
- 체중이 줄면 내가 좋아하는 음식들을 포기해야 할 거야.

이상과 같은 부정적 꼬리말은 무궁하다. 이것들은 단순히 몇 개의 예일 뿐이다. 이것들은 분명히 표현되지는 않지만 현 상태를 개선하는데 미묘한 장애물로 작용한다. 그럼 그냥 긍정적 확언으로 덧씌우면 될 것인가. 가능하지만 이렇게 계속 할 수 있는 사람은 드물 것이다. 첫째 결과가 바로 나타나지 않고, 둘째 확언과 현실에서 유래하는 부정적 꼬리말과의 부조화를 견디기 힘들기 때문이다. 사람들은 종종 거짓말하는 기분이 들어 그냥 포기한다. 이와 같이 확언의 실현 과정에는 보통 도움이 필요하다.

바로 EFT로 부정적 꼬리말들을 지워버리는 것이다. 자 이제 이렇게 되면 우리는 확언의 강력한 한 모습을 보게 되는데, 일단 확언이 마음에 자리 잡으면 좀체 바뀌지 않는다는 점이다. 이 확언은 교체하기 전까지는 당신의 인격의 한 요소로 영원히 자리 잡는다. 예를 들어 200파운드 여성의 부정적 꼬리말이 그녀의 신념 체계에 자리를 차지하고 진지를 구축해 버렸다. 이것들은 너무나 완고해서 쉽게 단순한 새 확언으로 설득되지도 않는다. 이것은 마치 스파게티 면발 하나로 엠파이어스테이트 빌딩을 무너뜨리려는 것과 같은 짓이 된다. 하지만 또 달리 보면 130파운드의 확언이 강력하게 자리 잡으면 다시 체중이 느는 것이 오히려 힘들어진다. 우리 자신의 말에 귀를 기울이면 우리의 한계를 드러내는 말을 들을 수 있다.

- 나는 노래를 못해.
- 돈 버는 것은 영적이지 못해.
- 여자는 남자와 경쟁할 수 없어.
- 나는 필요할 때 적당한 말을 절대 못 찾아.

이런 말들은 우리를 현 상태에 있게 하는 확언들이다. 확언은 아주 강력하다. 우리는 매 순간 확언을 사용한다. 이것들은 우리의 신념과 태도를 나타내기 때문에 우리의 인생을 결정한다. 당신은 이글을 읽는 순간에도 확언을 사용하고 있다. 당신은 지금 내가 말하는 것에 '동의할까 말까'하면서 기존의 확언들을 들춰보고 있다. 당신 지금 이러고 있지 않은가? "그렇긴 한데, 하지만……"이라고? 그렇다면 당신은 뭔가를 재확인하고 있는 것인데, 아마도 당신의 한계점일 것이다.

이것이 내가 처음에 확언은 "가장 믿을 만하고 사실상 확인할 수 있는 인간의 모든 활동에서 드러난다"고 말한 이유다. 확언이 제대로 설치만 되면 아주 강력히 작동한다는 것은 의심의 여지가 없다. 다만 기술이 좀 필요할 뿐이다. 바로 여기에 EFT의 필요성이 있다. 이것은 확언에 경쟁하는 모든 부정적 감정과 믿음 곧 꼬리말을 지워주는 가장 강력한 지우개의 역할을 한다. EFT를 잘 사용하면 개인의 능력 발휘에 장애가 되는 모든 장벽을 제거할 수 있다. 그리하여 우리는 새로운 깨끗해진 인식의 벽에 새로운 일관된 생각을 써넣을 수 있다.

"지우고 새로 써라. 지우고 새로 써라."

일단 경쟁자가 사라지면 확언은 순항하게 된다. 확언은 우리를 흥분시키고 변화를 일으킨다. 이렇게 확언과 EFT가 결합되면 우리의 사고 체계는 완전히 새로 조직된다. 이 결합은 우리의 내면의 장벽을 없애고, 우리의 꿈이 이루어질 수 있게 한다. 경제적으로 풍요로워질 수 있다. 사람들과의 우정을 마음껏 누릴 수 있다. 마음의 평화를 키워나갈 수 있다.

지금까지 EFT는 미래의 꿈을 심을 수단이 없이 다만 과거만 지우는 지우개였을 뿐이다. 확언은 반면에 꿈을 심는 외로운 도구로써 경쟁하는 꼬리말에 대한 지우개가 없었다. 이제 이 두 가지 도구를 합쳐서 우리 자신과 우리의 고객들이 "가능성의 궁전"의 더 멋진 방으로 갈 수 있게 하자. 나는 꿈이 있는 사람을 사랑한다. 이들은 뭔가 생겨나게 한다. 그들은 모범이 되어 우리를 이끈다. 이러한 것들이 당신을 흥분시키지 않는가?

모두 내가 만들었다

앞에서 확언과 EFT에 관한 개리의 주장을 인용하여 그대로 올렸다. 초판부터 있던 글이라 이번 개정판에서는 바꿔보려고 했으나 다시보아도 너무 감동적이라 다시 실었다. 이해를 돕기 위해 개리 크레이그의 주장을 요약해보자.

- 확언보다 강력한 치료 및 자기 계발 도구는 없다.
- 확언에는 꼬리말이 숨어있어서 실현되지 않는다.
- EFT로 꼬리말을 제거하면 확언이 반드시 실현된다.

- 확언과 EFT가 결합되면 무엇이든 가능하다.
- EFT로 부정적인 벽글씨를 지우고 확언으로 긍정적인 벽글씨를 다시 써라.

나는 맨 처음 개리를 통해 확언이란 것을 알게 되었다. 그전에는 세상에는 되는 일과 안 되는 일이 타고난 재능이나 팔자 같은 것으로 정해져 있는 줄 알았다. 그래서 나한테는 안 되는 일이라고 느끼면 좌절하고 억울해했다. 특히 돈과 관련해서 부정적인 벽글씨가 많았다. '나는 돈을 모른다. 돈에는 약하다. 돈은 벌기 어렵다. 돈은 악의 원천이다 등' 이런 벽글씨 때문에 빚을 7억까지 진 적도 있다.

하지만 개리의 벽글씨와 확언을 알게 되면서 되는 일과 안 되는 일이 정해져 있는 것이 아니라, 된다는 벽글씨와 안 된다는 벽글씨가 있을 뿐이고, 확언과 EFT로 벽글씨를 바꿀 수 있다는 것을 알고 엄청난 충격과 희열을 느꼈다. 개리의 확언과 벽글씨에 대해 열심히 연구하던 한 때가 생각난다. 내가 운명이나 팔자라고 생각했던 모든 것들이 결국은 내 벽글씨의 산물임을 깨닫고 감탄하고 희열을 느끼다, 문득 마음속에서 이런 외침이 들렸다.

"모두 내가 만들었다!"

마치 내 인생이 한 편의 영화가 되어 상영되듯 순식간에 머릿속을 지나갔다. 동시에 내가 많이 했던 생각들 곧 벽글씨들이 확 떠올랐다. 영화 장면들은 정확하게 나의 벽글씨와 일치했다. 된다고 했던 것들은 다 되었고, 쉽다고 했던 것들은 다 쉬웠다. 안 된다고 했던 것들은 다 안 되었고 어렵다고, 했던 것들은 다 어려웠다. 공부 쪽으로는 늘 하면 된다고 생각하다 보니 다 잘 되어 있었고, 돈 쪽으로는 늘 안 된다고 생각하다 보니 다 안 되어 있었다. 이것은 마치 나의 벽글씨가 대본이 되고, 내 인생이 그 영화가 된 것 같았다. 순간 외쳤다. '이렇게 100퍼센트 일치할 수가!'

이렇게 확언은 100퍼센트 실현된다. 그 증거는 지금 당신의 모습이다. 그동안 어떠한 생각을 꾸준히 반복해왔는지 돌아보고, 지금 당신의 모습을 살펴보라. 부정적인 것도 있고 긍정적인 것도 있겠지만 중요한 것은 현재 당신의 모습이 그동안 반복해온 당신의 생각의 범위를 벗어나지 않는다는 점이다. 돈이든 학문이든 인생이든 그 어떤 것이든. 이것은 정말 끔찍한 저주이기도 하고 다른 한편 자유의 티켓이기도 하다. 당신의 현재 생각을 바꾸면 미래의 당신도 바뀌어 있을 테니까.

확언을 만드는 규칙

다음은 개리 크레이그가 제시한 확언을 만드는 규칙이다.

● **당신이 정말로 원하는 것이어야 한다**

확언의 내용이 주위의 기대나 강요나 부담에 의한 것이어서는 안 된다. 이것을 개리는 '나는 ____를 원한다'I want의 빈 칸에 들어가는 것이어야지 '나는 ____를 해야한다'I should의 빈칸에 들어가는 것이어서는 안 된다고 말한다. 예를 들면 고등학생 갑돌이는 공부보다 운동을 좋아하고 축구 선수가 되고 싶은데, 엄마와 선생님의 기대나 강요 때문에 "나는 반에서 5등 안에 든다"라고 확언을 해서는 안 된다.

● **원하지 않는 것이 아니라 원하는 것을 확언해야 한다**

우리의 무의식은 부정어를 잘 인식하지 못한다. 예를 들어 "나는 새빨간 팬티를 입지 않는다"라고 확언하면 새빨간 팬티만이 무의식에 각인된다. 이때에는 원하는 색이 파랑이라면 "나는 파란 팬티를 입는다"라고 확언해야 한다.

● 당신의 목표가 현실적으로 달성 가능한 것이라고 믿을 수 있어야 한다

예를 들어 한 달에 200만 원을 버는 사람이 "나는 한 달에 1억을 번다"라고 확언하는 것도 불가능한 것은 아니나, 현실과 너무 동떨어진 확언을 하게 되면 너무나 많은 꼬리말이 나타날 수 있다. 그러면 스스로 의심하게 되고 마침내 좌절하게 되면 오히려 하지 않는 것만 못하게 된다. 따라서 나중에 목표를 올릴 생각으로 현재 자신의 처지에서 적절하게 보이는 목표를 설정하는 것이 중요하다.

● 어느 정도 현실과는 거리가 있어서 흥분을 느낄 정도의 목표여야 한다

3번과 반대로 목표가 너무 작으면 흥미나 흥분이 감소되고 쉽게 지겨워질 수 있다.

● 확언은 반드시 현재형과 일인칭으로 진술해야 한다

내가 주체이고 현재 상황에서 이미 된 기분을 느껴야 하기 때문이다. 예를 들어 "되고 싶다"로 하면 너무 느낌이 약해서 추진력이 떨어지고, "될 것이다"로 확언을 하면 무덤에 갈 때까지 '될 것이다'로만 끝날 수 있다. 그러므로 '된다'로 해야 확언을 시작하는 순간부터 강력한 효력을 발휘한다.

● **확언을 상상으로 보충하라**

원하는 상황이 현재 된 것을 상상하는 것은 새로운 일관된 생각을 확립하는 데 가장 강력한 도구가 될 수 있다. 부정적 신념은 항상 부정적 감정이 결부되어 힘을 발휘하고, 이 부정적 감정만 탈색되면 신념 자체가 힘을 잃는다. 상상은 이것의 원리를 역으로 이용하는 것이다. 긍정적 신념이 힘을 발휘하려면 긍정적 감정이 결부되어야 힘을 발휘한다. 단순히 말뿐인 확언은 알맹이가 없어 아무런 힘이 없다. 확언에 긍정적 감정을 불어넣는 것이 상상이다. 예를 들어 '돈이 쉽게 꾸준히 들어온다'고 확언했을 때, 지갑에 계속 돈이 차 있다든지, 손님들이 의외로 쉽게 물건을 사 간다든지, 통장에 나도 모르게 돈이 찬다든지 하는 상상을 해야 한다.

● **때때로 확언에 변화를 주어 지루함을 없애라**

뭇 남성의 심장을 뛰게 하는 절세미녀도 한 달 정도 같이 살면 다들 무덤덤해진다. 우리의 무의식은 너무나 쉽게 모든 것에 적응하고 지루해하기 때문이다. 그래서 변화가 필요하다. 여자들이 화장하고 패션을 바꾸어서 변신하면 새롭게 보이듯 확언도 한 번씩 변화를 주어야 꾸준히 할 수 있다. 확언 문장에 변화를 주기도 하고, 확언을 노래로 불러보기도 하고, 확언이 이루어진 상황을 나타내는 사진을 벽에 붙여서 보기도 하고, 확언이 이루어진 상황을 다양하게 상상해보라.

예를 들면 '돈이 쉽게 꾸준히 들어온다'라는 확언을 '돈이 술술 들어온다'로 바꿔보는 것이다. 또 돈이 들어온 상황을 상상할 때에도 '새로운 집에 이사 간다'라든지, '빚이 술술 준다'라고 하면서 돈이 들어오는 다양한 상황을 상상해보는 것이다.

● 타인의 행위를 확언의 대상으로 삼지 말라

즉 '길동이가 나를 사랑한다'가 아니라 '나는 따듯하고 사랑스런 사람이기 때문에 길동이의 사랑을 얻는다'라고 해야 한다. 우주 법칙과 통념상 타인의 자율적 행위를 통제하는 것은 바람직하기 않기 때문이다.

● 확언은 자신만 알도록 하라

남들에게 자신의 확언을 말하면 종종 비판이나 비웃음을 받을지 모른다. 확언을 이해하지 못하는 사람은 당연히 당신이 미쳤다고 생각하고 비판하게 되는데, 그러면 오히려 꼬리말만 많이 생길 가능성이 있다. 다만 진정으로 당신을 이해하고 꿈을 공유하는 사이라면 확언을 공유하거나 알려도 된다.

● 부정적 대상보다는 긍정적 대상을 확언하라

'나의 살이 빠져서 60킬로그램이 된다'보다는 '나의 정상 체중은 60킬로그램이다'가 더 낫다. 원하지 않는 대상보다는 원하는 대상에 집중하여 확언을 하라는 말이다.

확언의 실례

다음은 전편의 확언 규칙에 맞는 확언의 실례들이다. 물론 여러분 나름대로 고치거나 새로 만들어도 된다.

- **건강**

  나는 활력과 건강의 모델이야.
  나를 그냥 설현(당신이 닮고 싶은 누구나 가능)이라고 불러 주세요.
  나는 자유롭고 편하게 걷는다(보행 장애가 있는 사람에게).
  나의 혈압은 ______ 이하다.
  나의 체중은 ______ 이다(체중을 줄이고 싶을 때).
  나는 아침에 일어날 때마다 개운하고 상쾌하다.

- **돈**

  나는 쉽게 꾸준히 연봉 ______ 를 번다.
  내가 쓴 돈은 2배가 되어 들어온다.
  나는 내 분야에서 늘 초청받는 전문가이다.

나는 내가 좋아하는 일을 하며 한 달에 ______ 를 번다.

나는 쉽게 재밌게 즐겁게 꾸준히 한 달에 ______ 를 번다.

- **충동 조절**

나는 나의 욕구를 책임지고 조절할 수 있다.

나는 건강한 것들만 내 몸에 넣는다.

나는 자기 인생의 책임을 지려는 사람들의 모델이다.

나는 입이 심심하면 차를(담배 대신에) 마신다.

- **관계**

나는 따뜻하고 애정이 많아서 사람들의 호감을 얻는다.

모든 사람은 장점이 있고 나는 쉽게 그것을 본다.

내 주변에는 좋은 사람이 모여든다.

나는 사람들과 잘 소통한다.

- **기타**

나는 80타 초반을 치는 골퍼다.

나는 항상 일관성 있는 사람이라서 내 말과 내 믿음은 늘 일치한다.

나는 모든 위기에서도 기회를 잘 찾아낸다.

나는 잘 웃고 모든 일에서 웃을 거리를 찾아낸다.

나의 손톱은 건강하고 강하다.

브라질 여행은 내가 상상한 그대로다.

나는 이 책을 다 읽어서 나 자신이 자랑스럽다.

나는 차분하고 정리를 잘 하는 사람이라 모든 것이 제자리에 있다.

나는 매일 할 일을 다 해서 기쁘다.

나는 한국의 개리 크레이그다(EFT를 잘 하고 싶다면).

평화는 나의 동반자이며 용서는 나의 친구다.

확언하고 꼬리말은 EFT로 지워라

확언은 맨 처음 프랑스의 에밀 쿠에1857~1926에 의해 만들어져, 1920년대에 서구에 널리 알려졌으니, 거의 100년의 유구한 역사를 자랑한다. 하지만 이런 오랜 역사에도 불구하고 확언은 서구에서 엄청난 호응과 비난을 동시에 받았다. 그 이유는 앞에 나온 개리의 말에도 잘 드러나니 다시 간단히 인용해보자. "지금까지 EFT는 다만 과거만 지우는 지우개였을 뿐이다. 확언은 반면에 경쟁하는 꼬리말에 대한 지우개가 없었다." EFT가 나오기 전까지는 이 꼬리말(심리적 저항)을 해결할 수단이 없었다. 그래서 확언을 하다가도 금방 의심하고 좌절해서 대부분 포기하게 되었고, 마침내 다들 확언은 효과 없는 미친 짓이라고 비난하게 된 것이다.

확언을 하게 되면 반드시 확언에 저항하는 심리적 저항이 따라오게 되는데, 여기에서는 이런 심리적 저항 곧 꼬리말을 EFT로 제거하는 법을 배워보자.

● 먼저 확언을 만들어라

앞에 나온 개리의 글에 나온 여성을 예로 들어보자. 체중이 약 200파운드(90.7킬로그램)인 그녀는 앞에 나온 대로 이런 확언을 한다.

"나의 정상 체중은 130파운드(59킬로그램)이며 이게 나의 현재 체중이야."

● 언제든지 확언이 작용하지 않을 때에는 확언을 방해하고 경쟁하는 꼬리말들을 찾아라

이렇게 확언을 하기 시작하자 곧 그녀의 마음속에서 이런 꼬리말들이 올라온다.

- 체중이 줄면 남들이 내가 계속 힘들게 체중을 유지하기를 기대할 거야.
- 체중이 줄면 새 옷 사느라 돈이 많이 들 거야.
- 체중이 줄면 남자 들이 괜스레 한 건 해보려고 집적댈 거야.
- 체중이 줄면 남자들이 괜히 건드려 보지만 내가 별로 매력이 없다는 것

만 자각할 거야.

- 체중이 줄면 내가 좋아하는 음식들을 포기해야 할 거야.

● **필요하면 꼬리말들의 양상을 찾아서 구체적으로 꼼꼼하게 EFT를 적용하여 꼬리말을 지워라**

이제 EFT를 알게 된 그녀는 이 꼬리말에 EFT를 적용한다.

- 체중이 줄면 남들이 내가 계속 힘들게 체중을 유지하기를 기대할 거라고 생각하지만…… 받아들입니다.
- 체중이 줄면 새 옷 사느라 돈이 많이 들 거라는 부담이 생기지만…… 받아들입니다.
- 체중이 줄면 남자 들이 괜스레 한 건 해보려고 집적댈 거라는 걱정이 들지만…… 받아들입니다.
- 체중이 줄면 남자들이 괜히 건드려보지만, 내가 별로 매력이 없다는 것만 자각할거라는 생각이 들지만…… 받아들입니다.
- 체중이 줄면 내가 좋아하는 음식들을 포기해야 할 거라는 아쉬움이 생기지만…… 받아들입니다.

● **확언을 다시 시작하고 필요하면 2와 3의 단계를 반복하라**

그녀는 다시 확언을 해본다. "나의 정상 체중은 130파운드(59킬로그램)이며 이게 나의 현재 체중이야." 그리고 외친다. "어, 이제 확언이 더 실감 나. 의심도 안 들고 더 믿음이 생겨." 그렇게 확언을 하다가 다시 다른 꼬리말들이 올라온다.

- 그런데 언제 되지?
- 그런데 살만 뺀다고 예뻐질까?
- 정말 확언만으로도 살이 빠질까?

그러면 다시 여기에 EFT를 한다. 이렇게 확언을 반복하면서 따라오는 꼬리말들을 차츰차츰 제거해나가자 확언은 점점 더 강해지고, 마침내 확언은 현실이 된다.

확언과 꼬리말이 경쟁하고 있다. EFT로 꼬리말을 제거하라.

확언하고 상상하라

여기서는 확언의 필수 요소인 '상상하기'daydreaming에 대해서 설명해 보자. 앞에서 상상하기는 확언에 긍정적 감정을 실어 확언이 실제로 위력을 발휘하게 하는 것이라고 설명했다. 어찌 보면 확언은 포장이고 상상은 그 내용물이라고 보아도 될 만큼 중요하다. 그러나 안타깝게도 어른이 되는 과정은 철이 드는 과정이고, 철이 드는 과정은 어찌 보면 꿈과 상상을 잃어가는 과정이다. 초등 1년생들에게 꿈을 물으면 다들 대통령, 월드컵 챔피언, 국가 대표 선수, 노벨상 수상 등 세상의 모든 좋은 직업과 일들이 다 나온다.

하지만 학년이 올라갈수록 꿈은 줄어들고 사라진다. 그래서 고3이 되면 벌써 '공무원 해서 먹고살래요'라는 말이 나온다. 이때까지도 초등 1년 때의 꿈을 꾸고 있으면 이런 날벼락이 사방에서 날아온다. "배부른 소리 그만 하고 철 좀 들어라." 이렇게 어른이 되면 다들 세상과 남들의 충고를 받아들여서 더 이상 상상하거나 꿈꾸지 않는다. 어른이란 한마디로 상상의 능력이 퇴화된 존재다. 너무 슬픈 일이다! 왜냐하면 상상은 우리가 '가능성의 궁전'에서 자유로이 이동하는 데 가장 강력한 교통수단이 되기 때문이다.

확언과 상상과 EFT가 결합되면 이것은 세상에서 가장 강력한 자석이 되어 우리를 우리가 꿈꾸는 곳으로 마구 끌어당긴다. 확언과 상상으로 우리는 우리가 원하는 근사한 미래를 얼마든지 창조할 수 있다. 아직도 늦지 않았다. 그동안 구석에서 묵혀둔 상상력의 먼지를 털어내고 바로 쓰면 된다. 상상에 관하여 먼저 우리는 두 가지 중요한 원리를 알 필요가 있다.

- 뇌는 실제 현실과 생생하게 상상하는 것의 차이를 구별하지 못한다.
- 꿈이 반드시 실현되지는 않지만 꿈은 그 방향으로 우리를 이끈다.

두뇌는 실제와 생생한 상상을 구분하지 못한다. 그래서 우리는 상상을 의도적으로 이용하여 우리의 마음을 원하는 것을 얻도록 조건화시킬 수 있다. 우리는 마치 실재 현실인 것처럼 해보지 못한 경험을 마음속에 창조할 수 있다. 그런데 생생하게 상상하면 도대체 무슨 효과가 있는가? 우리는 원하는 현실을 생생하게 상상함으로써 바로 여기에서 직접 그것을 경험할 수 있고, 그러면 믿게 되고, 행동이 바뀌는 것이다. 영어 속담에 보는 것이 믿는 것이라고 하지 않던가! 이것이 상상하기에 관련된 모든 것이다. 당신은 생생하게 '새로운 현실과 새로운 나'를 먼저 상상해야 한다.

새로운 판매 실적을 올리고 싶은가? 먼저 판매왕이 된 모습을 상상하라. 새로운 체중을 원하는가? 먼저 날씬해져서 한라산을 가볍게 올라가는 모습을 상상하라. 새로운 건강 습관을 만들고 싶은가? 먼저 담배 대신에 차를 마시는 모습을 상상하라. 새 벤츠 자동차를 원하는가? 당신이 벤츠 운전대에 앉아 운전하고 주유하는 것을 마치 별일 아닌 듯이 상상해보라. 이렇게 새로운 현실을 생생하게 상상해보라. 그러면 당신의 상상은 당신을 그 방향으로 데려가기 시작한다. 얼마 후에 당신은 당신의 현재 위치에 만족하지 않게 될 것이다. 당신은 자신에 관한 새로운 미래상에 도달할 것이며 그러한 변화가 일어나는 방식으로 행동할 것이다.

뇌가 실제와 상상을 구별하지 못한다는 것을 좀 더 설명해보자. 먼저 레몬 하나를 생생하게 상상해보라. 잠시 뜸을 들이면서 그것의 색감, 촉감, 향기 등을 상상해보라. 색과 향과 질감이 상상되면 이제 그것을 콱 깨물어보라. 어떤가? 침이 고이지 않는가? 바로 이것이다. 뇌는 실제로 레몬의 신맛을 느끼고 침이 고이는 것이다. 또 어느 대학 농구 선수들을 세 집단으로 나누어 갑 집단은 이틀에 한 번씩 30분간 자유투 연습을 시키고, 을 집단은 매일 20분 간 자유투를 연습하는 상상을 시키고, 병 집단은 그냥 두었다. 한 달 후 갑 집단의 자유투 성공률은 40퍼센트 향상되고, 을 집단은 38퍼센트 향상되고, 병 집단은 향상이 없었다. 곧 상상 훈련과 실제 훈련이 비슷한 효과를 낸 것이다.

안테나 원리

> '더 이상 나아갈 길이 없다'고 생각하면 개척으로 향한 길이 있어도 갑자기 시야에서 사라진다. '위험하다'고 생각하면 안전한 곳은 사라진다. '이것이 끝이야'라고 믿으면 종말의 입구로 발을 내딛게 된다. '어떻게 해?'라고 의심하면 불현듯 최선의 대처법을 찾을 수 없게 된다. - 니체

맨 처음 확언에 관해서 설명을 하면 제일 많이 듣는 질문이 있다. "그런데 도대체 어떤 방법으로 그렇게 되죠?" 사실 성공에 대해 사람들이 가장 많이 하는 오해가 바로 이것이다. "목표를 달성하려면 방법을 알아야 한다." 일반적인 성공학에서는 성공의 방법론을 배우고 익혀서 이것을 실천하면 성공한다고 말한다. 하지만 개리 크레이그의 말은 그 반대다. 먼저 성공했다고 믿고 느껴야 성공할 방법이 보인다는 것이다. 곧 이렇게 말할 수 있다.

> "되니까 믿는 게 아니라 믿으니까 되는 거야. 믿으면 길이 보여."

대다수는 성공의 방법론을 알아야 성공한다고 말한다. 그러니 처음에는 다들 방법을 모르니까 손을 놓고 있고, 방법을 배워도 자신에게 안 맞거나 너무 힘들어서 또 실천하지 못해서 결국 성공에 도달하지

못한다. 하지만 개리 크레이그의 말은 그 반대다. 성공에 이미 도달한 마음을 가져야 성공의 방법론을 낚는다는 것이다. 나는 처음에 이 말을 듣고 엄청난 충격을 받았다. 내게 이것은 기존 성공학의 관점과 상식을 완전히 뒤집는 혁명적 발상이었다.

안테나라고 하는 것은 망상체reticular formation라고 불리는 뇌 부위를 비유적으로 부르는 것이다. 이것은 구슬 크기의 뇌의 회질 부분으로 막대한 양의 감각 정보를 거르는 일을 한다. 우리는 매 순간 엄청난 정보를 받아들이지만, 망상체는 우리의 뇌가 현재 중요하다고 간주하는 것만 포착한다.

예를 들어보자. 1년 동안 최전방에서 여자 구경도 못하고 살던 군인이 한 여름에 강남역에 가니, 수많은 인파 중에서 유독 미니스커트 입은 여자들만 보인다. 그렇다고 그날따라 강남역에 미니스커트 입은 여자만 모인 것도 아니지 않겠는가?

또 당신이 엄청난 인파 속에서 누군가를 기다리고 있을 때 무엇이 들리는가? 수많은 소리들이 들리지만 유독 당신을 부르는 소리만 들리지 않던가? 어느 날 당신은 새로운 영어 단어 하나를 배운다. 그러자 이 단어가 영화나 광고, 드라마에서도 마구 들리기 시작한다. 또 어느 날 당신은 고심해서 나이키 운동화를 산다. 그러자 그때부터 나이키를 신은 사람들이 곳곳에서 보이기 시작한다. 또 어느 날 당신은 렉서스 자동차를 산다. 그러자 그때부터 곳곳에서 렉서스가 보인다. 갑자기 세상에 그 영어 단어와 나이키 운동화와 렉서스 자동차가 많아진 것은 당연히 아니지 않겠는가? 이러한 망상체의 능력이 없다면 우리는 온갖 정보의 홍수 속에 빠져서 판단력을 상실하게 될 것이다.

이 안테나는 "가능성의 궁전"에서도 아주 중요해서 우리는 이것으로 우리의 목표를 달성하는 법을 찾는다. 확언과 상상을 하게 되면 안테나는 새로운 현실에 의미를 두고 그것에 주파수를 맞추게 된다. 당신이 성공의 방법들을 알지 못해서 목표를 추구하지 못한다면 이것은 정말로 중요하다. 안테나는 기존의 상식과는 반대로 작용한다. 확언과 상상을 통해 새로운 현실을 마음속에서 창조하면 안테나가 거꾸로 우리에게 그런 현실에 도달하는 방법을 찾아준다. 즉 다음과 같이 요약할 수 있다,

"당신이 하려는 어떠한 것이라도 할 수 있는 방법은 이미 존재한다. 당신은 단지 그것에 주파수만 맞추면 된다."

이것은 우리가 가진 상당히 매혹적인 능력이다. 당신의 안테나는 당신이 전에 인식하지 못했던 것들을 알아차리게 할 것이다. 모든 사물이나 현상은 우리가 인식하지 못하는 채로 우리 앞에 있었다. 하지만 앞서 말한 바대로 우리가 하려는 어떠한 것이라도 할 수 있는 방법은 이미 존재한다. 우리는 다만 그것에 주파수만 맞추면 된다. 다시 한

번 강조해보자.

"당신이 원하는 것을 이루는 방법은 이미 존재한다. 하지만 당신의 인식 영역 바깥에 머물고 있다. 이제 확언으로 당신의 안테나가 그 방법을 당신에게 찾아주게 하라."

실습 안테나의 원리를 실감할 수 있도록 간단한 실험 하나를 해보자. 눈을 감고 빨간색을 떠올려보라. 마음속으로 빨간색을 생생하게 상상해보라. 그리고 이제 눈을 뜨고 방 안 또는 주변을 둘러보라. 빨간 것들이 여기저기서 마구 튀어나오지 않는가? 당연히 당신이 눈을 감고 있는 동안 요정이 당신의 주변을 모두 빨간색으로 칠한 것은 아니다. 이런 심리학적 실험에 따르면 우리는 사물을 있는 그대로 보는 것이 아니라 마음속에서 기대하고 있는 것을 본다. 그래서 같은 것을 보아도 사람마다 실제로 서로 다르게 보게 된다.

6 EFT로 몸·마음·인생을 고친 사례들

EFT로 몸을 치료하다

● EFT로 통풍을 치료하다

4년 전에 자는 동안 갑자기 왼쪽 엄지발가락 큰 마디 부위가 삔 듯이 아픈 것을 느꼈지만 그냥 무시했다. 아침에 일어나니 이 부위가 성을 내며 새빨갛게 통통 부어올랐고, 통증이 어마어마했다. 마치 발가락에 끓는 물을 붓고, 바늘로 콕콕 찌르고, 빵빵하게 공기를 불어넣는 기분이 들었다. 너무 아파서 정신을 차릴 수가 없었고, 당연히 땅에 발을 디딜 수도 없었고, 손도 못 대고 훅 불기만 해도 아팠다. 정신을 차리고 보니 임상에서 익숙하게 보던 통풍 증상이었다.

지하철을 탈 수 없으니 출퇴근할 때마다 아내가 태워주었다. 실내에서 몇 발자국 움직이는 것도 끔찍한 고통이었다. 처음 며칠은 고민했다. '병원에 가서 진통제와 요산 억제제를 먹으면서 치료해야 하나? 술도 끊어야 하나?' 원래 통풍은 혈중의 요산이 발에서 뾰족한 결정으로 응결되어 근처 조직을 마구 찌르기 때문에 생기는 것이라서 혈중 요산을 높이는 맥주나 등 푸른 생선의 섭취를 줄이고 요산 억제제를 평생 먹는 것이 치료법이다.

그러나 내가 책과 강의와 상담으로 대부분의 병은 마음에서 생긴다고 해놓고 정작 나는 통풍 고치러 병원에 갈 수는 없지 않는가? '이것도 역시 마음에서 온 거야. 마음을 고치면 나을 거야. 그런데 과연 어떤 생각과 감정이 이 병을 일으킨 것일까?' 이렇게 생각하면서도 너무 바쁘고 지쳐서 스스로 EFT를 하지도 못하고 나흘째가 되었다. 증상은 여전했고, 도통 나을 기미는 보이지 않았다. 그래서 루이스 헤이의 《힐 유어 바디Heal Your Body》를 뒤져보니, 이 부위의 통증은 '마음대로 통제하고 싶은 욕구, 조바심, 분노'를 의미했다.

이에 내 마음속을 들여다보았다. '빨리 새 책의 원고를 마쳐야 돼' '밀린 강의를 다 해야 돼' '날마다 꽉 찬 환자 치료 일정도 다 소화해야 돼' 이런 생각들이 가득했고, 실제로는 몇 년째 강행군을 해서 휴식이 절실하게 필요한 상태였다. 의욕은 넘치는데 체력과 시간은 한계가 있어서 늘 조바심 내며 살고있었던 것이다. '내가 너무 정신없이 살고있었구나. 몸이 내게 쉬어 가라고 말하는구나!'라는 깨달음이 생기고 나서 나는 다음과 같은 확언을 했다. "쉬엄쉬엄 천천히 가자. 할 수 있는 만큼 할 수 있는 대로 하자." 그러자 몸과 마음이 위로받는 듯한 편안함과 상쾌함이 확 밀려들었다.

그리고 다음날 아침에 일어나니 마침내 5일 만에 기세등등하던 통풍이 다 사라진 것이 아닌가! 요산 억제제나 진통제를 먹거나 좋아하는 맥주를 줄이지도 않았고, 그저 나의 조바심을 내려놓는 확언을 했을 뿐인데 바로 그날 밤에 다 나아버린 것이다. '그럼 그렇지 제 아무리 통풍이라 한들 마음에서 생기는 병임에 틀림없잖아!' 나는 이렇게 속으로 환호하고 쾌재를 불렀다. 통풍은 이제 나와 상관없는 일 같았다.

그렇게 4년이 지나고 2016년 가을에 다시 유령처럼 스르르 통풍이 찾아왔다. 이번에는 처음보다 통증이 훨씬 더 심했다. 너무 아파서 '유관순 열사가 발톱을 뽑힐 때 이렇게 아팠을까' 하는 생각이 들 정도였다. 게다가 이번 통증은 처음보다 두 배 긴 10일 동안 지속됐다. 이때에는 EFT로 통풍을 고쳐보려고 했는데, 너무 지치고 아파서 도저히 감정에 집중할 수가 없었다. 중이 제 머리 못 깎는다는 말을 이때 실감했다. 그럼에도 이번 통풍을 일으키는 핵심 주제는 역시 전처럼 '뜻대로 빨리 나아가지 못하는 조바심'이라는 것은 확실히 느꼈다.

그래서 이번에는 '쉬엄쉬엄 하자'고 확언하면서 그냥 그저 열심히 쉬었다. 엄지발가락은 아리고, 쑤시고, 빵빵하게 부어서 터질 것 같고, 맹렬한 통증 속에서 정신은 몽롱했다. 나는 시간만 나면 그저 쉬고 졸았다. 그렇게 맹렬하던 2차 통풍은 10일 만에 마침내 사라졌다. 마치 엄청난 태풍이나 쓰나미가 내 몸을 휩쓸고 간 느낌이었다. 통풍을 왜 세상에서 가장 아픈 병이라고 하는지 이해할 수 있었다. 이번에도 역시나 약을 먹거나 식이 조절은 하지 않았다. 통풍의 원인은 마음에 있음을 확신했으니까!

그렇게 10일 만에 2차 통풍이 낫자 비로소 안도했다. 하지만 만 하루 만에 다시 통풍이 왔다. 특이하게도 과거 2번의 통풍은 자는 동안에 생겼는데, 3차 통풍은 휴일 오후 대낮에 나를 엄습했다. 게다가 왼 엄지발가락 마디가 먼저 부어오르면서 동시에 오른 쪽도 슬슬 빨갛게 붓기 시작했다. '큰 일 났구나. 이제 양쪽 다 아프면 아예 꼼짝 못 하잖아!' 놀라서 속으로 외쳤다. 드디어 이번에는 EFT로 이 증상을 고쳐야겠다고 작심했다.

먼저 조바심과 조급함에 대해서 EFT를 해보기로 했다. 나는 EFT로 환자들을 치료할 때 흔히 하던 방식인 일명 '빈칸 채우기'를 내게 해보았다. 그래서 다음과 같은 빈칸을 만들어서 빈칸에 들어갈 말을 생각나는 대로 적어보았다.

"나는 마음이 급하다. ＿＿＿＿＿＿ 하니까(또는 ＿＿＿＿＿＿ 해서)."

그러자 다음과 같은 생각들이 나왔다.

- 빨리 책 백만 부 팔고, 월 소득 4천만 원이란 목표도 달성하고 싶으니까.
- 가만있으면 무슨 일이 생길지 몰라서 안심할 수 없으니까.
- 쉴 줄을 모르니까.
- 남에게 뒤처지기 싫으니까.
- 삼수를 한 뒤로 늘 나는 남보다 2년 뒤졌다는 느낌이 들어서.
- 확실한 결과(현금 수십 억 이상의 저축)를 만들어놓지 않으면 안심이 안 되어서.
- 하고 싶은 게 너무 많아서.
- 빨리 확실하게 자리 잡은 모습을 보여서 부모님을 안심시키고 싶어서.
- 늘 목표만 생각하고 여기에 매진하는 삶만 살아와서 다른 방법을 모르니까.
- 늘 나의 한계를 시험하는 것이 최선의 삶이라고 생각하니까.
- 계속 밀어붙여서 상황을 내 맘대로 통제하고 싶으니까.
- 나는 힘에 미쳤어. 무능했던 아버지처럼 살고 싶지 않아. 나는 막강해지고 싶어. 잠시도 쉬면 안 돼.

확실히 빈칸 채우기의 위력은 엄청났다. 의식하지 못했던 무의식의 생각들이 쫙 드러났다. 그래서 이런 생각들에 대해서 EFT를 했다. 이런 생각을 하게 된 사건들이 생각나면 그것들을 영화관 기법으로 지웠다. 사실 나는 늘 할 일을 생각하면서 시간에 쫓기는 삶을 살아왔고, 아내에게 늘 성격이 급하다는 말을 들었다. 이렇게 조급함을 지웠는데도 아직 완전히 개운하지 않아서 생각했다. 내 경험상 이렇게 화끈거리는 염증성 통증은 모두 분노가 원인이었다. 그래서 이번에는 내게 물었다. '무엇이 나를 그렇게 분노하게 했었나?' 그러자 20살 될 때까지 동생과 싸웠던 것이 생각났다.

동생은 전형적인 마초 같은 성격이라 늘 내게 대들었고, 또 나는 나대로 '지고는 못 산다'는 성격의 소유자라, 우리 둘은 한 우리 안에 사는 수컷 호랑이 두 마리와 같았다. 서로 죽일 듯이 기싸움을 한 것이 한 두 번이 아니었다. 20년 넘게 잊고 있었던 동생에 대한 분노가 떠오르자 가슴속에서 마치 불길이 확 솟는 느낌이 들었다. 한참 동안이나 이 분노를 EFT로 지웠다. 그러자 다시 새로운 분노가 떠올랐다. 이것은 내 인생 자체에 대한 분노였다. 가난한 집안에서 태어나 죽도록 고생하고, 부모 형제도 다 중병에 걸리고, 대학도 삼수해서 겨우 들어가고……. 20대의 어느 날 이런 생각을 했던 것이 기억났다. '하느님이 있다면 멱살 잡고 물어보고 싶다. 도대체 나한테 우리 가족한테 왜 이래?' 이 분노도 EFT로 지웠다.

그리고 내 몸과 대화하기를 해보았다. 내 양쪽 엄지발가락이 말을 할 수 있다면 무슨 말을 할까? 그러자 이런 생각이 들었다.

- 인생은 속도만큼이나 균형이 중요해.

- 너는 암에 걸린 사업가들이 왜 암에 걸렸는지 몰라? 스티브 잡스가 왜 죽었냐? 너도 이렇게 병 키우다가 암이라도 걸려봐야 정신 차릴래?
- 너는 이미 너무 지쳤어. 최근 몇 년을 봐. 너는 네 몸을 질질 끌고 가고 있어.
- 너는 휴식이 필요하고, 일이 아닌 몸의 한계 내에서 당분간 살아야 해.
- 너 자신만 믿지 말고 섭리와 하느님과 인생을 믿고 맡겨봐. 모든 것을 네 눈에 보이게 통제해야 직성이 풀리지?
- 깜깜한 어둠 속에서도 하느님과 섭리를 믿고 기다려봐. 너는 지금 내맡김이 필요해.
- 네가 균형을 잡기 위해서 지금 제일 필요한 것은 무조건적인 내맡김과 여유야.
- 제일 중요한 게 건강이야. 건강 잃고 성공하면 뭐해?
- 봐 건강을 돌보지 않으니까 결국 이렇게 일도 못하잖아.
- 너는 꼭 아파야 정신을 차리니?
- 조바심과 욕심 좀 버려.
- 술도 좀 줄여. 스트레스 푸느라 술 먹느라고 늦게 자잖아.

그래서 나는 내 엄지발가락에게 이렇게 약속했다.

- 일단 통증으로 신호를 줘서 고맙다.

- 네 본뜻은 나의 건강을 지키는 거라는 걸 이해해.
- 일단 11시 전에 자고 한 달만이라도 술을 안 마실게.
- 다시 고마워. 제발 빨리 나아줘.
- 내가 무리하면 언제라도 신호 줘. 내가 알아차리게.
- 원래 인간은 당해봐야 정신 차려. 미안해.

여기까지 약 3~4시간 동안 EFT를 하고나니 발가락의 압력이 빠지는 느낌이 들었다. '이제 낫겠구나' 하는 느낌이 왔고 아니나 다를까 확 올라오던 증상이 바로 삭 사라져서 몇 시간 지나니 완전히 멀쩡해졌다. 늘 남의 몸과 마음만 EFT로 고쳐주다가 직접 나 자신에게 의사가 되어 EFT를 해주고 고쳐주는 이런 경험은 상당히 색다르고 좋은 교훈이 되었다. 첫째로 마음이 몸의 병이 되는 과정을 직접 내 몸으로 경험했다. 둘째로 EFT로 내 몸을 고치면서 심신의학을 완전히 확신하게 되었다. 셋째, 몸이 아픈 환자들이 EFT를 할 때 느끼는 당혹감과 의심을 이해하게 되었다.

● 식물인간 상태에서 깨어나다

EFT는 종종 상상할 수 없는 기적을 종종 일으킨다. 어느 날 내게 EFT로 치료받은 적이 있는 50대 여성이 나를 찾아와 대뜸 말했다. "원장님, EFT 덕분에 기적이 일어났어요!" 이에 자초지종을 물었다. 몇 달 전에 얼마 전부터 정신 상태가 좋지 못했던 그녀의 70대 어머니가 음식을 먹다가 기도로 넘어가 숨이 막혀서 혼수상태에 빠졌다. 급히 병원으로 모셔갔으나 상태가 너무 심각해서, 병원에서는 어머니를 곧바로 집중치료실로 모셨고, 얼마 뒤에 담당 의사가 말했다. "뇌손상이 너무 심각해서 현재 식물인간 상태입니다. 며칠을 못 넘기실 것 같습니다."

이 말을 듣고 그녀는 온몸의 힘이 다 빠져나가는 충격을 받은 채로 오열했다. '이대로 엄마를 보낼 수는 없어. 엄마가 어떻게 살았는데.' 그녀의 어머니는 아버지의 폭언과 폭행과 외도를 결혼 생활 내내 그저 감내했다. 최근에는 그 후유증으로 갑작스런 뇌손상이 와서 심각한 치매 증상을 보이다 결국 이렇게 된 것이었다. 이에 그녀는 병원의 협조를 얻어서 집중치료실 한편에 칸막이를 치고, 간병인과 둘이서 교대로 24시간 내내 어머니를 지키면서 틈나는 대로 타점을 두드려 주었다. 병원에서는 소용없다고 만류했지만, 이 덕분인지 어쨌든 어머니는 예상된 며칠을 잘 넘겼다.

이렇게 한 달이 되자 갑자기 어머니가 눈을 떴다. 게다가 완전히 원래의 정상적인 상태로 돌아왔다. 기적이 일어난 것이다. 그리고 어머니가 의식 불명 상태에서 있었던 일을 말했다. "검은 옷 입은 사람 따라서 멀리 길을 떠나고 있는데, 자꾸 뒤에서 네가 부르는 소리가 들리더라. 처음에는 그냥 무시하고 길을 갔는데, 너무 자꾸 불러서 그 사람에게 말했다. '딸이 자꾸 불러서 못 가겠으니 당신 혼자 가시오.' 이 말 끝나자마자 눈이 떠져서 떴다." 그 어머니의 이 경험은 아마도 임사체험이었을 것이다. 아마도 그녀의 엄청난 정성과 EFT의 강력한 효과가 결합되어서 이런 효과가 난 듯하다. 아주 놀랍고 감동적인 사례였고, 평생 잊지 못할 것이다.

● 30년 된 갈비뼈 통증을 없애다 – 경험담

나는 잠을 잘 때 반듯하게 누워서 잘 수가 없었다. 바로 누우면 갈비뼈가 빠져나갈 듯한 통증이 있어, 항상 옆구리를 손으로 압박하거나, 옆구리에 베개를 끼우거나, 모로 누워서 잠을 자야만 했다. 사는데 큰 지장이 없으니까 병원에 가지 않고, 그냥 그렇게 30여 년을 살아왔다. 이 통증을 EFT로 없애보기로 했다. 하지만 완전히 없애는 데 1년이 넘는 시간이 필요했다. 통증을 완전히 없애는 것은 쉬운 일이 아니었다. 내가 게으르기도 했지만, 많은 끈기와 인내심이 필요했다. 통증이 사라졌다는 생각이 들면 어느새 다시 통증이 시작되었다. 두드리면서 말하다 보니 팔은 물론 목도 입도 아팠고, EFT를 하는 것이 너무 귀찮기도 했다. 무엇보다도 도중에 지쳐 잠들기 일쑤였다. 그렇게 한 달을 하고 나니 한 3개월 동안은 오히려 통증이 더 심해졌다. 걸어 다닐 때에도 손으로 압박을 해야 할 정도로 통증이 심해져서 일상생활이 불편해지기 시작했다. 통증이 점점 심해지고 수시로 발생하니, 괜히 건드렸나 하는 후회도 들었다.

하지만 계속 두드렸다. 그러자 온갖 감정과 기억들이 떠오르기 시작했다. 장난기가 많은 형으로부터 자주 구타당했던 일들, 청각장애가 있어 다른 사람들의 말을 듣지 못하지 않을까 늘 두려워했던 일들, 청력 장애를 갖고 태어난 것에 대한 분노, 정상인 형에게 당연히 많은 것을 터놓고 의지하는 어머니가 편애한다고 오해했던 일들, 잠자리에서 형과 어머니만 대화를 나눌 때 들었던 소외감 등. 이유 없이 자주 아파서 학교에 간 날보다 안 간 날이 많았는데, 그럴 때마다 집, 철공장, 목공장, 논, 쓰레기하치장에서 자주 놀았던 기억이 났다.

베개에 눈물을 흘리면서 자던 날이 많았고, 현실에서 도망치고 싶었던 날도 많았다. 그래서 장롱에 쌓아둔 이불 속에 숨어서 잠든 날이 많았다. 무거운 이불 속에서 잠이 들면서 나는 점차 이런 압박감이 너무도 좋아졌다. 이 압박감은 나에게 안정감과 편안함을 주었던 것이다. 눈을 감으면 너무도 행복했다. 아! 이 통증이 따뜻함, 세상에서의 도피, 안정감과 평화였구나. 그래서 EFT로 없애려고 하니 3개월 동안 그토록 저항을 했구나. 몰라줘서 미안하다.

난 1년 동안 너무도 많은 눈물을 흘렸다. 어떤 때에는 고통스러운 감정상태가 달갑지 않아서 EFT를 한동안 전혀 하지도 않았다. 그렇게 통증과 불편한 감정과 줄다리기를 1년 동안 하면서 나도 모르게 어느 순간 귀찮아서 포기해버렸다. 그리고 나서 문득 어느 순간 보니 이미 통증이 사라져버렸다. 지금은 0.1 정도 남아있을까? 통증을 생각하면 옆구리의 신경들이 으르렁거린다. 그러다가 다른 생각에 빠지면 사라진다.

● **고질적인 생리통이 사라지다 – 경험담**

저는 어릴 적부터 생리통을 달고 살았습니다. 병원에도 가봤지만, 호르몬 주사를 맞거나 약 먹고 참으라는 게 전부였죠. '그냥 내 체질이려니'하고 몇 십 년을 살았습니다. 그러다 EFT를 알게 되고 얼마 후에 자다가 익숙한 통증을 알아차렸습니다. '드디어 올 것이 왔구나!' 그리고 습관적으로 아픔을 받아들일 준비 태세에 들어갔습니다. 정말 극심한 고통이 일어났습니다. 그러다 문득 그 비몽사몽간에 '아, EFT!' 하는 생각이 들었습니다. 지금 돌아보면 저는 타점도 제대로 못 두드리는 정말 생초보였죠. 그런데도 한 3회전 하고 나니 갑자기 배에서 고통이 스르르 사라졌습니다! 하지만 그때에는 그냥 우연의 일치라고 생각하고 덤덤하게 넘겼습니다.

그런데 그 다음 달도 좀 아파서 2회전 정도 두드리니 통증이 스르르 사라졌고, 그 다음 달도 좀 아파서 두드리니 스르르 사라졌고, 그 다음 달도 스르르 사라졌습니다. 이렇게 4달째 아프기 시작할 때 두드리면 고통이 사라지는 경험을 하게 됐어요. 그러다 오늘 드디어 아예 처음부터 고통이 없는 생리를 경험하는 쾌거를 이루었습니다. 정말 눈물 나게 감사하네요. 이런 기분은 겪어본 분들만 아실 거예요. EFT가 제게 정말 고마운 존재네요.

● 요도 괄약근 이상 부전증 – 경험담

안녕하세요. 지금은 다 나아서 편하게 말할 수 있지만 몇 개월 전까지만 해도 비뇨기 증상 때문에 힘든 날들을 보내고 있었습니다. 그 고통은 재작년에 언제부터인지 모르게 시작되었습니다. 소변이 잘 나오지 않아 고생하고 있었는데 어느 날 동생이 서울로 최면상담을 받으러 가자고 했습니다. 동생과 저는 이미 돌아가신 형에게 20살 때까지 정신적으로 엄청난 고통을 받았기 때문에 전 20살에 최면을 공부하게 되었습니다. 최면 상담을 받으러 가야하는데 가기 전날 모텔에서 소변을 보아도 또 남은 것 같아서 계속 들락날락하다 보니 나중에는 미칠 것 같았습니다.

원래 이런 증상은 있었는데 상담에 집중을 해야 하니 걱정이 앞섰습니다. 그래서 상담을 받기 전에 약간의 도움을 받으려고 비뇨기과에 들려서 검사를 받으니 염증이 있다고 했습니다. “비뇨기과염증이 뭐 그리 대단한 것인가!” 몸에 대해서는 어느 정도 자신이 있었고, 비뇨기과 병원에서 간단하게 병을 고치는 것으로 알았습니다.

집으로 내려와서 개인병원에 들러 다시 치료를 받아봤어요. 비뇨기과 검사비가 비싸서 다시 검사는 하지 않고 서울에서 검사한 염증 있는 사진을 보여주었습니다. 의사선생님께서 염증이 있는 것 같으니 약을 먹으라고 했습니다. 그런데 낫기는커녕 아파서 저녁에 잠도 자지 못하고 3시 이후에 간신히 잠들까 말까 했습니다. 전립선염에 좋다하여 새벽 3시에 온수를 틀어놓고 하반신을 담가보기도 했습니다. 하지만 소변을 보아도 딱 1초만 지나면 다시 마렵고, 저녁에만 최소 50번 이상은 소변을 보니 도저히 잠들 틈이 없었습니다.

1달 동안 약을 먹어도 아무 차도가 없다고 의사선생님께 말하니 다시 검사를 하고 '요도 괄약근 이상 부전'이라고 진단했습니다. 요도 괄약근이라는 곳에 이상이 생겨 소변을 제대로 보지 못한다고 했습니다. "전립선 비대증보다 더 안 좋은 병인가요?" "네. 전립선 비대증보다 더 안 좋은 병이고 고약한 병이고 평생 약을 먹어야 합니다." 이 병은 네이버로 검색해도 나오지 않고, 비뇨기 환자들을 위한 큰 인터넷 사이트에도 나오지 않았습니다. 정말 하늘이 무너져 내리는 기분이었습니다.

다시 대학병원에 가서 검사를 해보았습니다. 대학병원에서 최신 기계로 검사하면 다른 결과가 나오지 않을까하는 마음으로 갔습니다. 하지만 또 완전히 나락에 빠졌습니다. "이 병은 낫지도 않고 평생 약을 달고 살아야 하고 보톡스도 맞아야 돼요." 그래서 완전히 낙담하고 몇 달을 약의 힘으로 버티다가 EFT를 알게 되었습니다. 최인원 선생님의 책에서 '부정적 감정이 육체 증상으로 나타난다'는 글을 읽고 생

각했습니다. '내게 왜 이런 문제가 생겼을까?'

원인이 될 만한 것들로 수용확언을 만들어서 EFT를 해보았습니다. "나는 비록 신경안정제를 오래먹어서 이런 병이 생긴 것 같지만…… 나는 비록 형의 습관을 물려받아서 부끄럽게도 종종 재떨이에 소변을 보는 습관이 있지만…… 나는 강박적인 사고와 불안이 오래 돼서 이런 병에 걸렸지만…… 나는 잘못된 자위를 해서 이런 몹쓸 병에 걸렸지만 깊이 완전히 나를 사랑합니다." 이 병에 영향을 미칠 수 있다고 생각하는 것은 모두 수용확언으로 만들었습니다.

그리고 잠시 약을 끊어 보았습니다. 약을 안 먹으면 저녁에 수십 번 화장실에 가야했지만 소변이 마렵지가 않았습니다. 책에서 부정적인 것을 지운 다음 긍정적인 것을 확언하면 좋다고 하셔서 타점을 두드리면서 이런 말을 했습니다. "나의 전립선은 아주 건강하고 이상적이고 원활하다. 소변이 아주 콸콸 시원하게 쏟아져 나온다. 나는 정력이 왕성하고 변강쇠처럼 힘이 넘친다. 나의 정자는 원활하고 아주 건강하다."

확언과 EFT를 많이 한 것도 아니고 하루에 15분 정도만 한 것 같습니다. 이렇게 한 20일 정도 하고 약을 완전히 끊었습니다. 그런데 놀랍게도 오줌 줄기가 확언한 것처럼 콸콸 시원하게 나왔습니다. 이제 5개월이 지났고, EFT는 나은 뒤로는 안 했습니다. 예전에 아버지께서 "나이가 몇 살인데 벌써 오줌발이 끊기냐?"고 하셨고, 어머니도 "장가

가야 할 텐데 오줌을 그리 싸면 어떡하냐? 결혼 생활 어떻게 할래?"라고 걱정하셨었습니다. 그런데 이제 병 걸리기 전보다 훨씬 소변을 잘 보고 있습니다. 병에 걸려서 결혼은 이제 못하겠구나 하고 좌절했는데, 그 걱정이 사라지니 정말 신기하고 기분이 좋습니다. 육체적인 문제에 EFT가 더 빨리 효과를 내는 것 같습니다.

● 화폐상 습진 – 경험담

2007년은 저에게 참 힘든 한해였습니다. 피부에 좁쌀만 한 게 나면서 개인병원에서 건선이라고 하여 약을 먹어도 낫지 않아 대학병원에서 조직검사를 받은 결과 화폐상 습진으로 진단받았는데 치료가 어렵다고 했습니다. 저는 그때부터 양약을 끊고 화폐상 습진으로 유명하다는 서울의 모 한의원에서 약을 받아다 먹기 시작했습니다. 그런데 그때부터 얼굴을 제외한 온몸에서 진물이 흐르고 딱지가 앉았다 떨어지기 시작했습니다. 한의원에 문의하니 양약이 해독되는 과정이라고 했습니다.

그때부터 6개월 정도 하루도 빠지지 않고 한약을 먹었습니다. 그때 저는 제 피부가 완전히 분해되는 느낌이 들었습니다. 손이 피부에 닿기만 하면, 옷이 피부에 스치기만 하면, 몸에 맞지 않는 음식을 먹기만 하면, 여지없이 그 부위에 둥그렇게 발진이 생겼습니다. 제 몸은 구약성경에 나오는 욥과 비슷한 상태였습니다. 어떤 사람은 딱지가 앉아 있는 부분을 보고 소보로 빵 같다고도 했습니다. 가려워서 잠은 거의 못자고 앉지도 눕지도 서지도 못할 정도였습니다. 발바닥, 손바닥, 손가락까지 온통 진물이 흐르고 딱지가 앉고 그러다가 조금 좋아지면서, 물을 많이 마시고 한약은 하루에 한 봉만 먹었습니다. 그러다가 2008년부터 약을 완전히 끊고 음식 조절하고, 면옷을 입으면서 어느 정도 괜찮아졌지만 아주 미미하게 여드름 같은 습진이 올라왔다 없어지고 모기에 물린 것처럼 부풀려 올랐다가 사라지기를 반복했습니다.

그러다 얼마 전 샤워하면서 평소에 쓰지 않던 비누를 사용한 탓이었는지, 맨 처음에 화폐상 습진을 앓을 때처럼 손과 다리, 어깨, 등, 허리, 엉덩이 등에 발진이 빨갛게 무섭게 올라오기 시작했습니다. 재발하지 않을까 너무 두려웠습니다. 그때 마침 제가 읽고 있던 책이 통증을 포함한 많은 병이 마음이 원인임을 설명한《TMS 통증치료혁명》이었습니다. 그래서 초조한 제 마음을 가라앉히고, 제 마음 분석이 시작되었습니다. 자신감이 생기고 마음에서 두려움이 조금씩 사라지는 걸 지켜보면서 동시에 이 병을 지켜보기 시작했습니다. 그런데 이 병의 가장 큰 특징은 심한 가려움입니다. 참 특이하게도 손가락 부분이 너무 가려워 발진이 툭툭 올라오다가도 "이제 그만! 네가 두렵지 않아. 난 너를 지켜보고 있어"라고 하면 슬그머니 없어지는 거였습니다. 그리고 피부 상황에 맞게 수용확언을 만들어서 EFT를 하고, 또 긍정확언을 많이 했습니다.

"난 이제 두렵지 않아." "너를 지켜보고 있어." "더 이상 너에게 휘둘리지 않을 거야." "나의 피부세포는 튼튼하다." "내 면역계도 건강하다." "내 피부는 건강하다." "나 자신을 사랑한다." "이런 내가 자랑스럽다." "어떤 음식, 어떤 옷, 어떤 상황도 나에게 영향을 미치지 못한다." "아주 빠른 속도로 비행기보다 빠르게 회복된다."

그러자 정말 신기하게도, 빠른 속도로 올라오던 화폐상 습진이 아물면서 진물이 멈추고, 빨갛게 딱지가 앉기 시작했습니다. 이제는 딱지가 돌처럼 딱딱하게 굳어서 자연스럽게 떨어질 날만 기다립니다. 이렇게 간단히 말씀드리지만, 사실 이 과정 동안 스트레스를 많이 받았고 화가 났습니다. 참 재미있었던 것은 제가 제 마음을 알아차리고 수용확언과 긍정확언을 하니 발진과 가려움이 쑥 올라오다가도 사르르 사라지는 것이었습니다. 이런 찰나에 생리가 시작되면서 또 상습적으로 따라오던 두통이 시작되는걸 보고 "나는 이제 너를 안다. 두렵지 않다"라고 하자 신기하게도 또 멈췄습니다. 아침, 점심, 저녁에 EFT를 20~30분 정도 하면서, 스스로의 마음을 분석하고 내면을 통찰한 것이 많은 효과가 있었던 것 같습니다. 이 과정에서 증상을 일으키는 마음의 원인을 알게 되었습니다.

● EFT로 허리병을 고치다

EFT로 허리가 나은 사례는 전 세계 EFT 치유 사례 중에서도 제일 많은 편에 속한다. 나 역시도 허리 고친 경험이 너무 많아서 이제는 허리 아프다고 하면 'EFT하면 허리 나아요'라는 말이 저절로 나온다. 그 중에서 책으로 발표하지 않은 몇 개의 사례만 말해보자.

사례 1 허리 디스크 수술이 실패한 환자

어느 날 60대 초반 여성이 허리 통증으로 왔다. 허리가 욱신거리고 다리가 당기고 발바닥이 화끈거리는 것이 전형적인 디스크였다. 물어보니 디스크로 판정 받고 수술해서 수술은 잘 되었는데, 증상은 낫지 않아서 의사도 이유를 몰라 포기한 상태였다. 이에 핵심 주제를 찾기 위해서 물었다. "살면서 누구 때문에 무슨 일로 힘들었어요?" 그러자 무능력하고 알코올중독이고 게다가 폭행까지 하는 남편과 30년 이상 사느라고 고생했던 것들이 죽 나왔다. 그래서 이런 상처들을 주 1회 3달 정도 EFT로 풀어주자 디스크 증상은 점차 좋아지면서 완전히 싹 나았다. 그밖에 화병과 우울증까지 나아서 마지막에 이분이 이렇게 말했다. "허리 고치러 왔더니 화병까지 고쳐주네요! 요즘은 사는 게 즐겁고, 행복이 뭔지 알겠어요."

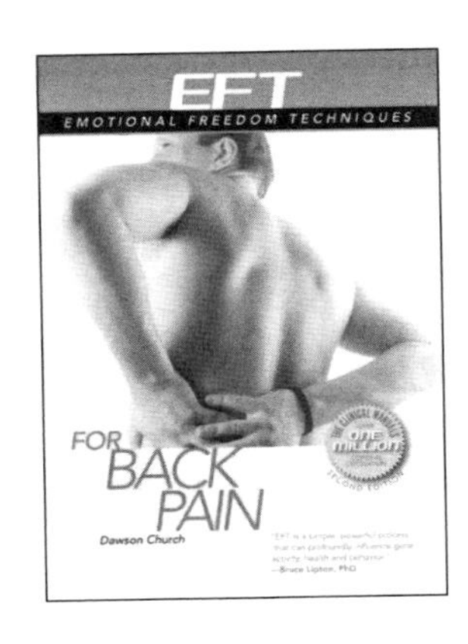

《EFT For Back Pain》

EFT가 요통에 매우 탁월한 효과를 내자, 개리 크레이그는 요통 전문 EFT 책을 따로 출간했다.

사례 2 척추가 압박골절된 환자

어느 날 40대 후반 남성이 척추압박골절로 찾아왔다. 몇 달 전에 농기구를 들다가 허리가 뒤로 꺾이면서 척추가 골절되었다. 병원에서는 당연히 수술을 권했는데, 일을 못하게 될까봐 수술을 안 받아서 병원에서 쫓겨났다고 했다. 몇 달이 지나 크게 아프지는 않은데 허리를 쓰면 너무 아파서, 농사일도 못하고 있었다. 그는 나의 《EFT로 낫지 않는 통증은 없다》를 보고서 찾아왔는데, 압박골절도 EFT로 고칠 수 있는지 물었다. 이에 내가 말했다. "몇 달이 지났으니 골절은 나았을 테고, 통증만 EFT로 잡으면 되겠네요."

그런데 한 가지 문제가 있었다. 경제 사정 때문에 딱 한 번밖에 치료를 못 받는다고 하는 것이 아닌가. 이에 어쨌든 핵심 주제를 찾기 위해 물었다. "요새 힘든 일이 무엇인가요?" 그러자 부부 사이가 나빠서 별거하고 있고, 이혼의 위기에 있다는 이야기가 나왔다. EFT로 한 시간 동안 이런 것들을 다뤘다. '그런데 겨우 한 시간 동안 EFT를 해서 과연 허리가 얼마나 좋아질까?' 하는 의문을 갖고 있던 차에, 마침 몇 달이 지난 뒤 EFT 워크숍에 참여한 그에게 이런 말을 들었다. "이제 멀쩡하게 다 나았습니다. 감사합니다."

사례 3 한 시간 이상 서있을 수 없게 만드는 허리 통증

어느 날 60세 여성이 만성 허리 통증으로 왔다. 젊을 때부터 허리가 아팠는데, 3년 전에 허리를 삔 이후로는 30분도 앉거나 서있을 수가 없었다. 허리 전문 병원에서 시술만 몇 번 받았는데 전혀 효과가 없다고 했다. 방문 직후에는 앉지를 못해서 누워서 EFT를 받아야 했다.

살면서 힘들었던 것들을 묻자, 아들만 좋아하는 엄마, 너무 무서웠던 아버지, 남편의 거듭된 사업 실패로 빚쟁이로 살았던 일 등에 대해서 말했다. 그래서 차근차근 이런 기억들을 EFT로 지워나갔다. 그러자 처음에는 누워서 치료 받던 그녀가 나중에는 앉아서 거뜬히 치료를 받게 되었고, 몇 달 뒤에는 당연히 일상생활도 잘할 수 있게 되었다.

● EFT로 온갖 통증을 고치다

사례 1 양 팔꿈치 인대 통증

몇 년 전에 양 팔꿈치 인대가 석회화(뼈처럼 단단해지는 것)되어서 끊어

질 듯한 통증 때문에 6개월 넘게 도저히 팔을 쓸 수 없는 40대 여성이 왔다. 양팔에 테니스엘보와 골프엘보가 동시에 온 아주 특이한 사례였다. 나의 오랜 경험으로도 이런 환자는 처음이었다. 병원에서는 수술도 잘 안 되고, 해도 별 가망성이 없으니 그냥 포기하고 살라는 말만 들었다고 했다. 양팔이 다 아프니 손을 쓸 수가 없어 화장실 가기도 어려운 상황이었다. 사실 '인대가 석회화되어서 뼈처럼 굳었다는데 EFT로 이런 것도 될까?'하는 생각도 들었다.

팔의 문제는 '일하기 싫지만 일을 안 할 수가 없다'라는 생각을 많이 하는 사람에게 잘 나타난다. 팔은 일을 하기 위한 필수 도구이기 때문이다. 아니나 다를까 그녀의 인생자체가 그러했다. 시골의 찢어지게 가난한 집에서 태어나 영양실조에 걸려서 성장이 늦었고, 야간상고를 다니면서 밤에 공부하고 낮에는 공장에서 일했고, 결혼해서도 한량 같은 남편을 만나 또 죽도록 일을 해서 돈을 벌어야했다. 평생 일하지 않으면 굶어죽을지 모른다는 생존의 공포에 시달리며 힘들어도 죽도록 일하면서 살아왔다. 그러다 그녀의 팔이 '이제는 더 이상 힘들어서 못살겠다'고 파업을 선언한 것이다.

"혹시 팔 아프니 좋은 점이 있나요?" 실제로 이렇게 물었더니 그녀가 말했다. "일 못하고 쉬니까 몸은 편하죠. 남편도 가족들도 많이 도와줘서 고맙구요." 이에 그녀가 말한 고생의 기억들을 주 1회씩 한 달 정도 지우자 팔이 다 나아버렸다. 석회화된 인대가 다시 재생된 것일까? 확인하지는 못했지만 아마도 그럴 것이다. 그렇지 않고서야 이렇게 팔이 나을 수는 없으니까. 마음의 힘은 정말 대단하지 않은가?

사례 2 안와염 통증

어느 날 찾아온 20대 중반 여성이 눈알이 빠질 듯한 통증을 호소했다. 몇 달 전에 개인 의원에서 살 빠지는 약을 먹었더니, 갑자기 눈이 빠지는 듯한 통증이 생겨서 약을 끊었는데도 낫지 않아서, 안과에 갔더니 안와염이라는 진단을 받았다고 했다. 눈알이 박혀 있는 공간인 안와에 염증이 생겨서 눈이 튀어나오고 빠질 듯이 아픈 것이라는 설명을 듣고, 고농도 스테로이드를 한 달 정도 복용했는데도 효과가 없다고 했다. 사실 나는 이때 안와염이라는 병명을 처음 들었고, 당연히 치료도 처음이었다. 나의 임상 경험을 돌아보면 사실상 세상에는 사람 수 만큼 많은 통증이 존재하는 것 같다. 그래서 통증은 복잡하고 신비롭다. 통증은 마치 유령처럼 신출귀몰하고 다채롭다.

먼저 통증이 생길 무렵에 스트레스를 많이 받았던 일을 물어보았다. 그러자 처음 취직해서 적응 못해 힘들었던 일, 비판적이고 엄격한 아빠와의 갈등, 잘나가는 여동생을 질투하고 미워하고 싸웠던 일 등을 말했다. 주 1회씩 한 달 정도 했는데, 그녀가 갑자기 오지 않았다. 어찌 됐나 궁금했는데, 마침 1년이 지나서 한의원으로 서류를 떼러 왔길래 묻자, 그때 이미 다 나아서 오지 않았다고 하는 것이 아닌가.

사례 3 30년 된 류마티스 통증

어느 날 60대 후반 여성이 30년이 넘은 류마티스 관절염 통증으로 왔다. 30년이 넘게 류마티스 관절염 때문에 손과 무릎, 골반 등의 여러 군데가 심각하게 불거지고 틀어져 있었다. 류마티스 약은 부작용이 심해서 몇 년 전에 끊었고, 끊을 때에는 통증이 심각했지만 견디다 보니 괜찮아졌는데, 최근 1년 전부터 다시 통증이 심해졌고, 불안과 우울 때문에 불면증까지 겪고 있었다. 류마티스 관절염은 한의학 서적에서 백호풍이라고도 불렸는데, 백 마리의 호랑이가 물어뜯는 아픔이란 뜻이다. 이 병은 죽지 않는 암이라고도 불리는데, 완치가 안 되고 평생 관절 여기저기가 아프면서 변형되는 무서운 병이다.

이 병은 자신의 면역계가 자신의 관절을 공격하여 염증을 일으켜서 생기는 것인데, 자기혐오가 많은 사람들이 이런 자가면역질환에 잘 걸리는 경향이 있다. 곧 심리적 자기 비난이 신체에서는 면역계가 자신을 공격하는 것으로 나타나는 것이다. 그럼 왜 자기가 자기 자신을 그토록 싫어하고 미워하는 것일까? 그것은 바로 극심한 애정 결핍 때문이다. 그 기전을 간단히 이렇게 정리할 수 있다.

엄마에게 사랑받지 못함 → 아이의 무의식: 내가 못나서 그래. → 아이의 무의식: 나도 사랑받지 못하는 이런 못난 내가 싫어! → 아이의 몸: 면역계가 자기 몸을 공격 → 다양한 형태의 자가면역질환(대표적으로 류마티스 관절

염과 아토피) 발생

그녀에게 들은 그녀의 어린 시절 이야기는 한마디로 처참했다. 어머니와 아버지가 자신이 어릴 때 이혼을 하면서, 그녀는 아버지를 따라가 새어머니 밑에서 구박받다가, 다시 얼마 못 있고 친어머니에게 돌아왔다. 그런데 친어머니마저도 알 수 없는 이유로 어린 그녀만 유달리 구박하였다고 한다. 더욱이 동생들은 아버지가 다른 형제들이라 외톨이로 자랐다는 것이다. 그러다 다행히 성격이 좋은 남자와 결혼은 잘 했는데, 결혼 뒤에도 친정어머니는 그녀만 차별했다. 이렇게 사랑받지 못하고 자랐으니 당연히 어렸을 때부터 몸이 약해서 안 아픈 데가 없었고, 결혼해서 40살이 될 무렵에 류마티스가 생겨서 처음 몇 년 동안은 거의 산송장 같았다고 했다.

이런 이야기를 듣고 내가 말했다. "지금까지 사신 게 대단합니다." 보통 이 정도의 학대를 받으면 대부분의 사람들은 정신질환이나 암에 걸리거나 자살해서 요절하기 마련인데, 이분은 다행히 불교를 믿으면서 마음을 많이 다스렸다고 했다. 감동적이게도 그녀는 그렇게 학대한 어머니를 많이 용서했다고 했다. 이 용서하는 마음 때문에 이 병을 30년이나 앓고서도 버틴 것 같았다. 그녀는 이렇게 마음이 열린 분이라 EFT를 하기도 어렵지 않았다. 약 4달 동안 이런 상처들을 지워나갔고, 그녀의 통증도 차츰 사라지고, 특히 몸에 냉기가 많아서 여름에도 뜨거운 물로 샤워를 했는데, 미지근한 물로 샤워하는 정도까지 좋아졌고, 불안과 우울이 사라지면서 잠도 잘 자게 되었다.

사례 4 턱 관절 부정 교합 및 통증

어느 날 20세 여성이 턱 관절의 부정 교합과 통증 때문에 찾아왔다. 몇 년째 턱 관절이 맞지 않아서 치과에서 교정 장치를 했지만, 교정이 되지 않아 교정기를 강제로 끼고 있었고, 턱도 너무 아파서 질긴 것을 씹을 수 없다고 했다. 턱 관절은 분노하고 긴장할 때 힘이 많이 들어가는 곳이다. 군대나 학교에서 기합받을 때 선생이나 조교에게 흔히 듣던 말이 생각난다. "이 새끼들아 이 꽉 깨물어!" 아니나 다를까 그녀는 아버지와 할머니를 무서워하고 있었고, 학교에서 왕따도 당했다고 했다. 그래서 이런 경험과 상처들을 몇 주 동안 지웠는데, 어느 날 대뜸 이렇게 말했다. "선생님 저 어제 곱창 먹었어요!" "네, 그래서요?" 곱창 먹은 게 무슨 대수인가 싶어 당황해서 물어보니, 몇 년 동안 턱 관절이 나빠서 못 먹다가 처음 먹었다는 것이 아닌가.

그리고 어긋난 턱 관절도 이제 제대로 맞아서 교정기도 빼버렸고, 심지어 삐뚤어진 골반도 수평이 맞아졌다고 했다. 종종 이렇게 EFT를 하다 보면 저절로 자세가 교정되는 기적 같은 경우가 발생한다. 아마도 긴장과 불안과 분노가 빠지면서 골격을 틀어지게 한 여러 근육들이 이완되면서 자세가 교정되었을 것이라는 추정을 한다. 몇 달 동안 치료하면서 중간에 극심한 스트레스를 받으면 다시 턱과 골반이 틀어지는 현상이 나타난 것을 보면 이런 나의 추정이 정당한 것 같다. 물론 턱과 골반은 EFT를 통해 곧 다시 교정되었다.

사례 5 담석통증

어느 날 40대 여성이 담석통으로 나를 찾아왔다. 그녀는 일주일 뒤에 남미로 시집간 여동생을 10년 만에 처음으로 방문하기로 되어 있었다. 그런데 바로 어제 배가 너무 아파서 병원에 갔더니 담석통증이니 당장 수술해야 한다는 것이 아닌가. 수술을 받으면 동생을 보러 갈 수가 없고, 이번 기회를 놓치면 언제 또 갈 수 있을지 모른다는 것이 문제가 되었다. 이에 그녀가 물었다. "EFT로 비행기 탈 수 있게 해주세요." 당장 수술을 요하는 담석통증을 치료한 것은 이때가 처음이었다. 치료를 확신할 수는 없었지만 그녀의 강한 요구에 일단 뛰어들었다.

먼저 요즘 무엇 때문에 스트레스를 받느냐고 물으니 당장 직장 동료 한 명을 떠올리며 말했다. "그년만 생각하면 진짜 내가 미칠 것 같아요." 나는 그 동료 때문에 힘들었던 일들을 한 시간 동안 EFT로 지워주었고, 여행 날짜가 촉박해서 치료는 이 한 번으로 종결되었다. '과연 이 한 시간의 치료로 총 한 달의 여행 기간 동안 무사할 수 있을까?' 나는 내심 궁금했는데, 놀랍게도 그녀는 여행을 무사히 마치고 잘 돌아왔다. 그녀는 나의 페이스북 친구로 등록되어 있어서 그녀가 여동생과 남미에서 즐겁게 지내는 모습을 바로 바로 사진으로 확인할 수도 있었다.

EFT로 피부병을 고치다

EFT를 꾸준히 하다 보면 피부가 좋아졌다는 말을 많이 듣게 된다. EFT는 피부 질환에 상당히 좋은 효과를 나타내는데 실제로 온갖 피부병이 좋아진 사례가 많은데 여기서 몇 개만 소개하겠다.

사례 1 10년도 넘은 접촉성 피부염이 사라지다

30대 초반의 여성 바이올린 연주자를 치료한 적이 있다. 그녀는 10년 이상 바이올린이 목에 닿는 부위에 접촉성 피부염이 생겼는데, 늘 진물이 나고 헐어 있었다. 바이올린 연주자라서 바이올린을 멀리할 수는 없으니 그녀의 목은 좋아질 수가 없었다. 그녀는 상담도 받고 EFT 워크숍에 참가해서 많은 상처를 지웠다. 대체로 염증은 분노의 육체적 표현이고, 피부는 자아의 상징이다. 따라서 피부염을 일으키는 무의식적 생각은 '나는 내가 싫고, 나는 예쁘지 않다'이다. 그녀 역시 무능하고 못난 엄마에 대한 분노와 폭력적인 아빠에 대한 분노와 자신에 대한 분노(열등감)이 마음속에 가득했다.

그중에서도 특히 아버지에 대한 미움이 너무나 컸다. 병을 일으키는 심리적 원인은 이렇게 단순하지만 그것을 지우는 과정은 그녀에게

무척 길고 험난했다. 그녀는 2달 정도 EFT 치료를 받고, EFT 워크숍에도 참가했다. 때로는 아버지를 죽이고 싶을 만큼 미워하기도 하고, 다 포기하기도 하고, 그러면서도 다시 자신을 다잡아서 무려 2년 만에 아버지에 대한 미움을 버리게 되었다. 그러자 새는 수도꼭지처럼 늘 진물이 흐르던 목의 피부염도 흔적도 없이 깨끗이 나았다. 그녀의 피부만 나은 것이 아니라 아버지와의 관계도 개선되어서 이제는 그 어느 가족보다 다정한 부녀가 되었다. 참고로 스테로이드는 전혀 쓰지 않았다.

사례 2 20대 후반 여성의 전신 아토피

어느 날 20대 후반의 여성이 5년 된 극심한 아토피로 나를 찾아왔다. 온몸의 접히는 부위가 헐거나 두꺼운 딱지로 덮여있었다. 게다가 얼굴에도 아토피가 심해서 눈물이 맺히는 눈가와 침이 흐르는 입가도 새빨갛게 헐고 딱지가 앉아 있었다. 20대 후반에 한창 미모를 자랑하면서 연애할 시기에 피부가 이런 것을 보니 참 안쓰러웠다. 피부는 자아(나)를 의미하고 염증은 분노 또는 혐오를 의미한다. 나는 내가 싫고 밉기 때문에 나를 상징하는 피부에 분노와 혐오감이 염증을 일으키는 것이다.

또 피부는 남에게 보이는 곳이기 때문에 피부에 문제가 생기면 엄마나 아빠가 알게 되므로, '엄마 아빠! 나 아프니까 좀 챙겨줘'라는 의미도 있다. 맞벌이로 엄마 아빠가 바쁜 가정의 어린 아이들이 종종 아토피에 걸리는 것이 바로 이런 것 때문이다. 역시나 그녀는 어렸을 때 극심한 애정 결핍을 경험했다. 아버지는 몹시 가부장적인 폭군이었고, 어머니는 이런 아버지와 사느라 우울증이 생겨, 그녀가 어렸을 때 정서적으로 그녀를 잘 돌봐줄 수 없었던 것이다. 나는 이런 상처들을 몇 달 동안 EFT로 지웠고, 그러자 아토피는 일진일퇴를 거듭하긴 했지만 마지막에는 흔적만 남을 정도로 깨끗해졌다. 참고로 스테로이드나 식이요법은 쓰지 않았다.

사례 3 20세 여성의 극심한 아토피

어느 날 20세 여성이 아토피로 왔다. 그녀의 아토피는 내가 본 것 중에서 가장 심각했다. 몸 여기저기에서 피부가 헐어서 새빨간 속살도 보이고, 진물도 줄줄 흐르고, 소보로빵처럼 두꺼운 딱지도 두텁게 앉아있었다. 딱지가 앉은 곳은 피부가 썩어문드러지는 것 같고, 진물이 나는 곳은 심한 화상을 입어 피부가 다 벗겨진 것처럼 보였다. 그녀의 아토피는 아기 때부터 시작되었고, 최근 몇 년간 유독 심하다고 했다. 그녀의 어머니는 자연요법주의자라 식이요법 외에 스테로이드는 쓰지 않고 있었다.

그녀는 간섭이 심한 엄마에 대한 분노가 많았고, 자기혐오가 심했다. 또 오빠에 대한 살인적인 분노가 있었고, 따돌림을 당해서 친구들을 싫어하고 친구도 없었다. 염증이 심한 만큼 확실히 분노와 혐오감이 엄청나게 많았다. 약 6개월 동안 주 1회씩 이런 감정들을 지웠다. 처음 한 달은 아토피가 꿈쩍하지 않더니 그다음에는 줄기 시작했고, 나중에는 확 좋아지다가 갑자기 또 나타나기도 했다. 원래 피부병이란 하루 만에도 다 낫고 하루 만에도 다 생길 수 있는 종잡을 수 없는 병이다. 하지만 결국 마지막 2달 동안에는 안정되어서 마지막 달에는 모든 염증이 사라지고 살짝 다른 피부색만 남아서 치료를 마쳤다.

사례 4 20년 된 극심한 복숭아 알레르기가 사라지다

중학생 때 갑자기 복숭아 알레르기가 내게 생겼다. 그때부터 복숭아를 먹기는커녕 만지지도 못했다. 복숭아를 먹으면 목이 붓고 간지러워 목이 막히고, 피부에 닿으면 피부에 발진이 생기고 미치도록 간지러웠기 때문이다. 그렇게 복숭아를 멀리한 지 20년 정도 되고 EFT를 한 지도 몇 년 될 무렵에 과일 가게에서 복숭아를 보게 되었는데, 무섭기는커녕 도리어 이런 생각이 들지 않는가! '맛있겠는데!' 이런 생각이 드는 자신에게 스스로 놀라서 일부러 각오하고 복숭아를 만져보았는데, 아무렇지도 않았다. 복숭아를 사서 한 입 먹었는데, 아무런 증상이 나타나지 않았다. 그 뒤로는 매년 여름마다 복숭아를 상자째 사서 먹고 있다.

앞서 말한 대로 피부는 나를 의미하고 염증은 분노나 혐오감을 의

미한다. 자신이 싫으면 자가면역성 아토피가 되는 것이고, 남이 싫으면 면역 과민인 알레르기가 되는 것이다. 곧 내 무의식에 많이 쌓여 있던 타인에 대한 분노와 혐오감이 EFT로 줄면서 저절로 복숭아 알레르기가 사라진 것이다. 사실 나는 아주 까칠한 성격이라 남에게 관대하지 못했고, 원칙에 어긋나는 일에 분노도 많았다. EFT를 하면서 이런 성격이 바뀌어서 관대하고 너그러운 성격이 되었고, 자아를 상징하는 피부의 과민함도 함께 줄어든 것이다. 한마디로 성격이 덜 까칠해지니 피부도 덜 까칠해진 것이다!

EFT로 마음을 치료하다

● 공황장애 – 경험담

저도 한 4~5년 정도 공황장애로 고생했습니다. 매우 심한 편이었죠. 물론 정도에 따라 다르겠지만 이 병은 앓은 사람만 경험을 공유할 정도로 아주 끔찍하죠. 저는 1년 반 정도 약물을 복용하다, 혼자 EFT도 하고, EFT 상담도 받으면서 한 2년 집중해서 이 병에 도전했습니다. 상담 받을 때에는 나 자신이 완전히 분해된다고 느낄 정도로 힘들기도 했고, 많이 울고 자책하고 분노하고 우울했습니다. 온갖 두려움도 다 나오더군요. 평생에서 그때의 자신이 제일 싫었습니다. 왜냐하면

난독증 환자처럼 일상 생활에 전혀 집중도 못하고, 온갖 알 수 없는 충동들도 경험하고, 마치 끝없는 동굴을 걷는 느낌이 드는 이런 나를 수용하고 공감해주려니 그럴 자신감도 없고 그저 이런 내가 싫기만 했으니까요. 그러면서도 어쨌든 나 자신을 격려하려고 애 썼습니다.

공황장애는 굳이 설명한다면 우울, 불안, 대인공포, 회피, 불면증, 과호흡 등등 온갖 것이 다 실타래처럼 연결되어 너울거리는 어떤 것이라고 할까요. 치료해주시던 최인원 선생님이 이런 저의 느낌을 이해하신다고 말해서 참 깊게 위로받았습니다. 이 세상 아무도 이 느낌을 이해할 수 없을 것이라는 절대고독과 절망감 같은 것이 있었거든요. 제게는 그저 그 느낌을 진심으로 이해할 수 있다는 말이 고마웠습니다. 남편조차도 남같이 느껴질 정도의 고독함이었으니까요.

지금 돌아보면 제가 잘 한 것 중 하나가 상담도 받으며 꾸준히 EFT를 했다는 것과 일을 손에서 놓지 않았다는 것입니다

작심하고 집중해서 EFT를 하면서 무의식 깊은 곳의 나를 만났고, 저의 핵심적인 감정들을 알아차렸습니다. 저에게는 제 아이의 태몽처럼 지금도 선명하고 뚜렷한 모습이 떠오릅니다. 오랫동안 외면했던 내면 아이와의 진정한 만남이었습니다. 연약하고 무기력하고 회피하고 홀로 투쟁하는 모습의 내면 아이를 만났습니다. 또 감정을 일기로 꾸준히 썼습니다. 글을 쓰면 감정이 정리되고 해소되면서 안정감을 느꼈습니다. 이 효과는 꾸준히 해야 더 좋은 것 같아요. 심지어 글

을 쓸 때 펜으로 감정이 빠져나가는 듯한 느낌도 받았습니다.

제 증상을 열거해보면, 심할 때에는 좋아하던 운전도 아예 못 하고, 비행기는 엄두도 못 내고, 마트나 백화점이나 시장에는 아예 못 가고, 모임도 못 하고, 100미터도 숨차서 못 걸을 정도였습니다. 사람 많은 곳에서는 일단 에너지가 싹 고갈되고, 긴장해서 탈진해버리니, 할 말 다했죠. 눈도 침침해서 안 보이고, 머리는 날마다 헬멧을 쓴 것처럼 멍하고, 어지러움과 이명과 두통과 심지어 탈모도 생기고, 가려움과 설사까지 생겼습니다.

증상이 꽤 오래 정체되어 있다가 조금씩 좋아지는 속도가 붙더니 최근 몇 달 사이에 아주 좋아졌습니다. 혼자 시내버스 타기, 시외버스로 시외로 나가기, 고속버스 타기, 비행기로 제주도 갔다 오기, 심지어 일주일 전에 드디어 캄보디아 여행을 성공적으로 다녀왔습니다. 모든 것이 전에는 완전히 불가능한 것들이었습니다. 무서워서 익숙한 공간에만 갇혀 있던 자아가 두려움이 줄어든 만큼 더 넓은 곳으로 나아가고, 또 그 만큼 자아가 확장되는 것임을 깨달았습니다. 물론 아직도 예민하고 감수성이 풍부해서 스트레스를 많이 받지만 어쨌든 잘 조절하며 살고 있습니다. 이 모든 것에 감사합니다. 제가 웃는 거 참 좋아하는데 몇 년 동안 웃지 못하고 살았어요. 그런데 요즘은 얼마나 잘 웃는지, 웃으니 좋고, 좋아서 더 웃고 합니다.

모든 좋아진 증상들을 다 쓸 수 없지만 중요한 몇 가지가 좋아지면 많은 것은 저절로 따라서 좋아지더군요. 지금 그때만큼 열렬히 EFT를 하는 것은 아니지만 이젠 습관이 되어서 어려운 문제가 생기면 긍정적인 방향으로 보면서 성공경험을 바탕으로 원하는 것에 초점을 저절로 맞추게 됩니다. 마지막으로 제가 자주 하는 확언 하나 소개합니다. "확언은 반드시 이루어진다. 나는 나를 믿는다." 작년에 했던 확언 중에서 이루어진 것들이 꽤 있습니다. 건강하세요!

● 5세 아이에게 EFT를 해주며 다양한 양상을 찾다 – 경험담

그동안 저의 아이들에게 EFT를 해주었지만 다양한 감정을 표현하지 못하는 나이라서 기분이 좋은지 안 좋은지 두 가지 감정만으로 판단하며 EFT를 가볍게 해주었어요. 그런데 오늘 5살인 큰 아이의 심리적 문제의 여러 양상을 처음으로 듣고 EFT를 할 수 있었습니다. 그 과정을 간단하게 보여드리겠습니다. 잠자기 전 엄마에게 혼나 시무룩한 아이에게 물었습니다. "지금 기분이 어때?" "기분이 안 좋아." "왜?" "엄마한테 혼나서."

이에 이것으로 EFT를 해주고 다시 물었습니다. "이제 기분이 어때?" "기분이 안 좋아." "어떤 생각이 들어?" "엄마가 무서워." 이에 이것으로 EFT를 해주고 다시 물었습니다. "이제 기분이 어때?" "기분이 안 좋아." "이제 어떤 생각이 들어?" "엄마가 나를 엄마 애기가 아니라고 하는 것 같아." 이에 이런 생각을 EFT로 지운 뒤 물었습니다.

"이제 기분이 어때?" "기분이 안 좋아." "어떤 생각이 들어?" "엄마가 나를 던져버릴 것 같아."

또 EFT를 해주고 물었습니다. "이제 기분이 어때?" "기분이 안 좋아." "어떤 생각이 들어?" "엄마가 나를 음식물 쓰레기통에 버릴 것 같아." 이에 또 EFT를 해주고 물었습니다. "이제 기분이 어때?" "기분이 좋아." "어떤 생각이 들어?" "엄마가 나를 예뻐하는 것 같아." 이 말을 듣는 순간 저는 울컥 했습니다. 어른들처럼 아이들도 여러 가지 감정들을 느낄 텐데 저는 제 관점으로만 아이를 판단하고 있었다는 사실을 반성했습니다. 그리고 한편으로는 내가 EFT를 알고 있고 아이들과 EFT를 할 수 있어서 감사했습니다. 앞으로 살다보면 많은 시행착오를 겪겠지만 그래도 EFT라는 든든한 버팀목이 있어서 감사하다고 새삼 느끼는 밤입니다.

● 나도 몰랐던 분노의 뿌리를 찾다 – 경험담

얼마 전 EFT 워크숍 3단계에서 초등학생 때부터 쌓였던 아빠에 대한 분노를 풀어내고 제 마음이 편해졌어요. 그리고 아이에게도 더 이상 화가 나지 않을 것 같았습니다. 그런데 아이와 과거와 비슷한 상황에서 또 주체할 수 없는 화가 났습니다. 이에 밤에 잠도 안 오고 아이 때문에 속도 상해 조용한 빈 방으로 가서 상처 받은 내면 아이를 불렀습니다. 그러자 4년 전 동네 길가에 혼자 서있는 제가 보이더군요. "안녕

뭘 하고 있니?" 이렇게 말을 붙이자 마음속의 제가 길에서 말없이 눈물만 주르륵 흘렸습니다. "저 흰 원피스 입은 여자 아이 너무 예뻐. 나도 저 여자애 같은 아기를 갖고 싶어!" 이렇게 말하면서 꼬마 양산을 쓰고 할머니를 따라 은행으로 가는 긴 머리 5살짜리 여자 아이를 보면서, 다 큰 제가 주책없이 펑펑 울고 있었습니다.

바로 딱 4년 전 제 모습이었습니다. '내가 왜 그랬었지?'라고 생각하다 보니 문득 남편이 박사 과정을 마치느라 미국에서 살던 2003년도의 기억이 떠올랐습니다. 둘째를 막 임신한 상태에서 제가 저녁 준비를 하고 있었습니다. 그때 만 3살 정도였던 아들은 그날도 유치원에서 말썽을 부리고, 하교 후엔 또 동네 아이를 떠밀고 울리는 말썽을 부려서 속이 상해 있었습니다. 이런 아이를 비난하고 걱정하는 마음이 느껴졌습니다. 그런데 남편은 식사를 마치자마자 뒷정리도 안 도와주고 쪼르르 자기 서재로 들어갔고, 이런 남편의 무관심이 또 너무 서운했습니다. 그리고 이어지는 며칠 동안 아들은 자꾸 떼쓰고, 저는 피곤해서 짜증을 내고, 또 이런 일로 남편과 다투다 서운해서 고래고래 소리를 지르다가 갑자기 살짝 하혈을 하게 되었습니다.

마침 병원에 가니 아이 심장소리가 들리지 않는다고 해서 놀라고 있는데, 남편이 통역을 하다가 갑자기 말을 확 멈췄습니다. "계류유산된 것 같습니다." 마침내 이 말을 듣고 저는 펑펑 울었습니다. 저는 아이 욕심이 많아 4명 정도 낳고 싶다고 입버릇처럼 말하고 다녔는데,

뱃속에서 아기가 죽다니! 동네 친구들이 많이 위로해줬지만 전 그 공허함을 채우기 위해 검사상 특별한 문제가 없었으므로 몇 달 뒤 별 준비도 없이 다시 아이를 가졌습니다. 아들 때문에 예민해진 상태로 임신 초기에 조심한다고 했는데도, 또 다시 아들 문제로 남편과 다투다 이상해서 보니 자연유산이 되었습니다.

그렇게 마음을 추스른다면서 도리어 아이와 남편에 대한 원망, 미움, 짜증, 분노를 그때부터 두텁게 쌓아왔나 봅니다. 다시 시간 간격을 뒀다가 다시 네 번째 임신을 했는데 이때는 자궁 외 임신이어서 수술을 했습니다. 그런 미련과 집착이 무의식에 아직까지 남아있어서, 그때부터 아이의 소소한 문제들을 봐주지 못하고 화내고 간섭하고 통제하고 야단치고. 그렇게 10여 년을 보내 왔네요. 전 돌로 머리를 한 대 콱 맞은 것 같았어요.

"그랬구나. 유산한 것을 스스로 자책하고, 아이 탓이라고 원망해서 이렇게 화가 나고, 아이 행동 하나하나가 모두 밉고 짜증스러웠구나!" 이렇게 제 분노의 원인을 깨달은 것이었습니다. 이에 진짜 늑대처럼 엉엉 울부짖으며 울고, 제 가슴을 치며 울었습니다. 그래서 EFT를 하면서 남편에게 서운했던 것과 아이한테 속상했던 것들을 모두 풀었습니다. 실컷 울고, 소리 내고, 감정을 풀고 나니 후련했습니다. 제 가여운 아들에게 야단쳐서 미안한 마음도 풀었습니다.

"너도(저 자신) 너무 힘들었지? 네 탓이 아니야. 그 아기들은 우리와 인연이 되지 않은 거야. 아이 탓도 아니야 그 나이에는 엄마를 귀찮게 하기도 하고, 응석도 많이 부리잖아. 아들아 미안해." 이렇게 말하면서 자책감도 풀었습니다. 마음이 텅 비게 풀리니까 이젠 아이한테 사과를 해야겠다는 생각이 들었습니다. 그 다음 날 학교에서 돌아온 아이에게 유산과 관련된 얘기를 해주니, 아이는 자기 때문이라고 생각했는지 눈물이 글썽글썽해서 무표정으로 절 바라보았습니다. "네 탓이 아니야. 이제야 느꼈어." 아이가 말했습니다. "왜 이제 알았어요? 좀 더 일찍 알지?"

저는 가슴이 미어졌습니다. "엄마는 할아버지에게 받은 상처만 생각했지. 여태까지 내가 상처 준 것은 몰랐어. 미안해. 진짜 미안했어!" 이렇게 말하면서 아이를 품에 안아주니 아이는 저를 힘껏 더 안아주었습니다. 정말 마음이 편안해졌고, 마음속에 켜켜이 쌓인 짜증과 분노들이 하나둘씩 걷힌 것 같아 행복합니다. 희망적이고 너무 감사한 일을 경험해서 정말 마음이 북받쳐 올라요! 아직도 길 가는 여자 아이를 보면 부럽고 나도 딸 아이 하나 더 있었으면 하고, 내 아이에게 형제를 못 만들어주어서 조금 미안하기도 하지만 이젠 우리 멋진 아들을 믿고 더 많이 사랑하며 보듬어주며 살겠습니다.

● 6개월 동안 두문불출하는 29세 남성의 우울증

우울증은 마음의 감기라고 할 정도로 흔한 심리 질환이고, 내가 가장 많이 고쳐본 병이기도 하다. 우울증의 기본 감정은 '해도 안 된다'는 좌절감과 '나는 혼자야'라는 외로움이다. 따라서 좌절과 외로움을 많이 경험하면 이 병이 잘 생긴다. 특히 외로움은 애정 결핍이 주원인이다. 어느 날 29세 남성이 무기력을 호소하며 나를 찾아왔다. 직장을 갑자기 그만 두고 6개월째 두문불출하면서 가족과 대화도 하지 않고, 잠만 자거나 컴퓨터 게임만 한다고 했다. 무기력과 의욕 부족은 우울증의 대표적인 증상이다.

먼저 외로움의 원인이 되는 애정 결핍이 있는지 물어보았다. 아니나 다를까, 그의 어머니가 심각한 우울증이 있어서 어릴 때부터 어머니와 소통하지 못해서 엄마와의 유대감이 없었다. "엄마는 늘 말이 없고, 일에만 열중했어요." 그가 말했다. 게다가 아버지와 어머니가 어렸을 때에 자주 싸워서 늘 눈치를 보았다고 했다. 또 좌절감의 원인을 찾기 위해서 물어보았다. 아버지는 늘 무섭고 비판적이라 늘 아버지의 뜻에 맞추느라, 자기 뜻대로 할 수 있는 것이 없었다고 했다. 아마도 이런 환경 속에서 '내 뜻대로 되는 것은 없어'라며 좌절하면서 컸을 것이다.

이런 외로움과 좌절감의 기억들을 EFT로 죽 지웠다. 신발 단정하게 벗지 않았다고 아빠에게 혼났던 것, 군대처럼 늘 제 시간에 일어나야

했던 일, 아빠와 엄마가 싸워서 무서웠던 것, 늘 말이 없던 엄마의 모습, 늘 무표정하고 우울하던 엄마의 모습 등이었다. 특히 심각한 우울증을 치료할 때에는 엄마 뱃속 트라우마를 치료하는 것이 중요하다. 엄마 뱃속에서부터 외로웠던 아기는 평생 우울증을 겪기 쉽기 때문이다.

그래서 그에게 눈을 감고 엄마 자궁 속에 있는 나를 상상해보고 엄마를 불러보라고 했다. "엄마가 그냥 저를 외면하는 느낌이 들어요. 엄마가 대답을 안 해요." 엄마가 우울증이 있으면 뱃속에 있는 아기와 대화를 나누지 않게 되고, 그러면 아기는 엄마 뱃속에서 방치된 느낌을 받는다. 아마도 그도 이런 느낌을 받았을 것이다. 이런 느낌을 몇 주에 걸쳐서 EFT로 지워주었다. 이렇게 몇 달을 치료하자 그의 우울감과 무기력감은 확실히 사라졌다.

하지만 경과를 관찰하기 위해서 그 뒤로도 한 달에 한 번씩 내원하게 했고, 드디어 1년 만에 우울감이 다 사라진 것을 확인하고 치료를 종결했다. 치료가 진행되면서 그의 생활도 차츰 바뀌었다. 백수 상태이던 그가 직장을 구했고, 직장에 다니면서 여자친구도 사귀었다. 놀라운 것은 그가 모태솔로였고, 이것이 그의 첫 연애였다는 점이다. 세상을 다 잃은 듯 6개월간 두문불출하던 그는 이렇게 새로운 사람이 되었다.

● 조현병(정신분열증)

조현병은 과거에 정신분열증으로 불렸는데, 환상과 망상이 주된 특징이다. 마음속으로 온갖 환상이 생생하게 보이고, 망상적 사고를 하는 것이 특징이다. EFT는 이런 환상과 망상을 없애는 데에 탁월한 효과가 있다. 여러 명의 조현병 환자를 보면서 나는 일종의 공식을 만들었다.

> ① 불안정한 성격 + ② 고립 + ③ 과도한 정신적 충격(또는 지속되는 스트레스) → 조현병(또는 불안장애, 공황장애 등) 발생

불안정한 성격의 원인은 대체로 엄마 뱃속 트라우마, 애정 결핍, 가정 폭력, 부모의 폭언과 폭행 등인 경우가 많다. 성격이 불안정한 사람이 고립된 상태에서 급격한 정신적 충격을 받거나 아니면 지속적인 스트레스를 받으면 불안과 공포를 주로 느끼는 심리질환(조현병, 불안장애, 공황장애)에 걸리기 쉽다. 이런 조건을 가장 잘 충족시키는 곳이 바로 군대이다. 그래서 군대에서 심리질환을 얻고서 종종 찾아오기도 한다.

사례 1 온 세상이 자신을 감시한다고 주장하는 18세 남학생

어느 날 온 세상이 자신을 감시한다는 주장을 하는 18세 남학생이 왔다. 16개월 전에 정신분열 판정을 받고서 약을 계속 복용중인데 전혀

차도가 없어서 어머니가 데려왔다. 발병 상황을 보니 조현병 공식에 딱 맞았다. 화병이 있고 공부를 강요하는 엄마 밑에서 그는 늘 불안해하면서 컸고(조건 ①), 미국에서 자랐는데 고1이 되면서 한국에 와서 외고 기숙사에 들어갔는데 적응을 못해 외톨이였고(조건 ②), 미국에서는 수석을 했는데 한국에 와서 수학 성적이 꼴찌가 되어 충격(조건 ③)을 먹었다.

그 와중에 그는 조현병이 생겨서 학교를 중퇴하고 집에서 늘 공포에 떨고 있었다. 그는 속옷에 도청 장치가 있어서 온 세상이 자신이 도덕적으로 나쁜 생각을 하는지 감시하고, 자신이 나쁜 생각을 하면 윗집이 쿵쾅거리거나 지나가는 사람들이 기침 소리를 크게 내어서 눈치를 준다고 주장했다. 나는 EFT로 엄마에게 혼난 기억, 아빠한테 맞은 기억, 수학 성적 0점 맞은 충격, 외고에서 친구들에게 따돌림 당한 상처들을 죽 지워주었다. 그러면서 정신과 약도 줄여나갔고, 마침내 6개월이 지나서 조현병은 나았다. 현재는 군복무를 마치고 대학까지 가서 잘 생활하고 있다.

사례 2 온 세상이 자신의 몰래카메라를 보고 있다고 주장하는 40대 중반 여성

어느 날 자신이 몰래카메라에 찍혀 온 세상에 그 동영상이 돌고 있으니 막아야 한다고 주장하는 여성이 왔다. 자세히 들어보니 사실이 아니라 자신의 망상이었다. 그녀는 자신의 망상을 사실이라고 확신한

나머지 정신과에 가는 것을 거부하여, 가족들이 나에게 데려왔다. 그녀는 남편의 회사에 가서 회사 사람들이 몰래카메라를 찍었다고 난리를 피워서 온 가족이 곤란한 상황에 빠져 있었다. 본인과 가족들에게 몇 달 전 발병 당시의 상황을 물어보니 조현병 공식에 딱 맞았다.

그녀는 애정결핍으로 우울증과 공황장애를 앓은 적이 있었고(조건 ①), 마침 그때 낯선 곳에서 남편과 별거하면서 오랫동안 혼자 살고 있었고(조건 ②), 남편이 외도하고 있다는 충격적인 소식을 들었다(조건 ③). 상처 받은 일을 물어보자 어렸을 때 늘 엄마 없이 혼자였던 일, 남편과 늘 싸워서 외롭고 서러웠던 일, 사업하다가 망한 일 등을 죽 말했다. 이런 상처들을 죽 지워주었고, 가족들에게 늘 같이 있어주라고 말했다. 고립된 사람은 늘 자신의 생각에 빠져서 심리 질환이 심해지기 때문이다. 그 결과 6달이 지나자 망상도 사라지고 불안도 사라져서 완전히 정상적인 상태가 되었다. 2년 동안 경과를 관찰했는데 계속 좋았다.

EFT로 성공하다

● 파산 지경에서 EFT로 5년 만에 월 5천만 원을 벌다 – 경험담

약 5년 전 저는 깊은 암흑의 터널에 빠져있었습니다. 정말로 한치 앞도 안 보이게 막막했습니다. 자다 말고 벌떡 일어나 제발 살려달라는 눈물의 기도를 한 것이 한두 번이 아니었습니다. 3번의 사업 시도가 다 실패하고, 카드로 돌려막으며 연명하다가, 그것도 안 돼 늘 빚 독촉에 허우적거리며 다시 직장 생활을 시작했습니다. 하지만 그 직장마저 부도가 나면서 다른 회사로 넘어가는 힘겨운 상황이었습니다. 그 과정에서 EFT를 만났습니다.

그때 우연히 유나방송에서 최인원 원장님의 '두드림의 선물 EFT'를 알게 되었고, 최 원장님의 책도 사보면서 서서히 몰입해서 듣게 되었습니다. 최 원장님의 EFT 프로그램은 벌써 100회 이상 방송되고 있었습니다. 이 방송을 모두 mp3 파일로 만들어서 총 110편 정도를 틈날 때마다 모두 3번 이상 들었습니다. 마음에 드는 것은 심지어 10번씩 듣기도 했습니다. 매일 방송을 들으며 잠들었고, 어떤 때에는 꿈에서 방송 시그널 음악과 최 원장님 목소리도 들렸고, 심지어 나 자신이 최 원장님과 동화되는 경험도 했습니다.

동시에 사무실에 혼자 남아 내적평화과정을 한 달 정도 하였습니다. 태어나 살아오면서 마음에 맺힌 모든 기억을 엑셀 파일로 정리해놓고 EFT로 하나씩 지워나가기 시작하였습니다. 어릴 적 아픈 기억을 바라보는 것이 때로는 너무나 힘들었지만 눈물 콧물 다 쏟아내면서 EFT를 했습니다. 내적평화과정이 주는 효과는 참으로 놀라웠습니다. 마음속 깊은 곳에서 아직도 슬피 우는 내면 아이를 만나 달래주었습니다. 또 사업할 때 내 등에 칼을 꼽은, 죽이고 싶도록 미운 배신자도 마음에서 내려놓았습니다.

내적평화과정을 마치고 본격적으로 확언을 시작하였습니다. 그때 제 확언은 한 달 수입이 천만 원이 되는 것이었습니다. '제발 한 달에 천만 원만 벌면 얼마나 좋을까!' 자나 깨나 손날 타점을 두드리면서 확언을 하였습니다. 현실적으로 아무 가능성도 없어보였지만 그저 했습니다. 당시에 주말부부로 집으로 운전해서 오고 갈 때, 차 안에서는 녹음한 최 원장님의 방송을 늘 들으면서 그 내용을 따라 외치고, 갑갑한 현실에 개의치 않고 미친놈처럼 확언도 소리쳐서 외쳤습니다. 그러다보니 주말마다 집으로 오고 가는 이 시간이 기다려졌습니다.

인생에서 끝없이 추락하다가도 밑바닥을 치고 나면 서서히 변화가 오게 마련입니다. 이런 때에는 시련에 저항하지 말고 오히려 납작 엎드리고 기다리면서 마음의 힘을 키워야합니다. 힘들다고 빨리 벗어나려고 계속 이것저것 억지로 하다가 더 망가지는 사람들을 여러 번 보았습니다. 저는 EFT를 하면서 조용히 마음의 힘을 키우면서 극심한 태풍이 지나가길 기다렸습니다.

확언은 반드시 이뤄집니다. 서서히 나도 모르는 변화가 슬며시 찾아옵니다. 기적이라는 표현도 모자랄 만큼 상상도 못한 방향에서 변화가 옵니다. 그래서 확언이 어떻게 이뤄질까 상상할 필요가 없습니다. 꾸준히, 지속적으로, 그냥 하면 됩니다. 그저 지속적으로 EFT를 하면 됩니다. 몇 년 간의 이야기를 다 쓸 수는 없어서 결론을 먼저 말씀드리면 올해 상반기를 결산해보니 제 월 평균 수입은 5천만 원이 넘었습니다. 저보다 더 전문가들인 분들이 제게 강의를 해달라는 요청도 합니다. 지금은 책도 쓸까 생각중입니다.

직장 때문에 주말부부 생활을 하다 보니 퇴근 후 남는 시간에 저의 숨겨진 재능을 발휘하는 기회가 참으로 묘하게 찾아왔습니다. 하찮아 보이고 작은 일이었지만 열심히 했습니다. 그게 기회인지도 처음엔 잘 몰랐습니다. 그저 관련 분야 책을 쌓아놓고 읽기 시작했습니다. 자기계발 분야 책들도 늘 읽었습니다. 보통 새벽 2, 3시까지 때때로 날이 훤해지는 시간까지 작은 원룸에서 책을 보다 혼자 일하다 아침에 출근했습니다.

함께 원룸 생활하는 직장 동료가 술 마시자고 할까봐, 이불로 창문 가려 놓고 방에 있는 것을 숨기면서도 일하며 공부했습니다. 지금은 저와 가족이 등화관제라고 부르는 가슴 아프면서도 뿌듯한 일화입니다. 그러자 작게 시작한 일이 점차 커져가더군요. 남는 저녁시간을 그렇게 활용하니 희한한 기회가 찾아온 겁니다. 그 일이 발전하여 지금은 가족 사업이 되었습니다. 저는 여전히 직장생활을 하고 있습니다. 이제 직장을 그만 두고 사업에 전념하면 매출은 대폭 오를 겁니다.

그러나 어려울 때 저를 도와준 지금의 직장에 도리를 다하고자 아직 더 다니고 있습니다. 올 6월에 그만두기로 사장님과 이야기를 하였는데, 5월에 직원 몇 사람이 이직을 하는 바람에 조직 안정 차원에서 더 다니며 일하고 있습니다. 자기 이익만 따라 제 갈 길 가는 것은 결코 EFT하는 사람의 마음 자세가 아닙니다. 우주의 제1법칙은 뿌린 대로 거두는 것이기 때문이죠. 새로 시작한 그 일은 제겐 새로운 지식도 아니며 이미 알고있는 전공지식을 활용하는 거라 이전에도 맘만 먹으면 할 수 있었던 일입니다. 그러나 그런 기회는 왜 힘들 당시에는 찾아오지 않았을까요? 인생에는 때가 있음을, 그때는 내가 준비되면 찾아오는 것임을 알게 되었습니다.

일이 자리를 잡아가면서 빚도 갚아가며 필요한 만큼 풍족히 돈을 쓰면서도 2년간 많은 저축을 하였습니다. 열심히 일한 결과입니다. 물론 다들 아시겠지만 열심히 일한다고 수입이 많이 생기는 것은 결코 아닙니다. 어디에서 무슨 일을 열심히 하느냐, 그것을 아는 것이 바로 풍족해지는 비결입니다. 이제는 내가 몸으로 열심히 일 안 해도 수입이 지속적으로 생기는 시스템을 만들어가야죠. 물론 경제적으로 돈만 많은 것이 EFT의 목적은 아닙니다. 내적 평화와 온전한 자유를 얻는 것이 EFT의 목표입니다.

자본주의 체제에서 돈 없어서 시달리지 않을 정도의 수입은 무척 중요합니다. 또한 하는 일에 보람과 의미가 있어야만 합니다. 저는 돈을 벌면서 보람과 성취감을 강하게 느낍니다. 다른 사람들에게 유익을 주고 감사하다는 인사를 받으며 돈도 버니 얼마나 좋습니까? 지금 그런 일을 하고 있습니다. 앞으로 돈 벌 방법도, 해야 할 일도 많은데 시간이 부족합니다. 그래서 이제는 새로운 확언을 하면서 바쁘게 생활하고 있습니다.

몇 년 전 저처럼 삶의 깊은 수렁에서 허우적거리는 그런 분들이 계신다면 EFT를 하십시오. 기도와 함께 진지하게 하십시오. 다른 방법이 없다고 생각하고 간절하게 절실히 하십시오. 현재의 어려운 상황에 저항하지 말고, 자세를 낮추고 엎드려서 내면에 에너지를 축적하며, 자신만의 칼을 갈아야 합니다. 내공이 쌓이면 서서히 새로운 변화와 기회가 찾아옵니다. 분명히 찾아옵니다. 삶 앞에서 겸손하고 진지해지면 삶이 우리를 품고 이끌어갑니다. 운동의 기본이 힘을 빼는 것이듯 인생을 풍요롭게 살아가는 것도 세상과 삶에 대해 저항하지 않고 힘을 빼는 것입니다. 기회를 찾아 헤매지 말고 내게 찾아오도록 내면의 힘을 쌓는 겁니다. 최인원 원장님께 깊은 감사의 말씀을 드립니다. 오늘 모처럼 그리운 최 원장님의 목소리를 다시 들어야겠습니다.

● 임용고사에 합격했어요 - 경험담

안녕하세요. 저는 올해 임용고사에 최종합격하여 발령을 기다리고 있는 새내기 교사입니다. 저는 2014년에 임용고사를 2년째 준비하다가 우연히 EFT를 알게 되었습니다. 이전에 《시크릿》이란 책을 보고 그대로 해보았는데 잘 되지 않아서 '이런 거 다 사기다'라고 생각하게 되었습니다. 그런데 왜 잘 되지 않았는지 EFT 책을 읽으며 알게 되었습니다.

2014년에도 임용에 관해서 EFT를 가끔 했지만, 꾸준히 하지는 못했습니다. 그리고 "임용고사에 합격한다"라는 확언을 할 때마다 마음 한편에는 안 될 것 같다는 생각이 들었고 그 생각을 지우기 위해 제대로 두드리지도 않았습니다. 결국 2015년 1월에 발표가 났는데 불합격이었습니다. 2015년에는 1년간 본격적으로 EFT와 확언을 했습니다. 온종일 공부에 매달리기보다는 매일 30분에서 1시간씩, 많게는 2시간 3시간까지 EFT와 확언과 명상을 했습니다.

우선 내적평화과정을 했습니다. EFT 책에서도 내적평화과정의 중요성이 강조되어 있었는데 저는 부정적인 기억들을 다 지우는 것에 대해서 큰 부담을 느꼈습니다. 시간이 많이 걸릴 것 같았거든요. 하지만 이상하게도 이 시험에 합격을 하기 위해서는 시험 자체에 대한 EFT가 아니라 내적평화과정을 통해서 나 자신을 바꿔야 할 것 같다는 생각이 강하게 들었습니다. 저는 지병도 있는 데다 경제 상황도 좋지 못했고, 공부를 하느라 교우관계를 단절하여 외로웠습니다. 자책감, 불안감, 불신감이 가득했고 과거를 떠올릴 때마다 가슴이 답답했습니다. 그리고 나 자신을 별로 좋아하지 않고 있었습니다. 그래서 그러한 원인을 하나하나 찾아 EFT를 했습니다.

그리고 그 원인을 지우고 나면 반드시 긍정확언을 덧붙였습니다. 저는 이전에 감사라는 감정이 너무 부족한 삶을 살았어요. 《시크릿》

에서도 감사를 하라고 해서 노트에 감사목록을 적기도 했었지만 감사의 감정을 실제로 느끼지는 못했습니다. 그래서 이번에는 부모님, 공부하는 환경, 살아서 움직이고 기능하는 내 신체, 형제, 친구들, 음식 등등에게 진심으로 감사를 했습니다. 입으로만 하는 감사가 아니라 마음으로 하는 진짜 감사와 축복을 하다보면 금세 행복하고 힘이 났습니다.

마음이 많이 편안해지기는 했지만 여전히 시험에 합격할 것이라는 확신은 들지 않았습니다. 때때로 불안하기도 했습니다. 'EFT를 이렇게 하는 것이 맞나?' 하는 생각도 들었습니다. 그러다 유나방송에 최인원 원장님의 EFT 강의가 있다는 것을 알게 되었고, 유나방송을 차례로 듣기 시작했습니다. 매일 한두 편씩 방송을 들으며 두드렸습니다. 어느 순간 시험에 붙든 떨어지든 나는 내년에 행복하게 살 거라는 확신이 들었습니다. 그러자 합격해야 한다는 집착에서 많이 벗어났습니다.

그리고 1차 시험을 치기 한 달 전부터는 저는 자기 전에 상상하기를 했습니다. 합격하는 순간에 대해 상상을 하며 매일 울었습니다. 발표 날이 되자 마음이 불안했지만 EFT를 하고 심호흡을 했습니다. 근데 그날은 EFT를 했는데도 뱃속이 울렁거리더군요. 떨리는 마음으로 모니터 앞에 앉아서 합격 여부를 확인했습니다. "1차 합격을 진심으로 축하합니다"라는 글이 떴습니다. 눈물이 났습니다. 제가 상상한 내용이랑 꼭 같았습니다. 바로 2차 시험을 준비했습니다. 2차 시험 준비하면서도 자기 전과 아침에 일어나서 계속 유나방송을 들으면서 EFT를 했고, 이번에는 "최종 합격을 진심으로 축하합니다"라는 문구가 화면에 뜨는 것으로 상상하기를 했습니다.

마침내 최종 발표 날에 그 상상은 또 현실이 되었습니다. 오랜 기간 꾸준히 생생한 긍정적 감정을 느끼며 매일 상상하기와 확언을 한다는 것은 생각보다 어려웠습니다. 특히 '감사'나 '사랑'이라는 단어 자체에 익숙해져서 기계적으로 말만 하고 감정을 느끼는 것에 소홀하지 않도록 신경을 썼습니다. 이렇게 굳이 제 경험을 쓴 이유는 제가 EFT로 받은 것이 너무나 크고 감사해서 이에 보답하는 것이 바로 이렇게 글을 써서 저와 비슷하게 힘들고 외로운 상황을 겪는 분과 공유하는 것이라는 생각이 들었기 때문입니다.

EFT와 확언으로 일본어 어학시험에서 만점을 받다 – 경험담

작년 12월 일본어능력시험 1급에 재도전했습니다. 오래 전에 합격했지만 다시 공부도 하고 싶었고, 만점을 받아보고 싶었어요. 1급이긴 해도 아주 어려운 시험은 아니라 만점자가 제법 나오는 편이니까요. 그런데 만점을 받겠다는 목표가 점점 부담스러워지고 스트레스가 되었습니다. 시험이 가까워질수록 컨디션은 더 나빠지고, 공부가 뜻대로 되지 않아 자꾸 자책하게 되고, 그러니 공부는 더 안 되었습니다.

결국 합격은 했지만 만점에 상당히 못 미치는 점수였습니다.

망설이다 또 시험을 치르기로 결정했습니다. 작년에는 EFT를 몰랐지만 올해는 알고 있으니까요. EFT로 부담과 스트레스를 지워가며 공부하면 잘 될 것 같은 예감이 들었으니까요. 먼저 "시험에서 만점을 받는다"는 확언에 따라오는 꼬리말들을 적어보았습니다. '하지만 공부를 많이 하지 않아서 모르는 게 많을 것이다.' '하지만 늘 그랬듯 실수를 할 것이다.' '하지만 부담감 때문에 공부에 집중이 더 안 된다.' '하지만 중학교 때부터 만점이나 1등을 해본 적이 없어서 자신감이 없다.' 이런 꼬리말들을 EFT를 통해 하나하나 지워나갔습니다. 그리고 다시 이런 확언을 했습니다. "나는 최상의 상태로 즐겁게 공부하는 것을 선택합니다." "나는 한번 본 단어는 꼭 기억하는 것을 선택합니다."

항상 공부하기 전에는 EFT KOREA 홈페이지에 있는 동영상 '공부하기 싫은 마음에 EFT 적용하기'를 보면서 따라했습니다. 스스로 충분하다고 느낄 만큼 공부를 하진 못했고, 시험 전날에 잠을 별로 못 자서 에너지 드링크를 마시며 시험을 보았지만 마침내 만점 성적표를 받았습니다. 성적표를 보고도 믿어지지 않아서 몇 번이나 다시 보곤 했습니다.

● 4년 동안 안 팔린 집이 팔리다 – 경험담

선생님의 유나방송 강의 중에서 올해 이루고 싶은 것을 20개를 확언으로 적고 매일 읽어보라는 강의를 듣고서, 드디어 '나는 배운 것을 실천한다'라는 확언을 적고 매일 읽기 시작했습니다. 그리고 매일 5분간 확언을 읽는 동안만이라도 두드리자고 결심했습니다. 확언을 읽으며 두드리다 보니 점점 EFT가 무엇인지 어떻게 하는 것인지 감이 오기 시작했습니다.

그러다가 제가 6년 전에 산 집을 올해 꼭 팔아야겠다는 생각이 들었습니다. 4년 전에 팔려다가 못 팔았고, 세입자도 이상한 사람이었던지 며칠 만에 전화 한 통 없이 내용증명을 보내서, 제가 엄청 놀라서 급히 다른 세입자를 구해서 전세금을 내어준 적이 있습니다. 그래서 "집이팔려서 감사합니다"라고 두드리기 시작했습니다. 그런데 어찌된 일인지 그 감사의 말이 와닿지가 않고 집이 팔릴 것 같지 않았습니다.

왜냐하면 집이 여러 단점이 있어서 처음에 덜컥 사고 나서 산 것을 후회했었거든요. 그래도 부동산 거래를 하는 그림을 출력해서 부엌에 붙여두고, 열쇠를 넘겨주고 계약서에 서명하는 장면을 계속 상상했습니다. 그러면서 《돈복 부르는 EFT》도 읽었습니다. 책도 엄청 쉽게 잘 쓰셨더군요. 선생님의 저술 경지가 더 올라간 듯 한층 더 간결하고 명확했습니다. 어느 날 아침 두드리다보니 '아 내가 왜 이 집을 못 팔았는지 알겠다'는 느낌이 들었습니다. '나에게 이 집이 너무나 스트레스를 주었고 안 좋았기 때문에 남에게 팔기 미안했구나!' 이 집을 살 때부터 살던 집을 팔지 않고 사고, 살던 집이 1년이나 안 팔려서 피 말리는 괴로움을 겪었습니다. 들어간 이자만 해도 수천만 원에 이를 지경이었습니다.

게다가 첫 세입자에게는 돈 안주면 소송하겠다는 내용증명을 받았고, 또 그 후로 집에 문제가 생겨 수리하느라 관리사무실을 뛰어다녀야했고, 그래서 두 번째 세입자에게 너무나 미안했었습니다. 그래서 이 집을 누구에게 넘기기 미안했던 것이었습니다. 나는 '나만 잘되면 그만이다'라고 생각하는 사람인줄 알았는데 그게 아니었던 것입니다. 일단 나의 선한 마음을 긍정해주고 '나에게 안 좋았지만 남에게 좋은 집이 될 수 있다'고 말하며 두드렸습니다.

"집은 돌고 도는 것 남에게 안 좋았던 것이 나에게 좋은 것이 있는 것처럼 이 집도 인연이 맞는 사람을 만나면 좋은 스위트홈이다." 이렇게 말하면서 두드리니 마음이 편안해지는 것을 느꼈습니다. 두 번째 세입자는 계속 살고 싶어 했습니다. 그것도 저에게 마음을 바꾸는 데 도움을 주었습니다. 11월 말까지 안 팔리면 전세 계약을 연장하기로 하고 세입자의 입장에서 편의를 최대한 봐주겠다고 마음을 내었습니다. 11월 말이 다가와서 그냥 안 팔리나보다 했습니다. 그래도 마지막까지 확언을 했습니다. "팔려서 감사합니다. 나는 인연이 다한 이 집을 떠나보낸다. 이 집은 새로운 인연을 만난다. 이 아파트는 좋은 새

주인을 만납니다." 그런데 어제 갑자기 연락이 와서 오늘 계약을 했습니다. 정말 놀랍습니다. 우주의 섭리를 보여주는 것 같습니다. 좋은 길잡이가 되어주신 최인원 선생님 정말 감사드립니다. 실천하며 지내겠습니다.

예전에는 부동산중개업자가 도둑놈이라고 생각했습니다. 부모님이 재테크를 안 하시고 그런 말을 많이 했기 때문입니다. 시부모님께서는 더 하신 분이구요. 그리고 몇 번 거래를 해보니 소개비만 챙기면 그만이라는 태도를 많이 느꼈습니다. 하지만 이번 거래를 통해 부동산 중개업자도 좋은 일을 하신다고 느꼈습니다. 제가 직접 팔지 못하는 것을 연결해주시고 수고해주시니 이 얼마나 감사한 일인가요. 더구나 이번 거래를 해주신 분은 본인 기준을 가지고 매도자와 매수자의 조건을 적당히 절충해주시는 분이셔서 정말 감사했습니다.

이상은 나의 책《돈복 부르는 EFT》를 읽고서 경험한 것을 유나방송 애청자 강은영 님께서 올려주신 사례다. 잠시 더 정리하면 집에 얽힌 상처, 집 사는 사람에 대한 미안함, 부동산 사장에 대한 원망 등의 부정적 감정이 사라지고 원하는 것이 분명해지자 집이 저절로 팔린 것이다.

● 몇 달 동안 안 팔린 집이 이틀 만에 EFT로 팔리다 – 경험담

저는 독립해서 따로 살고 있는데 어느 날 어머니에게 갔더니 어머니가 물었습니다. "EFT하면 집이 팔릴까?" 그때 어머니는 몇 십 년 동안 숙원이었던 33평짜리 집을 새로 계약했고, 이사 날짜가 다가오는데 살고 있는 집이 안 팔려 걱정하고 있었습니다. 그래서 저는 어머니가 이사 갈 집에 함께 가서 원장님의 책에서 배운 대로 EFT를 하고 확언을 했습니다.

"엄마 이렇게 해봐. 나는 우리 집이 순식간에 팔려서 여기 33평짜리 집에서 편안하게 즐겁게 잘 살고 있다. 우리 집이 너무 좋다." 어머니는 어이없다는 듯이 웃음을 터뜨리면서 너무 뻔뻔한 것 같다고 말했습니다. "이사 갈 날이 2주 밖에 안 남았는데, 어떻게 그 안에 집이 팔리겠니. 상식적으로 말이 안 되잖아." 그러면서도 지푸라기라도 잡는 심정으로 저를 따라 확언과 EFT를 했습니다. 그리고 딱 이틀 뒤에 그 집이 팔렸고, 어머니는 현재 새 집에서 즐겁게 지내고 있습니다.

이렇게 어머니께서 겨우 며칠 EFT를 하고 숙원을 이루시는 것을 보고 저는 너무 놀라서 그동안 게을리하던 EFT를 다시 시작했고 원장님의 워크숍에도 참가하게 되었습니다. 원장님의 강의에서 들은 몇 가지가 너무 인상적이었습니다. 의식에서 원하는 것과 무의식에서 원하는 것의 충돌 결과가 현재 내 삶의 모습이이고, 성공은 이 두 가지가 일치된 상태에서 일어나고, EFT로 무의식과 의식을 일치시킬 수 있다고 하셨습니다. 애써서 계획을 세우고 다짐을 해도 그 다짐대로 실천이 잘 되지 않고, 열심히 실천을 하는데도 결과가 신통치 않아서 갑갑한 적이 많았습니다. 그 원인은 의식이 아무리 좋은 생각을 해도, 무의식에서 '그게 과연 될까? 내가 과연 해서 되겠냐?'라며 저항하기 때문임을 알게 되어 무릎을 탁 쳤습니다.

기타 사례들

● 50년 만에 젓가락질을 제대로 하게 되다 – 경험담

대부분의 사람들이 제대로 정상적으로 잘하는 젓가락질을 저는 50여 년 동안 제대로 하지 못했습니다. 두 젓가락을 평행이 되게 잡고, 손가락의 지렛대 원리와 손목의 힘을 잘 이용하여, 균형을 잡아서 음식을 떨어뜨리지 않고 집을 수 있어야 합니다. 그런데 저는 두 젓가락을 X자 모양으로 잡고, 음식을 집기 때문에 힘이 달리고, 중간에 음식을 떨어뜨리기 일쑤였습니다. 평행으로 잡고 제대로 해보려고 무던히 애를 썼지만, 한두 번 하다 보면 손목에 힘이 없어서 다시 원래 하던 대로 하게 되었고, 이런 과정이 자꾸 반복되니 점점 고칠 노력도 안 하게 되었습니다.

그러다 성인이 되어 격식 있는 식사 자리에 가게 되면 여간 불편한 것이 아니었습니다. 오징어회 같이 미끄러운 음식은 도저히 집을 수가 없는데, 그런 것까지 잘 집는 사람들이 저에게는 신기하게 보일 정도였습니다. 그러다 EFT를 만나서 좋아라 하며 여기저기에 적용해보기 시작했는데, 그중 하나가 젓가락질 잘하기였습니다. 해결할 문제로 '오른 손가락과 손목에 힘이 없어서 젓가락질을 못한다'로 정하고, 고통지수는 불편함과 창피함이 8이었습니다. 수용확언은 이렇게 만들었습니다.

"나는 비록 젓가락질을 잘 하지 못해 불편하고 창피하지만 이런 나를 인정하고 깊이 온전히 받아들입니다. 나는 비록 젓가락질이 서툴러 음식을 집다가 흘릴 때에는 몹시 창피하지만 이런 나를 인정하고 진심으로 받아들입니다. 나는 비록 젓가락질을 잘 못하는 것이 엄청 체면이 구겨지고 음식을 먹을 때 자꾸 떨어뜨려 불편하지만 나는 나를 사랑하고 진심으로 깊이 온전히 받아들입니다."

연상어구로는 이런 말을 했습니다. "불편하다. 불편하다. 창피하다. 불편하고 창피하다. 손가락이 잘못됐나? 손목에 힘이 없어서인가? 왜 남들 다 잘하는 젓가락질을 나만 못하는 거지? 나도 잘하고 싶다. 이까짓 거 남들 다 하는 거 나만 못하다니. 불편하다. 창피하다. 오십이 넘도록 이런 거 하나 못하다니. 너무해. 너무해. 너무 불편해. 너무 창피해."

그리고 뇌조율과정을 1회 하고 또 연상어구를 말했습니다. "불편하다. 창피하다. 너무 불편해. 엄마 아버지는 왜 나한테 잘 가르쳐주지 않으셨나? 원망스럽다. 원망스럽다. 부모님이 원망스럽다. 불편해, 창피해. 젓가락질 못해서 불편하다. 불편해. 창피해."

또 뇌조율과정을 1회 하고 이렇게 연상어구를 말했습니다. "불편하다. 창피하다. 너무 불편해. 손목에 힘이 없다. 손가락에 힘이 없다. 이미 근육이 굳었나? 영영 못하는 건가? 불편하다. 잘하고 싶다. 나도 젓가락질 잘하고 싶다. 편하게 음식을 집고 싶다. 점잖게 음식 먹고 싶다. 창피하다. 불편하다."

우선 이렇게 1회전 한 뒤에 식사 시간에 젓가락질을 시도해보았지만 그대로였고, 2~3일 동안은 별 진전은 없었습니다. 다시 어느 날 생각나서 또 EFT를 하였습니다. 기본 과정대로 위의 수용확언과 연상어구를 사용했습니다. 이번에는 특히 부모님에 대한 원망, 불편함, 창피함이 주된 화두가 되었습니다. 두세 번 정도 더 EFT를 하고나서 또 잊고 지냈습니다. 그러던 어느 날 식사를 하는데 평소대로 젓가락을 X자로 습관대로 잡고 반찬을 집으려는데 뭔가 불편하면서 반찬이 집어지지 않았습니다.

"엇, 뭐지? 응, 젓가락질이 고쳐진 거 아냐!" 이런 생각이 들어서 얼른 젓가락을 평행으로 잡고 지렛대 원리를 적용하면서 반찬을 집어 올리니 편안하게 잘 집어졌습니다! 한 번, 두 번, 세 번 모두 성공. "오호! 나 젓가락질 잘하게 된 거 아냐?" 식사 시간 내내 정상적으로 젓가락질을 한 것은 난생 처음이었습니다! 처음에는 완전히 고쳐졌다고 말하기 조심스러웠는데, 갈수록 젓가락질을 더 잘하게 되어서 이제는 확실히 고쳤노라고 말할 수 있습니다. 아직도 신기합니다! 대략 2주

만에 나은 것 같습니다. 이번 사례에서 느낀 점은 고통지수가 곧바로 0이 되지 않아도, 심지어 EFT를 하고 잊어버렸는데도 어느 순간 증상이 사라지기도 한다는 점입니다. 나도 모르게 어느덧 다 나아있다는 것은 참 좋은 선물입니다. 감사합니다.

● 은퇴한 공대 교수가 EFT로 아내의 컴퓨터를 고치다

개리 크레이그는 무생물에 EFT가 효과를 낸 사례(차가 시동이 걸린다, 막힌 변기가 뚫린다, 꼼짝 않던 컴퓨터가 제대로 잘 켜진다 등)를 발표할 때마다 기존의 과학자들로부터 상당한 비난을 받았다. 그들은 이런 사례 보고를 그저 어리석은 짓이라고 무시했다. 기존의 과학적 입장에서는 쉽게 설명되지 않기 때문이다. 그런데 스탠퍼드 대학의 공대 교수로 은퇴한 로렌스 매닝이라는 과학자가 올린 다음과 같은 사례도 있다.

> 개리, 안녕하세요.
>
> 당신이 늘 말했죠. "모든 것에 활용해보라." 그랬더니 그 결과가 너무 놀라워서 당신에게 전합니다. 나는 85세로 스탠퍼드 대학 전기 공학과 교수로 은퇴했어요. 무엇보다도 나는 컴퓨터 구조에 관한 강의를 했어요. 나는 중앙처리장치나 메모리 같은 아주 물질적인 것에 관해 가르쳤어요. 하여튼 몇 년 전에 아내에게 크리스마스 선물로 새 컴퓨터를 사주었어요. 한동안 이것

은 잘 작동했는데, 몇 달 지나자 저절로 꺼지는 습관이 생겼어요. 아침에 컴퓨터를 켜면 안정화되기 전에 7~8번은 꺼졌어요. 나는 아내에게 서비스 센터에 전화를 해보라고 했고, 마침내 몇 달 지나서 그녀가 전화를 했어요.
상담원은 외주 업체라서 인도에 있었는데, 아주 쾌활했어요. 컴퓨터가 켜짐 상태에서 안정화되었기 때문에 30분 만에 그가 문제를 잡아내었고, 기계가 완벽한 상태라고 말했어요. 아 물론 그 문제는 여전했죠. 며칠 뒤에 아내가 다시 전화를 했고, 다른 기술자가 받았어요. 이 사람은 모든 자료를 백업하고, 하드디스크를 다시 포맷하라고 했어요. 우리는 이 엄청난 일을 하지는 않았어요.
그런데 나는 최근에 EFT를 공부했으니, 컴퓨터에 대리 EFT를 하는 게 그리 손해 볼 것도 없다고 생각했어요. 그래서 나는 컴퓨터에서 침실 두 칸의 간격을 두고 편안하게 EFT 기본 과정을 몇 번 했어요. 나는 다음과 같은 수용확언을 했어요. "내 아내의 컴퓨터가 저절로 꺼지지만 나는 깊이 진심으로 이것을 받아들이고, 컴퓨터가 인간이 끄지 않으면 켜져 있는 상태로 있는 것을 선택합니다."
연상어구로는 다음과 같이 말했어요. "컴퓨터가 저절로 꺼진다." 나는 수용확언을 말한 뒤에 뇌조율과정을 다시 했고, 이런 식으로 EFT를 몇 번 했습니다. 그 결과요?! 8일이 지나도록 컴퓨터가 단 한 번도 꺼지지 않았습니다! 8일이 지나자 하루에 몇 번 정도 저절로 꺼지기 시작했습니다. 그래서 다시 EFT를 해보았죠. 그랬더니 다시 7일 동안 정상적으로 작동해서 EFT

에 반응했습니다. 그리고 다시 컴퓨터가 저절로 한 번 꺼졌고, 나는 곧 다시 EFT를 했죠. 그러자 무려 석 달 동안 컴퓨터가 잘 작동했습니다. 그리고 다시 3시간이 지나자 고장이 났습니다. 그래서 마지막으로 EFT를 했고, 현재 34일째인데 컴퓨터는 정상적으로 작동하고 있습니다.

그런데 왜 EFT가 컴퓨터에 효과를 낼까요? 컴퓨터가 경혈이나 경락이 있다고 생각하지는 않는데요. 이것은 아마도 의도의 문제인 것 같습니다. 윌리엄 틸러의 의념으로 숟가락 휘기와 비슷한 것 같아요. 그렇다면 그 작동 방식은 의념의 힘이 확언의 인도를 받고, 두드림으로 더 집중되고 강화되는 것이라고 설명할 수도 있겠네요.

당신을 존경하는 래리(로렌스 매닝)로부터

이상은 개리의 홈페이지emofree.com에 올라온 사례다. EFT는 종종 무생물에게 작용하는 경우도 있다. 아마도 인간의 의념이 인간이 아직까지는 이해할 수 없는 어떤 방식으로 사물에 작용하기 때문에 이런 일이 일어난다고 볼 수 있다. 사실 유럽과 미국 쪽에서는 이런 마음의 힘을 '의념의 힘'power of intention이라고 부르면서 상당히 많은 연구 결과가 쌓여 있다. 본문에서 언급한 윌리엄 틸러William Tiller는 스탠퍼드 공대 재료 공학자로 바로 그런 연구를 많이 한 사람이다.

나는 오래 전 이 신기한 사례를 보고서 아주 감동했다. '마음은 사물에도 작용하는구나!' 그러다 마침 어느 날 강의 준비를 하느라고 컴퓨터와 프로젝터를 연결했는데, 서로 인식을 못해서 컴퓨터의 화면이 스크린에 뜨지를 않았다. 평소대로라면 연결하자마자 작동하거나 한 번 컴퓨터를 껐다가 켜면 100퍼센트 작동했는데, 한 10여 분 정도 컴퓨터를 다시 켜보고 프로젝터를 다시 켜보는 것을 수십 번 해도 전혀 작동하지 않았다. 참 황당했다. '곧 강의를 시작해야 하는데, 가장 중요한 화면이 안 나오다니!' 그러다 문득 이 사례가 떠올라 잠깐 EFT를 했다.

"컴퓨터도 프로젝터도 서로를 인식하지 못해서 화면이 뜨지 않지만 나는 나를 이 컴퓨터를 이 프로젝터를 깊이 진심으로 이해하고 받아들입니다." 이런 수용확언으로 잠시 두드렸다. 그리고 잠시 화장실에 갔다 왔는데, 화면이 두둥, 하고 스크린에 벌써 떠있는 것이 아닌가! 마음의 세계에는 이렇게 신비한 면이 있다. 다들 컴퓨터 쓰면서 스트레스 많이 받지 않는가? 이럴 때 간단하게 EFT 한번 해보라. 마음은 물론 편안해지고 혹시 컴퓨터가 작동할지도 모르니까.

7
EFT로 마음을 고치면 병이 낫는 이유

엄마 뱃속에서 받은 상처가 평생 건강을 좌우한다

● 누구나 태아기 기억을 갖고 있다

오래 전 EFT워크숍에서 단체로 EFT를 하는데 갑자기 한 40세 기혼 여성이 발작을 일으켰다. 그녀는 평소에 극심한 대인 공포증이 있었는데, 갑자기 이때 온몸을 부들부들 떨면서 가쁜 숨을 몰아쉬며 펑펑 울고 있었다. 이에 나는 일단 그녀를 강의장 밖의 한적한 곳으로 데려가서 30분 이상 EFT를 해주면서 어떤 생각이 떠올랐는지 물었다. "엄마 뱃속에서 나갈까 말까 고민하고 있어요. 누가 이 아이를 위로해줬으면 좋겠어요."

자초지종을 다 들어보니 그녀가 엄마 뱃속에 있을 때 아버지가 엄마를 마구 때렸고, 출산 과정도 3일에 걸친 난산이어서 산모와 아이가 둘 다 거의 죽다시피 했다는 것도 알게 되었다. 곧 그녀가 태어날 당시의 트라우마가 마침 이때 떠올라서 그녀는 이른바 '감정 발작'에 빠진 것이었다. 이런 나의 경험담을 들으면서 다들 놀라면서도 약간은 의심이 들 것이다. '뇌가 아직 만들어지지도 않은 태아가 어떻게 기억을 해?'라고 말이다.

하지만 EFT를 하면 할수록 태아기의 기억을 떠올리는 사람이 많이 보게 되었고, 결국에는 나도 애초의 편견을 모두 버리고 우리 모두 태아기의 기억을 갖고 있다는 사실을 인정하게 되었다. EFT로 핵심 주제, 곧 병의 원인이 되는 과거 기억을 죽 찾아 들어가다 보면 내담자들이 종종 한두 살, 심지어 뱃속의 기억까지 막 떠올려서 말을 하기 때문이다. 나는 인간의 무의식의 이런 특성을 종종 이렇게 설명한다. "내 무의식은 마치 시시티비처럼 나의 모든 것을 다 관찰하고 기억하고 있다."

어느 내담자가 이런 경험담을 보냈다. "혼자서 EFT를 하는데 처음에는 9살 때를 생각하면서 했는데, 하면 할수록 아주 더 어릴 때가 생각났어요. 그러다가 돌이 막 지났을 무렵에 혼자 외할머니에게 맡겨졌던 기억이 났어요. 그러자 점점 몸이 애기처럼 돌돌 말리고, 딱 애기들 자지러지게 우는 소리를 내다가, 나중에는 정신없이 '엄마, 엄마'

하고 부르면서 울었어요. '현재의 나'라는 자의식이 분명히 있는데, 그 자의식이 저 뒤로 물러나 있고, 대신에 돌이 지난 아기가 의식 전면에 나와있는 느낌이었어요. 그래서 '어? 나 왜 이러지?' 하는 생각이 분명히 드는 데도 몸은 계속 정신없이 울고 있었어요."

나는 수많은 EFT 경험 끝에 인간은 모두 태아기의 기억을 갖고 있다는 사실을 깨달았고, 그 뒤에는 혹시나 나의 이런 경험을 객관화시켜줄 다른 자료가 없는지 검색해보았다. 그러다가 일본의 한 산부인과 의사가 쓴《아기는 뱃속의 일을 기억하고 있다》라는[12] 책을 발견했다. 제목 자체가 바로 내가 알고 싶은 주제라 바로 주문했고, 그 내용도 아니나 다를까 내 생각이 틀리지 않음을 다시 한 번 확인시켜주었다. 다음에 간략하게 그 책의 인상적인 내용을 한번 말해보자.

① 태아에게도 의식과 기억이 있다

2000년에 2~7살 아이가 있는 72명의 엄마들에게 저자가 물었다. 그랬더니 절반 이상이 자신의 아이가 태아기를 기억한다고 말했다. 뱃속에서 태동이 너무 없었던 4살 9개월 아이에게 한 엄마가 물었다. "왜 뱃속에서 그렇게 움직이지 않았니?" 아이가 말했다. "엄마가 '아파요'했어요. 엄마가 너무 가여웠어요. 그래서 움직이지 않았어요."

12 《아기는 뱃속의 일을 기억하고 있다》, 이케가와 아키라, 샨티

이 엄마가 이에 기억을 더듬어보니 이 아기를 뱄을 때 너무 힘들어서 태동이 있을 때 마다 "아파요! 너무 움직이지 마"라고 했던 게 생각났다. 어떤 아이는 뱃속에서 아빠가 불렀던 노래를 기억해냈다. "코끼리야, 코끼리야, 너는 코가 길구나." 아빠는 자주 이런 노래를 흥얼거렸다고 한다.

② 아기는 출산 과정의 고통을 기억한다

아기들은 이런 말을 했다. "아팠어요." "무서웠어요." "나는 머리부터 나왔어. 문을 하나하나 열고 나왔어." 난산을 경험했던 아이는 이렇게도 말했다. "빨리 나가고 싶었는데 그럴 수가 없었어. 너무 힘들었어. 그리고 눈이 막 부셨어." 심지어 출산 과정에서 주위에서 하는 말을 기억하기도 했다. "'술술 미끄러지듯 편하게 나와라' 하고 아빠하고 엄마가 말했어요."

● **엄마 뱃속 트라우마가 평생 건강을 좌우한다**

수천 명 이상의 온갖 심리적, 육체적 문제에 대해 EFT를 하다 보니 갈수록 분명해지는 사실이 있었다. EFT를 하면 할수록 태아기의 경험을 누구나 무의식에 갖고 있고, 그때 받은 상처가 평생 건강에 영향을 준다는 것을 거듭거듭 경험하게 되면서 나는 이런 결론을 내리게 되었다.

- 누구나 무의식에 태아기의 기억을 갖고 있다.
- 잘 낫지 않는 심각한 병(심리질환 포함)을 가진 사람은 거의 대부분 태아기에 큰 상처를 받았다.
- 태아기에 받은 상처가 마음과 몸을 포함한 평생 건강에 영향을 준다.
- EFT로 태아기의 기억을 지우면 엄청난 치유력이 생긴다.

처음 이런 결론에 도달했을 때 나는 노벨상을 받을만한 발견이라도 한 것처럼 기뻤다. 그러나 얼마 안 가 다시 이런 의문이 생겼다. 수많은 누적된 경험으로 이런 결론에 도달했는데, 과연 이것이 나만의 독단이면 어떡하나? 그래서 나의 이런 경험을 뒷받침할 이론이 혹시 없는지 다시 아마존과 구글을 통해 온갖 검색을 하다가 마침내 '태아 프로그래밍'Fetal Programming이라는 이론을 발견했다. 이것은 완벽하게 나의 이론이 옳음을 증명해주는 것이 아닌가!

1960년대까지 서구의 의학계에서는 태아가 외부 환경으로부터 완벽하게 보호받는다고 생각했다. 이 보호에는 영양과 심리적 영향도 모두 포함되어서, 엄마가 심리적으로 힘들고 영양이 부족하더라도 아기는 별 영향을 안 받는다고 믿었다. 그래서 심지어 과체중 산모들은 담배나 술을 약간씩 하는 게 좋다는 조언을 의사에게 받을 정도였다. 하지만 엄마 뱃속에서의 열 달이 인생에서 가장 결정적인 순간이어서 그의 성격과 능력과 건강까지 결정짓는다면 어떻게 될까?

1980년 초 데이비드 베이커David Baker라는 의사는 영국의 가장 가난한 지역에서 심장질환 발병률이 가장 높다는 특이한 사실을 발견한다. 심장질환의 주원인은 비만과 운동부족이라고 기존 의료계에서는 보아서 심지어 '부자들의 병'이라고 불리고 있었기 때문이다. 베이커는 무려 13,000명을 조사해서 한 가지 분명한 사실을 확인한다. "저체중으로 태어난 신생아가 중년에 심장 질환에 걸릴 확률이 훨씬 높다." 그는 이런 저체중의 원인을 모체에서 찾아서 이런 가설을 세웠다. "임신한 여성의 영양 상태가 좋지 않으면 태아가 작게 태어난다. 심장 질환의 원인은 태아기에 있을지 모른다."

이 가설은 1990년대까지 '베이커 가설'로 불렸고, '태아 프로그래밍' 이론의 효시가 된다. 태아 프로그래밍이란 태아가 자궁 안에서 있었던 일을 기억하고, 이를 토대로 태어난 이후의 삶을 계획한다는 것이다. 그런데 베이커 가설은 당시에는 인정받지 못하고 도리어 조롱거리만 되었다. 당시의 모든 학자들은 인간의 질병은 유전자나 생활습관의 문제라고만 생각했기 때문이다. 그러나 운명의 여신은 점차 베이커의 손을 들어주게 되는데, 영국이 아닌 네덜란드에서 그의 이론이 다시 주목받게 되는 것이다.

네덜란드에서는 많은 국민들이 다양한 질병의 원인을 규명하는 실험에 참여하고 있고, 암스테르담 병원의 테사 로즈붐Tessa Roseboom 박사가 이 실험을 주도하는데, 그녀는 한 가지 놀라운 사실을 발견했다. 70년 전에 일어난 2차 세계 대전이 아직도 그때 태어난 사람들의 건강에 영향을 주고 있었던 것이다. 1944년 겨울에 독일군은 네덜란드를 완전 봉쇄해서 당시에 네덜란드 국민들이 약 10개월 동안 무려 2만 명이 사망했는데, 동시에 약 4만 명의 여성이 임신 중이었다.

이른바 이 '전쟁둥이'들은 전쟁이 끝나고 완전히 잊혔는데, 1990년대 중반이 되면서 다시 주목받기 시작한다. 전쟁둥이들이 중년이 되면서 비만과 당뇨, 심장병에 많이 걸린다는 사실이 드러난 것이다. 참고로 네덜란드는 완전히 선진국이라 당시의 우리나라와 달리 모든 국민의 출생 및 의료 기록이 병원에 그대로 남아있어 이러한 사실이 쉽게 발견되었다. 의사들은 원래 심장병과 당뇨의 원인은 유전과 생활습관이라고 생각했지만, 로즈붐 박사가 병원에서 전쟁둥이들의 출생 기록을 찾아보자 다음과 같은 놀라운 사실이 밝혀졌다.

- 현재 성인병에 많이 시달리는 사람들일수록 전쟁기에 엄마 뱃속에 있던 기간이 길었다.
- 전쟁둥이들의 성인병 발병률은 전쟁 뒤에 잉태된 사람들보다 훨씬 높았다.
- 전쟁둥이들은 저체중으로 태어난 경우가 많았다.

형제자매라 하더라도 엄마 뱃속에서의 경험 차이는 건강에도 역시 차이를 낳았다. 한 예로 전쟁둥이인 한 여성은 50세에 당뇨가 생겼지만, 그 뒤에 태어난 여동생은 평생 큰 병 없이 건강하게 살고 있었다. 요약하자면 전쟁둥이들은 50~60세가 된 이후에 고혈압, 고지혈증, 당뇨 및 심장병을 앓는 경우가 훨씬 많았다. 게다가 전쟁둥이들의 형제까지 조사해본 결과는 충격적이었다.[13]

"성인병에 관한한 유전이나 생활환경보다는 자궁 속 상황이 그들의 건강에 더 큰 영향을 준다."

1998년 1월 6일에 캐나다에는 이른바 '얼음 폭풍'이라 불리는 캐나다 역사상 최악의 자연재해가 발생한다. 무려 일주일 동안 얼음과 눈이 내려 캐나다를 덮었고, 도로가 마비되고 전기는 끊겨서 물자 공급이 중단됐다. 이에 많은 사람들이 집을 버리고 공공시설로 대피해야 했다. 이때 마침 캐나다 맥길 대학의 수잔 킹Suzane King 교수는 당시에 89명의 임신부를 연구하게 되고 그 연구는 무려 현재 18년째 진행되고 있다. 그녀는 먼저 얼음 폭풍 당시에 임신부들이 받은 스트레스 정도를 설문조사로 측정하고, 다시 이렇게 태어난 아이들을 추적 조사했다.

13 《EBS 다큐프라임 퍼펙트 베이비》, EBS 〈퍼펙트 베이비〉 제작팀, 미래엔

애초에 수잔 킹 교수는 얼음 폭풍의 영향이 단기적일 것이라 예상했으나 그 예상은 완전히 빗나갔다.

- 생후 24개월째 실시한 평가에서 그 당시에 엄마가 스트레스를 많이 받았을수록 유아의 지적 능력이 떨어졌다. 이 결과는 5, 8, 11, 13세에도 그대로 나타났다.
- 이런 아이들은 5세 때 조사해보니 비만의 경향성이 높았다.
- 이런 아이들을 11세 때 조사해보니 학습과 감정 및 스트레스 조절과 관련해서 매우 중요한 영역인 뇌의 해마 부위가 보통 아이들에 비해 더 작았다.
- 이 아이들이 13세살 반이 되었을 때 불안과 우울 같은 증상이 비교적 더 많았다.

또 독일 콘스탄츠 대학교의 토마스 엘베르트Thomas Elbert 교수는 임신 기간에 남편의 폭력에 시달린 25명의 여성을 모집해서, 동시에 10대가 된 그들의 자녀들도 함께 면담하고 조사했다. 이 아이들은 확실히 성격이 달랐다. 더 산만하거나 불안해 하고 모험심도 적었다. 이 아이들의 유전자를 조사해보니 25명 중 7명의 자녀에게서 스트레스 호르몬을 조절하는 글루코코르티코이드 수용체 유전자가 작동하지 않음이 드러났다. 곧 스트레스를 억제하는 스위치가 꺼진 것이다. 달리

말하면 이 스위치가 엄마 뱃속에서 스트레스를 너무 받아서 그냥 꺼져 버린 것이다. 이 두 교수의 실험의 의미는 요약하면 다음과 같다.[14]

> "아이가 엄마를 통해 엄마 뱃속에서 경험한 것은 아이의 평생에 걸쳐 흔적으로 남는다."

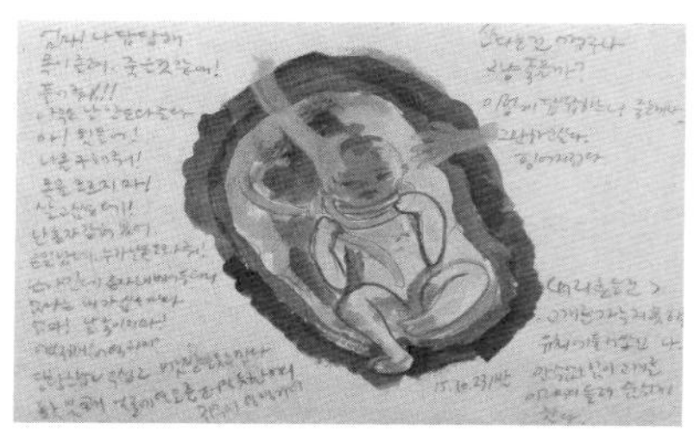

내게 EFT로 치료 받은 분이 태아기와 유아기의 기억을 떠올려 그린 그림이다.

● 태아는 엄마 뱃속에서 다양하게 상처받는다

앞에 나온 설명으로 독자들은 엄마가 전쟁으로 굶주릴 때, 엄마가 자연 재난을 당할 때, 엄마가 아빠와 자주 싸울 때 태아는 엄마의 뱃속에서 엄마와 함께 엄청난 스트레스를 받는다는 것을 알게 되었을 것

14 앞의 책.

이다. 그런데 EFT를 하면서 알게 된 일명 '엄마 뱃속 트라우마'는 이것보다 훨씬 더 복잡하고 다양했다. 여기에 내가 경험한 뱃속 트라우마 사례들을 나열해보자.

사례 1 어느 날 60대 여성이 죽을 것 같은 공포와 불안과 만성 소화장애를 호소하면서 내게 왔다. 그녀가 내게 말했다. "평생 사는 것도 무섭고 죽는 것도 무서웠어요." 직감적으로 뱃속 트라우마가 있음을 느껴서 태어나기 전후의 상황을 물었다. "내 위로 언니가 둘 있는 데다가 시어머니가 너무 무서워서 엄마가 또 딸인 나를 낳자마자, 같이 죽겠다고 나를 방구석에 내버려두고, 며칠 동안 방문을 걸어 잠궜어요. 식구들이 겨우 열고 들어가서 우리를 구출해냈어요." 아마도 이렇게 죽도록 방치당한 공포가 평생 그녀의 무의식에 남아 그녀를 괴롭혔을 것이다.

사례 2 평생 우울증과 따돌림의 상처와 대인공포증을 갖고 살아온 30대 여성은 또 이렇게 말했다. "제가 둘째 딸인데, 엄마와 아빠가 그렇게 많이 싸웠대요. 그러다 엄마가 출산할 때 제가 24시간 넘게 나오지를 않아서, 엄마가 저를 낳자마자 너무 미워서 심지어 확 때렸대요." 그녀는 평생 엄마 눈치를 보면서 살았는데, 아마도 이런 상처가 원인이었을 것이다.

사례 3 20대 여대생이 불안과 대인공포증 때문에 찾아왔다. 유치원에 다닐 때에도 불안이 심하고 낯을 너무 가려서 할머니가 유치원에 같이 있었다고 했다. 이렇게 아주 어릴 때부터 예민한 아이들은 기본적으로 뱃속 트라우마를 가지고 있을 확률이 매우 높다. 아니나 다를까 그녀의 어머니가 임신했을 때 비장에 문제가 생겨서 개복 수술을 받아야 했고, 임신을 유지할 수 있을지 고민을 많이 했다는 것이다. 아마도 이것 때문에 그녀는 엄마 뱃속에서 극심한 죽음의 공포를 느꼈을 것이다.

사례 4 평생 불안과 우울증과 화병과 온갖 만성 질환에 시달린 40대 여성이 찾아왔다. 게다가 그녀는 이혼 위기에 처해 있었고, 아이들도 온갖 만성 질환에 시달리고 있었다. 이에 그녀의 출생 전후를 물었다. 그녀의 엄마는 혼전 임신 상태에서 아버지와 결혼했다고 했다. 그러자 모든 비밀이 풀렸다. 그 당시에 혼전 임신이란 요즘과 달라서 집에서 쫓겨날 일이 아닌가. 아마도 그녀의 어머니는 아이를 낳을까 말까, 결혼을 할 수 있을까, 사람들이 어떻게 볼까 등 수많은 고민을 했을 것이다. 이런 엄마 뱃속에서 그녀는 엄마가 자신을 죽일지도 모른다는 공포와 엄마가 자신을 환영하지 않는 것에 분노를 느꼈을 것이다.

사례 5 어느 날 평생 부끄럼 많이 타고 남의 눈치만 본다는 60대 여성이 왔다. 그녀의 출생 상황을 물었다. 7남매의 막내로 큰 조카가 그녀와 동갑이었다. 곧 큰 언니가 임신했을 때 어머니가 그녀를 임신했던 것이다. 늙어서 딸과 함께 배가 불러있는 것을 어머니가 너무 부끄러워했다고 한다. 이에 곧 전체 상황이 짐작되었다. 아마도 그녀의 어머니는 낙태 시도도 여러 번 했을 것이고, 그러다 실패해서 낳았을 것이다. 결국 그녀는 엄마 뱃속에서부터 '나는 태어나지 말아야할 부끄러운 아이야. 나는 언제 죽을지 몰라'라고 느꼈을 것이고, 이런 부끄러움과 두려움이 그녀의 성격이 되었던 것이다.

이상 몇 개의 사례를 예로 들었는데, 사실 뱃속 트라우마는 사람 수만큼이나 많고 다양하다. 탯줄을 느슨하게 묶어서 과다출혈로 죽다 살아난 아이, 엄마가 낙태약을 먹었는데 안 죽고 태어난 아이, 엄마가 아들 낳으려고 했는데 자신은 딸로 태어난 사례, 태어날 때 엄마를 힘들게 했다고 미움 받은 사례, 엄마가 낙태하려고 산부인과까지 갔는데 낙태하는 광경이 무서워서 돌아왔다는 사례, 태어나자마자 입양된 사례, 태어날 때 난산으로 죽을 고비를 넘긴 사례 등이 있다. 자 여기까지 제법 많은 얘기를 했는데, 여기에서 엄마 뱃속 트라우마가 왜 중요한지 다시 한 번 정리해보자.

- 태아는 너무 연약해서 쉽게 상처 받기 때문에 대부분 엄마 뱃속 트라우

마가 있다.

- 엄마 뱃속 트라우마는 한 사람의 성격과 평생 건강을 결정한다.
- 엄마 뱃속 트라우마가 치유되어야 고질적인 심리적 육체적 질병이 나을 수 있다.

여기까지 나의 설명을 들은 독자들은 이제 아마도 이런 의문을 가질 것 같다. "엄마 뱃속 트라우마가 정말 중요하다는 것은 알겠는데, 그런데 이것을 어떻게 고쳐요?" 그래서 미리 단언한다.

"EFT로 엄마 뱃속 트라우마를 치유할 수 있다."

이에 대한 구체적인 치료법은 '엄마 뱃속 트라우마(390쪽)'를 보도록 하라.

아동기에 받은 상처가 평생 건강을 좌우한다

● **아동기 상처 연구** The Adverse Childhood Experiences (ACE) Study

나는 앞에서 핵심 주제를 설명하면서 '육사감생' 이론을 설명했다. 다시 말하면 거의 모든 육체적, 심리적 증상의 이면에는 이 병의 원인이 되는 '사건'(상처)과 이런 사건을 겪으면서 생긴 '감정'과 '생각'들이 있고 이것들이 병의 원인이 된다는 것이다. 나는 이것을 간단히 이렇게 말한다. "인생의 온갖 상처가 몸과 마음의 모든 병이 된다." 수 천 명의 사람들의 몸과 마음의 온갖 증상을 치료해주면서 일찍이 이것을 확실히 깨달았는데, 특히 태아기와 성장기의 상처가 제일 중요하다는 것을 깨달았다. 그래서 다시 확실히 이렇게 말할 수 있다.

"태아기와 성장기의 심리적 상처(트라우마)가 몸과 마음의 모든 병이 된다."

그중에서도 태아기 상처가 성인 건강에 미치는 영향의 심각성은 앞에서 충분히 설명했고, 아동기 상처가 성인 건강에 미치는 영향의 심각성을 객관적으로 증명하는 자료가 있는지 알고 싶었다. 그래서 또 인터넷으로 온갖 자료를 뒤지면서 검색하다가 어느 날 마침 유명한 강의 프로그램 테드ted.com에서 한 강의를 듣게 되었다. 소아과 여의사인[15] 그녀는 강의를 이렇게 시작했다.

"1990년대 중반에 미국의 질병통제센터와 카이저퍼머넌트 의료 재단은

15 Nadine Burke Harris, How childhood trauma affects health across a lifetime, ted.com

미국의 10대 주요 사망원인 중의 7개의 원인 요소의 위험성을 엄청나게 높이는 독소를 발견했다. 이 독소에 많이 노출되면 뇌 발달, 면역계, 내분비계 및 유전자 발현까지 영향을 받는다. 이 독소에 고농도로 노출되면 심장병과 폐암 발생률이 3배 이상 높아지고 기대 수명이 20년 단축된다. 그런데 아직 의사들은 현재 이것의 검진법이나 치료법을 모른다. 내가 말하는 이 독소는 살충제나 포장제용 화학 물질 같은 것이 아니다. 이것은 바로 아동기 상처다."

아동기 상처! 바로 내가 말하는 그 상처가 아닌가. 그래서 나는 그녀의 강의를 여러 번 듣고, 그녀의 연구의 시발점이 된 논문도[16] 구글로 검색해서 보게 되었다. 여기에 그 강의와 그 논문의 일부를 요약해서 소개한다. 이른바 '아동기 상처 연구'The Adverse Childhood Experiences Study라는 누구나 알아야할 중요한 실험 논문이다. 이 실험에서 연구자들은 무려 17,500명의 성인들에게 아동기에 어떤 상처를 받았는지 설문지로 조사했다. 이런 상처에는 육체적 정서적 또는 성적 학대, 육체적 정서적 방임, 부모의 정신질환이나 구금이나 약물 중독, 부모의 별

16 Relationship of Childhood Abuse and Household Dysfunction to Many of the Leading Causes of Death in Adults, The Adverse Childhood Experiences (ACE) Study by Vincent J. Felitti, MD, FACP, Robert F. Anda, MD, MS, Dale Nordenberg, MD, David F. Williamson, MS, PhD, Alison M. Spitz, MS, MPH, Valerie Edwards, BA, Mary P. Koss, PhD, James S. Marks, MD, MPH

거나 이혼, 가정 폭력이 해당되었다. 이런 사항에 해당하는 것이 하나씩 있을 때마다 이른 바 '아동기 상처 점수' 1점씩을 얻는다. 연구자들은 이 점수와 그들의 건강 수준과의 연관성을 살폈다.

그들은 놀라운 사실 두 가지를 발견했다. 첫째 평균 상처 점수가 믿을 수 없게 높게 나왔다. 최소한 70퍼센트는 적어도 1점을 받았고, 12.6퍼센트는 4점 이상의 높은 점수를 받았다. 둘째 점수가 높을수록 건강 수준이 확 나빠졌다. 4점 이상 받은 사람들은 폐쇄성 폐질환에 걸린 빈도가 0점을 받은 사람들에 비해 2.5배였고, 간염에 걸린 빈도는 또한 2.5배였고, 우울증에 걸린 빈도는 무려 4.5배였고, 자살률은 엄청나게도 12배였다. 7점 이상 받은 사람들은 폐암에 걸린 빈도가 3배였고, 허혈성 심질환(미국의 사망 원인 1위 질환)에 걸린 빈도가 3.5배였다.

아이의 병은 부모가 원인이다

앞에 나온 논문에서 아동기의 상처가 되는 원인들을 잘 설명했는데, 그밖에도 아주 미묘하고 다양한 방식으로 아이들은 상처를 받는다. 이와 관련해서 《모원병母原病》이란 책[17]에서 저자는 아동기 상처의 상당 부분이 잘못된 양육에 있다고 주장한다. 다시 말해서 아이들의 다

17 규토쿠 시게모리, 엔북

양한 병의 원인의 상당수가 엄마의 부적절한 양육 방식에서 비롯된다고 주장한다. 일본에서 무려 100만 부가 팔렸다는 이 책의 뒤표지에는 이런 소개글이 나온다. "1년 내내 감기를 달고 사는 아이, 학교 갈 때만 되면 배나 머리가 아픈 아이, 아토피 피부염에서 헤어나지 못하는 아이, 천식으로 고생하는 아이, 너무 많이 먹거나 도저히 먹지 않으려는 아이 등, 병원에 다녀도 쉽게 낫지 않는 아이들의 이상증세가 늘고 있습니다. 이러한 증세의 원인이 바로 엄마일 수 있다는 사실을 아십니까?"

이 책의 저자는 일본의 소아과 의사로서 심신의학의 관점에서 아이들을 치료하고 있고 특히 중증 천식 및 알레르기 치료 전문 병원을 운영하면서 명성을 얻고 있다고 한다. 이 책의 내용을 간단히 요약하면 이렇다.

- 엄마의 부적합한 양육 태도가 아이에게 온갖 질환을 발생시킨다.
- 따라서 아이의 병을 고치면 엄마의 양육 태도와 모자 관계를 바꾸어주어야 한다.
- 모원병은 감기, 천식, 각종 통증, 행동 불량, 알레르기, 복통, 설사, 아토피 등으로 아주 다양하다.

나는 이 책 내용에 대부분 공감하지만 아버지 영향도 상당히 있는데 그것은 배제되어 있어서 좀 아쉬웠다. 그럼 이제 내가 경험한 모원병 사례들을 말해 보자. 초등 4년생 여자 아이가 왔는데, 잘 먹지도 않고, 키도 제일 작고, 머리 여기저기에 습진도 있었다. 상담을 해보니 엄마가 직장 여성이라 외할머니가 키우는데, 이분이 너무 엄격하고 통제적이었다. 반면에 아이는 나름대로 고집이 있어 제 마음대로 하고 싶은데, 외할머니가 너무 강해서 제 뜻대로 못하니 스트레스가 이만 저만 쌓인 것이 아니었다. 그래서 이런 부분을 엄마와 할머니에게 알려서 할머니가 아이를 좀 더 부드럽게 자율적으로 양육하도록 했다. 그러자 아이의 습진이 사라지고 식욕도 전보다 왕성해졌다. 물론 이 아이의 마음속에 쌓인 할머니에 대한 짜증과 두려움은 EFT로 지워주었다.

모원병은 성인기에도 계속 작용한다. 나는 성인 아토피 환자도 여러 명 치료했는데, 이들의 공통적인 특징이 극심한 애정 결핍이었다. 20대 중반의 갓 졸업한 여성이 극심한 아토피로 왔다. 얼굴과 목과 모든 관절 부위가 헐어서 진물이 나고 있었다. 특히 눈 밑에도 아토피가 심한데 눈이 따가워서 잘 울지도 못하는 지경이었다. 이 여성을 서너 달 치료했는데 처음부터 원인이 딱 나왔다. 어렸을 때 아빠는 가부장적인 폭군이었고, 엄마는 이런 아빠에게 시달려서 우울증을 앓고 있었다.

그러다 보니 제대로 엄마의 사랑을 느낄 수가 없었다. 게다가 폭력적인 아빠에게는 두려움과 분노를, 엄마에게는 연민을 느끼면서도 역시나 자신을 돌봐주지 않았다는 분노가 가득했다. 이런 상처들을 몇 달 동안 EFT로 지우다 보니 아토피 증세도 차츰 사라지기 시작해서 나중에는 슬쩍 보면 아토피가 있다는 것을 알 수 없을 정도까지 좋아졌다. 참고로 이 책은 구입 당시에 절판 상태였는데, 아마도 엄마들이 받아들이기에 쉽지 않은 내용이어서 그렇지 않을까 하는 생각이 들었다. 엄마가 제일 듣기 싫어하는 말이 바로 이 말 아닌가! "도대체 애를 어떻게 키워서 애가 저래?"

통증 부위와 감정은 밀접한 관련이 있다

통증을 느끼는 부위와 감정(또는 생각)은 밀접한 관련이 있다. 나는 수많은 허리 통증 환자를 치료해주었는데, 허리 통증을 일으키는 것은 무조건 '더 이상 버티기 힘들다'는 생각과 감정임을 알게 되었다. 그래서 누가 허리 아프다고 하면 요즘은 그냥 "뭐가 그렇게 버티기 힘들어요?"라고 물을 정도이다. 그래서 이에 대한 대답이 나오면 EFT로 풀어주고 그러면 허리 통증은 사라진다. 흔히 나오는 대답을 보면 다음과 같다. 버티기 힘든 직장, 버티기 힘든 부부 관계, 버티기 힘든 시험, 버티기 힘든 상황, 버티기 힘든 일 등이다.

또 어깨의 통증은 부담감을 뜻한다. 그래서 어깨가 아프다고 하면 “뭐가 그렇게 부담스러워요?”라고 먼저 묻기도 한다. 그러면 시험, 직장, 아내, 남편, 직장 상사, 선생님 등등의 대답이 나온다. 그래서 이에 대한 부담을 EFT로 지우면 어깨의 통증은 자연스럽게 사라진다.

신체의 각 부위에는 그와 결부된 부정적 감정과 생각들이 있고, 이런 생각과 감정들이 쌓이는 만큼 해당 부위가 아프다. 예를 들자면 버티기 힘든 느낌이 쌓이면 허리가 점점 아파지고, 부담감이 쌓이면 어깨가 점점 아파지는 것이다. 이런 상관관계는 일찍이 루이스 헤이가 《힐 유어 바디Heal Your Body》라는 책에서 표로 꼼꼼하게 설명한 적이 있는데, 여기에서 근골격계 통증만 잘 요약해서 간단히 소개하고자 한다.

감정통증 신체지도(Emotional Pain Chart)

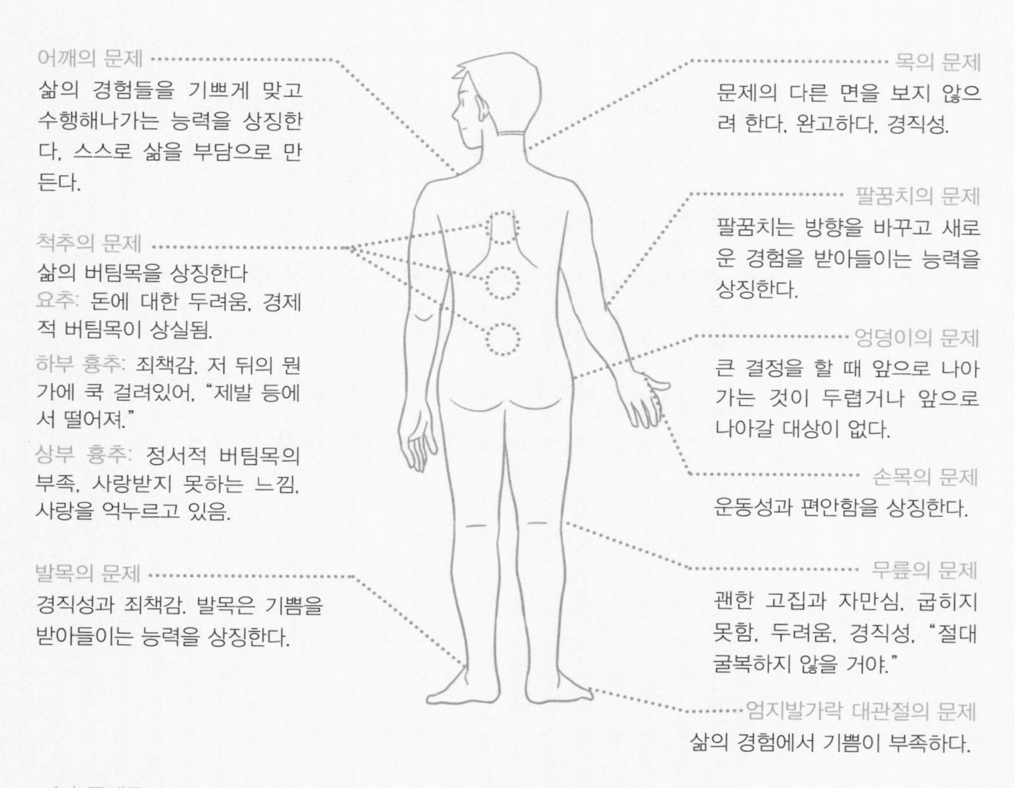

기타 문제들

관절염: 사랑받지 못함, 비난, 분개.
골절: 권위에 대한 반항.
점액낭염: 억압된 분노.
염증: 두려움, 붉은 것을 봄, 분노의 사고.
관절: 삶의 방향 변화를 상징하고 또 이런 전환이 쉬움을 상징한다.
균형 장애: 산만한 사고, 평정심을 잃은 상태.
좌골신경통: 위선적이다. 돈에 대한 두려움 또는 미래에 대한 두려움.
디스크 탈출: 삶에서 더 이상 기댈 곳이 없다. 우유부단하다.
염좌: 분노와 저항, 삶에서 특정 방향으로 나아가고 싶어 하지 않는다.
조직의 경직 경결: 경직성, 완고한 사고.
근육이나 조직의 허약함: 정신적 휴식이 필요하다.

모든 병은 마음에서 생긴다

● 한의학에서 보는 몸과 마음

'몸의 병이 마음에서 생긴다'는 가장 중요한 사실은 최근에 너무 간과되고 있지만, 사실 의학계에서는 너무나도 일찍부터 이 사실을 명백히 인식하고 있었다. 여기에서는 먼저 동양 의학에서 몸과 마음의 관계를 어떻게 인식하고 있었는지 간단히 알아보자. 지금까지 계승되고 있는 한의학이라는 의학 체계를 성립시킨 가장 중요한 기준을 제시한 고전이 있으니 그것이 바로 《황제내경黃帝內經》이다. EFT의 근간이 되는 경락과 경혈 이론도 바로 이 책에서 비롯된다. 이 책은 대략 2천 년 전 한나라 때 성립된 것으로 보고 있는데, 하여튼 한의학계에서는 기독교계의 성경책만큼 중요한 책이라고 할 수 있다. 그런데 이 책에서는 건강과 질병에 대해서 어떻게 보고 있을까?

- 절도 있게 밥을 먹고, 규칙적인 생활을 하고, 함부로 몸을 혹사하지 마라. 그러면 몸과 마음이 온전해져서, 천수를 다 누리니, 100살까지 살다가 간다. 食飮有節, 起居有常, 不妄作勞, 故能形與神俱, 而盡終其天年, 度百歲乃去.
- (생각과 감정을 버려서) 마음이 덤덤하게 텅 비면, 생명력(자연 회복력)이 돌아오고, 정신이 제 자리를 지킨다. 그러니 병이 어디에서 생길 수 있겠는가? 恬惔虛無, 眞氣從之, 精神內守, 病安從來.

- 이미 생긴 병을 치료하기보다는 병이 생기기 전에 예방하라. 不治已病, 治未病.

유명한《동의보감》에서는 몸과 마음의 관계를 어떻게 보고 있는지 살펴보자.

- 옛날의 깨달은 의사들은 사람의 마음을 치료하여 병이 생기지 않게 예방할 수 있었다. 그러나 요즘 의사들은 몸의 병만 치료할 줄 알 뿐이지 사람의 마음을 치료할 줄 모른다. 이것은 근본을 버리고 말단을 좇는 것이며, 원인은 탐구하지 않고 결과만 내려하는 것이니, 병이 낫기를 바라지만 어찌 어리석다 하지 않겠는가. 비록 어쩌다 잠시 운이 좋아서 낫는다 하더라도 모두 속세의 무지한 의사들이나 하는 짓이니 따를 바가 못 된다.

- 병을 치료하려면 먼저 그 마음을 다스려야 한다. 먼저 마음을 바로잡으면 도를 깨닫는 데에 도움이 된다. 환자가 마음속의 의심과 걱정, 모든 헛된 생각, 모든 불평, 모든 남과 비교하는 생각들을 다 버리게 하고, 평생의 잘못과 실수를 뉘우치고 깨닫게 하라. 그리하여 환자의 몸과 마음이 자연의 섭리를 회복하게 하라. 이렇게 꾸준히 하면 정신이 통일되어 저절로 마음이 편안해지고 성격도 부드러워진다. 더 나아가 세상 모든 일에 집착할 것이 없고, 욕심내어 하는 모든 짓이 쓸데없고, 몸이라는 것도 실체가 아닌 허깨비이며, 좋은 일과 나쁜 일도 고정된 실체가 없고, 삶과 죽음이

라는 것 자체가 하나의 꿈임을 알게 된다. 이렇게 모두 깨닫게 되면 모든 문제가 다 풀리며 마음이 저절로 깨끗해져서 병이 저절로 낫는다. 이렇게 된다면 약을 먹기도 전에 벌써 병이 낫는다. 이것이 깨달은 이가 도를 일깨워서 마음을 고치는 탁월한 방법이다.

- 깨달은 이는 병이 나기 전에 고치고, 의사는 병이 난 뒤에 고친다. 병이 나기 전에 고치는 것이 마음 치료나 수양이다. 병이 난 뒤에 고치는 것이 약과 침과 뜸이다. 이렇게 치료법은 두 가지가 있으나 병의 원인은 하나일 뿐이니 마음에서 생기지 않는 병은 없다.

《기적수업》에서 보는 몸과 마음

개리 크레이그가 20년 이상 연구했다는 《기적수업》에도 몸과 마음의 관계에 대한 많은 얘기들이 나온다. 개리 크레이그는 공공연히 자신의 사상이 《기적수업》에 근거하고 있다는 말을 하고 있고, 당연히 이 책의 정신이 그의 EFT 치료 철학의 밑바탕을 형성하고 있다. 그래서 여기에 이 책의 관련 내용을 잠시 소개한다.

- 마음 치료만이 세상에 존재하는 유일한 형태의 치료다. 오직 마음만이 병들고 마음만이 치유될 수 있기 때문이다. 오직 마음만이 치유가 필요하다.

- 마음이 어떤 형태로든 몸을 공격의 수단으로 쓴다면 몸은 질병과 노화와 부패의 제물이 된다. 대신에 마음이 육신을 위한 성령의 목적을 받아들인다면 몸은 타인과 소통하는 유용한 수단이 되고, 육신의 필요가 있는 동안 몸은 무엇보다 굳건해지고, 마침내 몸의 쓰임새가 다하면 부드럽게 몸을 벗어 내려놓게 된다.
- 질병은 일종의 외부 탐색이다. 하지만 건강은 내면의 평화다.
- 모든 치유는 두려움에서 벗어나는 것이다.
- 모든 치유는 과거에서 벗어나는 것이다.

보시다시피 개리는《기적수업》의 가르침대로 EFT로 마음을 고쳐서, 수많은 사람의 수많은 몸과 마음의 병을 성공적으로 치료하는 위대한 사명을 달성하고 있다. 독자 여러분들도 이 위대한 사명에 함께 동참해보고 싶지 않은가!

● 장수의 비결은 편안한 마음이다

1870~1900년 동안 덴마크에서는 무려 2,872명의 일란성 쌍둥이들을 연구했다. 이 연구에 따르면 기대 수명의 25퍼센트만이 유전자의 영향을 받고, 나머지 75퍼센트는 생활 습관과 매일의 선택에 의해서 결정된다고 한다. 결론적으로 우리의 생활 태도를 바꾸면 생물학적 한

계 안에서 얼마든지 우리의 수명을 늘일 수가 있다.[18] 그런데 과연 생활 태도를 어떻게 바꾸어야 평균 수명을 늘일 수 있을까? 다행히 일찍이 이런 의문에 답을 주는 연구를 한 사람이 있다. 〈내셔널지오그래픽〉 기자이자 장수학 전문가인 댄 뷰트너Dan Buettner는 100세 이상 장수 노인이 가장 많은 네 곳을 골라서, 연구팀을 짜서 그들의 장수 비결을 조사해서 그 결과를 책으로 냈고, 그 책은 〈뉴욕타임즈〉 베스트셀러가 된다. 여기서는 그 비결을 요약하면 다음과 같다.[19]

1. 꾸준히 몸을 쓰되 과로하지는 마라.
2. 배부르게 먹지 말고, 야채를 많이 먹고, 고기와 가공 식품을 줄여라.
3. 매일 아침 눈을 뜨고 싶게 만드는 것(삶의 의미, 목표, 재미, 열정을 느끼는 것)을 가져라.
4. 삶의 속도를 줄이고 여유 시간을 가져라.
5. 종교 단체에 가입하고 종교 활동을 하면서 영성을 추구하라.
6. 단란한 가족이나 친목 모임을 만들어서 유대감을 느껴라.
7. 이상의 규칙을 지키는 사람들과 어울려라.

18 The heritability of human longevity: A population-based study of 2872 Danish twin pairs born 1870~1900

19 《The Blue Zones: Lessons for Living Longer From the People Who've Lived the Longest》, Dan Buettner, National Geographic ebook

이상의 비결을 보면 1번과 2번을 빼면 나머지는 전부 심리적 태도와 관련이 있다. 곧 건강한 마음이 장수의 비결임이 이 연구에 잘 드러나는 것이다. 또한 댄이 방문한 곳은 이탈리아의 사르데냐 섬, 일본의 오키나와, 샌프란시스코, 코스타리카 등인데 이들 지역의 장수 노인들은 단순히 오래 사는 것이 아니라 건강하게 오래 산다는 것이 특징이다. 예를 들어 90대 외과의는 그 나이에 여전히 병원에서 심장 수술을 일주일에 두 번씩 집도하고, 오키나와의 100세 노인 어부는 매일 바다에 나가 그물을 던져 고기도 잡는다. 곧 그들은 건강하게 삶을 만끽하면서 오래 사는 것이다. 이제 종합하면 다음과 같이 말할 수 있을 것이다.

"마음이 건강하면 몸도 건강하며, 할 것 다 하면서 오래 살 수 있다."

● 마음과 인생을 고쳐야 몸이 낫는다

산부인과 전문의 리사 랜킨Lissa Rankin은 어느 날 실리콘밸리에서 가까운 마린 카운티의 자연 요법 전문 병원에서 일하게 되었다. 이곳 사람들은 문자 그대로 건강에 미친 사람들이었다. 이 병원에 오는 환자들도 마찬가지로 건강광들이었다. 그들은 채식을 하고, 날마다 채소 주스를 마시고, 개인 트레이너를 두고 운동을 하고, 규칙적으로 8시간씩 잠을 자고, 20가지의 영양 보충제를 먹고, 스탠퍼드대학병원 같은 최고의 의료시설에서 진료를 받고 있었다. 그러나 그들은 아파서 그녀에게 왔고, 온갖 만성 증상들을 열거했다. 리사는 도저히 이런 상황을 이해할 수 없었다.

이 사람들은 기존의 의학 지식으로는 가장 건강해야 하는 사람들이지만, 그녀가 본 사람들 중에서도 도리어 가장 아픈 사람들이었다. 리사에게 왔을 때에 그들은 서양의학이 제시하는 모든 방법을 다 써 본 상태였다. 최고의 명의를 만나서 온갖 최신 검사를 벌써 다 해보았지만, 대부분 아픈 원인도 몰랐다. 리사가 그들에게 더 이상 해줄 수 있는 것이 없었다. 이에 고민을 거듭하다 그녀는 기존의 설문 검사지에 다음과 같은 질문을 덧붙여 물어보았다.

- 그 결과를 책임지지 않아도 된다면 어떤 규칙을 깨고 싶은가?
- 당신의 부부 관계는 만족스러운가?
- 당신의 일을 좋아하는가?
- 당신은 삶의 목적이 있는가?
- 당신은 사명이라고 느끼는 일이 있는가, 있다면 무엇인가?
- 당신의 병이 인생에 대한 어떤 교훈을 주는 것이라면 그 의미는 무엇이라고 생각하는가?
- 당신의 몸이 낫기 위해서 무엇이 필요하다고 생각하는가?

특히 마지막의 '당신의 몸이 낫기 위해서 무엇이 필요하다고 생각하는가?'에 대해서 환자들이 뭔가 의미 있는 대답을 종종 했다.

- 파탄 난 결혼 생활을 정리해야죠.
- 영혼을 고갈시키는 이 직장을 그만 둬야 해요.
- 우리 애를 재활 센터에 데려가야죠.
- 이제 정말 늙은 어머니를 양로원에 보내드려야겠어요.
- 나는 이제 정말 꿈꿔왔던 나의 소설을 써야 해요.

리사는 이런 대답을 듣고서 말했다. "이게 당신을 고쳐줄 처방전이에요. 이대로 해보세요." 그러자 다들 말했다. "미쳤어요. 그것을 어떻게 해요? 차라리 그냥 이대로 아픈 게 낫지." 그러나 간혹 자신들의 대답을 그대로 실천하는 환자들이 있었다. 그들은 직장을 그만 두었고, 결혼 생활을 정리했고, 새로운 곳으로 이사를 갔다. 오랫동안 마음에 품고 있던 꿈을 이루려 행동했다. 그 결과는 놀라웠다. 온갖 증상이 급속하게 사라졌다. 심지어 직장 문제에 대해서 사장과 논의하는 것이나 부부 상담을 받는 것 등의 작은 실천도 큰 도움이 되었다. 세계 최고 수준의 병원과 의사들도 고치지 못했던 그들의 병이 이렇게 저절로 나아버리는 것에 리사는 엄청난 충격을 받았다.

이에 리사는 마음과 몸의 상관성에 대해서 새롭게 연구를 하면서 그녀가 배운 의료가 아주 중요한 것이 빠져 있음을 알게 된다. 그것은 바로 인체의 타고난 엄청난 자연치유력과 마음의 힘으로 이것을 조절할 수 있다는 명백한 인식이 결여되어 있다는 점이었다. 그녀는 이에 관해 좀 더 깊이 이해하기 위해서 온갖 전문 의학 저널을 뒤적였고, 그 결과 몸은 스스로 고칠 수 있는 능력이 있음을 의료계가 무려 50년 이상 증명해왔다는 것을 알게 되었다. 그리고 그녀는 이런 연구와 경험을 책으로 냈고,[20] 그것이 〈뉴욕타임즈〉 베스트셀러에 올라 독자들의 열광을 받았다. 그녀는 이 책에서 사례를 통해 생각, 감정, 믿음이 몸의 생리를 바꿀 수 있음을 보여준다. 또 외로움, 비관주의, 우울감, 두려움과 걱정이 몸을 손상하는 반면에 친밀감, 감사, 명상, 만족스러운 성생활 및 참된 자기표현 등이 자연 치유력을 작동시킨다는 과학적인 증거들을 제시한다.

그럼 이제 리사의 치료 사례 하나를 보자. 어느 날 여기저기 안 아픈 곳이 없는 여성이 왔다. 그녀는 성공한 사업가로 돈도 많고, 철인삼종 경기 선수로 운동광이었으며, 유기농 음식만 먹고 있었다. 당연히 아플 이유가 없었고, 이에 리사는 물었다. “당신의 몸이 낫기 위해서 무엇이 필요하다고 생각하나요?” 그녀가 말했다. “나는 마음이 맞지 않는 남편과 이혼해야 돼요. 내 사업을 팔아야 해요. 이제 그만 어

20 《Mind Over Medicine: Scientific Proof That You Can Heal Yourself》, Lissa Rankin, Hay House.

머니를 보내드려야 돼요."

결국 그의 대답대로 그녀는 남편과 이혼하고, 늘 힘들게 하던 엄마를 양로원으로 모시고, 의미를 느끼지 못하는 사업을 처분하고, 미국의 예술 도시 산타페로 가서, 그녀의 꿈이었던 예술 학교에 진학했다. 그녀는 거기서 예술가들과 사귀면서 새로이 연애도 시작했고 3개월 만에 그녀의 모든 증상은 싹 사라졌다. 리사 자신도 이렇게 나았다. 리사는 20대에 벌써 고혈압과 자궁 경부 이형성증(초기암)같은 온갖 병을 앓고 있었다. 33살 때에는 기존의 소모적인 의료 시스템 속에서 산부인과 의사로 하루에 환자를 40명씩 보느라 완전히 탈진해 있었다.

게다가 이때에 그녀는 병이 더 많아져서 무려 7가지의 약을 먹고 있었고, 의사들은 그녀가 이 약을 평생 먹어야한다고 말했다. 그러다 리사는 환자들에게 썼던 방법을 스스로 실천해서 자신의 병을 고쳐보겠다고 마침내 결심한다. 그녀는 병원을 그만두고 집을 판 뒤 모든 자산을 현금으로 만들었다. 그리고 남편과 애기와 함께 복잡한 샌디에이고를 떠나서 캘리포니아의 작은 시골마을로 이사했다. 여기에서 그녀는 2년 동안 마음과 몸의 상관성에 대한 깊은 연구를 하고, 자신이 할 일을 찾았다. 그 과정에서 그녀의 증상은 완전히 낫거나 대부분 좋아졌다.

2부

EFT로 안 되는 것은 없다

1. 마음을 고치는 EFT

엄마 뱃속 트라우마 (표지의 QR코드 참조)

● EFT로 엄마 뱃속 트라우마를 치료하는 법

앞에 나온 핵심 주제 찾기 질문이 기억나는가? "인생을 다시 산다면 생략하고 싶은 사람이나 사건이 있다면 무엇인가?" 바로 이 질문에 1번으로 나와야 할 것이 바로 엄마 뱃속 트라우마이다. 그래서 EFT를 할 때에도 사실 가장 중요한 것이다. 그런데 문제는 엄마 뱃속 트라우마는 무의식적 기억이라서 인식하기가 쉽지 않다는 점이다. 그래서 약간의 방법이 필요하다. 먼저 다음의 질문에 답을 작성해보라.

1. 당신의 출생 전후의 상황은 어떠했는가? 부모님에게 자세히 물어보는

것이 좋다. 다만 기억은 왜곡되기 쉬우므로 부모님의 기억을 완전히 믿을 필요는 없다.

2. 당신이 어렸을 때부터 가장 많이 느낀 감정과 생각은 무엇인가?
3. 이제 타점을 두드리면서 자궁과 자궁 속의 아기를 상상해보라. 엄마 자궁 속에 있는 아기인 것처럼 '엄마?'라고 불러보라. 어떤 생각과 감정이 드는가?
4. 이제 뱃속에 있는 아기의 생각과 감정을 EFT로 지워보라.
5. 다시 이 아기를 배고 있는 엄마의 생각과 감정을 EFT로 지워보라.
6. 혹시나 1~5의 과정에서 너무 강한 감정이 올라와서 주체가 되지 않는다면 즉각 멈추고 전문가에게 치료를 받아라. 혼자 하기가 힘들다면 즉각 중단하라.

나는 종종 내담자에게 이렇게 설명한다. "아기는 엄마의 피와 살뿐만 아니라 엄마의 생각과 감정으로도 만들어집니다." 곧 임신 당시의 엄마의 생각과 감정은 백지 상태인 아기의 무의식에 아기 자신의 생각과 감정인 것처럼 새겨진다. 예를 들자면 임신했을 때 아빠를 미워했던 엄마의 뱃속 아기는 똑같이 이유도 모르고 아빠를 미워하게 된다. 마치 컴퓨터 프로그램처럼 엄마의 생각과 감정이 아기의 무의식에 복사되는 것이다. 그래서 5번 질문이 중요하다.

일단 이렇게 방법을 설명했는데, 아직 막연할 것이다. 그래서 다음에 누구나 쉽게 따라할 수 있는 일명 '즉석 EFT'와 다양한 사례를 마련해 두었으니 따라하고 읽어보면 한결 쉬울 것이다. 다만 한 가지 반드시 주의할 것이 있다. 엄마 뱃속 트라우마의 특성상 너무나 강렬한 감정, 특히 죽음의 두려움이 올라와서 일종의 '감정 발작'에 빠질 수 있다. 그러니 혼자 하기 버거울 경우 반드시 전문가의 도움을 받기를 권한다.

● 엄마 뱃속 트라우마를 치유하는 즉석 EFT

먼저 앞에 나온 뱃속 트라우마 지우는 질문을 다시 읽어보고, 뱃속 아기의 느낌과 그 아기를 배고 있는 엄마의 느낌을 생각해보라.

① 뱃속 아기의 트라우마를 치유하기

수용확언 그때 엄마는 집안이 너무 어려워서, 자식이 너무 많아서, 아빠가 미워서, 이런 온갖 형편과 이유 때문에 (엄마는) 그때 나를 낳지 않으려고 했지만, 심지어 나를 떼려고 했지만, 그것 때문에 나는 세상이 무너지는 듯 고통스럽고, 심장이 뛰고, 어쩔 줄 몰라서 엄마 뱃속에서 몇 달 동안이나 울부짖으면서 고통스러웠지만, 어쨌든 마음속 깊이 진심으로 나는 나를 이해하고 믿고 받아들입니다.

그때 엄마는 온갖 이유로 나를 원하지 않았고, 나를 낳지도 않으려고 했고 심지어는 나를 떼려고 약을 먹기도 하고 이런저런 시도도 했다. 그래서 나는 엄마 뱃속에서 죽거나 버려지는 것이 무서워 하늘이 무너질 듯 그렇게 울부짖었는데도 엄마는 내 말을 듣지도 느끼지도 못했다. 그래서 더 무섭고 절망스러웠지만 어쨌든 마음속 깊이 진심으로 나는 나를 믿고 받아들입니다.

그때 엄마는 나를 낳으려고 하지 않았다. 나는 세상에 태어나서 엄마에게 사랑받고 싶은데 엄마는 아빠가 미워서, 아니면 키울 형편이 안 되어서, 아니면 돈이 없어서 또는 온갖 이런저런 이유로 엄마는 나를 받아들이려고 하지 않았고, 심지어 나를 떼려고도 했지만, 어쨌든 마음속 깊이 진심으로 나를 믿고 받아들이고 사랑합니다.

연상어구 엄마가 나를 낳지 않으려고 했다. 엄마가 나를 떼려고 했다. 아빠가 미워서, 돈이 없어서, 형제가 많아서 온갖 이유로 나를 낳지 않으려고 했다. 심지어는 나를 떼려고 했다. 약을 먹기도 하고 이런저런 방법을 쓰기도 했다. 나는 그런 엄마 뱃속에서 너무나 무서웠다. 무슨 일이 일어나는지는 알 수가 없었지만, 뭔가 엄청난 일이 일어나고 있음을 알았다. 느꼈다. 엄마 뱃속에서 나는 너무 괴롭다. 너무 고통스럽다.
곧 죽을 것 같다. 심장이 쿵쾅거린다. 온몸이 뒤틀린다. 어쩔 줄 모르겠다. 너무 무섭다. 너무 공포스럽다. 나는 살고 싶은데 엄마가 나를 원하지 않는다. 나는 살고 싶은데 엄마가 원하지 않는다. 나도 살고 싶다. 엄마 나를 태어나게 해줘. 너무 고통스럽다. 너무 무섭다. 지옥의 한 가운데서 고통받는 것 같다. 너무 무섭다. 세상이 끝장날 것 같다. 지진과 화염이 마구마구 일어나는 한가운데 있어도 이것보다 더 무서울 것 같지 않다. 너무 무섭다.

하지만 이제 그 모든 지옥은 끝났다. 모두 끝났다. 이제 나는 어른이다. 끝난 것은 끝나야 한다. 이제 나는 세상에 나왔다. 이미 나왔다. 20년 전에, 30년 전에, 40년 전에 이미 나는 세상에 나왔다. 그 지옥은 이제 끝났다. 이제 끝났다. 끝난 것은 끝나야 한다. 이제 더 이상 느끼지 않아도 된다. 이제 나는 안전하다. 나는 살아 있다. 지금 이 불안은 현재의 것이 아니라 그때 엄마 뱃속에 있을 때의 것이다. 이제 더 이상 이 불안을, 이 두려움을, 이 무기력감을 느끼지 않아도 된다. 이 모든 느낌은 현재의 것이 아니라 그때의 것이다. 그러니 이제 모두 끝났다. 끝난 것은 끝나야 한다. 이제는 안심해도 된다. 나는 살아있고 힘이 있고, 안전하다. 이제 끝났다. 모두 끝났다.

② 엄마가 받은 스트레스를 치유하기

수용확언 엄마가 너무 힘들고 고통스러워한다. 아빠 때문에, 집안 살림 때문에, 할머니 때문에 겪는 엄마의 고통이 모두 나에게 느껴진다. 나도 심장이 뛰고 손발이 뒤틀리고 식은땀이 난다. 어쩔 줄 모르겠다. 엄마가 고통스러울수록 나는 더 고통스럽다. 엄마가 나의 하느님인데, 엄마가 잘못되면 어떡하나? 나는 생각할 수는 없어도 본능적으로 엄마의 고통을 엄마의 스트레스를 다 느낀다. 어쨌든 마음속 깊이 진심으로 이런 나를 이해하고 받아들이고 사랑합니다.

엄마의 스트레스에, 엄마의 고통에, 나도 함께 고통받고 스트레스 받지만 어쨌든 마음속 깊이 진심으로 나를 믿고 받아들입니다.

엄마가 힘드니까 나도 이유가 무엇인지 모르면서도 같이 너무 고통스럽고 두렵지만 어쨌든 마음속 깊이 진심으로 나를 받아들입니다.

연상어구 엄마가 화를 낸다. 엄마가 짜증을 낸다. 아빠 때문에, 돈 때문에, 할머니 때문에 온갖 이유로 엄마가 짜증내고 화내고 우울해한다. 그런 엄마의 뱃속에서 나도 우울하고 화가 나고 어쩔 줄 모른다. 엄마도 힘들고 나도 힘들다. 엄마는 왜 힘든지 생각이나 할 수 있지만, 나는 내가 왜 힘든지 왜 힘들어야 하는지 알 수도 없다. 그냥 몸으로 느낄 뿐이다. 그래서 더 무섭고 힘들다.

엄마가 화내고 분노하고 고통스러운 만큼 나도 힘들고 분노하고 고통스럽다. 너무 힘들다. 너무 고통스럽다. 너무 안절부절못한다. 어쩔 줄을 모르겠다. 무엇 때문에 내가 이래야 하는지 모르겠지만, 나는 어쨌든 불안하고 화가 나고 흥분되고 어쩔 줄을 모른다. 그게 지금 내 성격이 되었다. 나는 왜 그래야 하는지도 모르고 무조건 우울해하고 흥분하고 화를 낸다. 하지만 이 모든 느낌은 엄마의 것이다. 이 모든 느낌은 그때의 것이다. 이제 더 이상 이 느낌을 느끼지 않아도 된다.

끝난 것은 끝나야 한다. 끝난 것은 더 이상 느끼지 않아도 된다. 이 고통은 그때의 것이다. 이제 모두 끝났다. 이제 더 느끼지 않아도 된다. 끝난 것은 끝나야 한다. 이제 나는 엄마의 뱃속에서 나와서 한 사람의 성인이 되었다. 더 이상 엄마의 감정으로 같이 힘들 필요는 없다. 이제 나는 엄마를 위로 해줄 수도 있다. 이제 나는 성인이다. 끝난 것은 끝나야 한다. 끝난 일은 더 이상 느끼지 않아도 된다. 이제 엄마도 그때의 일에서 벗어나서 안전하다. 나도 안전하다. 나는 그때 일의 그림자에 가려 있을 뿐이다. 모두 끝났다. 이제 모두 안전하다. 이제 안심해도 된다. 끝난 것은 끝나야 한다. 이제 나는 편안하다. 안전하다. 그때의 그 느낌을 모두 지운다. 모두 내려놓는다. 모두 흘려보낸다. 이제 나는 점점 편안해진다.

③ 즉석 EFT를 듣고 따라한 유나방송 애청자들의 소감

방송을 들으며 몸을 두드리는데, 점점 눈에 눈물이 차오르더니, 결국 울음이 터져버렸습니다. 한 번 더 두드리고 난 지금은 마음이 많이 진정되었습니다. 원장님 감사합니다. – wonderful peace

그동안 느낀 모든 의문이 풀려버렸네요. 가끔씩 제어할 수 없이 올라오는 그 우울함과 무기력감. 자주 의기소침해지고, 늘 누군가의 관심을 받고 싶어 하면서도 또 정작 관심을 부담스러워했어요. 사춘기 때 들었어요. 엄마가 나를 낳지 않으려고 했는데, 산부인과 의사가 낙태를 말리는 바람에 나를 낳았고, 임신 중에도 늘 아프셔서 독한 약도 많이 드셨대요. 이런 모든 것들이 태아 시절에 느낀 생존의 두려움에서 시작되었다는 것을 EFT를 하면서 절절히 느껴서, 참 뜨거운 눈물이 수없이 흘러내렸습니다. EFT를 끝내고 눈을 뜨니, 온몸의 기운이 다 빠져나간 듯하고, 가만히 눈을 뜨니 햇빛이 고요히 나를 비추네요. 참 고마운 평화를 맛보았습니다. 아참, 산부인과 의사가 사주도 보는 사람이라서 아들이니 꼭 낳으라고 해서 안 지우고 오셨대요. 그래서 남자에 대한 불신감이 있는 걸까요? 남자한테 지고 싶은 생각이 없고, 늘 약간 무시하는 마음이 들고, 그래서 결혼 생활도 평탄치 못했던 것 같네요. 이젠 다시 태어난 듯합니다. 결국엔 끝난 것은 끝나야하고 모든 것은 끝났고 이젠 나도 성인이니까 말이죠! EFT로 남김없이 지우고 새로운 생을 살아보렵니다. 원장님, 정말 고개 숙여 감사드립니다.
– 박미숙

마침 어렸을 적에 엄마한테 들은 얘기와 비슷한 면이 많네요. 늦둥이로 들어선 저를 지우려다 실패해서 나왔다고 하신 엄마의 말씀이 생각나네요. 새삼 어머니의 고통과 시련이 느껴져서 가슴이 아파오네요. 저의 상처를 치유해주셔서 감사드립니다. – 정태순

우리 엄마도 가난의 고통, 아빠에 대한 미움, '또 딸이 아닐까' 하는 불안함과 두려움, 그리고 큰 언니를 폐렴으로 3살 때 잃은 슬픔에 고통 받았을 것 같아요. 충분히 EFT로 달래주어야겠네요. 선생님 감사합니다. – 정인정

폭풍 같은 눈물을 흘리고 나니 그런 힘듦을 견디고 나를 낳아준 엄마에게 감사했습니다. 생명을 주신 그 자체가 위대한 사랑이었음을 가슴으로 느낀 시간이었습니다. – 송은결

원장 선생님, 솔직한 저의 심정을 글로 다 표현할 순 없지만 자꾸만 반복해서 듣다가 통곡하듯 울음을 터뜨렸습니다. 그러면서도 마음속에서 '그런 게 어디 있냐?'는 비아냥댐과 욕설이 섞인 감정이 올라왔

니다. 그래도 어느 정도 정화는 됐겠죠? 계속 두드리다 보면 좋아지겠죠? 또 다시 들으면서 두드렸는데 눈물이 왈칵 쏟아지면서 감정이 너무 복잡하게 얽혀 있음을 느꼈습니다. 긴말은 생략할게요. 감사합니다. 사랑합니다. - 최상영

● **엄마 뱃속 트라우마 치유 사례 – 경험담**

① 나의 40년 된 불안과 우울을 치유하다

내 마음을 분석해보면 내 무의식에는 평생 늘 두 개의 감정 곧 불안과 우울이 있었다. 왜 이런 감정을 느끼는지 이유는 알 수 없었다. 우선 나는 평생 불안에 시달렸다. 미래를 대비해서 늘 준비하지 않으면 언제라도 무슨 일이 생길지 모른다는 불안이 있었다. 또 내 마음에는 평생 은근한 우울감이 깔려 있었다. 나는 늘 이런 생각을 했었다. '인생은 비극이야.' 막 사춘기에 접어든 여름 방학에 밤에 음악을 듣고 책도 보고 글을 쓰는 것이 좋아서 한 달 동안 야행성으로 산 적이 있다. 그때에 새벽만 되면 갑자기 '차라리 죽고 싶다. 죽는 게 낫다'는 일종의 자살 충동이 생겼다가 해가 뜨면 무슨 일 있었느냐는 듯이 싹 사라졌다.

그때 나는 아무 일 없이 행복했기 때문에 이런 감정이 너무 당황스러웠고 이해할 수 없었다. 사춘기가 지나자 이런 충동은 사라졌다. 나는 왜 도대체 이렇게 불안하고 우울했을까? 어머니가 나를 임신했을

때의 상황을 듣자 이 모든 의문이 풀렸다. 나의 아버지는 평생 미래의 대책이 없이 살아온 사람이었다. 심지어 결혼할 때에도 집이나 돈은 커녕 심지어 한 달 먹을 쌀도 준비되지 않은 상태로 몸만 갖고 어머니와 결혼했다. 어머니는 이런 사실에 엄청난 충격을 받았는데, 그 직후에 나를 임신했다. 그러자 그 스트레스로 임신중독증이 너무 심해서 6개월 동안 눈이 잘 보이지 않았고, 혈압수치도 200 가까이 치솟았다. 그럼에도 돈이 없어서 제대로 치료도 받지 못했다.

그런 상황에서 엄마는 '못살겠다. 차라리 죽고 싶다'고 마음속으로 너무 많이 외쳤다고 한다. 이런 상황에서 태아는 어떤 감정을 느꼈을까? 당연히 '준비가 안 되면 죽는다'는 불안과 '사는 것이 죽도록 괴롭다'는 비참함(우울감)을 9달 내내 뱃속 깊이 느꼈을 것이다. 그리고 그것이 나의 성격이 되어서 평생 나를 지배한 것이다. 이것을 깨닫고 나의 뱃속 트라우마를 스스로 치료해보기로 했다. 먼저 마음속으로 자궁과 내가 그 속에 있는 모습을 상상했다. 처음에는 상상이 잘 되지 않았지만 타점을 두드리면서 상상하다 보니 차츰 뱃속에서 괴로워하는 아기의 모습과 느낌이 전달되었다.

그 아기는 너무 불편하고 괴로워서 온몸을 뒤틀며 경기를 일으키다가, 지치면 축 처져서 웅크리기를 반복했다. 그와 동시에 아기의 공포와 처절함이 온몸으로 전해져서 하마터면 나도 같이 쓰러질 뻔했다. 가까스로 정신을 차리고서 몇 시간 동안 태아의 감정을 지웠다. 그러자 몇 년 동안 묵은 때를 벗긴 듯한 것처럼 개운해지면서 불안과 우울함이 싹 빠져버렸다. 마치 물탱크에서 물을 빼듯이 내 마음의 우울과 불안이 싹 빠져나간 느낌이 들었다. 하지만 이 한 번으로 9달 동안 뱃속 깊이 새겨진 트라우마가 다 지워지지는 않았고, 틈틈이 몇 번을 더 거듭해서 지웠고, 마침내 나는 거의 40년 동안 나를 괴롭힌 불안과 우울에서 탈출했다.

② 평생 느낀 우울함과 두려움

요 몇 달 동안 어떤 일 때문에 우울했습니다. 하지만 그 일 때문에 제가 우울한 것이 아님을 깨닫게 되었어요. 큰일 없이 살아왔지만, 저는 이상하게도 어릴 때부터 내성적이며 우울하고, 두려워서 남에게 먼저 말을 걸지 못했습니다. 두려움과 우울함을 극복하려고 많은 다양한 수련도 했지만 결국 비슷했습니다. '혹시 선천성 우울증이라는 게 있나?' 하며 인터넷 검색도 했습니다. 그러다 최인원 선생님의 《EFT로 낫지 않는 통증은 없다》를 읽는데, '어떤 사람이 뱃속에서 낙태할 뻔해서……'라는 구절을 보자 마음이 울컥했습니다. 갑자기 "아하!" 하며 머리에 전기가 번쩍 드는 듯했습니다. 어릴 때부터 엄마한테 들은 이야기들이 떠올랐습니다.

"너를 갖고 먹을 게 없어서 배가 고팠다. 너를 낳고 젖이 안 나와서 너는 젖배를 곯았다. 어릴 때부터 너는 몸이 약했다." 그리고 아버지와 어머니가 자주 다투어서 태아가 많이 불안했을 것이라는 생각도 들었고, 엄마가 배고픈 게 태아에게는 아주 치명적이었을 거라는 생각도 들었습니다. 평소에는 엄마의 이런 말에 전혀 아무런 느낌이 없었는데, 그 날은 다르게 느껴져서 이것에 대해 EFT를 해야겠다고 생각했습니다. 그때 마침 밤에 운전 중이라 차 안에 혼자 있었습니다. "나는 엄마 뱃속에서 배가 고파서 힘들고 불안하지만 이런 나를 이해하며 받아들입니다."

이렇게 말하자마자 굵은 눈물과 통곡 소리가 쏟아졌습니다. 아무도 없는 밤이라서 너무 다행이었습니다. 엉엉 울고 나서 나도 모르게 아주 크게 이렇게 말했습니다. "나는 너를 이제 다시는 배곯게 하지 않을 거야!" 시간이 다 되어서 충분히 못 한 것 같아 조금 아쉬웠지만 그 뒤로 저는 아주 행복해졌습니다. 평소에 끈기가 부족하고, 늦게 일어나고, 많은 일을 한꺼번에 못하고, 자주 지치고 피곤하며 두려움을 많이 느꼈던 나를 이해할 수 있게 되었습니다. 요즘은 마음이 많이 행복합니다.

불안과 걱정

● 자본주의는 전 지구를 불안하게 한다

현재 우리나라를 지배하고 있는 집단적 정서 상태를 몇 단어로 정리하라면 '불안과 좌절'이라고 하겠다. 초등학생부터 벌써 과도한 성적 경쟁에 내몰려 심지어 종종 자살을 할 정도이고, 직장인과 자영업자들은 급변하는 세계 경제의 흐름 속에서 언제나 불경기와 명예퇴직에 대한 불안을 갖고 살고 있다. 또 이런 현상은 전 세계에서 동시 다발적으로 진행되고 있음이 확실하다. 전 세계가 지구적 차원에서 무한 경쟁을 하고 있고, 개인들은 언제 뒤처질지 모른다는 불안과 이미 뒤처졌다는 좌절을 집단적으로 공유하고 있다. 이에 따라 불안이 주 증상이 되는 공황장애나 강박증과 좌절이 주 증상이 되는 우울증이 가장 흔한 정신질환이 되어버렸다.

● 불안과 걱정은 왜 생길까?

불안과 걱정의 근원은 두려움이다. 미래를 내 마음대로 통제할 수 없어 내가 원하지 않는 일이 생기지 않을까 두려워하는 것이다. 구체적인 예를 들어보자.

- 인간관계의 두려움: 비난을 받는 것, 오해를 받는 것, 친구가 떠나가는 것
- 상실의 두려움: 재산을 잃는 것, 가족을 잃는 것, 건강을 잃는 것
- 재난과 사고의 두려움: 비행기 사고, 교통사고, 태풍, 화재, 산업 재해
- 경제적 두려움: 실직, 명퇴, 불경기, 주택 경기 하락, 주가 하락, 유가 급등

위의 예들처럼 우리네 인생은 우리가 통제할 수 없는 수많은 변수들에 둘러싸여 있고, 우리는 당연히 이런 불확실한 상황에 대해서 늘 불안할 수밖에 없다. 게다가 뉴스의 경제면에서는 금융 위기, 대량 해고, 부동산 가격 폭등 같은 온갖 악재를 쏟아내고, 사회면에서는 강남역 여대생 살인 사건과 같은 이른바 '묻지마 폭행' 사건 같은 것이 수시로 보도된다. 뉴스만 보고 있으면, 온 사회가 마치 전쟁터나 지옥이라도 되는 듯한 불안감이 들 정도이다.

● 불안과 걱정이 지속되면 어떻게 될까?

불안과 걱정이 지속되어 만성이 되면 '불안장애'anxiety disorder라고 한다. 이 상태가 되면 불안해할 필요나 이유가 없는 상황에서도 지나치게 불안해 하고 그 불안을 조절하지 못한다. 이외에도 이들 환자들은 가만있지 못해 늘 안절부절못하며, 벌컥 화를 내거나 짜증을 잘 내며, 소리나 빛 등의 외부 자극에 지나치게 예민하다. 또 마음속으로는 일어나지 않을 위험이나 확률적으로 희박한 최악의 상황을 상상하는 경향이 있다. 이와 더불어 반드시 신체 증상을 동반하는데, 심장 두근거림, 소화불량, 식욕감퇴, 변비 또는 설사, 지나친 땀 흘림, 손발의 땀, 전신 근육의 긴장과 결림, 두통, 불면증 등이 있다. 게다가 이들 환자들은 이런 스트레스에서 벗어나기 위해 술, 담배, 도박 등에도 쉽게 중독되는 경향이 있다.

● **편안해도 괜찮아**

불안과 걱정 상태에서 나타나는 심리적 생리적 반응을 의학계에서는 스트레스 반응stress response이라고 부르는데, 원래 스트레스 반응이란 지진과 화재와 같은 재난이나 맹수나 적과 싸울 때 나타나는 인체의 심리적 육체적 반응이다. 이 반응은 다른 말로 '투쟁 또는 도피 반응'fight-or-flight response이라고도 부르는데, 말 그대로 위급 상황에서 싸우거나 도망가려 할 때 인체에 나타나는 반응이기 때문이다. 이런 스트레스 반응은 기나긴 진화의 과정에서 인간을 보호하기 위해서 무의식의 본능으로 자리 잡은 것이다.

그런데 현대 사회에서 이런 스트레스 반응이 문제가 되는 이유는 뭘까? 과거 원시 사회에는 스트레스의 원인이 외적, 가뭄, 맹수, 지진 등과 같이 외부적이고 일시적이고 분명한 것들이었다. 하지만 점차 문명화되면서 스트레스의 원인은 승진, 고부 관계, 직장 내 인간관계, 시험, 국제 경기 침체 등과 같이 내부적이고 지속적이고 모호한 것들로 바뀌었다. 현대인의 심신 상태는 마치 언제 출발 신호가 떨어질지 몰라 출발선에 무작정 완전 준비 자세로 빡빡하게 힘주고 있는 육상 선수의 상태와도 같다.

문제는 원래 진화 과정에서 인체는 일시적인 스트레스 반응만 감내할 수 있게 설계되었다는 점이다. 상식적으로 누구도 매일 전쟁하는 기분이나 또는 매일 시험 보는 기분으로 오랜 시간을 견딜 수 없는 것 아닌가! 그래서 현대 사회의 만성적인 스트레스를 우리의 몸과 마음은 도저히 감당할 수가 없는 것이다. 그 결과 온갖 성인병과 심리적 문제를 겪게 되는 것이다. 게다가 스트레스 반응은 현대 사회에서 우리가 겪어야 하는 문제를 해결하는 데 도움이 되지 않을 뿐만 아니라 도리어 해가 된다.

최근 10여 년 이내로 긍정심리학이라는 주제로 이와 관련된 많은 심리학 실험 결과들이 발표되고 있는데, 여기서는 긍정심리학자 숀 애코어Shawn Achor가 2012년 TEDxBloomington에서 발표한 내용의 일부를 소개할까 한다. 우리가 지금 여기에서 행복하고 편안하다면, 우리의 뇌가 이른바 '행복의 특권'happiness advantage이라는 것을 경험하게 되는데, 이 상태에서 뇌는 스트레스 받을 때보다 훨씬 더 큰 능력을 발휘한다. 더 구체적으로 지능, 창의성, 활력 등이 올라가서 총체적 업무 성과도 올라간다. 수치로 표현하면 긍정적인 뇌는 스트레스 받는 뇌에 비해 31퍼센트 더 똑똑해진다. 그래서 영업직은 37퍼센트 이상 판매량이 늘고, 의사는 19퍼센트 이상 더 빠르고 정확하게 진단한다. 곧 처한 상황에 상관없이 긍정성을 갖는 것만으로도 우리의 뇌는 훨씬 더 많은 능력을 발휘한다.

이를 신경생리학적 관점에서 보면 긍정 상태에 있을 때, 뇌신경에서는 도파민이란 신경전달물질이 마구 분비되는데, 이것은 두 가지 기능을 갖고 있다. 우선 도파민은 우리를 행복하게 만든다. 둘째로 도파민은 뇌에서 학습 기능을 수행하는 모든 영역을 활성화시켜서 상황과 조건에 더 잘 적응하게 만든다. 상담하다 보면 "사는 게 이런데 어떻게 마음을 편하게 가져요?"라고 반문한다. 그런데 이상의 내용을 보고 나니 이런 의문이 들지 않는가!

"왜 불안하게 살아야 돼? 편안해도 안전해."

● 불안과 걱정의 원인이 분명할 때 EFT하는 법

대체로 불안과 걱정의 원인이 분명하다면 EFT는 정말 쉽고 빠르게 작용한다. 일상생활에서 불안과 걱정의 흔한 원인들을 한번 열거해보자. 세무조사, 실직, 면접시험, 프레젠테이션, 소개팅 등. 이렇게 원인이 분명하다면 다음과 같이 수용확언을 만들어 EFT를 하면 된다.

- 나는 직장에서 저지른 업무상 실수로 혹시 잘리지 않을까 너무 불안하고 무섭고 두렵지만 마음속 깊이 진심으로 나를 받아들입니다.
- 나는 이번 면접시험에서 얼어붙어서 대답을 제대로 못할까봐 걱정되어 심장이 두근거리지만 마음속 깊이 진심으로 나를 받아들입니다.
- 나는 이번 소개팅에서 저번처럼 얼굴이 붉어져서 당황하고 창피만 당할까봐 불안하지만 마음속 깊이 진심으로 나를 이해하고 받아들입니다.

● **불안과 걱정의 원인이 불분명하거나 너무 복잡할 때 EFT하는 법**

불안은 때때로 그 원인이 너무 모호하거나 복잡할 수도 있다. 특히 너무 오랫동안 불안에 시달렸거나, 그 원인이 먼 과거에 있다면 좀처럼 불안의 원인이 되는 과거 사건을 찾기가 쉽지 않다. 그럴 때에는 다음과 같은 질문을 해보자.

- 내가 언제부터 불안해했을까?
- 내가 이 정도로 심하진 않았더라도 꽤 불안해했던 때가 언제였을까?
- 내 불안에 의도가 있다면 무엇일까?
- 내 인생에서 어떤 사건이 나를 불안하게 만들었을까?
- 내 인생에서 나를 불안하게 했던 사람은 누구인가?

예를 들어보자. 지금은 그렇지 않지만 이 글을 쓰는 나도 한동안은 꽤 불안에 시달렸고, 항상 걱정을 달고 살았다. 재수할 때는 시험 불안이 너무 심해서, 실력이 충분한데도 실력발휘를 못해 삼수를 했을 정도였다. 젊을 때는 그냥 그러려니 했는데, 서른이 넘으면서는 이런 내가 너무 한편으로는 한심하기도 하고, 도대체 왜 그런지 궁금하기도 했다. 그래서 어느 날 EFT를 하기 위해 위의 질문들을 하자 다음과 같은 답이 나왔다.

- 어렸을 때 집이 가난하고 살기가 힘들어서 엄마가 항상 걱정이 많았다. 그런 엄마를 보면서 나도 모르게 습관적으로 걱정을 많이 했다. 그러다 문득 나의 걱정하는 모습이 엄마의 걱정하는 모습과 똑같다는 생각이 들었다. 한마디로 걱정하는 것이 엄마의 판박이였다.

- 내가 중학생 때 나를 제외한 온 가족이 심각한 질병에 걸렸었다. 그런 엄마와 아버지와 동생을 보면서, 일찍 나는 '인생은 결코 안심할 것이 못 된다'는 무의식적 판단을 많이 했었다.

- 이상의 일들을 겪으면서 나는 나도 모르게 '불안하고 걱정해야 미래를 대비할 수 있다'는 잘못된 무의식적 의도를 갖게 되었고, 그 결과 늘 불안해하는 상태였다.

이에 나는 몇 달간 이런 기억과 생각과 감정들을 꾸준히 떠오르는 대로 틈틈이 지웠다. 그러던 어느 날 문득 상황은 여전한데도 나는 무심하게 그것들을 대하고 있음을 깨달았다.

또 다른 예를 들어보자. 50대의 한 남성은 운전만 하면 늘 불안했고, 신기하게도 그러다 너무 졸려서 도저히 운전을 할 수가 없을 지경이었다. 이런 지가 벌써 20년이 넘었는데, 도저히 그 원인을 알 수가 없었다. 처음에는 "나는 운전이 너무 두렵지만 …(중략)… 받아들입니다"로 두드렸지만 큰 효과가 없었다. 이에 타점을 두드리면서 질문을 하다 보니 (타점을 두드리면서 핵심 주제를 찾는 질문을 하면 쉽게 떠오르는 경우가 많다) 20대에 음주 운전을 하다가 횡단보도에서 아이 하나를 칠 뻔했는데 다행히 바로 앞에 급정거했던 일이 문득 생각났다. 이에 그 사건을 영화관 기법으로 지웠고, 이분의 증상도 사라졌다. 곧 이 두려움에는 다시는 끔찍한 교통사고를 내지 않으려는 무의식의 의도가 숨어있었던 것이다.

이외에 이유 없이 모든 것이 눈만 뜨면 불안하고, 밤에는 불면증이나 악몽을 경험하며 심각한 불안에 시달리는 사람들도 종종 있다. 주로 PTSD, 공황장애, 강박증, 정신분열, 범불안장애 등을 앓는 사람들이 이렇게 호소하는데, 이런 사람들은 유아기부터 심지어는 뱃속에서부터 가정불화나 왕따 등의 온갖 두려운 일을 오랫동안 겪어온 경우가 많다. 그들은 아주 일찍부터 장기간 또는 평생 불안한 사건을 겪으면서 불안이 습관과 성격이 되어버린 것이다. EFT는 효과가 아주 강력하기는 하지만 이런 사람들이 혼자서 벗어나기는 어려우므로 전문가의 도움을 받기를 권한다.

그런데 이런 불안에는 EFT를 어떻게 적용할까? 단순한 불안과 마찬가지로 그 기본 방법은 동일하다. 다만 지워야 할 기억과 생각과 감정이 너무 많고 복잡할 뿐이다. 가장 중요한 것은 현재 느끼는 불안의 원인이 되는 과거 사건을 잘 찾아서 그 충격을 잘 지워주는 것이다.

과거 사건을 지우는 데에는 영화관 기법을 활용하는 것이 좋다. 수많은 사람의 경험이 제각각이라서 여기서 수용확언을 맞춰줄 수는 없지만 참고로 몇 개의 예를 들어보자.

- 내가 어렸을 때 아빠는 늘 술에 취해서 난동을 부렸는데, 지금도 남편이 살짝 술 냄새만 풍기며 들어와도 심장이 오그라들고, 심지어는 텔레비전에서 술 마시는 장면만 보아도 온몸이 떨리지만 마음속 깊이 진심으로 나를 이해하고 받아들입니다.

- 어렸을 때 가족은 많고 살림은 쪼들려서 엄마가 항상 식비와 학비를 걱정했고, 나는 그런 엄마를 보면서 엄마를 닮아서, 이제는 그냥 먹고살 만한데도 뭔가 나쁜 일이 생길까봐 걱정하고 불안하지만 마음속 깊이 진심으로 나를 이해하고 받아들입니다.

● 아무리 EFT를 해도 불안이 줄지 않을 때

불안 때문에 EFT를 해본 사람들이 종종 나에게 효과가 없다고 하소연하는 경우가 있는데, 여러 가지 원인이 있겠지만 대체로 심리적 역전인 경우가 많다. 예를 들면 다음과 같은 무의식적 신념이 EFT의 효과에 브레이크를 거는 것이다.

- 불안이 사라지면 위험해질 수 있다.
- 나는 결코 불안에서 벗어날 수 없다.
- 평생 불안하게 살아서 안심하고 사는 게 뭔지도 모르고 도리어 어색하다.
- 나는 편안해도 또 언제 또 불안해질지 몰라 안심을 못한다.

이제 이 브레이크에 다시 EFT를 적용해보자.

- 나는 불안이 사라지면 위험하다고 느끼지만 이런 나도 이해하고 받아들이고 안심하면서도 안전하게 사는 것을 선택한다.
- 나는 평생 이렇게 살아와서 도저히 불안에서 벗어날 수 없다고 느끼지만 마음속 깊이 진심으로 나를 받아들이고 조금씩이라도 불안에서 벗어나 편안해지는 것을 선택한다.
- 나는 편안해지는 게 도리어 어색하고 불편하지만 마음속 깊이 나를 받아들이고 조금씩 편안함에 익숙해지는 것을 선택한다.
- 나는 편안해도 또 불안해질까봐 안심을 못하지만 마음속 깊이 진심으로 나를 받아들이고 현재의 편안함에 집중하는 것을 선택한다.

심리적 역전 이외에도 '엄마 뱃속 트라우마'가 만성적인 불안의 원인으로 작용하는 경우가 많다. 이런 트라우마를 치료하려면 390쪽을 참고하라. 대체로 아래와 같은 상황을 경험한 아기들은 태어날 때부터 예민하고 불안한 경우가 대부분이다. 그래서 이런 사람들은 종종 이런 말을 듣는다. "너는 원래부터 불안과 걱정이 많았다." 다음이 엄마 뱃속 트라우마의 구체적인 예들이다.

- 엄마가 나를 낳지 않으려고 낙태 시도를 여러 번 했다.
- 엄마가 임신 중에 화재나 교통사고 같은 큰 사고를 당했다.
- 임신 중에 엄마와 아빠가 자주 싸웠다.
- 임신 중에 할머니가 엄마를 너무 구박했다.
- 엄마가 임신 중에 아빠가 해외 출장을 가서 집에 혼자 있었다.
- 너무나 난산이어서 엄마도 나(아기)도 죽을 뻔 했다.
- 탯줄을 꼭 묶어주지 않아서 아기가 죽을 뻔 했다.

중독증

● 중독증 addiction 이란?

EFT는 모든 종류의 중독증에도 탁월한 효과를 보인다. 전 세계 EFT 사용자들이 경험담을 올리는 eftuniverse.com에도 온갖 종류의 중독증을 EFT로 해결한 사례가 심심찮게 올라온다. 심지어는 마약에 중독된 어느 미국인이 개리 크레이그의 EFT 치료 동영상을 보면서 몇 달 동안 EFT를 꾸준히 하고서는 스스로 마약을 끊은 사례를 올리기도 했다.

중독증은 크게 물질 중독과 중독적 행동 두 가지로 나눌 수 있다. 물질 중독에는 과식, 과음, 약물 남용, 흡연 등이 있고, 중독적 행동에는 도박, 손톱 물어뜯기, 자해, 쇼핑 중독, 게임 중독, 성 탐닉, 머리털 뽑기 등이 있다. 이외에도 과도하게 타인의 감정을 살피면서 강박적으로 타인을 기쁘게 하려는 이른바 '기쁨조 증후군(내가 강의에서 이해를 돕기 위해 흔히 쓰는 말이다)' 등도 이에 속한다고 볼 수 있다. 불안한 아이들에게 많이 생기는 틱 증상도 중독적 행동에 속한다고 볼 수 있다. 한마디로 중독증이란 해가 되는 어떤 물질이나 행동을 스스로 자제할 수 없어서 계속하게 되는 증상이라고 할 수 있겠다.

● 왜 중독증이 생길까?

유명 탤런트 고故 최진실은 누구나 알다시피 불행한 가정환경 때문에 심한 애정 결핍을 겪었다. 그러다 전 남편과의 관계마저 멀어져서 별거까지 했다. 극심한 우울증에 빠져서 시달리던 어느 날 식탁에서 몇 사람 분의 밥을 떠놓고 먹다가, 이를 보고 놀란 어머니에게 울면서 이렇게 말했다고 한다. "엄마, 마음은 너무나 슬프고 눈물이 나는데, 배가 자꾸 고파."

이외에도 남편과 싸우기만 하면 밥을 한 양푼 비벼 먹고서 분을 풀곤 했던 지난 세대의 어머니나 아내의 잔소리가 참을 수 없는 지경이 되면 묵묵히 담배를 빼물고 뻑뻑 피우던 지난 세대의 아버지도 모두 옛 영화와 드라마에 흔히 나오던 장면들이다. 바로 이것이 중독의 심리적 기전을 잘 보여준다.

이렇게 모든 중독증의 뿌리에는 고통이나 불편함을 해소하려는 욕구가 있는데, 이런 고통이나 불편함의 원인은 분노나 슬픔 등의 부정적 감정이며 그중에서도 특히 걱정이나 스트레스인 경우가 많다. 중독은 부정적 감정이 초래하는 고통이나 불편을 일시적으로 완화시키거나 감춰주지만 그 효과는 일시적이다. 그래서 효과가 다하면 또 하게 되고 그러다보면 중독이 된다.

갈수록 중독의 위안 효과comforting effect가 떨어지기 때문에 중독의 강도와 양을 더 올려야 전과 같은 효과를 보게 되고, 또 처음에는 효과가 있어서 시작했지만 나중에는 해도 효과는 별로 없어도 안 하면 더 불안하고 힘들어서 마지못해 하게 된다. 결국 부정적 감정으로 유발된 중독이 더 큰 부정적 감정을 유발해서 중독을 더 악화시키는 악순환의 고리에 빠지게 한다. 이에 따라 본인은 중독을 끊을 수 없다는 무기력감과 좌절감과 자포자기에 빠지고, 심하면 자존감이 바닥까지 떨어지면서 이런 자신을 자학하게 되는 경지까지 이르게 된다.

● 부정적 감정이 중독을 일으킨다는 과학적인 증거들

마약이나 술에 관한 속설 가운데에 '한 번 중독은 영원한 중독'이라는 것이 있고, 사실상 널리 이 믿음이 널리 받아들여지기도 한다. 그렇다면 앞서 부정적인 감정이 중독의 원인이라고 했는데, 그렇다면 부정적인 감정이 사라져도 중독은 치료되지 않는 것일까? 1971년 9월에 워싱턴 대학의 리 로빈스Lee Robins 박사는 베트남에서 막 돌아온 898명의 병사들을 조사했는데, 50퍼센트는 마약에, 20퍼센트는 헤로인에 중독되어 있었다. 그러나 이듬해 재검을 했을 때는 겨우 각각 2퍼센트와 1퍼센트만이 마약과 헤로인에 여전히 중독되었고, 더 놀랍게도 회복치료를 받지 않은 병사들도 대부분 중독에서 벗어났다. 이로서 '한 번 중독은 영원한 중독'이라는 속설은 깨져버렸고, 전장의 스트레스가 병사들의 마약 중독의 주범임이 명확해졌다.[21]

캐나다 사이먼프레이저 대학의 심리학자 브루스 알렉산더Bruce Alexander는 이 보고에 큰 흥미를 느꼈다. 그는 실험용 쥐가 약물에 잘 중독되는 이유도 약물보다는 환경적 스트레스에 있다고 생각했고, 철창에 갇힌 쥐들이 쉽게 중독되는 현상은 '심한 스트레스에 빠진 쥐들이 약물로 위안 받으려는 것'이라는 가설을 세웠다. 자신의 가설을 증명하기 위해 그는 일종의 '쥐 공원'Rat Park를 만들었는데, 일종의 쥐를

---

21 《나쁜 뇌를 써라》, 강동화, 위즈덤하우스, 267쪽.

위한 지상천국이었다. 이곳은 보통 실험용 우리의 200배 크기였고, 20여 마리의 암수 쥐들이 풍부한 음식과 놀이기구를 즐기면서 조화롭게 살면서 맘껏 교미도 할 수 있었다.

반면에 다른 한쪽에는 보통 실험용의 철창 우리에 쥐를 가두어 놓았다. 그리고 양쪽 모두에게 보통 물과 모르핀이 든 물을 갖다 놓았다. 결과적으로 철창 우리의 쥐가 공원의 쥐보다 20배 이상의 모르핀 물을 마셨다. 공원의 쥐들은 모르핀 물을 거의 마시지도 않았고 심지어 단맛을 첨가해주어도 마시지 않았다. 또 다른 실험에서 그는 철창 속 쥐들에게 57일간 모르핀 물만 주어 중독시킨 다음에 쥐 공원으로 옮겨 보통 물과 모르핀 물을 두 가지로 주어보았다. 놀랍게도 이 쥐들도 보통 물만 마셨고, 일부 쥐만 약한 금단증상을 보였을 뿐이다. 그러므로 우리가 담배나 술 등에 중독되는 이유는 이들 철창의 쥐처럼 중독되지 않으면 살 수 없는 조건 속에서 살기 때문이라고 밖에 볼 수 없지 않을까![22]

● 중독증을 일으키는 부정적 감정은 무엇인가?

중독증의 근원은 스트레스나 걱정anxiety이며 스트레스나 걱정을 일으키는 모든 감정들이 모두 중독증을 일으킬 수 있다. 그 정도도 가벼

22 앞의 책, 268~269쪽

운 걱정에서 자동차 정면충돌 상황에서나 느낄 듯한 공황 발작 상태까지 다양하다. 다양한 걱정 상태와 정도를 표현하는 말이 있다. 불안, 초조, 근심, 염려, 긴장, 안절부절, 두려움, 조마조마함, 공포, 스트레스 등. 이런 다양한 감정이 어느 선을 넘으면 우리는 중독의 충동이나 욕구를 느끼게 되고, 마침내 중독에 빠진다.

그런데 종종 많은 사람들은 중독증은 있는데, 이와 관련된 부정적 감정은 없다고 하는 경우도 많다. 많은 사람들에게 중독증은 부정적 감정을 억압하고 회피하는 수단이 되기도 하기 때문이다. 그래서 흔히 이런 사람들은 뭔가 불편한 감정을 느끼면 자기도 의식하지 못하는 새에 중독 증상을 시작하는데, 바로 이 순간이 원인이 되는 감정을 포착할 실마리가 되기도 한다. 곧 중독 증상이 나타난다면 나의 마음 한 구석이 불편하다고 보면 되겠다.

소퇴 증상(금단 증상) 해결하기

소퇴 증상withdrawal syndrome이란 중독되었던 물질이나 행동을 줄이거나 끊을 때 나타나는 심리적 육체적 반응을 말한다. 예를 들어 가벼운 알코올 중독이면 술을 끊으면 입이 심심하다거나, 저녁이면 술을 못 마셔서 안절부절못하는 등의 반응을 보이는데, 극심한 중독증이면 발작성 경련을 일으키거나 헛것을 보고 듣고 느끼기도 한다. 바로 이런 증상들이 금단 증상이며, 이런 금단 증상을 완화시키는 데에 신기하게도

EFT가 좋은 효과를 발휘한다. 물론 극심한 중독증이라면 혼자서 EFT로 고치려 하기보다는 자격 있는 의료인의 관리를 받는 것이 좋다.

웬만한 금단 증상은 EFT로 잘 해결이 된다. 예를 들어 담배를 끊으니 다음과 같은 증상이 나타났다고 하자.

- 틈만 나면 입과 손이 심심하고 근질거려서 어쩔 줄 모르겠다.
- 스트레스만 받으면 담배 생각이 나면서 목이 탄다.
- 며칠 째 안 피우니까 머리가 안 돌아가고 어지럽다.
- '몇 년 더 살자고 이렇게까지 고생해야 하나' 하는 꼬리말이 자꾸 떠오른다.
- 지나가다 맡는 담배 연기가 너무 향기로워 그냥 갈 수가 없다.

자, 그러면 이런 증상에 EFT를 적용해보자.

- 나는 틈만 나면 입과 손이 심심하고 근질거려서 어쩔 줄 모르겠지만 마음속 깊이 진심으로 어쨌든 나를 이해하고 받아들입니다.
- 나는 스트레스만 받으면 담배 생각이 나면서 목이 타지만 …… 받아들입니다.
- 며칠 째 안 피우니까 머리가 안 돌아가고 어지럽지만 …… 받아들입니다.
- '몇 년 더 살자고 이렇게까지 고생해야 하나'하는 꼬리말이 자꾸 떠오르

지만 어쨌든 마음속 깊이 진심으로 나를 받아들이고 담배 없이도 건강하게 즐겁게 사는 것을 선택합니다.

- 지나가다 맡는 담배 연기가 너무 향기로워 그냥 갈 수가 없지만 마음속 깊이 진심으로 나를 이해하고 받아들입니다.

이렇게 수용확언을 만들어서 EFT를 하고나면 신기하게도 금단 증상이 줄거나 사라진다. 만일 남은 증상이 있다면 그에 맞게 수용확언을 만들어서 EFT를 적용해보라.

● 왜 EFT로 중독증이 치료될까?

첫째, 앞서 밝힌 대로 중독증의 원인은 부정적 감정이며 EFT는 이를 정말 잘 풀어준다. 둘째, 원래 침술은 중독증에 효과가 좋다. 흔히 보는 예로 금연침을 맞고 나면 그 즉시 담배 맛이 역겹거나 쓰게 바뀐다. 침은 중독 물질이나 행동이 주는 느낌을 그 즉시 바꿔주는 효과가 있다. EFT는 침술의 효과를 겸하기 때문에 중독증의 심리적 원인도 제거하고 중독성 물질이나 행동을 취할 때 받는 느낌을 중화시키거나 역겹게 만들어 중독증을 완화시키는 것으로 생각된다.

● 중독증에는 심리적 역전이 있다

많은 사람들이 중독에서 벗어나고 싶다고 말하지만 그들의 속마음은 반대인 경우가 많다. 그들의 속마음은 담배, 술, 약물, 도박 등을 계속 하고 싶어 한다. 그래서 중독이 치료가 어렵다. 중독과 상관없이 우리는 누구나 마음속에 청개구리 몇 마리를 키우고 있다. 그렇다면 이런 청개구리를 잡아서 바꾸는 것은 불가능한 것인가? 안심하시라! 다행히 EFT는 이런 마음속의 청개구리를 비교적 쉽게 찾아서 고쳐줄 수 있다. 그럼 내 맘속의 청개구리를 찾는 법을 먼저 알아보자.

- 이것을 끊으면 좋은 점은 무엇인가?
- 이것을 끊으면 안 좋은 점은 무엇인가? 또는 혹 이것을 끊어서 안 좋은 점이 있다면 무엇인가?

이런 질문에 대한 답을 표로 만들어보자. 혹 많은 사람들이 두 번째 질문에 이렇게 생각할 것이다. '끊어서 안 좋은 점이 뭐가 있어. 당연히 다 좋지.' 하지만 그렇다면 이렇게 다시 물어보라. '혹 이것을 끊어서 안 좋은 점이 있다면 무엇인가?' 이렇게 질문하다 보면 내 마음속의 청개구리가 그 정체를 드러내기 시작할 것이다.

예를 들어보자. 어느 날 담배를 끊고 싶어 하는 40대 남성에게 물었다. "담배를 끊으면 뭐가 좋을까요?" "일단 돈도 덜 들고, 건강에도 좋고, 깔끔해지죠." "그럼 담배를 계속 피우면 뭐가 좋을까요?" "에이 그런 게 어디 있어요. 백해무익한 게 담밴데." "혹 있다면 뭘까요?" "그렇다면 음……, 우선 입이 심심하지가 않죠. 또 바둑을 많이 두는데 그때 담배를 피우면 수가 잘 떠올라요. 스트레스 받을 때도 담배 한 대 피우고 나면 좀 풀리죠. …(중략)… 또 군것질을 안 하게 되죠." 그는 이렇게 금연의 좋은 점은 겨우 3개 말하고 담배의 좋은 점은 무려 10여 개 이상을 말했다. 이러니 당연히 담배를 끊을 수가 있겠는가? 아니나 다를까 그는 20여 년 동안 수십 번이나 시도했는데 매번 일주일도 못가서 실패했다고 했다.

담배를 끊어서 좋은 점	담배를 피워서 좋은 점
1. 돈을 아낀다. 2. 건강해진다. 3. 깔끔해진다.	1. 입이 심심하지 않다. 2. 바둑 둘 때 수가 잘 떠오른다. 3. 군것질을 안 해서 살이 안 찐다. (중략) 10. 스트레스를 풀어준다.

자, 이제 숨은 청개구리를 찾았으니 이것을 잡는 법을 알아보자.

- 담배를 안 피면 입이 심심해서 자꾸 피고 싶지만 마음속 깊이 진심으로 나를 받아들이고 이제는 건강한 방법으로 심심함을 푸는 것을 선택합니다.
- 바둑 수가 막히면 자꾸 담배로 해결하고 싶지만 어쨌든 이런 나도 이해하고 받아들이고 이제는 담배 없이도 개운한 입과 머리로 바둑을 두는 것을 선택합니다.

- 담배를 끊으면 살이 찔까봐 두려워서 자꾸 피고 싶지만 어쨌든 이런 나도 이해하고 받아들이고 이제는 한 잔의 차로 허기를 달래는 것을 선택합니다.
- 스트레스를 담배로 풀어왔지만 어쨌든 이런 나도 이해하고 받아들이고 이제는 담배 이외의 운동이나 음악 듣기 등의 건강하고 건전한 방법으로 스트레스를 푸는 것을 선택합니다.

이렇게 수용확언을 만들어서 두드리다 보면 어느새 심리적 역전이 줄거나 사라지게 된다. 물론 한 번에 다 되는 것은 아니다. 중간중간에 심리적 역전을 찾는 질문과 근력 검사를 통해서 확인하고 꾸준히 고쳐나가야 한다.

● 아무리 해도 심리적 역전이 사라지지 않을 때

때로는 중독증이 너무 심하거나 실패 경험이 너무 많아서 생기는 심리적 역전도 있다. 예를 들면 이런 것이다. 30년 동안 담배를 끊으려고 수 없이 시도했고, 심지어 폐암에 걸려서 겨우 나았는데도 담배를 끊지 못하는 한 분이 이렇게 말했다. "이제는 아무리 해도 지금 당장 내 목에 칼을 겨눈다고 해도 담배를 못 끊을 것 같아요." 이런 강한 심리적 역전은 수용확언을 몇 번 두드리는 것만으로는 쉽게 풀어지지 않는 경우가 많다. 그럴 때에는 이렇게 해보자.

- 이제는 아무리 해도 지금 당장 내 목에 칼을 겨눈다고 해도 담배를 못 끊을 것 같지만 어쨌든 무조건 지금 이 순간만이라도 있는 그대로 이런 나도 이해하고 믿고 받아들이고 사랑합니다.
- 아무리 해도 못 끊었고 수십 번을 시도했는데도 다 실패해서 이런 나를 도저히 믿을 수가 없고 금연이 가능하다는 생각이 도대체 들지 않지만 어쨌든 무조건 이런 나도 지금 이 순간만이라도 있는 그대로 이해하고 믿고 받아들이고 사랑합니다.
- 나는 폐암에 걸려서도 담배를 못 끊는 내가 참을 수 없이 한심하고 혐오스럽지만 어쨌든 무조건 이제는 이런 나도 지금 이 순간만은 마음속 깊이 진심으로 있는 그대로 이해하고 믿고 받아들이고 사랑합니다.

그는 이 수용확언을 매일 30분씩 기도하는 마음으로 손날점을 두드리면서 기도하는 마음으로 진심을 담아 큰 소리로 읽었고 마침내 6달 만에 금연에 성공하게 되었다. 자기혐오와 좌절감이 너무 심해서 중독증을 벗어날 수 없는 사람은 이런 수용확언을 만들어서 매일 30분 이상씩 기도하는 마음으로 크게 읽고 두드리면 조금씩 심리적 역전에서 벗어나게 된다. 사람에 따라 다르지만 내 경험에 따르면 한 달 정도 꾸준히 한다면 이런 심리적 역전을 누구나 다 벗을 수 있다.

확언과 상상을 활용하기

심리학자들의 연구에 의하면 우리는 부지불식간에 광고에 몇 번 노출되는 것만으로도 그 상품에 대한 충동을 일으켜서 사게 된다. 예를 들어 멋있게 담배를 피우는 말보로 맨의 모습이나 타는 갈증을 시원한 콜라로 달래는 장면을 무심코 몇 번 보는 것만으로도 우리는 그 상품을 충동적으로 구매하게 된다. 바로 이런 이유로 금연 단체들이 담배 광고에 그렇게 기를 쓰고 반대하는 것이다. 실제로 우리나라에서도 공중파 담배 광고와 흡연 장면을 금지한 이후로 흡연 인구가 무척 줄었다. 반면에 20여 년 전 〈영웅본색〉이란 영화가 대 흥행을 하고 영화에서 주인공인 주윤발이 멋지게 말보로를 피워대자 동아시아 전체에서 말보로 판매량이 10배 이상 껑충 뛰었다고 한다. 한마디로 자꾸 보면 따라하게 된다.

이외에도 다른 뇌과학 연구에 의하면 우리의 뇌는 상상과 실재도 구분하지 않는다. 쉬운 예로 신 김치나 귤이 없지만 그것을 먹는 것을 생생하게 상상하는 것만으로도 입에 침이 고인다. 또 다른 예로 실제 골프 스윙을 할 때의 팔 근육의 근전도도 파형과 골프 스윙을 하는 것을 상상할 때의 동일 근육의 근전도도를 비교해보면 유사하게 나타난다. 곧 우리의 뇌는 상상하는 것과 실재하는 것을 구분하지 않는 것이다.

뇌의 이런 속성들을 잘 이용하면 더 쉽게 중독에서 벗어날 수 있다.

우리는 중독에서 벗어나고 싶다고 하지만 우리의 무의식에는 여전히 담배를 피우고 있거나 술을 들이켜거나 마구 음식을 먹어대는 모습이 남아있고 이런 무의식의 모습이 자꾸 우리를 그렇게 만든다. 반대로 우리가 다음과 같이 확언하면서 그 장면을 자꾸 상상한다면 어떻게 될까?

- 담배: 입이 심심하거나 스트레스가 쌓일 때 녹차 한 잔을 마시며 여유를 갖는다.
- 술: 저녁에 시간이 남으면 편안하게 책을 읽거나 운동을 하니 뿌듯하고 즐겁다.
- 폭식: 건강식을 맛있고 즐겁게 먹어서 몸이 자꾸 개운해지고 있다.

당연히 상상하는 모습대로 자꾸 닮아갈 것이다. 그러니 원하는 모습을 자꾸 상상하고 원하지 않는 모습을 EFT로 지워버려라. 상상은 우리를 그곳으로 데려가고 그 모습으로 만들어준다.

EFT로 물질 중독에서 벗어나기

여기서는 실제로 EFT를 적용해서 온갖 중독증에서 벗어나는 법을 단계적으로 실질적으로 차근차근 배워보도록 하자.

첫째, 평소에 스트레스와 걱정을 느낄 때마다 EFT를 하라.

스트레스와 걱정이 중독증을 일으킨다는 것은 누누이 설명했다.
둘째, 중독 물질로 오감을 자극하면서 EFT를 해보라.
담배를 예로 들어보자.

나: 먼저 담배 한 개비를 꺼내 냄새를 맡아보세요.

흡연자: 너무 향기롭고 피우고 싶은데요.

나: 자 그럼 따라 두드리세요. (손날점을 두드리면서) 나는 담배가 너무 향기로워서 피우고 싶어 참을 수가 없지만 …(중략)… 받아들입니다. 이제 다시 맡아보세요.

흡연자: 정말 신기한데요. 이제는 향기가 덜한데요. 하지만 아직도 약간은 향기로워요.

나: 자 다시 따라서 두드리세요. (손날점을 두드리면서) 나는 담배가 여전히 향기로워 피우고 싶지만 …(중략)… 받아들입니다. 이제 다시 맡아 보세요.

흡연자: (놀란 표정으로) 정말 신기하네요. 이제는 향기롭지 않고 조금 역겹네요.

나: 아직 끝난 게 아니에요. 이번에는 불을 붙여서 한 모금 빨아보세요.

흡연자: (한 모금 빨고 난 뒤에) 한 모금 들이마시니까 구수해서 너무 피우고 싶어요.

나: 자 그럼 다시 따라 두드리세요. (손날점을 두드리면서) 나는 담

배 한 모금을 들이마시니 너무 구수해서 피우고 싶어지지만 …(중략)… 받아들입니다. 이제 다시 한 모금 피워보세요.

흡연자: 어, 이제는 덜 구수해요.

나: 아직 구수하고 피우고 싶은 느낌이 있죠? 자, 따라 두드리세요. 나는 아직 담배 맛이 구수하고 피우고 싶지만 …(중략)… 받아들입니다.

흡연자: 어 이제는 담배 맛이 완전히 달라졌어요. 이제는 정말 메스껍네요! 더 피우면 토할 것 같아요. 어떻게 이럴 수가 있죠.

이런 식으로 중독 물질로 오감을 자극하면서 이 때 느끼는 생각과 감정을 EFT로 지우다보면 중독의 느낌이 무덤덤해지거나 심지어 역겹게 된다. 만일 술이나 향정신성 의약품과 같은 것처럼 직접 복용하면서 하기에는 너무 불편하고 위험할 수 있는 것들은 그것들을 실제로 마시고 섭취하는 것처럼 생생하게 상상하면서 떠오르는 느낌과 생각을 EFT로 지워주어도 된다.

셋째, 중독 물질에 대해 충동을 느낄 때마다 가볍게 EFT를 하라.

금연을 시도하는 사람은 하루에도 수십 번씩 담배가 당길 때가 있다. 그럴 때 마다 EFT를 하라. '나는 지금 담배가 너무 당기지만 …(중략)… 받아들입니다' 이렇게 수용확언을 말하면서 두드려도 되지만, 너무 바쁘고 정신없다면 말없이 타점만 그저 몇 번씩 두드려주어도 순간적 충동이 사그라들게 된다. 어느 여성은 식탐이 너무 많아서 몇 년 째 다이어트에 실패했는데, EFT를 알고 나서는 식탐이 생길 때마다 그저 (말은 하지 않고) 타점만 몇 번씩 수시로 두드렸는데 한 달 만에 3킬로그램이 빠졌다.

넷째, 중독증에서 벗어난 건전한 모습을 확언하고 상상하라.

이상의 과정을 중독에서 벗어날 때까지 꾸준히 하다 보면 가장 쉽게 편하게 점차 중독에서 벗어나게 될 것이다.

● 중독증 치유 사례

사례 1 50대의 김숙자(가명) 님은 결혼한 지 3년도 안 되었을 때 성격이상인 친정어머니의 성화와 닦달에 못 이겨, 신혼의 딱지가 떨어지기도 전에 남편과 어쩔 수 없이 이혼하게 되었다. 재혼도 하지 않은 채 아들 하나만을 키우며, 온갖 험한 일을 하면서 살아왔다. 그 과정에서 물론 어머니에 대한 원망과 힘든 인생을 사느라 맺힌 한이 하늘을 찌를 정도였다. 그런 마음과 힘든 몸을 달래느라 10년 동안 매일 박카스 한 통과 맥주 두 병을 먹으며 버텼는데, 몇 년 전부터는 너무 몸이 아파서 끊으려고 해도 도저히 끊을 수가 없었다.

이에 나는 그분에게 2달 동안 매주 한 번씩 EFT로 그 상처들을 풀어주었고, 그 외에 중독증 자체에 대해서는 EFT를 하지 않았다. 하지만 상담이 끝나고 5달이 지나 확인해보니 우울증과 분노가 사라졌을 뿐만 아니라 술과 박카스도 끊은 지 벌써 몇 달이 되었다고 하는 것이 아닌가! 이렇게 걱정과 스트레스 같은 부정적 감정을 지우는 것만으로도 중독증의 많은 부분이 개선되는 것을 종종 보게 된다.

사례 2 40대 남자 김진수(가명) 님은 20세에 힘든 가정 상황을 겪으면서 설상가상으로 재수를 하면서 학원 친구들을 통해 처음으로 담배를 배우게 되었다. 처음에는 맛이 쓰기만 해서 친구 따라 그저 원숭이가 흉내 내듯 입담배만 뻐끔뻐끔 태우다, 마침내 담배에 맛을 들이게 되었다. 시험을 망친다든지 집안일 때문에 스트레스가 쌓일 때마다 한 대씩 피우며 연기를 깊숙이 들이켜면 온갖 시름이 슬슬 풀리곤 했다. 결국에는 매일 한 갑씩 피우는 골초가 되었다.

그러다 한의대에 들어가고 얼마 뒤 휴학하고 군대에 가면서 너무 체력이 달려서 운동을 하면서 어쨌든 어렵게 담배를 끊게 되었다. 이후 다시 한의대에 복학했고, 군대와 대학을 다니는 동안은 한 10년 동안은 담배를 피우지 않았다. 그러다 개업을 하니 처음 해보는 한의원 경영, 환자 응대, 직원 관리, 부족한 치료 기술 때문에 생기는 부담감 등이 한꺼번에 몰려오면서 10년이나 끊었던 담배에 슬슬 다시 손이 가기 시작했고, 한두 해가 지나자 이제는 완전히 중독이 되어서 담배 없이는 도저히 살 수 없다는 생각이 들 정도가 되었다.

그렇게 몇 년 동안 한의원을 운영하다가 마침내 나에게 EFT 상담도 받고 강의도 들었다. 그러자 스트레스가 점차 줄고 자신감이 생기면서 하루 두 갑씩이나 피우던 담배를 몇 달이 지나 한 갑 이내로 줄였다. 그러다 다시 6개월이 지나자 거의 끊게 되었는데, 주변에서 담배를 피우거나, 어쩌다 스트레스가 확 올라오면 다시 담배가 당겨서 평균 하루에 두세 개비 피우는 정도까지 떨어졌고 더 이상 진행이 되지 않았다.

그래서 하루는 이에 대해 EFT를 하다가 그에게 물었다. "남들이 맛있게 담배 피우는 모습을 보거나 스트레스가 확 올라오면 어떤 생각이나 느낌이 들어요?" "담배가 확 당기면서 한의원 옥상에서 멋있게 한 대 피우는 모습이 떠올라요." "그런 모습이 무의식에 남아 있으니 당연히 담배를 피우게 되죠. 자 같이 따라 두드려보세요. 나는 한의원 옥상에서 멋있게 한 대 피우는 모습이 보이지만 …(중략)… 이제는 그 모습이 어떻게 보여요?" "어 이제는 잘 안 보이네요." "자 그럼 이제 내가 거기서 녹차 한 잔을 맛있게 음미하는 모습을 그려보세요."

그는 이후에 3주 정도 편안하게 녹차를 마시는 상상을 꾸준히 매일 했고, 그러자 부지불식간에 올라오던 흡연 충동도 완전히 사라져서 이제는 담배를 완전히 끊은 지 2년이 넘었다. 이렇게 담배를 피우게 만드는 무의식의 생각과 감정과 느낌을 EFT로 지우고, 담배 대신 녹차를 마시는 모습을 상상함으로써 그는 담배로부터 완전히 벗어났다.

사례 3 유나방송 김영석 님의 소감

선생님 너무 감사합니다. EFT 시작한지 2주 만에 13년 동안 피워오던 담배를 끊었습니다.

'나의 죄책감이 저의 몸을 조금씩 학대하고 있었구나'라는 깨달음이 있은 다음부터는 전혀 담배 생각이 나질 않습니다. 금연에 실패한 게 한두 번이 아니었는데 이렇게 쉽게 끊을 수 있다니. 지금 기분이 너무 좋고 상쾌합니다. 감사합니다!

공포증

● 공포증phobia이란?

EFT의 전신인 TFT가 30년 넘게 물 공포증을 앓아온 사람을 몇 분 만에 우연히 치료하면서 고안된 것에서 알 수 있듯, EFT는 '공포증 잡는 EFT'라고 할 정도로 공포증에 효과가 좋다. 개리 크레이그의 동영상에는 수십 년 동안 물 공포증 때문에 수영장을 쳐다보지도 못했던 사람을 바로 수영을 하게 만들고, 쥐 공포증 때문에 쥐가 있었던 자리는 지나가지도 못하던 사람이 쥐를 만지면서 '내 손가락을 핥는데, 너무 귀여워요'라고 소리치게 만든다. 이 정도로 EFT의 공포증 치료 효과는 기적적이고 즉각적이다.

인간은 일단 생명에 위협이 된다고 느끼는 것에 대해서는 본능적으로 공포 반응을 나타낸다. 예를 들어 길을 가다 큰 개가 어금니를 드러내면서 바로 앞에서 으르렁거린다고 하자. 이때 내 몸은 어떻게 될까? 심장이 두근거리고, 손발에 땀이 나고, 온몸에 힘이 불끈 들어가고, 호흡이 빨라지고, 귀가 쭈뼛하면서 바스락거리는 소리마저 뚜렷하게 들리고, 생각이 정지되는데 심하면 완전히 멍해지기도 한다. 사람이나 상황에 따라 이런 증상의 강도나 가짓수는 다르겠지만 대체로 이런 반응들을 보인다. 이런 모든 생리적 반응은 위협 상황에서 모든 동물이 공통적으로 보이는 반응으로 위협으로부터 도피하거나 또는 위협 대상과 싸우기 위해 몸에서 본능적으로 일어나는 반응으로 '도피 또는 투쟁 반응'flight or fight response이라고 부른다.

때로는 공포의 정도가 보통 사람의 상식적인 수준을 벗어나 도리어 생존에 위협이 되는 경우가 있다. 물 공포증이나 쥐 공포증과 같은 잠재적 위험의 대상이 이미 사라졌거나 전혀 위협이 되지 않는데도 과도한 공포와 두려움으로 일상생활에 지장을 받는 사람들이 있는 것이다. 이렇게 비이성적으로 과도하거나 조절되지 않는 두려움을 공포증phobia이라고 부른다.

공포증은 얼마나 많을까? 나는 수천 명을 대상으로 강의하고 상담하면서 온갖 공포증을 다 경험해보았는데, 누구나 약간의 공포증을 갖고 있는 것으로 보인다. 몇 개만 예를 들어보면, 각종 동물 공포증,

각종 벌레 공포증, 고소 공포증, 뾰족한 것을 무서워하는 첨단 공포증, 어둠 공포증, 무대 공포증, 발표 공포증, 시험 공포증 등이 있다. 또 눈을 마주치는 것이 두려운 시선 공포증, 음식을 먹다 걸릴까봐 액체만 마시는 삼킴 공포증, 공중 화장실에서 뒤에 사람이 있으면 불안해서 소변을 보지 못하는 공중 화장실 소변 보기 공포증, 세균이 묻을까봐 스스로 뒤를 닦지 못하는 오염 공포증 등과 같이 특이하면서도 정말 괴롭고 심지어 목숨을 위협하는 공포증들도 있다.

● EFT로 공포증 다루기

① 직접 대면하기

공포증을 가장 쉽게 없애는 법은 직접 그 대상에 직면하면서 떠오르는 생각과 감정을 EFT로 지우는 것이다. 예를 하나 들어 설명해보자. EFT 워크숍 도중, 20년 넘게 고소 공포증을 겪고 있던 30대 남성과 이야기할 기회가 있었다. 마침 워크숍을 진행하던 9층 사무실의 창이 통유리라 블라인드를 활짝 걷고 다가오게 했다.

그: (창에서 3 걸음까지 다가와서는) 이제는 더 이상 못 가겠어요.

나: (불안해하는 그에게) 지금 어떤 생각과 느낌이 드나요?

그: 바닥이 안 보이고 허공만 보여서 공중에 붕 뜬 것같아서 무서워요.

나: 같이 따라 두드리세요. 바닥이 안 보이고 허공만 보여서 공중에 붕 뜬

것 같아서 너무 무섭지만……(잠시 뒤) 이제 어떤가요?

그: 이제는 좀 괜찮아요.

나: 그럼 다시 한 걸음 다가오세요. 어떤가요?

그: 이제 저 아래가 보이니까 다시 무서워요. 마구 떨리고 식은땀이 나요. 떨어질 것 같아요.

나: 따라 두드리세요. 나는 바닥이 보이니까 떨어질까 봐 마구 떨리고 식은땀이 나서 너무 무섭지만…… (잠시 뒤) 이제는요?

그: (갑자기 더 불안해하면서) 왜 이러죠? 처음에는 편안해졌는데, 지금은 두드리고 나서 더 무서워요. 저 바닥에 떨어지는 모습이 자꾸 떠올라요.(갑자기 털썩 주저앉는다)

나: (다가가서 불안해서 어쩔 줄 모르는 그의 타점을 10분 정도 열심히 두드려준다) 자, 다시 지금은 어떻게 느껴지나요?

그: 제가 초등학생 무렵에 옥상에서 놀다가 떨어져서 크게 다친 적이 있어요. 머리를 바닥에 받아서 죽을 뻔 했는데 다행히 목숨은 건졌어요. 한 달 넘게 학교도 가지 못했어요. 방금 떨어지던 모습이 그때 보았던 장면이네요. 그 뒤로는 너무 무서워서 옥상에도 못 올라갔어요. 20년이나 지나서 이 일을 깜빡 잊고 지냈는데, 이제 생각나니 참 신기하네요.

이렇게 공포증에 EFT를 적용하다 보면 종종 공포증을 만든 계기가 된 사건이 떠오르기도 한다. 이에 나는 한 20분 정도 영화관 기법으로 그때 떨어지던 모습과 충격을 다 지워주었고 다시 그에게 창가로 가 보라고 했다. 이제 그는 통유리창이라 아무것도 없어 보이는 창가로 선뜻 다가섰다. 이에 나는 마지막 확인차 창문을 열고 9층 바깥의 바닥을 한번 보라고 했는데, 밖으로 몸을 쑥 빼내고 바닥까지 편안하게 보는 것이 아닌가!

이상으로 예를 들어 대상에 직면해서 공포증을 없애는 법을 설명했는데, 다시 한 번 공식을 들어 설명해보자.

1. 대상에 조금씩 천천히 다가가라. 이때 어떤 느낌과 생각이 드는가?
2. 이런 생각과 느낌을 EFT로 지워보라.
3. 다 지워졌으면 다시 좀 더 접근해보라. 이때 또 어떤 느낌과 생각이 드는가?
4. 이런 생각과 느낌을 EFT로 지워보라.
5. 1~4의 과정을 대상에 완전히 접근할 수 있을 때까지 반복하고 혹 그 과정에서 공포증이 일어나게 된 사건이 생각난다면 영화관 기법으로 지워라.
6. 대상에 완전히 접근해서 완전히 편안한지 확실하게 확인하라.

② 사진이나 동영상 활용하기

때로는 공포의 대상을 사진이나 동영상으로 대신하기도 하는데, 실제로 그 대상을 구하기가 쉽지 않기 때문이다. 예를 들어보자. 몇 년 전에 극심한 거미 공포증으로 고생하는 한 여대생이 찾아왔다. 시작이 언제인지 기억나지도 않고 증상도 극심해서 거미가 보였던 자리는 접근을 못해서 둘러가야 했고, 방안에 거미가 있었으면 감히 들어가지도 못했고, 더구나 거미를 한 번 보게 되면 하루 종일 거미 생각이 나고 무서워서 도저히 학업을 유지할 수가 없을 정도였다. 게다가 집이 시골이라 거미를 안 볼 수도 없는 형편이었다. 이에 도저히 견디다 못해 나를 찾아왔다.

처음에는 증상이 너무 심해 거미 사진마저도 볼 수 없었다. 그래서 마음속으로 거미를 떠올리게 했는데, 살짝 생각하는 것만으로도 화들짝 놀라서 눈을 뜬 채로 상상하게 했다.

그녀: 거미 눈을 보니까 소름끼쳐요.

나: (같이 말하고 두드리게 하면서) 거미 눈을 보니까 소름끼치지만…… (잠시 뒤) 지금 어때요?

그녀: 이제는 짙은 줄무늬 회색이 너무 징그러워요.

나: (같이 말하고 두드리게 하면서) 짙은 줄무늬 회색이 너무 징그럽지만…… (잠시 뒤) 지금은요?

그녀: 이제는 솜털이 너무 소름끼치게 징그러워요.

…(중략)…

이런 식으로 거미를 상상할 때 느끼는 생각과 느낌을 EFT로 1시간 정도 꼼꼼히 지워나가자 많이 편안해졌다. 그래서 태블릿 컴퓨터로 거미 사진을 검색해서 보여주자 갑자기 화들짝 놀라면서 순식간에 사진으로부터 말 그대로 튀어나가듯 도망갔다. 그래서 멀리서 슬쩍 사진을 보게 하면서 드는 생각과 느낌을 EFT로 지우자 점차 가까이서 거미를 보게 되었다. 이에 더 징그러운 몇 장의 거미 사진을 더 다운받아서 보여주면서 EFT를 했고, 마침내는 사진의 거미에는 별 반응이 나타나지 않았다.

나중에는 유튜브의 거미 동영상을 검색해서 보여주면서 EFT를 했다. 한 소년이 거미 수천 마리가 든 유리 상자 안에 들어가 버티면서 최장 시간 기네스 신기록을 세우는 장면을 찍은 것이었다. 아무런 공포증이 없는 내가 보기에도 징그러운 영상이었다. 수천 마리의 거미가 팬티만 입은 소년의 온몸을 훑고 다녔고, 심지어는 눈, 코, 입, 귀를 더듬고 다녔다. 처음에 이 장면을 보여주자 그녀는 온몸에 소름이 끼치는 듯 움찔거렸다. 이에 이런 생각과 느낌을 EFT로 다 지웠고, 마침내는 동영상을 아무리 보아도 아무런 감정도 생기지 않았다. 이와 같이 주 1회 한 시간씩 EFT를 하자 8주 만에 그녀는 거미 공포증에서 완전히 벗어나서, 평생 처음으로 거미를 생각하지 않고 원하는 것만 생각하며 살 수 있게 되었다.

- **공포증 치유 사례**

몇 년 전 200명이 넘는 청중을 대상으로 EFT 특강 및 시연회를 할 때였다. EFT의 효과를 보여주기 위해 8명의 자원자를 무대 위로 불렀다. 그중 한 남성은 무대 공포증 때문에 무대에만 서면 떨리고 불안해서 50세가 되도록 노래는 물론이고 발표마저 한 번도 못했다고 했다. 아니나 다를까 몇 분 그저 이렇게 자신의 증상을 말하는 동안에도 그는 고양이의 앞의 쥐처럼 덜덜 떨었고, 목도 잠겼다. 이에 무대에서 느끼는 생각과 감정을 수용확언으로 만들어 함께 두드렸다.

- 나는 무대 위에 서니까 아무것도 안 보이고 정신이 하나도 없지만……
- 나는 무대 위에 서면 목소리도 몸도 마구 떨려서 어쩔 수가 없지만……
- 나는 이런 나를 사람들이 어떻게 볼까 창피하고 도망가고 싶지만……

이런 식으로 꼼꼼하게 떠오르는 생각과 느낌을 모두 EFT로 지웠고, 불과 10여 분 만에 편안하다고 하는 것이 아닌가! 그래서 나는 마지막 확인 차 그럼 여기서 노래 한 곡을 부를 수 있겠냐고 물었고, 그는 "아는 노래가 없어요"라고 했다. "그럼 〈학교 종이 땡땡땡〉이라도 불러 보세요." 이에 정말로 그는 이 노래를 불렀다. 노래가 끝나자 그가 말했다. "오십 평생에 처음으로 무대에서 노래 한 곡 불러봅니다." EFT는 종종 이렇게 기적을 발휘한다.

2. 몸을 고치는 EFT

각종 통증

● 문제 확인하고 EFT 기본 과정 적용하기

EFT의 통증 치료 사례는 이루 셀 수 없을 정도로 많이 발표된다. 여기서는 이런 강력한 통증 치료 효과를 직접 경험해보자. EFT로 통증을 치료하는데 있어서, 가장 먼저 할 일은 해결해야 할 증상을 확인하는 것이다. 그중 첫 번째는 얼마나 아픈지를, 즉 주관적 고통지수가 얼마나 되는지 0~10 척도로 점수를 매겨보는 것이다. 고통지수를 평가하는 목적은 통증의 변화를 측정하기 위한 것이므로 편하게 느낌대로 매기면 된다. 그다음에는 증상을 꼼꼼히 확인하는 것이다. 이를 위해 먼저 증상에 대해 다음 질문을 해보라.

EFT로 섬유 근통을 전문으로 치료하는 EFT 마스터 루 하스의 강의를 듣고 기념 사진을 찍었다. 사진 속의 필자 뒤로 '섬유 근통으로부터의 자유(FREEDOM FROM FIBROMYALGIA)'라는 제목이 보인다. 섬유 근통은 다양한 통증 질환 중에서도 치료가 어렵고 증상이 심각하기로 유명한 병인데, EFT로 이런 통증이 치료된다는 것은 그만큼 EFT의 효과가 강력하다는 증거라고 볼 수 있다. 사진의 책 《EFT로 통증의 굴레에서 벗어나기》는 그녀의 섬유 근통 치료법을 설명한 책이다.

A. 아픈 부위가 구체적으로 어디인가? 예를 들어 머리가 아프다면 앞인가 뒤인가 옆인가? 최대한 구체적으로 콕 집어보라. 여러 부위가 아프다면 그중 가장 아픈 곳을 먼저 선택하여 하나씩 해결하라.

B. 통증이 생기는 상황이나 조건이나 시간은 무엇인가? 예를 들면 물건을 들 때, 추울 때, 아침에 일어날 때, 걸을 때, 굽힐 때, 화날 때 등.

C. 통증이 어떻게 느껴지는가? 예를 들면 무겁다, 조인다, 결린다, 찢어진다, 쑤신다, 저린다 등.

이제 이 질문에 맞춰 증상을 수용확언으로 표현해 보자. 예를 들면 다음과 같다.

- 나는 A(어깻죽지가) B(뒤로 젖힐 때) C(찢어지듯이 콱 결리지만) 마음속 깊이 진심으로 나를 받아들입니다.
- 나는 A(뒷목이) B(신경 쓰면) C(빽빽하고 열이 나지만) 마음속 깊이 진심으로 나를 받아들입니다.
- 나는 A(허리 가운데가) B(앞으로 허리를 굽힐 때) C(쑤시고 결리지만) 마음속 깊이 진심으로 나를 받아들입니다.

자 이렇게 수용확언을 만들었으면 본격적으로 EFT를 해보라.

● 중간 결과 확인

앞에서 한 대로 EFT를 적용하고 고통지수가 변했는지 확인해보라. 그러면 일단 다음 네 가지의 결과 중 하나를 얻게 될 것이다.

1. 통증이 즉각 사라진다.
2. 통증이 감소되지만 남아있다.
3. 통증의 느낌이나 부위가 변화되었다.
4. 아무 효과가 없다.

그럼 다음에서 이 네 가지의 경우에 EFT를 각각 어떻게 달리 적용하는지 알아보자.

● 통증이 즉각 사라질 때(1번)의 대처법

처음 EFT를 적용해보면 이런 경우가 종종 나타난다. 약 50퍼센트는 이렇게만 두드려도 효과가 난다. 그 효과는 눈으로 직접 보면서도 믿기 힘들 정도이기도 하다. 그래서 이를 '5분의 기적'이라고 표현하기도 한다. 이때 한 가지 주의할 것은 통증이 확실히 사라졌는지 꼼꼼히 살펴서 약간 남은 것이 있다면 2번의 대처법으로 넘어가는 것이다. 통증을 확인하는 방법은 다음과 같다. 움직여본다, 만져본다, 아프게 하는 동작을 해본다, 못하던 동작을 해본다 등이다.

이와 관련한 예를 하나 들어보자. 정유진[23] 선생과 몇 년 전에 광주에서 EFT 레벨 1 워크숍을 할 때의 일이다. 50세 정도의 남성이 20년 된 양 발바닥 통증 때문에 참가했는데, 통증 정도가 너무 심각해서 고통지수는 10이었다. 발바닥으로 딱딱한 것을 디딜 수 없는 정도가 너무 심각해서, 실내에서도 쿠션이 있는 두터운 실내화를 신어야 겨우 다닐 수 있을 정도였다. 무려 20년 동안 편한 적이 한 번도 없었다고 하였다. 과연 이런 심각한 증상에 EFT가 효과를 낼 수 있을까?

---

23 당시 나와 함께 EFT를 강의했던 동료 강사

정유진 선생이 이분에게 EFT를 해주는데, 양발 중 왼발이 더 아프다고 했다. 다음과 같이 수용확언을 만들었다. "나는 왼발 뒤꿈치가 오랫동안 심하게 찌릿찌릿 아프지만……"이라는 수용확언을 만들어서 기본과정을 한 차례 했는데, 놀랍게도 20년간 떠나지 않던 통증이 불과 몇 분 사이에 사라지는 것이 아닌가! 이에 확인을 위해서 쿠션이 있는 신을 벗고 마룻바닥을 맨발로 한번 걸어보라고 했다. 이에 걸을 수는 있는데 오른발에서 약간의 통증이 느껴진다고 하였다. 이에 "나는 걸을 때에 오른발 뒤꿈치가 약간 아프지만……"으로 다시 두드리니 통증이 다 사라져서 심지어는 바닥에 발을 쾅쾅 굴러도 아프지 않을 정도였다. EFT는 종종 이렇게 '5분의 기적'을 만들지만 그렇다고 모든 병에 이런 결과를 기대하면 '5분의 좌절'을 경험하게 된다. 그러니 다음으로 넘어가보자.

● **통증이 감소되지만 남아 있을 때(2번)의 대처법**

통증의 느낌과 부위는 비슷하고 정도만 줄었다면 1번의 수용확언에 '아직' '여전히' '조금' 등의 말을 경우에 맞게 더 넣어서 수용확언을 만들어 EFT를 적용하면 된다. 예를 들어보자.

- 나는 아직 A(어깻죽지가) B(뒤로 젖힐 때) C(찢어지듯이 콱 결리지만) 마음속 깊이 진심으로 나를 받아들입니다.

- 나는 A(뒷목이) B(신경 쓰면) 여전히 C(뻑뻑하고 열이 나지만) 마음속 깊이 진심으로 나를 받아들입니다.
- 나는 A(허리 가운데가) B(앞으로 허리를 굽힐 때) 조금 C(쑤시고 결리지만) 마음속 깊이 진심으로 나를 받아들입니다.

이렇게 EFT를 해서 통증이 소실되면 결과를 확인해보고, 조금 더 남아있으면 소실될 때까지 몇 번 더 하면 된다. 혹 이런 과정에서 통증의 느낌이나 부위가 변했다면 다음에 나오는 '3번의 대처법'을 활용하면 된다.

● 통증의 느낌이나 부위가 바뀌었을 때(3번)의 대처법

혹시 EFT를 하는 도중이나 한 후에 통증 부위나 느낌 자체가 처음과 다르게 바뀌었다면 그것에 맞게 수용확언을 다시 만들어서 EFT를 적용한다. 앞의 예들로 다시 수용확언을 만들어보자.

- 나는 이제는 A(어깨 앞쪽이) B(팔을 들 때) C(우리하지만) 마음속 깊이 진심으로 나를 받아들입니다.
- 나는 이제는 A(뒷목보다는 뒷머리가) B(가만히 있어도) C(뻑뻑하지만) 마음속 깊이 진심으로 나를 받아들입니다.
- 나는 이제는 A(옆구리가) B(앉아있을 때) C(무겁지만) 마음속 깊이 진심

으로 나를 받아들입니다.

EFT를 하다보면 증상의 부위나 정도나 느낌이 자꾸 변화하는데 이것을 잘 따라가는 것이 성공의 지름길이 된다. 이와 관련한 나의 경험을 말해보자. 어느 날 레벨 1 워크숍에 한 60대 남성이 참가했다. 이분은 오십견이 너무 심해서 오른팔이 옆으로 90도 이상 벌려지지 않았다. 나의 책《5분의 기적 EFT》를 나름대로 열심히 읽고 했는데도, 팔이 올라가지 않는다고, 이 증상에는 되지 않는 것 같다고 했다. "EFT는 100퍼센트 작용합니다. 한 번 나와보세요." 이에 참가자들 앞에서 그를 대상으로 EFT를 하기로 했다.

"먼저 어떤 때 어느 부위가 어떻게 아프세요?" "이렇게 옆으로 들면 아프죠." "좀 더 자세하게 그때 어느 부위가 아프세요?" "어깨 뒤쪽이 콱 땡기네요." 이에 '나는 팔을 옆으로 벌릴 때 어깨 뒤쪽이 콱 땡기지만……'으로 두드렸다. "이제 어떠세요?" "어어, 팔이 더 올라가네." 확실히 팔은 120도 정도까지 올라갔지만 그 이상은 변화가 없었다. "이제는 어디가 어떻게 아프세요?" "땡기는 것은 사라지고 어깨 가운데가 우리하네요." 이에 '나는 어깨 가운데가 우리하지만……'으로 두드렸고 다시 팔을 벌려보라고 했다. "어어, 이제는 팔이 다 올라가네요." 놀랍게도 그의 팔은 귀에까지 닿을 정도로 다 올라갔다. "그게 끝이 아니에요. 이제는 팔을 뒤로 젖혀보세요." 팔을 뒤로 젖히자마자 신음 소리를 내면서 팔을 앞으로 급히 뺐다. 이에 '나는 팔을 뒤로 젖히면 콱 찢어지는 듯 아프지만……'으로 두드렸다. 이런 식으로 증상의 변화를 꾸준히 따라가면서 30~40분간 두드리자 6개월 동안 꼼짝 않던 그의 팔은 이리저리 돌릴 수 있을 정도로 좋아졌다.

● 아무 효과가 없을 때(4번)의 대처법

때로는 EFT를 몇 번 해도 아무런 변화를 경험하지 못할 때가 있다. 바로 이때가 기술이 필요한 순간이며 전문가의 역량이 드러나는 순간이다. 많은 사람들이 이때에 좌절을 경험하지만 먼저 다음을 명심하자. 첫째, EFT는 중력처럼 언제 어디서나 반드시 작용한다. 나는 수천 명을 대상으로 기존의 치료가 듣지 않는 통증 환자들을 대상으로 EFT의 효과를 검증해왔고, 경험상 최소한 통증에 관한 한 EFT의 효과는 중력처럼 반드시 작용한다고 확신한다. 둘째, 사라지지 않는 통증 뒤에는 풀지 못한 심리적 문제가 있다. 이런 심리적 문제를 EFT로 해결하면 통증도 사라진다.

EFT를 육체 증상에만 적용해서 해결되지 않는 경우에는 반드시 이것을 일으키는 심리적 문제 즉 앞서 말한 사건과 감정과 생각이 있기 때문이다. 우리 몸은 단순히 물질이 아니라 삶의 기억과 생각과 감정을 담고 표현하는 그릇이며 통증은 그러한 표현의 한 방법이다. 그렇다면 어떻게 통증을 일으키는 사건(또는 기억)과 감정과 생각을 찾는가? 그것이 바로 해결의 열쇠다. 참고로 육체 증상을 일으키는 사건과 감정과 생각을 '핵심 주제'라고 한다. 이제 그 열쇠를 하나씩 찾아보자.

● 핵심 주제를 찾는 첫 열쇠 – 통증을 일으키는 감정

EFT를 적용하는 데 가장 중요한 것은 환자의 심리를 파악하고 통찰하기 위해 질문을 잘 하는 것이다. 먼저 통증을 일으키는 감정을 찾는 질문을 설명해보자.

- 이렇게 아프면 어떤 감정이 느껴지나요?
- 아프면 기분이 어떠세요?
- 아픈 것과 관련해서 느끼는 감정이 있다면 무엇인가요?

이렇게 질문을 하면 환자는 보통 '짜증나죠' '화가 나요' '서글퍼요' '우울해요' '두려워요' '걱정돼요' 등의 대답을 할 것이다. 이런 감정에 바로 EFT를 적용해도 되지만 EFT는 구체적으로 할수록 구체적인 효과가 난다는 것을 명심하자. 그래서 이럴 때에는 '왜 그렇게 느끼죠?' 라고 물으면 더 좋다. 그러면 다음과 같이 대답할 것이다. '아파서 일을 못하니까 서글퍼요.' '놀지도 못하고 집에만 있어야 되니 우울해요.' '안 나을까봐 두려워요.' '또 아플까봐 걱정돼요.' 그럼 이제 이런 감정들을 수용확언으로 만들어 EFT로 지워보자.

- 나는 아파서 일을 못하니까 서글프지만……
- 나는 놀지도 못하고 집에만 있어야 되니 우울하지만……
- 나는 안 나을까봐 두렵지만……
- 나는 또 아플까봐 걱정되지만……

통증을 일으키는 감정은 보통 한 개가 아닌 경우가 많으니 하나의 감정이 사라지면 다시 '이제는 어떤 감정이나 기분을 느끼나요?'라고 물어서 계속 관련된 감정을 찾고 지워나가라.

● 핵심 주제를 찾는 둘째 열쇠 – 통증을 일으키는 생각

이를 위해서는 다음과 같이 질문을 해보자.

- 아프면 무슨 생각이 많이 드나요?
- 아픈 것과 관련해서 떠오르는 생각이 있나요?
- 아픈 것과 관련해서 자주 하는 생각은 무엇인가요?

이런 질문을 하면 다음과 같은 답변들을 할 것이다. '허리 때문에 다시는 일을 못할까봐 걱정되죠' '두통 때문에 공부 못해서 시험 망칠 것 같아요' '무릎 때문에 절뚝거리니까 창피하고 속상하죠' '이렇게 아픈 내가 한심하죠' '의사가 불치병이라고 했어요' 등. 그럼 이제 이 생각들에 EFT를 적용해보자.

- 나는 허리 때문에 다시는 일을 못할까봐 걱정되지만……
- 나는 두통 때문에 공부 못해서 시험 망칠 것 같지만……
- 나는 무릎 때문에 절뚝거리니까 창피하고 속상하지만……
- 나는 이렇게 아픈 내가 한심하지만……
- 나는 의사가 불치병이라고 했지만……

● 심리적 역전을 찾아서 지우기

때로는 나도 모르는(무의식적) 생각이 내가 낫는 것을 방해하는 경우가 많다. 의식적으로는 낫기를 원하지만 무의식의 믿음이나 판단은 도리어 낫지 않기를 바라는 경우가 있는데, 특히 어디서도 낫지 않는 만성질환이나 난치병에는 대부분 이런 경우가 있다. 이것을 EFT 용어로는 '심리적 역전'Psychological Reversal이라고 한다. 한마디로 무의식이 의식과 충돌하는 것으로 낫지 않는 병일수록 심리적 역전을 일으키는 생각을 찾아서 지워주는 것이 중요하다. 이를 찾는 질문은 다음과 같다.

- '내가 만일 지금 당장 다 낫는다면 어떤 일이 생길까요?' 많은 사람들이 이 질문에 처음에는 그저 '다 나으면 그냥 좋죠'라고 할 것이다. 그럴 때 그냥 넘기지 말고 다시 한 번 물어보라. '좀 더 구체적으로 어떤 일이 생길지 얘기해 보세요.'
- '통증이 있어서 혹 좋은 것이 있다면 무엇일까요?' 이 질문에도 처음에

는 많은 사람이 당황하면서 '그런 것은 없어요'라고 부인하고 부정할 것이다. 이에 굴하지 말고 다시 한 번 물어라. '혹 있다면 무엇이든 말해보세요.'

- '이 증상이 없어져서 안 좋은 것이 혹 있다면 무엇일까요?' 이 질문에도 처음에는 많은 사람이 당황하고 부정한다. 우리가 가장 못하는 것 중 하나는 내 안의 진실을 직면하는 것이기 때문이다. 하지만 한 번 더 물어보라. '혹 있다면 무엇이든 말해보세요.'
- '이 증상이 사라지지 않게 하는 이유가 있다면 무엇일까요?' 또는 '이 증상이 사라지면 안 되는 이유가 있다면 무엇일까요?'

사례 1 심리적 역전을 이해하기 위해서 몇 개의 사례들을 말해보자. 자궁암 수술을 받았는데도 완치가 되지 않은 어느 40세 기혼 여성과 상담할 때의 일이다. "자궁암이 지금 당장 깨끗하게 다 나으면 어떻게 될까요?" "남편이 좋아하겠죠." 그런데 이런 말을 하는 여성의 얼굴은 좋기보다는 분노가 서려있었다. "남편이 좋아하면 안 되나요?" 이 뜻밖의 질문에 멍한 표정을 짓다가 갑자기 울먹이더니 통곡하듯 말했다. "그럼 내가 그동안 그렇게 고통받았던 것을 누가 알아주고 보상하나요? 억울해서 참을 수가 없어요." 이에 자초지종을 들어보니 이 부부는 몇 년째 별거 중이었고, 여성은 남편의 무관심과 애정 결핍에 대해 살인적인 분노를 억누르고 있었다.

특히 그녀를 분노케 한 결정적 계기는 그녀가 힘들고 외롭게 자궁암 수술을 받는 동안에도 남편이 곁에 있지 않았다는 사실이었다. "내가 수술 받느라 고통스러운데도 곁에 있어주지 않은 남편을 나도 모르게 너무나 미워했어요. 그런데 그래도 그렇지 어떻게 이런 끔찍한 생각을 할 수가 있죠? 내가 암을 원하고 있다니." 암을 일으키고 낫지 않게 하는 자신의 무의식의 적나라한 진실에 직면하게 되자 그녀는 소스라치게 놀랐다. "저도 모르게 '내가 암에 걸려서 낫지 않으면 남편이 고통 받을 거야'라고 계속 생각하고 있었어요." 결국 그녀의 암의 의도는 남편에게 죄책감을 주는 것이었다. 결국 그녀(무의식)는 남편에게 죄책감을 주기위해서 그토록 끔찍한 암을 유지시키고 있었던 것이다.

사례 2 몇 년 동안 극심한 생리통 때문에 생리 기간 중 갑자기 기절하거나 응급실에 실려 가기도 했던 여고생이 있었다. 이 학생에게 물었다. "생리통 때문에 좋은 것이 있다면 무엇일까요?" "성적이 안 좋아도 아빠에게 덜 미안하죠." 이에 자세한 상황을 물어보니 이 학생의 아버지는 딸에게 큰 기대를 갖고 있었고, 딸은 이런 지나친 기대에 엄청난 부담감을 느꼈지만, 성격이 몹시 착한 탓에 아버지를 실망시킬까봐 내색도 못하고 있었다. 생리통이 가장 심하게 나타난 때를 따져보니 마침 시험과 겹치는 시간이었다. 결국 이 학생의 생리통은 성적이 안 나와서 느끼게 될 아버지의 실망과 자신의 미안함을 줄여주고 있었던 것이다. 특히 여기서 강조하고 싶은 것은 이런 심리적 역전은 철저히 무의식적이라서 본인도 전혀 의식하지 못하는 것으로 단순한 꾀병이 아니라는 점이다. 참고로 이 학생은 이런 생각에 대해 몇 시간 동안 EFT를 했는데, 몇 달 뒤에 확인해 보니 생리통이 사라졌다고 했다. 무의식의 의도를 알아차리고 EFT로 지워버리자 증상도 사라진 것이다. 이렇게 무의식의 의도는 철저하게 몸으로 나타난다.

이상으로 심리적 역전의 사례들을 몇 개 보았다. 이렇게 병을 유지하고 일으키는 심리적 역전을 찾았다면 이제 어떻게 이것을 해결할 것인가? 앞에 나온 사례들로 연습해보자.

사례 1 나는 수술 받을 때 내 옆에 있지 않았던 남편이 너무 미워서 나의 아픈 몸으로 계속 죄책감을 느끼게 하고 싶지만 어쨌든 이제는 무조건 마음속 깊이 진심으로 나를 이해하고 받아들이고 남편이 아닌 나를 위해서라도 남편을 대한 미움을 무조건 내려놓는다.

사례 2 나는 건강한데도 시험을 못 보면 아빠가 실망하고 나도 너무 미안할까봐 생리통이 자꾸 심해지지만 어쨌든 마음속 깊이 진심으로 나를 이해하고 받아들이고 이제는 피하기보다는 조금씩 도전하는 것을 선택한다.

이상의 수용확언으로 EFT를 꾸준히 적용해서 위 사례의 내담자들은 모두 심리적 역전을 벗고 건강해질 수 있었다.

● 핵심 주제를 찾는 셋째 열쇠 – 통증을 일으키는 사건(기억)

몸은 삶의 기록이다. 나는 수 없이 EFT를 하면서 내 인생의 기억들이 병을 만든다는 사실을 알게 되었다. EFT는 이런 기억을 찾고 지우는 데에 가장 탁월한 수단이 된다. 먼저 통증을 일으키는 사건을 찾는 질문은 다음과 같다.

- '처음 아플 무렵에 마음이 힘들었던 일들이 있었다면 어떤 것이죠?' 대부분 이런 질문을 하면 아픈 것 이외에는 특별한 것이 없다고 할 것이다. 그런 말에 주눅 들지 말고 그저 다시 물어라. '아픈 것과 상관없어도 그때 심리적으로 힘들었던 일이 있다면 무엇인지 말해주세요.' 많은 사람들이 육체 증상과 마음이 관련 있다는 것을 모르기 때문에 처음에는 없다고 하다가도 다시 물으면 얼핏 떠오르는 것을 말할 것이다. 그럼 그것이 답이다. 나의 의식은 몰라도 나의 무의식은 답을 알고 있고, 무의식은 물으면 답하게 되어있기 때문이다.

- '처음 아프기 시작할 때 무슨 일이 있었죠?' 이 질문은 사건을 찾을 때에 맨 처음에 내가 가장 많이 하는 질문이다. 대부분의 증상은 비롯되는 순

간에 있었던 일들이 증상의 원인이 되는 경우가 많기 때문이다.

- '아픈 것과 관련해서 떠오르는 일이 있다면 무엇인가요?' 이렇게 물으면 대체로 병을 만드는 생각과 기억을 말하게 된다.

- '내 인생에서 생략하고 싶은 사람이나 사건이 있다면 무엇인가요?' 또는 '살면서 가장 힘들었던 일이 있다면 무엇인가요?' 이 책을 쓰면서 사실 이 질문을 넣는 게 좋을까 고민이 좀 되었다. 상처가 많은 사람들이 이 질문을 하게 되면 무의식에 억압해 두었던 끔찍한 악몽과 같은 상처들이 마치 벌집을 들쑤신 듯 올라와 말 그대로 깜빡 넘어가는 경우를 많이 보았기 때문이다. 게다가 이 질문으로 올라온 사건의 기억들이 초보자가 혼자서 해결하기는 쉽지 않기 때문이다. 그들의 답변은 아마 이럴 것이다. 낙태한 것, 성폭력 당한 것, 자살 시도한 것, 죽을 뻔 했던 일, 알코올중독에 걸린 아빠, 폭력 남편, 학대했던 엄마 등. 그러니 자신의 상태가 심각하다고 생각하는 독자들은 이 질문을 하기보다는 전문가의 도움을 받기를 권한다.
- '이 일과 비슷한 느낌을 또 받았던 때가 있다면 언제 무슨 일인가요?' 보통 증상을 일으키는 사건은 하나 이상인 경우가 많으므로 하나의 사건을 다뤘는데도 증상이 완전히 사라지지 않는다면 관련된 사건을 이렇게 자꾸 물어서 지워야 한다.

이제 실제로 이런 질문으로 육체 증상을 해결한 사례들을 보자. 마침 얼마 전에 레벨 2 워크숍을 할 때다. 50대 남성이 왼쪽 어깨의 통증을 호소했다(말 그대로 오십견이었다). 1년이나 되고, 온갖 치료를 다 받아도 소용이 없고, 팔을 뒤로 젖히면 찢어지는 듯한 통증이 생겨서, 팔을 못 쓰겠다고 했다. "언제부터 이렇게 아팠죠?" "1년 정도요." "그 무렵에 혹 스트레스 받는 일이 있었다면 무엇이죠?" "뭐 별거 없어요. 그냥 갑자기 팔이 이유도 모르게 아팠어요." "아무거라도 됩니다." "정 그렇다면 그때 별 것 아닌 자격증 하나 따느라고 3달 동안 꼼짝도 못했죠." "공부가 스트레스의 원인이었나요?" "사실 그랬네요. 나이 때문에 공부도 잘 안되는데, 떨어지면 창피하니까 그냥 꼼짝 않고 했죠." 이에 나는 이것으로 몇 개의 수용확언을 만들어서 두드려주었다. 나는 떨어지면 창피할까봐 공부하느라 힘들었지만, 나는 나이 들어 공부하는 게 너무 힘들었지만, 나가지도 못해 답답했지만 등이었다. 이런 수용확언으로 두드리자 그의 통증은 9에서 6으로 떨어졌다.

하지만 그 이상은 떨어지지 않았다. 이에 다시 물었다. "또 그 무렵에 힘들었던 일이 무엇이죠?" "사실은 그때 인생에서 가장 화나는 일이 있었죠." 자세한 내막을 들어보니 그때에 회사 동료에게 배신을 당해, 그 분노를 삭이느라고 한동안 술을 엄청 마셨다고 했다. 이에 그때 그 사람과 있었던 일에 대해 영화관 기법을 활용하여 EFT를 10분 정도 했고, 그 결과 찢어지는 통증 때문에 차마 엄두도 못 내던 동작을,

즉 팔을 뒤로 젖히기를 그 자리에서 바로 했다. 이렇게 우리가 겪어온 인생의 풀지 못한 사건들과 그에 얽힌 생각과 감정은 우리 몸 곳곳에서 증상으로 남아있다.

또 다른 예를 들어보자. 몇 년 전 신사동에서 워크숍을 할 때다. 한 50대 여성이 몇 년 전 교통사고를 당한 이후로 양팔을 잘 못쓰고 항상 어깨가 쑤시고 결린다고 호소했다. "어깨 아픈 것과 관련해서 혹 떠오르는 일이 있나요?" "그러고 보니 다쳐서 병원에 혼자 누워있던 게 자주 생각났어요." 이 말을 하면서 이 여성은 갑자기 눈물이 글썽해지면서 말했다. "그때 남편이 사업하느라고 너무 바빠서, 내가 이렇게 다쳐서 아파 입원해 있는데도 거의 오지 못했어요. 그래서 참 외롭고, 서럽고, 남편이 야속하고……" 이에 다음과 같이 수용확언을 만들어 두드렸다. '나는 그때 너무 외롭고, 서럽고, 남편이 야속했지만……' 이렇게 한 10여 분을 두드리자 통증이 반은 줄었지만 그 이상은 내려가지 않았다.

"혹시 이런 느낌을 또 받았던 때가 있나요?" "결혼 초부터 남편이 사업 때문에 많이 바빠서 시댁에서 혼자 있을 때가 많았죠. 그때도 그랬네요." 그래서 그때의 기억을 영화관 기법으로 10분 정도 지우자 갑자기 환한 얼굴로 여성이 외쳤다. "어어, 이제 괜찮아요. 어떻게 이런 일이 있지?!" 그러면서 교통사고 이후 몇 년 만에 처음으로 개운해진 팔을 사람들 앞에서 마치 시상식에서 트로피를 자랑하듯 두 팔을 활짝 올렸다 내렸다 하는 것이 아닌가. 또 다시 '5분의 기적'이 일어난 것이다. 참고로 교통사고 후유증은 증상이 복잡하고 치료가 어려운 경우가 많은데 나의 경험상 교통사고의 기억이 증상을 일으키는 경우가 대단히 많다.

만성 피로

● 피로사회 한국

2012년 3월에 독일에서 활동하는 철학자 한병철이 쓴《피로사회》라는 책이 출간되자마자 온 언론에서 제법 조명을 받았다. 어려운 철학 분야의 책이 나오자마자 주목을 받은 이유는, 말 그대로 이 사회가 '피로사회'라는 것에 많은 사람들이 공감하고 있기 때문이라고 생각한다. 왜 이렇게 온 사회가 피로감을 느낄까? 10대에서 70대까지 수천 명을 대상으로 강의와 상담을 해본 경험으로 볼 때, 그 원인은 한마디로 지나친 경쟁이라고 할 수 있다.그 시작은 바로 악명 높은 IMF 경제 위기이다.

1997년 12월 3일 우리는 IMF 경제 위기를 겪으면서, 모든 국민들은 구조조정의 아픔과 불안을 경험했다. 구조조정이란 한마디로 누구든 직장에서 언제라도 잘릴 수 있다는 것을 의미했다. 그전까지 웬만

한 대기업에 입사만 하면 어느 정도 정년을 보장받았다. 그런데 그런 모든 예측가능성과 안정성이 그때부터 다 무너지고, 모든 개인들은 조직의 힘을 결코 믿지 말고, 오로지 각자 살길을 도모해야 한다는 인식이 확 퍼졌다. 이때부터 불안과 공포가 주증상인 공황장애와 좌절이 주증상인 우울증이 신경정신질환의 대부분을 차지하게 되고, 마침내 자살도 2010년 한 해에만 2만 건에 이를 정도가 되었다.

● 마음이 무거워 몸이 무거운 거야

살다보면 누구나 피로를 경험하지만, 의학적으로 피로를 정의하는 것은 쉽지 않다. 일단 쉬어도 가시지 않는 피로를 의학적으로 만성 피로 증후군이라고 하는데, 의학계에서는 1994년 미국의 질병 통제 예방 센터Centers for Disease Control and Prevention, CDC에서 정한 기준을 주로 따른다. 이를 요약하면 질병도 없고 힘든 일을 하지 않는데도 의학적으로 설명할 수 없는 피로가 6개월 이상 지속되거나 반복되어 일상생활의 활동 수준이 발병 이전보다 실제로 감소되는 것이다. 쉽게 말해 피로할 이유가 없는데도 오랫동안 피로를 느끼는 병이라 할 수 있다.

만성 피로의 의학적 정의에서 보듯 만성 피로의 원인은 한마디로 '모른다'이다. 하지만 다년간 EFT와 심리치료를 해온 나는 만성 피로의 임상적 원인이 분명히 '지나친 긴장과 좌절감'이라고 생각한다. 물론 이외에도 지나친 분노, 슬픔, 짜증, 걱정 등 거의 모든 부정적인 감정이 피로를 유발한다. 나의 경험상 강박증, 조울증, 우울증, 공황장애, 화병 등의 다양한 심리 질환을 앓는 사람들은 모두 100퍼센트 피로를 호소한다. 게다가 스트레스가 많을 때에는 그만큼 피로가 많다는 것도 누구나 공감하는 경험 아닌가. 그래서 이제 100퍼센트 확실하게 단언할 수 있다.

"부정적 감정이 쌓이면 반드시 만성 피로를 일으킨다."

또한 모든 사람이 어떤 문제로 EFT를 하건 간에 공통적으로 몸에 활력이 생긴다고 한다. 게다가 EFT를 적용했을 때 피로가 회복되는 효과는 종종 드라마틱하다. 바로 그 자리에서 힘이 생기는 것을 느낄 정도이다.

이와 관련해서 생각나는 사례가 있다. 어느 날 40대 후반의 남성이 극심한 피로를 호소하며 나를 찾아왔다. 몇 년 동안 이유 없는 극심한 피로를 겪고 있는데, 오후 2시 정도가 되면 반드시 극심한 피로가 몰려와서, 심지어 눈을 뜨는 것조차 힘들 정도라고 했다.

상담을 해보니 몇 가지 실마리가 보였다. 우선 좋아하는 일이 있으나 주변의 기대 때문에 어쩔 수 없이 좋아하지 않는 일을 하고 있었고 결국 벗어나지 못할 것 같다는 생각을 하고 있었다. 둘째 인생에서 수많은 것들을 시도했는데, 결국 모두 실패했다는 생각을 하고 있었다.

결국 그는 엄청난 좌절감의 굴레에 빠져 있었던 것이다. 원래 주 1회, 한 시간씩, 총 8주 정도의 치료 기간을 예상했는데, 첫날에 그의 좌절감을 EFT로 지워주고 나자, 놀랍게도 더 이상 오지 않았다. 나중에 확인해보니, 그날 이후로 만성 피로가 싹 사라졌다는 것이 아닌가. 게다가 1년이 되어가는 지금까지 여전히 좋은 상태이다. 그의 이런 말이 생각난다. "매일 찾아오던 오후의 피로가 싹 사라지니까 갑자기 시간이 너무 길고 심지어 심심해졌어요!"

● 만성 피로의 원인을 찾아내기

오랜 의학 경험으로 볼 때 모든 치료의 핵심은 자연 치유력self-healing power과 이완relaxation이다. 자연 치유보다 나은 치료는 없으며, 모든 의사는 자연 치유를 돕는 것이지, 자연 치유를 대신하는 것이 아니다. 한마디로 병은 고치는 것이 아니라 저절로 낫는 것이다. 그런데 여기서 자연 치유가 일어나는 필수 조건이 있으니 바로 이완이다. 인체는 이완 상태에 들면 모든 기능 곧 해독, 세포 재생, 세포 증식, 면역 능력 등을 스스로 회복한다. 만성 피로의 해결책도 여기에 있다.

그럼 왜 이완이 안 되는가? 마음속에 분노, 걱정, 짜증, 슬픔, 불안 등이 쌓여 있기 때문이다. 따라서 이런 감정들을 EFT로 지우는 만큼 마음이 편안해지면서 저절로 이완이 되는 것이다. 이제 이런 원인들을 찾기 위해 다음 질문에 답을 해보자.

- 지금 내 마음을 불편하게 하는 생각과 감정은 무엇이며, 언제부터 왜 그렇게 느끼는가?
- 문득 자주 떠오르는 불편한 생각과 감정은 무엇인가?
- 나를 불안하게 하는 상황이나 사람은 무엇이며 누구인가?
- 지금까지 나를 괴롭히는 어렸을 적 기억이 있다면 무엇인가?

이에 대한 답을 종이에 적어 정리해보고, 여기에 EFT를 적용하면 되는데, 나의 임상 경험상 가장 많은 만성 피로의 원인은 긴장, 걱정, 스트레스, 부담감, 좌절 등이다. 다음에 그중에서도 특히 좌절감에 대해 좀 더 자세히 다뤄보도록 하겠다.

EFT로 좌절감 지우는 법

반드시 피로를 호소하는 심리 질환이 있는데 우울증이다. 우울증 환자들은 기본적으로 극심한 무기력(피로감)과 의욕 부족 증상을 갖고 있어서, 반대로 이것들이 없으면 우울증이 아니라고 할 수 있을 정도다. 수많은 우울증 환자들을 치료하면서 그들의 공통적인 심리 상태를 찾아냈는데, '나 밖에 없다'는 외로움과 '아무리 해도 안 된다'는 좌절감이었다. 그런데 그들의 이런 좌절감이나 외로움을 EFT로 지워주면 바로 활력과 생기가 돌고 삶의 의욕도 생기면서 심지어 삶의 기쁨까지 느낀다. 이제 좌절감을 해결하기 위해 다음 질문을 해보자.

- 아무리 해도 안 된다고 느꼈던 경험이 무엇인가?
- 나는 절대로 안 된다고 느끼는 이유가 무엇인가?
- 해야 된다고 생각하지만 하지 않게 되는 생각이나 느낌이 무엇인가?

이제 이런 대답에 해당하는 생각과 감정과 기억들에 대해서 EFT를 하면 된다. 다들 각자의 서로 다른 경험을 갖고 있겠지만, 독자들의 편의를 위해서 다음에 좌절감을 지워주는 일종의 즉석 EFT를 만들었다. 따라하다 보면 훨씬 편하게 쉽게 좌절감을 지울 수 있을 것이다.

좌절감을 지우는 즉석 EFT

먼저 당신의 인생에서 좌절감을 느꼈던 사건 한두 개를 떠올려보고 다음과 같이 EFT를 해보자. 필요하다면 매일 꾸준히 반복하라.

① 1회전

수용확언 나는 하는 일마다 실패였다. 시험도 연애도 사업도 모두 실패였다. 내 마음속에는 오직 실패하고 좌절했던 것만 생각나서 이제는 도저히 어떤 새로운 시도도 할 엄두가 나지 않는다. 하지만 어쨌든 이런 나도 마음속 깊이 진심으로 이해하고 믿고 받아들이고 사랑합니다.

너무나 실패를 많이 해서 하면 뭐 하나하는 생각 밖에 들지 않고, 몸은 천근만근 무겁기만 하지만 어쨌든 마음속 깊이 진심으로 이런 나도 이해하고 믿고 받아들이고 사랑합니다.

다시 또 실패해서 좌절할까봐 아무것도 하기 싫지만 마음속 깊이 진심으로 이런 나도 이해하고 믿고 받아들이고 사랑합니다.

연상어구 모든 게 실패였다/ 사업도 연애도 공부도/ 더 이상 하고 싶지 않다/ 하면 뭐 하나/ 또 안 될 텐데/ 또 좌절할 텐데/ 실패한 것만 생각나고/ 온통 좌절만 느껴진다.

몸도 말을 듣지 않는다/ 뭔가 해야 한다는 생각이 들지만/ 몸은 물에 젖은 솜처럼 천근만근이다/ 몸과 마음에 좌절의 무게만 가득하다/ 태산 같은 무게가 내 몸과 마음을 짓눌러/ 도저히 꼼짝 할 수가 없다/ 심지어 숨을 쉬는 것도/ 손가락 하나 움직이는 것도 버겁다

② 2회전

수용확언 이대로 살 수는 없고 뭔가 해야 된다는 것도 알지만 또 실패할까 두려워 꼼짝하지 못하지만 나는 마음속 깊이 진심으로 나를 이해하고 사랑하고 믿고 받아들입니다.

해야 된다는 생각만 하고 실천하지 못하는 나에게 더 화가 나고 짜

증이 나지만 어쨌든 마음속 깊이 진심으로 나를 이해하고 받아들입니다.

나는 아무리 해도 안 된다는 생각밖에 들지 않고 너무나 오래 이렇게 살아서 도저히 어떤 것도 할 수가 없고 나를 믿을 수도 없지만 마음속 깊이 진심으로 어쨌든 나를 이해하고 믿고 받아들이고 사랑합니다.

연상어구 아무리 해도 안 돼/ 또 실패하면 어떡해/ 이렇게 사는 것도 괴롭지만/ 또 실패해서 좌절하는 게 더 싫어/ 머리로는 해야 한다고 생각만 하면서/ 몸은 전혀 움직이지 않는다/ 이런 나에게 또 화가 난다/ 나는 나에게도 좌절한다

그런데 너무나 오래 좌절했다/ 또 얼마나 더 좌절할 것인가/ 과연 나는 삶을 이렇게 겨우 숨만 쉬며 살아갈 것인가/ 안 될까봐 안 하는 게/ 해서 안 되는 것보다 나을 게 뭔가/ 해서 안 되면 그냥 실패지만/ 안 될까봐 안하니 실패는 없다/ 그러나 이런 나에게 한없는 좌절만 느낀다.

③ 3회전

수용확언 나는 아직 여전히 좌절하고 몸은 무겁기만 하지만 마음속 깊

이 진심으로 나를 이해하고 사랑합니다.

나는 여전한 좌절의 무게감 속에서 이제 약간의 가벼움이 미약하게 느껴지지만 어쨌든 나는 나를 이해하고 사랑합니다.
나는 이제 좌절의 무게를 떨쳐버리고 일어나고 싶어도 아직 너무 힘이 약하지만 어쨌든 마음속 깊이 진심으로 나를 받아들이고 새로운 시작과 용기를 선택합니다.

연상어구 아직 몸이 무겁다/ 아직 몸이 움직이지 않는다/ 여전히 실패하고 좌절할까 두렵다/ 하지만 아무것도 안 해서 실패조차 못 한다고/ 더 나을 게 또 얻는 게 뭔가/ 어차피 나에 대한 좌절뿐인데/ 나에게 좌절하느니 해보다 좌절하는 게 낫지 않을까/ 더 실패한들 더 괴로울 건 뭐냐

새벽의 짙은 안개도 해가 뜨면 조금씩 옅어지고/ 아무리 높은 오르막도 시간이 지나면 내리막이 있듯/ 만물은 모두 변화하는 것/ 이제 이 좌절의 무게가 조금씩 걷히고/ 이제 내리막도 보이기 시작한다/ 안개가 걷히듯 찌뿌둥 한 느낌이 걷히고/ 햇살 같은 가벼움이 내 몸과 마음에 들어온다/ 이제 희망과 도전의 가벼움이 느껴진다.

불면증

● 귀신 잡는 해병대, 불면증 잡는 EFT

EFT 과정에서 내담자들이 잠에 들거나 조는 경우가 많다. 게다가 수많은 EFT 경험자들이 공통적으로 하는 말들이 있다. 'EFT만 하면 졸려요' '하품이 나요' 'EFT하다가 나도 모르게 잤어요' 'EFT하면서 요즘은 잠이 너무 잘 들어요' 등이다. 한마디로 'EFT는 초강력 수면제'라고 할 수 있다.

게다가 나와 함께 EFT를 연구하고 보급하는 한의사 이정환은 EFT의 이런 불면증 치료 효과에 주목하여, 노인 불면에 EFT가 얼마나 효과를 발휘하는지 실험을 했다. 또한 그 결과를 2011년에 논문[24]으로 발표하였다. 그는 서울의 한 노인 복지관에서 노인 10명(여성, 연령 분포 72~86세, 평균 76.3~4.29세)을 대상으로 EFT 불면 치료 프로그램을 실시하였다. 치료 전 대상자들의 수면 척도 점수는 평균 30.1~5.59점(35점 이하가 불면)으로 9명이 불면에 해당했다. 평균 수면 시간이 4시간 이하라고 답한 사람이 8명으로 불면이 심한 상태였다.

이정환은 이들에게 총 4주, 주 2회, 회당 1시간, 총 8회의 단체 EFT 프로그램을 구성하여 시행하였고, 프로그램 종료 후 수면 척도 점수

---

24 "노인 불면에 대한 EFT 불면 치료 프로그램(EFT-I)의 효과 평가를 위한 예비적 연구", 〈동의신경정신과학회지〉 제22권 제4호(2011. 12.)

가 44.60~10.96점으로 올라가 노인 불면증에 상당히 의미 있는 효과가 있음을 확인했다. 이 외에도 우울, 불안, 생활 만족도 척도 점수도 개선되었음을 확인하였다. 한 노인은 이렇게 말하기도 했다. "아침잠이 없어 아침만 되면 괴로웠는데, 요즘 종종 늦잠을 자요." 물론 한 건에 지나지 않는 실험이므로 그 한계가 있지만 그럼에도 이 정도의 단순한 적용으로도 노인성 불면에 의미 있는 결과를 냈다는 것은 어쨌든 EFT의 강력함을 증명하는 것이라 할 수 있다.

전 국민의 1/4이 앓는 불면증

어느 연구에 의하면 한국인 5,000명을 조사한 결과 불면증을 겪는 사람이 약 22.8퍼센트라는 보고도 있고, 또 네이버 지식iN에는 불면증에 관한 질문이 무려 4만여 건이나 올라와 있다고 한다. 임상에서 환자들이 나에게 가장 많이 호소하는 것 중의 하나가 또한 불면증이다. 그럼 도대체 불면증은 무엇일까?

한마디로 말해 불면증은 잠을 자고 싶고 잠을 잘 기회가 있어도 잠을 못 자는 것이다. 더 구체적으로는 잠이 오지 않거나, 잠이 얕게 들거나, 숙면의 느낌이 없어 자고 일어나도 개운하지 않는 것 등이 모두 불면증이다. 사람에 따라 필요한 수면의 양은 모두 다른데, 4시간만 자도 위의 증상이 없다면 불면증이 아니다.

거의 대부분의 병이 불면증을 동반하는데, 예를 들어 우울증, 공황장애, 조울증 등의 심리적 문제나 류마티스 관절염, 암 등의 질환도 모두 불면증을 일으킨다. 만약 우울증이 심하면서 불면증이 있다면 그냥 우울증이라고 진단한다. 반면에 이런 질환들이 없이 원인 모르게 한 달 이상 불면증이 지속되는 경우를 일차성 불면증이라고 한다.

● 잠은 자는 게 아니고 오는 것이다

나에게는 종종 불면증을 치료하러 많은 사람들이 온다. 게다가 나에게 오는 불면증 환자들은 5~10년 이상 불면증을 앓으면서 신경안정제나 수면제도 장기간 과량 복용하는 사람들이 대부분이었다. 일반적인 치료로 도저히 낫지 않아서 이리저리 수소문하다가 EFT를 알게 되면서 찾아오기 때문이다. 의학적으로 불면증의 원인은 밝혀져 있지 않지만, 임상적으로 이런 환자들을 자꾸 보니, 그 원인은 너무도 분명했다. 대략 그 원인을 유형별로 다음과 같이 정리해보았다.

- 감정 : 극심한 걱정, 불안, 긴장, 스트레스, 부담감, 분노 등.
- 성격 : 지나친 완벽주의, 강박적 성격, 환경이나 몸 상태에 대한 지나친 예민함 등.
- 꿈 : 꿈이 너무 생생하다, 악몽이 많다 등.
- 환경: 스트레스나 부담감이 많은 가정이나 직장 등.
- 좌절: 나는 아무리해도 잘 수 없다는 심각한 좌절감.

불면증 환자들은 이런 유형들을 하나 이상 갖고 있으며, 가짓수가 많을수록 증상의 정도도 심했다. EFT로 이런 원인들을 줄여주면 자연히 그만큼 더 깊고 오래 잠에 들게 된다. 나는 종종 불면증 환자에게 이렇게 말한다. "잠은 자는 게 아니고 오는 거예요. 마음이 편안해지면 잠은 저절로 와요." 여기서 사례 하나를 말해보자. 어느 날 70대의 한 노인에 불면증 때문에 찾아왔다. 약 2년 정도 수면제를 복용했는데, 약이 없으면 전혀 잠들지 못했다. 매일 쫓기고 싸우는 악몽을 꾸고, 그게 낮에도 너무 선명해서 잠들기도 어렵고 또 너무 쉽게 깬다고 하였다.

EFT 상담을 하다 보면 종종 꿈 얘기를 하고 분석도 하게 되는데, 쫓기는 것은 위협이 생기는 것에 대한 두려움을 나타내고, 싸우는 것은 타인에게 분노를 억누르고 있음을 의미하는 것이다. 그래서 그분에게 두려움과 분노를 일으키는 경험들을 EFT로 지웠고 또 너무 생생한 악몽 장면은 영화관 기법을 활용하여 지웠다. 이렇게 주 1회씩 8회가 지나자 약도 완전히 끊고 잠도 편안하게 잘 수 있게 되었다.

● 불안 · 걱정 · 긴장 버리기

자 구체적으로 그럼 어떻게 하면 잠이 저절로 올까? 먼저 불안과 걱정과 긴장을 버려야 하는데 이에 관해서는 '불안과 걱정(402쪽)'을 참고하라.

● 악몽에서 벗어나기

종종 꿈이 너무 생생하고 특히 악몽이 너무 심하고 생생해서 잠들기가 어렵고 두려운 경우가 많다. 이런 사람은 마음속에 남아있는 무서운 꿈 장면을 영화관 기법으로 지우는 것이 좋다.

● 예민함 버리기

종종 잠자리 환경이나 몸 상태에 너무 예민해서 잠을 못자는 사람들이 종종 있다. 예를 들면 다음과 같다.

- 잠자리가 바뀌면 잠이 안 와요.
- 몸이 조금만 찌뿌둥해도 잠이 안 와요.
- 자다가 소변이 마려우면 참지 못하고 잘 깨요.

이런 경우에는 다음과 같이 EFT를 해보자.

- 나는 잠자리가 바뀌면 어색하고 불편해서 잠이 오지 않지만 마음속 깊이 진심으로 나를 이해하고 받아들입니다.
- 나는 몸이 조금만 찌뿌둥해도 잠이 오지 않지만 마음속 깊이 진심으로 나를 이해하고 받아들입니다.
- 나는 자다가 조금만 소변이 마려워도 참지 못하고 깨어나지만 마음속 깊이 진심으로 나를 이해하고 받아들입니다.

● 잠에 대한 지나친 집착과 걱정 버리기

불면증을 오래 겪은 사람은 하루 종일 잠에 대해 걱정하고 집착하게 된다. 그 때문에 더욱 수면에 어려움을 겪는 경우가 많다. 예를 들어 보자.

- 저녁만 되면 '오늘 밤에 잘 수 있을까'하는 걱정이 앞서다 결국 또 못 잔다.
- 낮에는 하루 종일 전날 잠 못 잔 것을 떠올리며 짜증을 낸다.
- 틈만 나면 잠을 자야 생활이 되는데 하면서 걱정하고 불안해한다.
- 잠자리에 누우면 '꼭 자야 된다'고 강박적으로 생각하다 보니 잠이 더 안 온다.

자 이제 이런 생각과 감정을 EFT로 지워보자.

- 나는 저녁마다 밤에 잘 수 있을까 걱정하느라 잠이 더 오지 않지만 마음속 깊이 진심으로 나를 이해하고 받아들입니다.
- 낮에는 하루 종일 전날 못 잔 잠을 생각하면 짜증이 나지만 마음속 깊이 진심으로 나를 이해하고 받아들입니다.
- 틈만 나면 잠에 대해 걱정하고 불안해하느라 더 잠을 못 자지만 마음속 깊이 진심으로 나를 이해하고 받아들입니다.

- 잠자리에 누우면 꼭 자야 된다는 생각에 더 긴장되어 잠이 오지 않지만 마음속 깊이 진심으로 나를 이해하고 받아들입니다.

● **나는 절대로 잘 수 없다**

불면증이 오래된 사람은 잠에 관한 온갖 부정적 신념이 많고 이것들이 대체로 수면을 방해하는 주요인이 되기도 한다. 예를 들어보자.

- 나는 약이나 술을 먹지 않으면 잠을 못 잘 것 같다.
- 잠을 자고 싶지만 어떤 치료를 해도 듣지 않아서 결국 또 못 잘 것이다.
- 나의 불면증은 너무 오래되어서 결코 나을 것 같지 않다.

이렇게 의식적으로는 정작 잠을 자고 싶지만 무의식에서는 잘 수 없다고 느끼는 상태를 앞에서 심리적 역전이라고 했다. 인간의 몸은 의식이 아닌 무의식의 지배를 받으므로 당연히 이런 상태에서는 잠을 잘 수가 없다. 그래서 다음과 같은 수용확언으로 EFT를 해보자.

- 나는 약이나 술을 먹지 않으면 절대로 잠을 잘 수 없을 것 같지만 어쨌든 무조건 깊이 진심으로 이런 나도 이해하고 믿고 받아들이고 사랑합니다.
- 나는 잠을 자고 싶어도 어떤 치료를 해도 듣지 않아서 도저히 나을 것 같지 않지만 마음속 깊이 진심으로 이런 나도 이해하고 사랑하고 받아들입

니다.

- 나의 불면증은 너무 오래되어서 결코 나을 것 같지 않지만 깊이 진심으로 이런 나도 이해하고 사랑하고 받아들입니다.

● **잠에 대한 집착과 걱정을 다스리는 즉석 EFT**

내가 잠들기 전에 많이 하는 잠에 대한 집착과 걱정은 무엇인가? 그것들을 생각하면서 다음과 같이 EFT를 해보자.

① 1회전

수용확언 잠들기 전부터 벌써 걱정이 된다. 오늘 밤에는 편히 잘 수 있을까? 몇 달 몇 년을 이렇게 똑같은 걱정을 반복하고 있지만 마음속 깊이 진심으로 나를 이해하고 받아들입니다.

매일 저녁 잠 걱정하느라고 우울하고 그러다 잘 시간이 되면 더 못자지만 마음속 깊이 진심으로 나를 이해하고 받아들입니다.

저녁마다 불안하고 우울하다. 오늘 저녁에는 과연 잘 수 있을까? 초저녁부터 이런 생각하느라 마음 편할 새가 없지만 어쨌든 이런 나도 이해하고 받아들이고 사랑합니다.

연상어구 벌써 몇 달, 몇 년째/ 잠 걱정에 잠 못 이룬다/ 오늘 밤에는 편히 잘 수 있을까/ 오늘 못 자서 내일도 힘들게 보내면 어떡하나/ 초저녁마다 아직 오지 않은 잠과 내일을 걱정하느라/ 마음은 쉴 틈이 없다/ 마음이 쉬면 저절로 잠들 텐데/ 잠 걱정에 잠들 틈이 없다

벌써 몇 달, 몇 년이냐/ 이렇게 잠 걱정하고 산 지가/ 답도 없는 같은 걱정 자꾸 한다고/ 답이 나오나 잠이 오나/ 이러나저러나 못 자는데/ 그냥 걱정 안 하면 안 될까/ 그러면 잠은 못 자도/ 마음은 편할 것 아닌가

② 2회전

수용확언 잠자리에 누우니 꼭 자야 한다는 생각에 도리어 정신이 말똥말똥해지지만 마음속 깊이 진심으로 나를 이해하고 받아들입니다.

잠만 생각하면 억울하고 화가 나고 짜증나지만 마음속 깊이 진심으로 나를 이해하고 받아들입니다.

낮에는 잠을 못 자서 피곤하다는 생각에 짜증이 가시지 않지만 마음속 깊이 진심으로 나를 이해하고 받아들입니다.

연상어구 잠자리에 들면 꼭 자야 한다는 생각에/ 도리어 정신이 말똥말

똥해진다/ 잠을 자려 애쓰고 뒤척인다/ 나는 왜 밤마다 이렇게 잠을 자려 애써야 하나/ 남들은 그냥 자는 잠을/ 나는 왜 이렇게 애를 써도 자지 못하나/ 잠 때문에 불안하고 억울하고/ 잠 때문에 화가 나고 짜증난다

아침마다 지옥이다/ 겨우 잠들었는데 곧 깰 시간이다/ 오늘도 잠을 못 잤다는 생각에/ 아침부터 짜증이 올라온다/ 일하는데 피곤하고 집중이 되지 않는다/ 그럴수록 잠 못 잔 것이 더욱 짜증난다/ 이렇게 하루 종일 잠 때문에/ 불안하고 걱정하고 짜증내며 인생이 간다

③ 3회전

수용확언 수면제를 자꾸 먹는 것도 불안하다. 안 먹으면 못 자고, 자꾸 먹는 것도 불안하다. 이러지도 못하고, 저러지도 못해 불안하기만 하지만 마음속 깊이 진심으로 나를 이해하고 받아들입니다.

이제 이렇게 잠 때문에 온갖 걱정하는 게 너무 넌덜머리가 나지만 마음속 깊이 진심으로 나를 이해하고 받아들입니다.

이렇게 넌더리를 내면서도 과연 걱정을 끊을 수 있을 지 의심되지만 마음속 깊이 진심으로 나를 이해하고 받아들입니다.

연상어구 수면제까지 걱정이다/ 언제까지 먹어야 되나/ 부작용이 생기지 않을까/ 안 먹을 수도 없고 자꾸 먹을 수도 없다/ 아무 결정도 못하고 안절부절못한다/ 이런 나에게 또 짜증이 난다/ 이제 이렇게 사는 것도 넌더리난다/ 이제 뭔가 변화하고 싶다

너무나 오래 답이 없는 똑같은 걱정을/ 질리도록 반복하고 있다/ 이제 그냥 그만 두고 싶다/ 그만 둔다고 잃을 것도 없고/ 그저 마음의 평화뿐이다/ 잠을 못 자더라도 마음의 평화라도 얻고 싶다/ 마음에 꽉 찬 걱정과 불안과 짜증이 주니/ 편안해진 마음에 문득 잠이 올 듯하다

소화기 증상

● 위와 장을 고치려면 마음을 고쳐라

우선 다음 말을 죽 읽어보라.

"속이 탄다, 속이 뒤집어진다, 토할 것 같다, 토 나온다, 밥맛이다, 속 터진다, 밥맛 떨어진다, 비위가 약하다, 비위에 거슬린다, 환장換腸하겠다."

이 말들은 소화기 증상을 표현하면서 동시에 감정을 표현하는 말들

이다. 이렇게 예부터 인류는 소화기와 감정이 밀접하게 연관되어 있음을 인식하고 있었다. 여기서 속은 위를 의미한다. 이렇게 우리는 위의 상태와 감정의 상태를 동시에 표현하곤 한다. 실제로 장은 제2의 뇌라고 불릴 정도로 감정에 밀접하게 반응한다. 우리의 감정을 좌우하는 신경전달물질의 하나인 세로토닌은 뇌보다는 장에서 더 많이 분비된다는 사실도 알려져 있다.

나이 드신 분들이 좋아하는 노래 중에 〈단장斷腸의 미아리 고개〉라는 것이 있다. 풀이하면 '너무 슬퍼서 창자가 끊어지는 미아리 고개'라는 뜻인데, 실제로 이런 일화가 중국의 고서에 전해져 내려온다. 중국의 진나라 장군이 배에다 병사를 싣고 양자강 중류의 삼협이라는 곳을 지나가다가, 한 병사가 새끼 원숭이 한 마리를 잡아왔다. 그런데 그 어미 원숭이가 백여 리를 이 배를 따라오며 구슬피 울었다. 그러다 강어귀가 좁아지는 곳에 배가 이르자 그 원숭이가 배 위로 몸을 날려 뛰어올랐다. 그런데 배 위로 오르자마자 죽어버렸다.

이에 병사들이 죽은 원숭이의 배를 갈라보니 창자가 토막토막 끊어져 있었다. 새끼를 잃은 슬픔으로 창자가 군데군데 끊어졌던 것이다.[25] 우리말에도 '애가 탄다' '애가 끓는다' '애를 쓴다' '애태운다' 등의 말이 있는데, 애는 바로 장을 말한다. 이렇게 중국에서도 한국에서도 위

25 《세설신어世說新語》, 출면편黜免篇

와 뇌는 감정에 동일하게 반응한다는 것을 일찍부터 인식하고 있었다. 그럼 의학계에서는 과연 이에 대해 어떻게 생각하고 있었을까?

70년 전 스트레스가 일으키는 최초의 질병이 위궤양이라는 것이 확인되었고, 약 30여 년 전부터 의학계에서는 스트레스가 일으키는 유일한 병이 위궤양이라는 것을 정설로 받아들였다. 그래서 의사들은 환자들에게 종종 다음과 같이 충고를 하곤 했다. "궤양은 잘못된 생각 때문에 생기는 병이에요. 당신의 생각과 감정을 풀고 바꾸세요." 이렇게 의학계는 1980년대 초까지만 해도 스트레스와 궤양의 관계를 확신했다.

그러다 1984년에 놀라운 반전이 생겼다. 호주의 한 내과 의사가 궤양 조직에서 헬리코박터라는 박테리아를 발견했고, 이것이 궤양의 원인임을 밝혔다. 그는 이 발견으로 2005년 노벨 의학상까지 받았는데, 이 사람이 바로 요구르트 광고로 유명했던 배리 마셜이다. 이 발견에 의사들은 환호했다. 더 이상 환자들에게 마음을 바꾸라는 어려운 얘기나 설명을(마음가짐을 애써 바꾸라고) 할 필요 없이, 기계적이고 간단하게 "균이 원인이에요. 약 드시면 돼요"라고 하면 되었으니까.

그런데 몇 년 뒤에 다시 놀라운 반전이 생겼다. 전 세계 인구의 1/3이 이 균을 갖고 있고 그중 극히 일부분만 궤양에 걸린다는 사실이 밝혀져, 이 균이 원인이라는 주장이 무색해져버린 것이다. 더 많은 연구에 의해 밝혀진 바로는 스트레스를 받으면 신체는 우선 당장 필요하지 않은 기능들을 차단하는데, 그중의 하나가 면역 기능이다. 곧 균이 바로 궤양을 일으킨다기보다는 스트레스로 면역력이 약해지면 균을 억제하지 못해 궤양이 생기는 것이다.[26] 이렇게 해서 의학계는 다시 이렇게 말할 수밖에 없게 되었다. "위를 고치려면 마음을 고치세요."

위장 이외에 대장과 소장도 감정 상태에 아주 민감하다. 스트레스를 받을 때 뇌에서 분비되는 신경펩티드neuropeptide, 신경전달물질로 작용하는 물질들이 대소장에서도 동시에 분비된다. 곧 우리가 두려움, 좌절, 걱정을 느낄 때, 장도 동시에 똑같이 이런 감정을 느끼는 것이다.[27] 그래서 소화기 질환에는 유독 신경성이란 말이 잘 붙는데, 신경성 위염, 신경성 대장 증상, 신경성 위장 장애 등이 그것이다. 여기서 신경은 바로 마음을 의미하는 것이다.

감정이 위와 장에 미치는 구체적 영향

이제 여기서는 서로 다른 감정이 위에 어떤 영향을 주는지 알아보자. 한의학을 공부한지 25년이 넘다 보니 많은 위장병 환자도 보고, 특히 체한 사람은 수를 셀 수 없을 정도로 봤다. 그러면서 차츰 위와 감정의 상관성을 인식하면서, 나름의 데이터가 쌓였다. 서로 다른 감정이 위에 어떤 영향을 주는지 알아보자.

---

26 다큐멘터리 〈Stress: Portrait Of A Killer〉, NGC.

27 《Quantum Healing》, Deepak Chopra.

감정	관련되는 위의 증상
두려움	위 무력증으로 소화불량, 체함, 식욕 저하/ 공포가 극심하면 위가 싸늘하게 차가워지고 위경련이 생김
혐오감	위 무력증으로 소화불량, 체함, 식욕 저하/ 혐오감이 심하면 구토나 설사
짜증(억압된 분노)	위산 과다, 속쓰림, 역류성 식도염/ 때때로 식욕 이상 항진으로 과식 및 폭식
부담감	위 무력증으로 소화불량, 체함, 식욕 저하
근심과 걱정	위 무력증으로 소화불량, 체함, 식욕 저하
슬픔	위 무력증으로 소화불량, 체함, 식욕 저하

위가 좋지 않은 사람들에게는 공통점이 있다. 예민하고, 사람 가리고, 음식 가리고, 싫은 것 못 참고, 짜증이 많고, 걱정이 많고. 그래서 잘 안 먹고, 살도 안 찌고, 잠도 깊이 못 잔다. 특히 위암을 일으키는 주된 감정이 짜증(억압된 분노)과 혐오감이다. 싫은 것 억지로 꾹 참고, 화도 못 내고, 이러다 보면 위산 과다가 생겨서, 위 점막이 자신이 분비한 위산에 녹아서 상처가 나기 시작하고, 이것이 암으로 발전하기가 쉽다. EFT를 통해 많은 사람들의 위장병을 고쳐주었다. 위염, 위암, 역류성 식도염, 위암 등 위장 질환은 대체로 오래되고 고질적이고 난치병인 경우가 대부분이다. 그래서 위장병 환자들은 늘 소화제나 위산 중화제 같은 것을 달고 사는데 그게 사실 마음의 병이라서 그렇다.

마음까지 고쳐야 낫는데 위만 고치려고 하니 안 낫는 것이다. EFT로 20~30년 넘게 평생 달고 살아온 위장 질환도 치료되는 것을 보면서 다시 한 번 이런 생각을 한다.

"위장병은 마음의 병이다."

● 위와 장을 위한 가정상비약 EFT

EFT를 하다 보면 다양한 신체 반응이 즉각 나타난다. 졸리거나, 나른하거나, 멍해지는 경우가 많은데, 소화기와 관련된 증상도 아주 많이 나타난다. 자꾸 트림을 하거나, 장이 꾸르륵거리고, 방귀가 나온다. 또 답답하던 뱃속이 쑥 내려가듯 편해지기도 한다. 또한 전국의 일반 한의원 내원 환자들이 가장 많이 호소하는 것이 바로 체기 같은 소화기 증상이고, 이때 침 몇 방만 맞아도 상당수는 증상이 호전된다. 이렇게 보면 침과 두드리는 침 EFT는 소화기에는 그 어떤 약이나 치료법보다 탁월하다고 볼 수 있다. 그래서 이제 이렇게 말하고 싶다. "위와 장을 위한 가정상비약 EFT!" 그럼 이제 구체적으로 EFT로 튼튼한 위와 장을 만드는 법에 대해 알아보자.

증상에 따라 간편하게 먹는 일반 상비약처럼 소화기 증상에 EFT를 적용하는 가장 기본적이고 쉬운 방법은 불편한 증상 자체에 EFT를 적용하는 것이다. 예를 들어보자.

- 면을 먹었더니 속이 더부룩하고 답답하다.
- 찬 것을 먹었더니 배가 살살 아프고 설사가 난다.
- 이유도 모르게 속이 바늘로 찌르는 듯 쓰리고 아프다.

이제 이런 증상에 EFT를 적용하면 다음과 같다.

- 나는 지금 속이 더부룩하고 답답하지만 마음속 깊이 진심으로 나를 이해하고 받아들입니다.
- 나는 찬 것을 먹었더니 배가 살살 아프고 설사가 나지만 깊이 진심으로 나를 이해하고 받아들입니다.
- 이유도 모르게 속이 바늘로 콕콕 찌르는 듯 쓰리고 아프지만 깊이 진심으로 나를 이해하고 받아들입니다.

이렇게 적용하는 것만으로도 심각하지 않은 웬만한 소화기 증상은 바로 좋아지기 마련이다. 일단 이렇게 EFT를 해서 증상 자체의 강도가 변하거나 다른 증상으로 변하면 이에 맞게 수용확언을 바꾸어서 EFT를 하다보면 남은 증상이나 변화된 증상도 사라지기 마련이다.

● 근심·걱정·불안을 지워라

온갖 부정적 감정이 위와 장에 영향을 준다. 그중에서도 근심, 걱정, 불안은 위와 장을 무력하게 만들어 입맛이 떨어지고 소화가 안 되어 속이 더부룩해지게 만든다. 이것과 관련해서는 '불안과 걱정(402쪽)'을 참고하라.

● 혐오감과 거부감을 지워라

인간의 모든 감정이 위와 장에 영향을 주지만 그중에서도 혐오감과 거부감은 위와 장에 가장 특징적인 감정이며 또 제일 관련이 깊다. 나는 이루 다 셀 수 없는 정도의 환자를 보았는데, 그러다 보니 질환별 환자 특징이 잡히기 시작했다. 예를 들면 분노를 잘 조절하지 못하는 환자는 심장병이나 중풍이 많고, 까칠한 완벽주의자는 간에 문제가 잘 생기고, 분노를 자꾸 억압하는 사람은 암이 잘 생긴다. 특히 소화기 환자들은 너무나 예민하고, 싫은 것이 너무 분명해서, 조금이라도 뭔가 마음에 안 들면 바로 몸에 반응이 나타난다. 이런 혐오감과 거부감이 소화기 증상으로는 구토, 설사, 극심한 위경련, 두드러기 등으로 잘 나타난다. 거꾸로 이런 증상이 많은 사람은 뭔가 싫어하는 게 너무 많다고 생각해도 좋다.

- 내가 결코 참을 수 없는 상황과 사람은 무엇인가?
- 살면서 가장 거부감과 혐오감이 들었던 사건은 무엇인가?

이제 이 질문에 떠오르는 것들을 EFT로 처리해보자. 예를 들면 다음과 같을 것이다.

- 나는 지저분한 것을 결코 참을 수가 없고 심지어 속이 다 뒤집힐 것 같지만 마음속 깊이 진심으로 나를 이해하고 받아들입니다.
- 나는 그때 상사에게 받았던 모욕을 잊을 수가 없고, 지금도 그것만 생각하면 화가 나고, 특히 그런 모욕을 받고도 가만히 있었던 내가 끔찍하게 혐오스럽지만 마음속 깊이 진심으로 나를 이해하고 받아들입니다.

● 좌절과 무기력 지우기

위가 힘이 떨어지면 위하수, 소화력 저하, 복부 팽만 등의 증상이 나타나는데 이를 위무력증이라고 한다. 또 장이 무력해지면 연동운동이 잘 되지 않고, 특히 배변 능력이 떨어져 고질적 변비가 잘 생기는데 이를 장무력증이라고 한다. 이런 소화기의 무력증은 좌절로 인한 무기력감과 밀접한 관련이 많다. '만성 피로(458쪽)'에 이와 관련된 내용이 있으니 참고하라.

● 심리적 역전 풀기

무슨 병이든 오래되면 낫고 싶어 하면서도 낫지 않을 것 같다는 심리적 역전이 생긴다. 소화기 질환과 관련된 심리적 역전에는 다음과 같은 것들이 많다.

- 나는 절대로 기름기 있는 것은 못 먹어.
- 소화제가 없으면 내 위는 소화가 안 돼.
- 이렇게 오래된 병이 정말 나을 수 있을까.

이제 이런 심리적 역전을 EFT로 지워보자. 이외에도 떠오르는 것이 있다면 한번 적어보고 이에 대해 EFT를 해보자.

- 나는 기름기 있는 것이 몹시 먹고 싶지만 먹기만 하면 배가 아프고 설사를 너무 많이 해서 도저히 편안하게 먹을 수 있다는 생각이 들지 않지만 마음속 깊이 진심으로 나를 이해하고 받아들입니다.
- 나는 소화제가 없으면 불안하고 소화가 될 수 없다고 느끼지만 마음속 깊이 진심으로 나를 이해하고 받아들입니다.
- 나는 이렇게 오래된 병이 정말 나을지 믿을 수가 없지만 마음속 깊이 진심으로 나를 이해하고 받아들입니다.

● 위장 치료 사례

사례 1 50세의 김정남 님은 몇 년째 멎지 않는 설사와 복통으로 나를 찾아왔다. 원래 설사, 소화불량, 복통 등이 잦았는데, 최근 1년 사이에 하루에 수십 번씩 설사를 하고 심한 복통을 겪어서 생업도 중단한 상태였다. 양방 병원에는 잠시 입원했지만 양약에 거부 반응이 심해서,

한방 병원에 한 달 정도 입원했다. 설사 회수는 하루 10번 정도로 줄었지만, 나머지 증상은 거의 그대로였다. 병원 환자용으로 파는 깡통 죽 이외에는 어떤 것도 먹지 못했고, 만약 다른 것을 먹으면 여지없이 복통과 설사가 생겼다.

이렇게 심각한 복통과 설사는 사실 생명까지 위협한다. 영양실조로 발전할 수 있기 때문이다. 그를 일주일에 1, 2번 EFT를 해주면서, 그동안 살아오면서 마음속에 쌓아만 두었던 온갖 감정과 생각들을 EFT로 지워나갔다. 그는 어렸을 때 부모님에게 충분한 사랑을 받지 못했고, 형과 누나는 몸이 약한 그를 배려하기보다는 종종 구박했고, 학교에서도 늘 혼자였다. 이런 인생의 사건들 속에서 그는 늘 외로움, 혐오감, 서러움, 분노, 자기혐오 등을 많이 느꼈고, 그것들이 고스라니 소화기 증상으로 나타나고 있었다.

그렇게 석 달 정도를 하자 그의 소화기는 놀랍게 좋아졌다. 환자용 죽을 끊고 일반식을 먹게 되었고, 복통과 설사도 사라졌으며, 심지어 전에는 입에만 대면 설사와 복통이 생겨, 공포심마저 들게 했던 삼겹살과 회도 먹을 수 있게 되었다. 그의 마지막 말이 생각난다. "처음에는 그냥 소화기만 치료하는 줄 알았는데, 제 마음까지 치료가 되어 놀랍습니다. 까칠한 남편이 너무 부드러워졌다며 저보다 저의 아내가 더 좋아합니다."

● **혐오감과 거부감을 지우는 즉석 EFT**

먼저 내가 참을 수 없는 사람이나 사물이나 상황은 무엇인가? 한두 개를 떠올리고 다음과 같이 EFT를 해보자.

① 1회전

수용확언 나는 싫은 사람을 참을 수가 없고, 심지어 생각만 해도 속이 뒤집어지지만 마음속 깊이 진심으로 나를 이해하고 받아들입니다.
나는 싫은 것을 보면 역겹고 속이 메스껍고 심지어 토할 것 같지만 어쨌든 나는 나를 이해하고 받아들입니다.

내 마음도 내 위와 장도 싫은 것을 받아들이지 못해 토하고 설사하고 꼬인 듯 아프지만 마음속 깊이 진심으로 나를 이해하고 받아들입니다.

연상어구 싫은 사람을 참을 수 없다/ 싫은 것도 참을 수 없다/ 속이 터진다/ 속이 꼬인다/ 토할 것 같다/ 속이 뒤집어진다/ 심지어 생각만 해도 속이 다 뒤틀린다/ 나는 속이 너무 좁아 받아들일 수가 없다

마치 내 속에 전쟁이 난 것처럼/ 꾸르릉 소리가 나고 마구 요동을 친다/ 그래도 싫은 것은 참을 수가 없다/ 역겹고 메스껍고 토하고 싶다/ 위에서 억지로 받아들여도/ 장에서 참지 못한다/ 그래서 장이 마구

뒤틀리며 설사가 난다/ 내 마음도 위도 장도 받아들이지 못한다.

② 2회전

수용확언 나는 가리는 게 너무 많아서, 안 가리면 자꾸 배탈이 나지만 마음속 깊이 진심으로 나를 이해하고 받아들입니다.

내 마음도 속도 너무 좁아서 받아들이는 게 너무 적지만 마음속 깊이 진심으로 나를 이해하고 받아들입니다.

나의 좁은 마음이 속이 과연 커질 수 있을지 궁금하지만 마음속 깊이 진심으로 나를 이해하고 받아들입니다.

연상어구 나는 가리는 게 너무 많다/ 조금만 안 맞으면 금방 탈이 난다/ 사람도 상황도 사물도 안 맞으면 견딜 수가 없다/ 그런데 이 많은 사람과 이 많은 사건들 중에서/ 어떻게 내게 맞는 것만 경험할 수 있나/ 내가 만약 하느님이라서/ 세상을 내게 맞게 만들지 않고서야/ 어찌 모든 것을 내게 맞추나

내 속은 밴댕이 속이다/ 내 속은 좁아 터졌다/ 안 맞으면 죽어도 못 참는다/ 그래서 매번 이렇게 죽어난다/ 하느님도 아닌 내가/ 어찌 세

상을 내게 맞추려 하는가/ 나는 밴댕이 소갈머리고/ 오만은 하느님을 능가한다

③ 3회전

수용확언 나는 너무나 오래 좁아터진 속과 마음으로 살아왔지만 마음속 깊이 진심으로 나를 이해하고 받아들이고 사랑합니다.

나는 너무나 오래 세상을 내게 맞출 수 있는 듯 오만하게 굴다 속만 다 버렸지만 마음속 깊이 진심으로 나를 이해하고 받아들입니다.

이제라도 과연 더 넓어진 속과 마음으로 더 많은 세상과 사람을 경험하고 더 많은 것을 먹고 소화시키고 싶지만 마음속 깊이 진심으로 나를 이해하고 받아들입니다.

연상어구 좁아터진 속과 마음으로 너무 오래 살았다/ 온 세상을 내게 맞출 수 있는 듯 착각했다/ 돌아보니 너무 오만했다/ 나의 오만으로 내 속만 다 버렸다/ 세상을 창조할 능력도 없으면서/ 온 세상을 내게 맞추려고 했다/ 내 마음도 속도 저들이 하느님인 줄 안다/ 이제 내 마음과 속에는 겸손과 받아들임이 필요하다
이제라도 마음과 속이 좀 더 넓어지면 안 될까/ 좀 더 많은 세상과 사

람을 받아들이고 싶다/ 더 많은 것을 먹고 소화시키고 싶다/ 속 좋은 사람이 되고 싶다/ 속 넓은 사람이 되고 싶다/ 하느님 같은 능력을 가질 수는 없어도/ 하느님만큼 넓은 마음을 가져보고 싶다/ 이제 더 넓은 마음과 속으로 세상을 받아들인다

눈의 증상

● 눈은 마음의 창이다

"차마 눈 뜨고 못 보겠다, 슬픔이 눈을 가린다, 눈에 보이는 게 없다, 눈이 높다, 눈앞이 막막하다, 눈이 낮다, 안하무인眼下無人, 눈에 불을 켜다, 눈이 뒤집어지다, 눈에 콩깍지가 붙었다."

이 말들은 우리가 흔히 감정을 표현할 때 쓰는 말이면서 또 말 그대로는 눈의 증상을 표현한 말이다. 혹 이런 감정을 느낄 때 눈에서 진짜 이런 현상이 일어날 수도 있을까? 이와 관련해서 마음과 눈의 관련성을 분명히 보여주는 충격적인 사례가 있다. 일찍이 캄보디아에서는 크메르루주에 의해 엄청나게 많은 사람들이 학살당했다. 그중에서 약 200명의 여성들은 그들의 가족들이 고문받으면서 죽어가는 것을 직접 강제로 봐야했는데, 그 뒤로 눈이 확 멀어버렸다. 의학적 검

사로는 아무런 눈의 이상을 찾을 수 없었는데, 그들은 아무것도 볼 수 없었다. 그녀들은 이렇게 말했다. "아무것도 볼 수 없을 때까지 울었어요."[28]

또 나는 지금까지 많은 사람들에게 EFT를 가르쳐왔는데, 강의나 상담에서 그저 심리적인 문제들을 EFT로 풀고 나면 종종 많은 사람들이 이런 말을 하는 것을 듣는다. '갑자기 세상이 환하게 보여요, 눈에 씌인 것이 벗겨진 듯 맑게 보여요, 침침하던 눈이 밝아졌어요, 갑자기 사물이 뚜렷하게 보여요, 이제 눈이 시원해요.' 눈은 마음의 창이라고 하듯, 마음이 맑아지면 눈도 진짜로 맑아지거나 좋아지는 것일까!

오래 전에 EFT 창시자인 개리 크레이그는 EFT 전문가인 캐롤 룩Carole Look에게 그녀의 내담자들에게 EFT로 시력을 개선해보지 않겠느냐고 권유했다. 처음에는 이런 권유에 회의적이었지만, 차츰 그녀의 내담자와 강의 참가자들이 했던 말들이 떠올랐다. "세상이 환해 보여요." "이제 모든 게 뚜렷하게 보여요." 이에 스스로 자문하게 되었다. "분노, 슬픔, 죄책감 등이 온갖 신체 질환으로 나타나고, EFT로 이것을 풀어주면 다 좋아지는데, 눈이라고 예외일까?"

이에 그녀는 2005년 가을에 드디어 400명의 자원자를 모집하여 시력 EFT 실험을 하였다. 8주간의 과정이 끝났을 때 이들 중 120명만

28 "They cried until they could not see," Patrick Cook, New York Times magazine, June 23, 1991.

이 남았다. 그들 가운데 82퍼센트는 여성이었고, 80퍼센트는 안경을 20퍼센트는 렌즈를 꼈으며, 연령대는 30~80대까지 다양했다. 참가자들은 정해진 기준에 따라 맨 처음에 자신들의 시력을 평가했고, 매주 주어지는 EFT 과제를 하면서 중간 평가를 하고, 마지막에 최종 시력 평가를 했다. 시력 평가의 지표 항목은 안구 건조, 근거리 시력, 원거리 시력, 안구 피로, 눈의 가려움이나 따가움, 안구 경련, 수정체 부유물floater 등이었고, 이들 지표에 어떤 변화가 있는지 매주 기록하게 했다.

원래 EFT는 개인별로 맞추어 수용확언을 만들어야 하지만 대규모 실험에서 그럴 수는 없어, 매주 정해진 수용확언과 연상어구를 이메일로 보내면, 참가자들은 이것으로 매일 5~10분씩 EFT를 하게 했다. 마침내 8주가 지나서 최종 결과가 통계적으로 처리되었을 때 그 결과는 놀라웠다. 끝까지 마친 120명의 평가 결과는 15~75퍼센트 정도 시력이 향상되었음을 보여주었다. 물론 이 실험은 대조군이 없는 예비 실험이지만, 그럼에도 이 실험은 이런 간단한 수준의 EFT만으로도 시력에 효과가 있다는 것을 잘 보여주었고, 감정과 시력이 밀접한 관련이 있음을 일깨워주었다.

● EFT로 눈이 좋아진 사례

사례 1 근시 (경험담)

최근에 머리가 종종 어질어질했지만 원인을 알 수 없었어요. 그러다 안경을 쓰면 더하고 벗으면 덜해서 안경에 문제가 있다고 생각을 했어요. 그래서 며칠 지나 안경점에 가서 시력을 측정했더니 양안 시력이 무려 3단계씩 상승했다고 하는 게 아니겠어요. 거의 20년 동안 제 시력은 변화가 없었고, 그저 난시만 조금씩 추가되곤 했는데 최근 3년 사이에 시력이 점차 좋아지면서 1년 반 만에 마이너스 시력이 이제는 0.1까지 좋아졌습니다. 사실 시력과 관련하여 직접적으로 EFT를 하지는 않았습니다. 시력이 좋아졌으면 하는 의도도 없었습니다. 다만 EFT를 좀 공부하신 분들은 아시겠지만 내면의 상처를 지우는 작업들이 세상을 보는 눈을 밝게 한다는 생각이 듭니다. 이것은 EFT하다 보면 마음의 평화와 함께 얻는 엄청난 덤이 아닐까요. – 송원섭

사례 2 복시

어느 날 EFT 1단계 워크숍에 60대의 사업가가 찾아왔다. 그는 나를 보자마자 대뜸 소리를 질렀다. "선생님이 그 책 쓴 분 맞으시죠? 제가 EFT로 기적을 경험했습니다." 곧 이어 그가 자초지종을 말했다. 몇 달 전에 그에게 갑자기 모든 사물이 두 개로 보이는 복시 증상이 생겼다. 증상이 너무 심해서 독서도 운전도 모두 불가능했다. 너무 놀라서

온갖 병원과 의사들을 찾아다녔는데 다들 원인도 모르고 치료법도 없다고 하는 것이 아닌가. 이에 너무 낙담하다가 혹시나 하는 마음으로 서점에서 건강 서적을 뒤져보는데 《5분의 기적 EFT》를 발견하고는 이렇게 외쳤다고 한다. "그래 맞아. 내게 지금 기적이 필요해."

내용을 훑어보니 해서 손해 볼 것은 없다는 마음이 들어서 한 열흘 정도 "나는 모든 것이 두 개로 보이지만 깊이 진심으로……"라는 말로 아주 초보적인 EFT를 약 10분씩 했다. 그러자 놀랍게도 사물이 다시 원래대로 하나로 보이는 것이 아닌가! "아유, 잘 됐네요. 정말 축하드립니다." 나는 이렇게 축하해주었다. 그는 워크숍을 하는 7시간 내내 쉬는 시간마다 자신의 경험을 흥분해서 다른 참가자들에게 말을 했고, 마지막에 꼭 이런 말을 붙였다. "세상에 어찌 이런 기적이 있을 수가 있어요!" 그러다 워크숍 마칠 때쯤에 대뜸 내게 화를 내듯 물었다. "그런데 내가 이런 기적을 경험했는데, 원장님은 왜 반응이 그렇게 시원찮아요?" "하하, 사실 저는 그런 기적적인 경험을 매번 들어서 이제는 그러려니 합니다. 그래서 제 책 제목이 《5분의 기적 EFT》 잖아요."

사례 3 녹내장 (경험담)

저는 원래 오른쪽 눈의 안압이 높아 녹내장 안약 2가지를 눈에 넣고 있었습니다. 안압은 보통 20 이하를 안정적이라고 보는데, 저는 약을 쓰면서 20 정도를 오랜 기간 잘 유지하고 있었습니다. 그러다 올해 들어 우안 안압이 30으로 급격히 올랐습니다. 안압 30은 상당히 높은 수치로, 약을 추가로 사용해도 떨어지지 않는다면 수술을 해야 합니다. 이에 너무 겁이 났던 저는 미친 듯이 EFT를 하기 시작했습니다.

EFT로 일단 안압이 높아서 수술하게 될 것 같은 두려움, 시간이 흐를수록 안압이 올라가는 표를 보여주면서 저도 결국 안압이 오른다고 말했던 의사의 무서운 말들, 임신에 계속 실패해서 쌓인 스트레스와 초조함과 우울감과 지치는 느낌 등을 지웠습니다. 이렇게 며칠 동안 EFT를 하고 다시 병원에서 재검을 받으니 안압이 20으로 떨어졌습니다. 처음에 이렇게 안압이 떨어졌을 때는 우연의 일치라고 생각했습니다. EFT만으로 안압이 떨어질 수는 없다고 생각했으니까요.

그러나 이후 한 차례 더 안압이 조금 상승하였을 때, 다시 한 번 EFT를 열심히 한 결과 안압이 다시 내려갔어요. 스트레스를 많이 받거나, 화가 치밀거나 하면 녹내장 환자들은 안압이 올라가기 때문에 마음의 평정을 유지하는 것이 중요하다고 들었는데, 아마 EFT를 통해 스트레스가 어느 정도 해소되면서 안압이 안정된 게 아닌가 생각합니다.

● 〈눈을 고치는 EFT 8주차 과정〉을 경험한 분들의 사례

나는 유나방송에서 다음에 나오는 〈눈이 좋아지는 EFT 8주차 과정〉을 진행했고, 몇 분들이 그 과정에서 경험담을 매주에 댓글로 올렸다.

그중 몇 개를 골라 소개한다.

눈이 건조하고 눈곱이 자주 끼어서 항상 안약을 넣었는데, 언제부터인지 안약을 쓰지 않고 있네요. 그리고 책 읽을 때 쓰는 안경이 도수가 낮아 불편했는데, 지금은 더 편하게 쓰고 있답니다. 언젠가 이 안경도 벗게 되겠죠. – 이외선

저는 노안이 40대 중반부터 왔는데요, 6월 4일에 방송하신 내용으로 3주 동안 하루에 두 번씩 따라했습니다. 아침에 기도문 읽을 때 돋보기를 써도 눈이 침침하고 희미하게 보였어요. 그런데 지금은 많이 선명하고 맑고 정확하게 보입니다. 차차 돋보기도 벗을 수 있다고 확신합니다. 그리고 정신건강에도 많은 도움이 되어서 하루하루 건강한 생활하고 있습니다. – 정태순

저는 시력이 좋은 편인데도 밤 운전에 대한 두려움이 커, 밤이면 조수석에서는 멀쩡히 보이던 차선이 운전석에 앉으면 잘 보이지 않는 것 같아 무서움을 많이 느꼈어요. 그러다 며칠 전에 새벽 운전을 하면서 참 편안하다는 생각이 들어, 뭐가 달라진 건지 한참을 생각했는데, 시야가 맑게 잘 보인다는 것을 바로 알게 되었습니다. "아! 시력 EFT 덕분이구나." 다시 한 번 EFT에 감동했습니다. – 원더풀 피스

어제는 하루 종일 운전하고 사람 만나고 다녔는데, 뭔가 이상하다고 느꼈지만 무딘 생각에 그냥 지냈습니다. 그러다 집에 와 보니 화장대 앞에 안경이 있네요. 그런데 오늘은 습관적으로 또 안경을 쓰고 나왔습니다. 새로운 것에 적응하는 데에도 EFT를 해야겠어요. - 김금순

● **〈눈을 고치는 EFT 8주차 과정〉을 해보자**(표지의 QR 코드 참조)

나는 세계 최초로 시력 향상 EFT를 만든 캐롤 룩의 프로그램[29]을 참고하되, 한국인의 정서를 고려하여 수용확언과 연상어구를 모두 새로 만들어서, 말하자면 '한국인을 위한 시력 및 안질환 개선 EFT 프로그램'을 이 책에서 소개하고자 한다. 독자들이 어떤 눈의 문제를 갖고 있든 — 근시, 원시, 녹내장, 백내장, 황반 변성, 노안 등 — 이 프로그램을 수행하면 마음의 평화는 기본이요, 눈도 어쨌든 좋아지는 부수적인 효과를 얻으리라고 생각한다. 몸이 천 냥이면 눈이 999냥이라고 했는데, 하루 10분 정도를 투자해서 이 소중한 눈을 좋아지게 할 수 있다면 그저 한 번이라도 해볼 만하지 않은가!

29 《Improve Your Eyesight With EFT》, Carol Look, AUTHORHOUSE

EFT 마스터 캐롤 룩의 모습. 오른쪽이 그녀의 책 《EFT로 눈을 고쳐라》이다.

① 준비하기

먼저 시력 측정 기준을 정한다. 시력을 측정할 기준점이나 대상을 정하는데, 이 기준점은 매일 내가 보고 확인할 수 있는 것이어야 한다. 시력 측정표가 제일 좋은데, 없다면 일정한 거리에서 보면서 매일 확인할 수 있는 것이면 된다. 기준점이 마련되었으면 안경이나 렌즈를 벗은 채로 다음 평가지에 점수를 매겨본다. 점수를 매기는 기준은 다음과 같다.

	1주차	2주차	3주차	4주차	5주차	6주차	7주차	8주차
한 주 동안 EFT 한 횟수								
밝기								
색 식별								
색 선명도								
안구 건조감								
근위 시력								
원위 시력								
눈 피로								
눈의 가려움 이나 따가움								
눈의 긴장감								
부유물								

X = 나에게는 적용이 안 됨. 곧 좋아질 필요가 없음.
0 = 변화없음
1 = 미세한 호전(15% 이내)
2 = 약간의 호전(15~25%)
3 = 꽤 큰 호전(25~50%)
4 = 분명한 호전(50~75%)
5 = 확실한 호전(75% 이상)

● **1주차: 눈이 좋아지는 것을 막는 내면의 저항 및 제한적 신념(limiting belief) 다루기**

우선 다음과 같은 질문을 해보자.

- 눈이 좋아져서 나쁜 점이 있다면 무엇일까?
- 눈이 좋아져서 불편해지는 것은 무엇일까?
- 눈이 좋아진다면 가족이나 직장에 혹 어떤 불편한 영향이 생길까?
- 내가 분명하게 잘 보면 누가 불편할까?

잠시 이 질문을 마음에서 음미한 뒤에 다음과 같이 EFT를 하자. 단 EFT를 할 때에는 되도록 안경이나 렌즈를 벗고 맨눈으로 하는 것이 좋다.

① 1회전

수용확언 나는 비록 마음 한편에서 눈이 좋아지는 것에 저항하지만 마음속 깊이 진심으로 나를 받아들입니다.

나는 비록 마음 한편에서 사실상 눈이 좋아지기를 바라지 않지만 마음속 깊이 진심으로 나를 이해하고 받아들입니다.

나는 비록 사람과 세상을 뚜렷이 보는 게 두렵지만 이런 나도 있는 그대로 이해하고 사랑하고 믿고 받아들입니다.

연상어구 내 마음 한편에서는 시력이 좋아지는 것에 저항한다/ 나는 제대로 보고 싶지 않다/ 나는 뚜렷이 보는 게 두렵다/ 나는 잘 보고 싶다고 생각했다/ 그러나 실제로는 아니다/ 이런 온갖 내면의 장애물들이/ 나도 모르게 내 눈을 가리고 있다/ 나는 이런 내면의 장애물들을 어찌 할 줄 모르겠다.

이제 이런 내면의 저항을 푼다/ 나는 이런 저항을 극복할 수 있다/ 나는 기꺼이 저항을 푸는 것을 선택한다/ 저항을 풀어도 나는 안전하다/ 나는 저항을 풀 용기를 선택한다/ 나는 사람과 세상을 똑똑히 제대로 보는 것이 좋다/ 내 눈과 내 시력에 감사한다/ 세상 만물이 차츰 뚜렷하게 보임에 감사한다

② 2회전

수용확언 나는 이런다고 정말 눈아 좋아질까 의심이 들지만 깊이 진심으로 나를 이해하고 받아들입니다.

사실 진짜 좋아져서 못 볼 것을 볼까봐 내심 두렵기도 하지만 마음속

깊이 진심으로 나를 사랑하고 받아들입니다.

나는 EFT로 눈이 좋아진다는 게 의심스럽지만 깊이 진심으로 나를 이해하고 받아들입니다.

연상어구 나는 EFT에 의심이 든다/ 나는 한편으로 눈이 좋아지기를 그다지 바라지 않는다/ 나는 제대로 보는 게 두렵다/ 이 끈질긴 의심/ 속아도 본전인데/ 밑져도 본전인데/ 그냥 몇 분 두드려보면 안 될까/ 하다못해 팔 운동이나 기분 전환이라도 될 거 아니냐

나는 새로운 가능성에 마음을 연다/ 내면의 저항을 내려놓는다/ 내면의 의심을 거둔다/ 의심과 저항의 성벽이 사라지니/ 나는 훨씬 자유롭다/ 이것만으로도 눈이 밝아지는 것 같다/ 나의 이런 결단에 고맙다/ 나의 이런 용기에 감사하다

③ 3회전

수용확언 썩은 이를 되돌릴 수 없듯 시력도 되돌릴 수 없다고 나는 생각하지만 깊이 진심으로 나를 이해하고 받아들입니다.

나는 이런다고 정말 눈이 좋아질지 의심스럽지만 깊이 진심으로 나를

이해하고 받아들입니다.

나는 실제로는 만물을 있는 그대로 다 보는 게 불안하고 무섭지만 깊이 진심으로 나를 이해하고 사랑합니다.

연상어구 나빠진 시력은 절대로 되돌릴 수 없다/ 그것은 의학 상식에 어긋난다/ 그럼 의학적으로 불치인 사람은 다 죽어야 하고/ 그깟 의학 상식을 지키려고/ 내 눈은 계속 이 모양 이 꼴로 나빠야 하나/ 그것 어기면 지옥에라도 가나/ 새 안경 맞추는 게 귀찮을 것 같다/ 그럼 안경을 눈에 맞추지 눈을 안경에 맞춰 살 거냐

이제 나는 새로운 가능성에 마음을 연다/ 어차피 안 돼도 본전이고/ 혹 잘 되면 광명을 본다/ 나는 의학적 예외가 된다/ 나는 세상을 제대로 본다/ 나는 세상을 뚜렷하게 본다/ 나는 밝은 세상을 본다/ 밝은 눈으로 사물을 보니 너무 감사하다

맨눈으로 매일 10분 정도 이렇게 EFT를 하고 매주 한 번씩 기준점이 어떻게 보이는지 확인하고 평가지에 점수를 기록해보라.

● **2주차: 두려움 다루기**

내 인생에서 차마 눈뜨고 보기 어려웠던 무서운 경험이 있다면 무엇인가? 한두 개만 생각해보라. 단 너무 충격적인 사건은 혼자 해결하기에 버거우니 가벼운 것을 떠올려라.

① 1회전

수용확언 나는 그것을 보았을 때 너무 무서워서 다시 보기 싫지만 마음속 깊이 진심으로 나를 받아들입니다.

나는 그것을 보았을 때 너무 무서워 벌벌 떨었지만 깊이 진심으로 나를 받아들입니다.

그때의 두려움이 아직 내 눈에 남아 사물을 가리는지 모르겠지만 깊이 진심으로 나를 이해하고 사랑하고 받아들입니다.

연상어구 그때의 두려움이 아직 내 눈에 맺혀있다/ 나는 여전히 그것을 보기가 두렵다/ 나는 그것을 보고 싶지 않다/ 그러니 당연히 이렇게 안 보이지/ 괜히 보았다/ 또 보게 될까 두렵다/ 그때의 두려움과 공포가 그 기억이/ 여전히 내 눈을 가린다 이제 내 눈에 맺힌 두려움을 모두 닦아낸다/ 그 기억을 모두 눈에서 씻어낸다/ 그 일은 모두 끝났다/ 이제 더 이상 과거를 보고 느끼지 않아도 된다/ 그러니 이제 내 눈에서 모든 과거의 두려움을/ 모든 보고 싶지 않은 기억을 다 지운다/ 그러자 편안한 마음으로 환한 세상이 보인다/ 안전하고 평화로운 세상이 보인다

② 2회전

수용확언 세상에 험한 일이 너무 많아 나는 세상을 뚜렷이 보는 게 두렵지만 깊이 진심으로 나를 이해하고 사랑합니다.

나는 더 넓은 세상을 보는 게 두렵지만 깊이 진심으로 나를 이해하고 받아들입니다.
과거의 두려움이 내 눈에 맺혀 세상을 가리지만 나는 나를 있는 그대로 이해하고 받아들입니다.

연상어구 나는 제대로 완벽하게 보는 게 너무 두렵다/ 마치 적을 본 타조가 모래 속에 머리를 파묻듯/ 나는 차마 있는 그대로 보지 못하겠다/ 눈이 밝아지면 더 많은 무서운 것들이 보일지 모른다/ 때로는 덜 보는 것도 좋다/ 눈 가리고 아웅하고 싶다/ 세상을 보기가 두렵다/ 차마 눈 뜨고 보기가 두렵다

이제 어쨌든 두려움을 내려놓는다/ 보지 않는다고 없어지지 않는다/ 그러니 어쨌든 나는 용기를 선택한다/ 지금 바로 다 보지 않아도 된다/ 조금씩 천천히 더 보아도 된다/ 나는 한 걸음씩 더 직면한다/ 나는 용감하게 세상을 본다/ 세상을 제대로 보는 것이 참 좋다

③ 3회전

수용확언 나는 두려움을 버리는 게 너무 무섭지만 깊이 진심으로 이런 나도 있는 그대로 이해하고 사랑하고 받아들입니다.

나는 너무 오래 두려움에 빠져 살았지만 마음속 깊이 진심으로 나를 이해하고 받아들입니다.
이런 두려움이 내 눈에 너무나 오래 쌓여 마치 눈의 일부로 느껴지지만 깊이 진심으로 나를 이해하고 받아들입니다.

연상어구 또 끔찍한 것을 보지 않을까/ 다시는 그런 것을 보고 싶지 않다/ 내 앞에 있는 것을 보기가 두렵다/ 뚜렷이 보고 싶지 않다/ 제대로 보고 싶지 않다/ 그것들 또 보란 말이냐/ 안 보는 게 낫다/ 차라리 덜 보는 게 낫다

그런데 눈으로 안 보면 뭣 하나/ 마음으로는 늘 보이는데/ 두려움은 바

깥을 가릴 수는 있지만/ 내 안을 가리지는 못한다/ 도리어 내 안의 것들이 더 보인다/ 보아도 보이지 않지만 안 보아도 보인다/ 그러니 나는 그냥 용감하게 본다/ 나는 내가 제대로 보는 세상을 살아갈 힘이 있다

맨눈으로 매일 10분 정도 이렇게 EFT를 하고 매주 한 번씩 기준점이 어떻게 보이는 지 확인하고 평가지에 점수를 기록해보라.

● 3주차: 죄책감 다루기

당신의 과거사건 중에서 죄책감이 드는 것 한두 개를 골라 생각해보라. 이제 다음과 같이 EFT를 해보라.

① 1회전

수용확언 나는 그 일에 대해서 그 사람에 대해서 죄책감을 느끼지만 깊이 진심으로 이런 나도 이해하고 인정하고 받아들입니다.

나는 이런 죄책감으로 지금까지 나를 벌주며 살아왔지만 깊이 진심으로 나를 이해하고 받아들입니다.

아마도 그런 죄책감이 내 눈에 쌓여 내 눈을 가리는 지도 모르겠지만 깊이 진심으로 나를 이해하고 받아들입니다.

연상어구 그 일에 대해 엄청난 죄책감을 느낀다/ 모두 내 탓이다/ 나는 벌 받아야 한다/ 나는 용서받지 못 할 것 같다/ 나는 용서 받을 자격도 없다/ 나 스스로도 내가 용서되지 않는다/ 그냥 평생 이렇게 죄책감 느껴야 될 것 같다/ 나는 나를 용서할 수 없다

그런데 내가 나를 벌준다고 세상이 좋아지나/ 그 사람이 좋아지나/ 도둑질은 정해진 형기라도 있는데/ 나의 죄책감에는 형기도 없나/ 이제 먼저 나를 용서한다/ 세상과 사람들이 내게 한 것도 용서한다/ 나를 용서하는 것이 모든 용서의 시작이다/ 나는 이렇게 용서의 첫 걸음을 내딛는다

② 2회전

수용확언 나는 아직도 죄책감을 버릴 수 없지만 깊이 진심으로 나를 이해하고 받아들입니다.

나는 죄책감을 버리면 그냥 안 될 것 같아서 계속 붙잡고 있지만 깊이 진심으로 나를 이해하고 받아들입니다.

나는 죄책감을 버리면 너무 뻔뻔해질 것 같지만 깊이 진심으로 나를 받아들입니다.

연상어구 죄책감이 내 눈을 가린다/ 내 눈에 죄책감이 쌓여 있다/ 나는 벌 받아야 한다/ 나는 세상을 볼 자격이 없다/ 죄책감을 버리면 안 될 것 같다/ 이제는 죄책감이 그냥 습관이 되었다/ 내 눈이 나를 대신해 벌 받는 것일까/ 이제 죄책감으로 나를 벌주는 것도 지겹다

이제라도 나는 나를 용서한다/ 나를 용서함으로써 남과 세상을 용서한다/ 나는 나를 꾸준히 용서한다/ 나는 나의 과거를 용서함으로써 새로운 미래를 책임진다/ 모든 용서의 시작은 자기 용서이다/ 나는 지금 이 순간만이라도 진심으로 나를 용서한다/ 다시 그 마음으로 남을 용서한다/ 이제 사람과 세상이 아름답게 보인다

③ 3회전

수용확언 나는 아직도 나를 용서할 수 없지만 깊이 진심으로 나를 이해하고 받아들입니다.

나는 그 사람이 여전히 내가 고통받기를 바랄 거라고 생각하지만 깊이 진심으로 어쨌든 이런 나도 이해하고 받아들입니다.

나는 미안해서 아직 죄책감을 버릴 수가 없지만 어쨌든 이런 나도 이해하고 받아들입니다.

연상어구 나는 아직 나를 용서할 수 없다/ 그 사람에게 여전히 미안하다/ 그 사람은 내가 고통받기를 바랄 것이다/ 용서받고 잊는다면 너무 뻔뻔하다/ 그 사람은 아직 고통받고 있다/ 나도 그만큼 고통받아야 한다/ 그래서 죄책감을 벗을 수 없다/ 그래서 세상이 제대로 보이지 않는다

용서받을 수 없기 때문에 이제 나를 용서한다/ 그것이 진정한 용서니까/ 나는 나를 용서함으로써 참된 용서를 실천한다/ 나는 나를 용서함으로써 참된 용서를 배운다/ 나는 이런 참된 용서를 세상에 퍼뜨린다/ 나는 참된 용서의 씨앗이 된다/ 이제 사랑이 가득한 세상이 보인다/ 이제 평화로운 세상이 보인다

맨눈으로 매일 10분 정도 이렇게 EFT를 하고 매주 한 번씩 기준점이 어떻게 보이는 지 확인하고 평가지에 점수를 기록해보라.

● **4주차: 분노 다루기**

분노를 느꼈던 사건이나 사람 둘을 골라보라. 그것들을 생각하며 다음과 같이 EFT를 해보라. 참고로 캐롤 룩의 실험에서 사람들이 가장 많이 느낀 감정이 분노였다. 그래서 분노에 대해서 좀 더 많이 다루도록 하겠다.

① 1회전

수용확언 나는 여전히 그 일과 사람에 대해서 분노를 느끼지만 깊이 진심으로 어쨌든 나를 받아들입니다.

나는 너무나 오래 이 분노를 마음속에 담고 살아왔지만 어쨌든 나를 이해하고 사랑합니다.

나는 이렇게 화가 나는 것이 너무 당연하지만 어쨌든 나를 믿고 받아들입니다.

연상어구 나는 그때 그 일에 너무 화가 난다/ 나는 그때 그 사람에게 너무 화가 난다/ 그 분노가 내 눈을 가린다/ 그 분노를 차마 내려놓을 수가 없다/ 아니, 내려놓고 싶지 않다/ 누가 잘못했는데/ 내가 얼마나 고통 받았는데/ 결코 분노를 놓을 수가 없다

그런데 이 분노 때문에 가장 힘든 사람은 누구냐/ 이 분노에 고통 받는 사람은 누구냐/ 그 사람이 분노의 원인이지만/ 정작 그 분노는 내 안에서 자라 나를 죽이고 있다/ 지금이라도 그냥 분노를 내려놓으면 안 될까/ 그냥 편안해지면 안 될까/ 이 분노가 나를 다 태워 없애기 전에/ 이제라도 그만 이 분노의 불길을 끄고 남은 나를, 남은 인생을

살리고 싶다

② 2회전

수용확언 너무 오래 되어서 분노를 내려놓는 게 어색하지만 깊이 진심으로 나는 나를 이해하고 받아들입니다.

내가 왜 그 사람을 용서하고 잊어야 되냐는 생각이 자꾸 들지만 어쨌든 나를 이해하고 받아들입니다.

나는 그냥 자꾸 분노하고 싶고 아마도 분노가 습관이 된 것 같지만 어쨌든 나를 이해하고 받아들입니다.

연상어구 나는 여전히 화가 난다/ 화를 내면 괴롭다는 것을 알면서도/ 이 분노를 어찌할 수가 없다/ 화를 내지 않고 어찌 사나/ 너무나 오래 화를 내고 화를 참으며 살아 왔다/ 한편으로 화를 내는 것을 그만둘 수 없다/ 아니 그만 두고 싶지 않다/ 화 내지 않으면 내가 아닌 것 같다

하지만 이제 지쳤다/ 너무나 오래 분노하며 살았다/ 이제 새롭게 살아보고 싶다/ 그냥 분노를 내려놓으면 안 될까/ 뽀송하던 내 이마에

어느새 분노의 깊은 주름살이 잡혔다/ 내 눈을 덮은 분노를 걷어내고 싶다/ 분노가 사라져 편안한 마음으로/ 그래서 맑아진 눈으로 평화로운 세상을 보고 싶다

③ 3회전

수용확언 나는 여전히 화가 나고 분노를 내려놓는다는 게 상상도 되지 않지만 마음속 깊이 진심으로 이런 나도 이해하고 받아들이고 이제는 어쨌든 마음의 평화를 선택합니다.

내 마음 한쪽에서 여전히 이 분노를 붙잡고 있지만 이제는 어쨌든 마음의 평화와 맑은 눈을 선택합니다.

나는 편안한 마음과 맑은 눈으로 세상을 보는 게 어색하고 두렵기도 하지만 어쨌든 이런 나도 이해하고 받아들입니다.

연상어구 아직 분노를 놓을 수 없다/ 그 인간이 내게 어떻게 했는데/ 그 인간은 그러고도 멀쩡히 뻔뻔하게 잘 살고 있는데/ 내가 왜 잊어야 되나/ 억울해서 결코 잊을 수가 없다/ 그래서 여전히 그 분노가 나를 태운다/ 여전히 내 눈을 가린다/ 그래서 세상의 아름다움보다는 그 인간만이 보인다

그런데 내가 원하는 것은 무엇인가/ 내가 옳다고 억울하다고 생각하면서/ 남은 평생을 분노에 치를 떨며 사는 것인가/ 과거에 무슨 일이 있었건 누가 어떻게 했건/ 남은 인생이라도 그게 단 하루라 하더라도/ 편안하게 행복하게 살며/ 맑고 밝은 눈으로 세상의 아름다움과 평화를 보는 것인가/ 이제 그냥 분노의 가리개를 벗고 세상의 아름다움을 보고 싶다

④ 4회전

수용확언 나는 아직도 그들이 내게 한 짓에 분노가 치밀지만 마음속 깊이 진심으로 나를 받아들입니다.

나는 이제껏 늘 이렇게 분노하며 살아와서 도대체 어떻게 편안하게 살 수 있을지 감도 오지 않지만 깊이 진심으로 나를 받아들입니다.

그냥 이대로 떼쓰는 아이처럼 다 내팽개치고 무작정 분노하며 살고 싶지만 어쨌든 깊이 진심으로 나를 받아들입니다.

연상어구 나는 아직도 그 일에 그 인간에게 분통이 터진다/ 그 분노가 내 마음에 꽉 차서 편안함이 들어올 틈이 없다/ 그 분노가 내 눈에 꽉 끼여서 보이는 게 없다/ 너무나 오래 이렇게 살았다/ 이제는 내 분노

에 내가 숨이 콱 막힌다/ 게다가 종로에서 뺨 맞고 한강에서 눈 흘긴다더니/ 이 분노가 죄 없는 내 주변 사람들에게 터진다/ 언제까지 죄 없는 한강에다가 눈 흘길 것인가

너무 힘들어 이제라도 이 분노를 놓고 싶다/ 아니 그러기엔 너무 억울하다/ 고통 받는 주변 사람 때문에라도 그냥 잊고 싶다/ 아니 그럴 수 없다/ 내가 받은 고통이 얼마나 큰데/ 그 인간은 나 보라는 듯 아직 멀쩡하게 사는데/ 나는 나의 가족과 행복보다 분노와 복수가 더 중요한가/ 나는 분노에 가려 아무것도 보이지 않는다

⑤ 5회전

수용확언 나는 잊고 분노를 내려놓는 게 나만 비겁해지고 멍청해지는 거라는 느낌이 들지만 깊이 진심으로 나를 받아들입니다.

그 인간이 반성하지도 않는데 나만 잊고 용서하는 게 말도 안 된다고 생각하지만 깊이 진심으로 나를 받아들입니다.

마땅히 계속 화내는 게 옳다고 느끼지만 깊이 진심으로 나를 받아들이고 어쨌든 조금씩 마음의 평화를 선택합니다.

연상어구 여전히 억울하고 화가 난다/ 그 인간이 잘못했고 내가 옳은데/ 피해자인 내가 용서까지 해야 하나/ 그런데 용서는 누구를 위한 것인가/ 그 인간은 어디 있는지도 모르고/ 나의 용서 없이도 잘 살고 있는데/ 그 일과 사람을 잊어서/ 편안해지고 눈이 맑아지는 사람은 누구인가?

그러나 용서는 나의 것/ 용서의 혜택도 나의 것/ 이제껏 그 사람과 그 사건을 빌미로 나를 힘들게 한 사람은 바로 나/ 그러니 정작 가장 큰 용서가 필요한 사람도 바로 나/ 이제 나는 분노로 나를 괴롭힌 나를 용서한다/ 용서가 필요한 사람은 그가 아니라 바로 나다/ 내가 나를 용서하고 내가 그 혜택을 본다/ 이제 분노가 벗겨진 눈에 참으로 오랜만에 세상의 평화와 아름다움이 비친다

⑥ 6회전

수용확언 나는 아직 그 일과 그 사람을 완전히 잊는 게 꺼려지지만 깊이 진심으로 나를 이해하고 받아들입니다.

잊으면 뭔가 손해보고 억울하다는 느낌이 들지만 어쨌든 나는 나를 이해하고 받아들입니다.

너무나 오래 분노에 젖어 살아서 어떻게 편안하게 살아야 할지 모르겠지만 나는 나를 깊이 진심으로 이해하고 믿고 받아들이고 사랑합니다.

연상어구 내가 왜 잊어야 되나/ 누가 잘못했는데/ 그 인간은 아직 잘못했다는 말도 안했는데/ 그 분노가 아직 내 마음을 덮는다/ 그 분노가 아직도 내 눈을 가린다/ 내 마음에 꽉 찬 분노/ 내 눈을 확 막은 분노/ 이 분노에 이제 내가 숨이 콱 막힌다

그런데 내가 원하는 것은 무엇인가/ 옳음을 인정받는 것인가/ 복수를 하는 것인가/ 그럼 그때까지 나는 계속 이렇게 분노에 숨이 막혀 살아갈 것인가/ 내가 원하는 것은 무엇인가/ 옳기를 바라는가 아니면 그저 마음의 평화를 바라는가/ 이제 그저 마음의 평화를 바란다/ 이제 편안한 마음과 벗겨진 눈으로 세상의 아름다움과 평화로움을 본다

맨눈으로 매일 10분씩 이렇게 EFT를 하고 매주 한 번씩 기준점이 어떻게 보이는지 확인하고 평가지에 점수를 기록해보라.

5주차 불안과 걱정

불안하고 걱정스러운 사건 한두 개를 떠올린다. 이제 다음과 같이 EFT를 한다.

① 1회전

수용확언 나는 비록 이 모든 불안과 걱정을 마음에 담아두고 살아왔지만 깊이 진심으로 나를 이해하고 받아들입니다.

나는 비록 이 모든 불안과 걱정에 눈이 가린 채 살아왔지만 깊이 진심으로 나를 이해하고 사랑하고 받아들입니다.

나는 미래에 대한 온갖 걱정과 불안에 세상과 앞을 제대로 보기가 너무 힘들지만 깊이 진심으로 나를 이해하고 받아들입니다.

연상어구 미래가 너무 불안하다/ 잘못되면 어떡하나/ 사고라도 나면 어떡하나/ 이런 불안과 걱정이 내 눈을 가린다/ 세상을 있는 그대로 보는 게 불안하다/ 도대체 얼마나 많은 위험이 있을까/ 잘못될 것들이 도대체 얼마나 많은가/ 그러니 제대로 보는 게 두렵다

그런데 걱정하면 그것들이 해결되나/ 불안해한다고 그것들이 없어지나/ 안본다고 위험이 없어지나/ 공부 걱정한다고 성적 오르나/ 돈 걱정 한다고 돈 들어오나/ 모두가 돈 걱정하지만 돈 버는 사람 따로 있더라/ 모두가 공부 걱정하지만 성적 오르는 사람 따로 있더라/ 걱정이 해결이 아닌데 그냥 편안해지면 안 될까

② 2회전

수용확언 나는 걱정하는 게 안전하다고 생각하지만 걱정과 대비는 다르다. 어쨌든 이런 나도 이해하고 받아들입니다

나는 평생 걱정하며 살아서 걱정이 내 마음에 눌어붙어버렸지만 이제는 이 걱정과 불안 모두 박박 다 긁어내고 편안하게 살아가는 것을 선택합니다

평생 해온 온갖 걱정들이 내 눈에 덕지덕지 붙어 세상을 가리지만 마음속 깊이 진심으로 나를 이해하고 받아들입니다.

연상어구 사람이 걱정 없이 살 수 있나/ 평생 해온 온갖 걱정이 내 맘과 눈에 꽉 차있다/ 걱정을 안하고 싶지만/ 걱정 안 하면 위험한 일 생길까봐/ 걱정 안하는 것도 걱정된다/ 그래서 결국 이 걱정 저 걱정 온갖 걱정으로/ 내 몸과 마음과 눈이 시달린다/ 이제는 걱정거리 이외에는 아무것도 안 보이고 안 느낀다

세상에는 두 종류의 일이 있다/ 어쩔 수 있는 것과 어쩔 수 없는 것/ 생사와 날씨는 어쩔 수 없으니/ 그냥 받아들이면 되고/ 공부와 돈은 계획세워 하고 벌면 된다/ 이렇게 어쩔 수 없는 일은 받아들여 잊고/ 어쩔 수 있

는 일은 차근차근 준비해나가면 되니/ 도대체 걱정할 게 무엇이 있으랴

③ 3회전

수용확언 나는 불안하고 걱정이 되어 세상을 사람을 제대로 보기 어렵지만 깊이 진심으로 나를 이해하고 받아들입니다.

세상에는 내가 어쩔 수 없는 것들이 너무 많아 그다지 보고 싶지 않지만 이런 나도 있는 그대로 이해하고 받아들입니다.

눈이 좋아지면 위험하고 끔찍한 것들이 너무 많이 보이지 않을까 걱정되지만 마음속 깊이 진심으로 나를 이해하고 받아들입니다.

연상어구 나는 평생 걱정하며 살아왔다/ 오래된 솥바닥에 눌어붙은 검댕처럼/ 이제는 걱정이 내 마음에 눌어붙었다/ 마음의 일부가 되어서 떨어지지 않는다/ 마치 내 마음이 내 성격이 그 자체가 걱정덩어리 같다/ 걱정 없이 어떻게 사나/ 걱정과 불안이 내 마음에 가득하다/ 걱정과 불안이 내 눈을 가린다

하지만 이제 내 마음에서 불안과 걱정을 긁어내고 싶다/ 하루에 0.1퍼센트씩만 긁어내어도 열흘이면 1퍼센트, 100일이면 10퍼센트다/ 그

러니 내 마음과 눈에 들러붙은 불안과 걱정을/ 믿음이라는 초강력 주걱으로 조금씩 콱콱 벗겨낸다/ 이제 조금씩 온전한 세상의 모습이/ 내 마음에 담기고 눈에 보인다/ 나는 세상을 있는 그대로 깨끗하게 볼 수 있다/ 나는 이런 세상을 잘 살아갈 수 있다

맨눈으로 매일 10분 정도 이렇게 EFT를 하고 매주 한 번씩 기준점이 어떻게 보이는지 확인하고 평가지에 점수를 기록해보라.

● 6주차 노화에 대한 믿음

우리는 신체의 노화는 어쩔 수 없으며, 이에 따라 시력도 당연히 나이가 들면 나빠지고 되돌릴 수 없다는 믿음을 갖고 있다. 과연 그럴까? 1979년 하버드대학 심리학과의 엘렌 랭어 교수는 아주 흥미로운 실험을 했다. 70대 후반에서 80대에 이르는 노인 8명을 모아 20년 전인 1959년과 똑같은 환경을 만든 곳에서 일주일 동안 지내게 했다. 예를 들면 그때 유행하던 음악, 그때의 신문, 그때의 잡지 등을 비치해 두고서 참가자들도 마치 그때 사람처럼 말하고 행동하게 했다. 한마디로 참가자들만 제외하고 모든 것을 1959년 당시의 환경으로 완벽하게 재현한 것이다.

그런데 놀라운 일이 일어났다. 일주일이 지나자 이들 8명 모두가 시력, 청력, 기억력, 지능 등이 신체나이 50대 수준으로 좋아졌다. 심지

어는 갈 때에 지팡이를 짚고 갔던 노인이 지팡이를 두고 오기도 했다. 또 캐롤 룩의 연구에서도 참가자들의 연령이 30~80대까지 다양했지만 통계적으로 연령별 차이는 나오지 않았다고 한다. 그렇다면 나이가 들면 눈은 당연히 나빠진다는 믿음을 굳이 고집할 필요가 있을까! 여기서는 이런 믿음을 EFT로 한번 다뤄보자.

① 1회전

수용확언 나이가 들면 당연히 눈이 나빠진다고 생각하지만 마음속 깊이 진심으로 나를 이해하고 받아들입니다.

모든 사람들이 나이가 들면서 눈에 문제가 생기고 나도 당연히 그렇지만 어쨌든 나는 나를 이해하고 받아들이고 사랑합니다.

나는 나이가 들어서 도저히 눈이 좋아질 수가 없다고 느끼지만 마음속 깊이 진심으로 나를 이해하고 받아들입니다.

연상어구 나이가 들면 모두가 눈에 문제가 생긴다/ 그건 당연하지 않나/ 의사도 사람들도 모두 나이가 들어서 그렇다고 한다/ 너무 당연한 말인데/ 어떻게 의심하나/ 내 눈도 결코 예외가 아니다/ 정말 내 눈이 좋아질 수 있을까/ 나만 예외가 될 수 있을까 그런데 내 눈은 안 늙는다고 믿어서/ 손해 볼 것은 뭐냐/ 위험해질 것이라도 있나/ 의학에는 항상 설명할 수 없는 예외가 있던데/ 내 눈도 의학적 예외가 되면 안 되나/ 좋아진다고 믿어서 손해 볼 것도 없고/ 밑져야 본전인데/ 그러니 어쨌든 나는 새로운 가능성에 마음을 연다

② 2회전

수용확언 나는 비록 내 눈이 백내장(또는 녹내장, 원시, 근시 등)에 걸려서 잘 보이지 않지만 마음속 깊이 진심으로 나를 이해하고 받아들입니다.

이 병이 너무나 오래 되어서 눈의 일부가 된 것 같지만 마음속 깊이 진심으로 나를 이해하고 받아들입니다.

정말 이렇게 오래되고 심한 문제가 좋아질 수 있을지 의심스럽지만 어쨌든 나는 나를 이해하고 받아들입니다.

연상어구 내 눈은 백내장(또는 녹내장, 원시, 근시 등)이다/ 내가 정말 좋아질 수 있을까/ 이런다고 좋아질까/ 이게 어떤 병인데/ 얼마나 오래된 병인데/ 정말 좋아질 수 있을까/ 정말 낫고 싶다/ 이제 좀 더 잘 보고 싶다

혹 그냥 좋아질 수 있다고 믿어보면 안될까/ 모든 것에는 예외가 있는데/ 의학적 예외가 되면 안 될까/ 나는 어쨌든 낫기를 바란다/ 나는 의학적 예외가 된다/ 나는 편안한 마음으로 / 밝은 눈으로/ 세상의 아름다움을 본다

③ 3회전

수용확언 이 병은 노화 때문인데 정말 나을 수 있을까 아직 의심스럽지만 나는 나를 진심으로 이해하고 받아들입니다.

이 병은 유전이라는데 정말 좋아질 수 있을까 의심스럽지만 나는 나를 깊이 이해하고 받아들입니다.

나는 여전히 세상을 직면해서 보는 게 꺼려지지만 어쨌든 나를 이해하고 받아들이고 사랑합니다.

연상어구 아직 눈이 좋아지는 게 꺼려진다/ 한편으로 그다지 잘 보고 싶지 않다/ 세상과 사람을 있는 그대로 보는 게 두렵다/ 세상에는 보기 싫은 게 너무 많다/ 세상에는 못 볼 것이 너무 많다/ 유전이라는데 될까/ 하지만 좋아진다고 믿어서 손해 볼 건 뭐냐/ 공수래공수거인 인생 잃을 게 뭐냐

안 돼도 본전, 되면 대박인데/ 그냥 한번 새로운 가능성에/ 마음을 열어보면 안 될까/ 나는 있는 그대로 보이는 세상을 살아갈 힘이 있다/ 이제 세상이 아름답게 보인다/ 이제 세상이 평화롭게 보인다/ 이제 세상이 깨끗하게 보인다/ 눈이 밝아져서 너무나 많은 것이 보여 감사하다

맨눈으로 매일 10분 정도 이렇게 EFT를 하고 매주 한 번씩 기준점이 어떻게 보이는지 확인하고 평가지에 점수를 기록해보라.

● **7주차 억울함, 원망, 서운함, 섭섭함**

생각하면 여전히 가슴이 아프고 마음이 불편한 과거의 사건 한두 개를 골라 보라. 이제 그 일에 대해 다음과 같이 EFT를 해보자.

① 1회전

수용확언 나는 그 일과 그 사람에 대해서 여전히 서운하고 억울하지만 진심으로 나를 이해하고 받아들입니다.

그 일은 이미 오래 전에 끝나고 그 사람도 헤어져 자취도 없지만 나는 아직 그 사람과 그 일이 마음에 남아 괴롭고 힘들지만 마음속 깊이 진심으로 나를 이해하고 받아들입니다.

이렇게 오래 힘들어 하면서도 용서도 못하고 잊지도 못해 너무 괴롭지만 나는 나를 있는 그대로 이해하고 받아들입니다.

연상어구 그 일이, 그 사람이 나를 괴롭힌다/ 수많은 시간이 지나 모두 끝나고 사라졌지만/ 내 눈에는 아직도 선하게 보인다/ 몸은 지금 여기에 있어도/ 마음은 그때 거기에 머물러/ 여전히 억울하고 서럽고 분하다/ 그 일과 그 사람이 눈에 맺혀/ 아무 일 없는 지금 여기가 보이지 않는다

그런데 다행히 그 일은 모두 끝났고/ 그 사람도 이제는 헤어져 자취도 생사도 모른다/ 다만 내 마음이 끝났음을 아직 모를 뿐이다/ 이제 내 마음에게 크게 말해주자/ 모두 끝났으니 안심하고 두 다리 쭉 뻗으라고/ 분명 내 몸은 지금 여기에 평화롭게 있는데/ 내 마음은 아직 그때 거기에 머물러 괴롭다/ 그러니 마음아, 평화롭고 일없는 지금 여기로 돌아와라

② 2회전

수용확언 나는 아직도 그가 한 말이 귀에 맴돌고 그가 한 짓이 눈에 맺혀 억울하고 서운하지만 마음속 깊이 진심으로 나를 이해하고 받아들입니다.

나는 그 일과 그 사람이 바로 어제 있었던 것처럼 생생하지만 마음속 깊이 진심으로 나를 이해하고 받아들입니다.

너무 괘씸해서 그 인간과 그 일을 잊을 수가 없지만 마음속 깊이 진심으로 나를 이해하고 받아들입니다.

연상어구 너무 억울하다/ 너무 괘씸하다/ 그 인간 때문에 그 일 때문에 얼마나 힘들었는데/ 얼마나 고생했는데/ 죽어도 못 잊는다/ 죽어도 용서할 수 없다/ 피해만 본 내가 왜 잊고 용서해야 되나/ 그것도 너무 억울하다

그런데 문득 잠시 돌아보고 둘러보니/ 그 일과 그 사람을 생각하느라/ 지금 여기 곁에 있는 사랑하는 친구와 가족을 생각할 겨를이 없다/ 그 일과 그 사람만을 보고 있느라고/ 지금 여기 곁에 있는 친구와 가족을 볼 겨를이 없다/ 나는 그 일과 그 사람을 이미 충분히 생각하지 않았나/ 이미 충분히 보지 않았나/ 이제 그만 보고 그만 느껴도 되지 않을까

③ 3회전

수용확언 묵은 감정들이 억울함이 분함이 서운함이 내 눈을 가리지만

마음속 깊이 진심으로 나를 이해하고 받아들입니다.

이런 감정으로 너무 고생했으면서도 억울해서 차마 내려놓지 못하지만 마음속 깊이 진심으로 나를 이해하고 받아들입니다.

아직 그 사람과 그 일을 다 잊기에는 마음에 거리끼는 게 많지만 마음속 깊이 진심으로 나를 이해하고 받아들입니다.

연상어구 그 일이 내 눈을 가린다/ 그 사람이 내 눈에 맺혀 있다/ 그래서 아직 서럽고 억울하고 분하다/ 이젠 너무 힘들어 그냥 잊고 비우고 싶지만/ 그냥 다 잊고 비우자니/ 너무 억울하다/ 더 분해진다/ 무조건 잊기 꺼려진다

하지만 이 순간에 문득 내가 사랑하는 사람이 보인다/ 나를 사랑하는 사람이 보인다/ 분명 내 곁에는 사랑하는 사람들이 있는데/ 너무나 오래 그들은 버려두고/ 지나간 미운 사람만 보고 느끼며 살아왔다/ 이제 그냥 문득 사랑하고 행복해지고 싶다/ 사랑하는 사람과 좋아하는 것을 보고 싶다/ 나는 사랑과 편안함을 볼 수 있고 보인다

맨눈으로 매일 10분 정도 이렇게 EFT를 하고 매주 한 번씩 기준점

이 어떻게 보이는지 확인하고 평가지에 점수를 기록해보라.

8주차 남아있는 장애물

망막 질환으로 시력을 잃어가고 있는 한 30대 여성이 나를 찾아왔다. 상담하면서 성장기에 그녀가 극심한 애정 결핍을 경험했음을 알고, 문득 이런 질문을 해보았다. "눈이 안 보여서 혹 좋은 것이 있다면 무언가요?" "아무래도 부모님이 걱정되어서 자주 전화하고 찾아오시죠." 이 말을 듣고 집히는 게 있었다. "혹시나 당장 눈이 좋아져서 부모님이 걱정할 필요가 없어진다면 어떨까요?" 그러자 갑자기 통곡을 하면서 자기도 모르게 이렇게 울부짖는 게 아닌가! "안돼요. 부모님의 사랑과 관심을 더 받고 싶어요."

이렇게 우리의 무의식에는 도리어 치료에 반하는 수많은 생각과 감정들이 숨어있다. 특히 난치병이나 오래된 병일수록 반드시 그렇다. 이제 이런 숨은 저항들을 찾기 위해 다음 문장의 빈칸에 들어갈 말들을 생각나는 대로 몇 개 적어보라. 이제 이런 생각들에 대해 EFT를 해보자.

"나는 눈이 좋아지기를 바란다. 하지만 ______라는 생각이나 느낌이 든다."

① 1회전

수용확언 내 마음과 눈에는 아직도 장애물이 남아있지만 마음속 깊이 진심으로 나를 이해하고 받아들입니다.

나는 아직 눈이 좋아져 세상을 잘 보는 게 꺼려지지만 마음속 깊이 진심으로 나를 이해하고 받아들입니다.

나는 아직도 세상과 사람을 있는 그대로 뚜렷이 보는 게 망설여지지만 마음속 깊이 진심으로 나를 이해하고 받아들입니다.

연상어구 내 마음에는 아직도 장애물이 있다/ 내 눈에는 아직도 장벽이 있다/ 사람들을 제대로 보는 게 두렵다/ 세상을 있는 그대로 보는 게 무섭다/ 다 보아도 괜찮을까/ 뚜렷이 보아도 안전할까/ 하지만 이제 용기를 내고 싶다/ 세상과 사람을 제대로 뚜렷이 보고 싶다

이제는 어쨌든 사람을 제대로 볼 지혜를 선택한다/ 세상을 있는 그대로 볼 용기를 선택한다/ 세상을 있는 그대로 보고 살아갈 실력을 키운다/ 만물을 직시할 용기를 선택한다/ 나의 내면을 거짓 없이 볼 솔직함을 선택한다/ 나는 사람들을 있는 그대로 봐줄 관용을 선택한다/ 나는 바꿀 수 없는 것을 편안히 볼 줄 아는 받아들임을 선택한다/ 그

래서 마침내 나는 우주의 삼라만상에 신의 오묘한 섭리가 있음을 보고 느낀다.

② 2회전

수용확언 나는 있는 그대로 아직 다 보기엔 망설임이 있지만 마음속 깊이 진심으로 나를 이해하고 받아들입니다.

나는 사실 깨끗하게 다 보는 게 아직 두렵고 불안하지만 마음속 깊이 진심으로 나를 이해하고 받아들입니다.

나는 과연 정말 깨끗하게 볼 수 있을까 의심이 아직 있지만 마음속 깊이 진심으로 나를 이해하고 받아들입니다.

연상어구 내 맘에는 아직 장애물이 있다/ 내 눈에는 아직 가림이 있다/ 아직 남은 분노가 마음 한 쪽을 덮고 있다/ 아직 남은 두려움이 눈을 덮고 있다/ 남은 의심이 눈을 가린다/ 내가 세상을 당당히 보아도 될까/ 내가 세상에 나갈 자격이 있을까/ 내가 사람들을 볼 자격이 있을까

나는 세상에 나설 당당함을 선택한다/ 나는 시련에 맞설 용기를 선택한다/ 나는 시련을 이겨낼 힘을 선택한다/ 나는 내 안의 장애물을 치울 힘

을 선택한다/ 나는 이제 세상과 사람들을 있는 그대로 볼 수 있다/ 나는 이제 사람들을 볼 자격이 있다/ 나는 나를 있는 그대로 보고 이해하고 받아들인다/ 나는 바꿀 수 없는 것들을 편안하게 보고 받아들인다

③ 3회전

수용확언 나는 너무나 오래 눈이 가려 어둠 속에 살아왔지만 마음속 깊이 진심으로 나를 이해하고 받아들입니다.

내 맘의 어둠이 오랫동안 내 눈을 가렸지만 마음속 깊이 진심으로 나를 이해하고 받아들입니다.

너무나 오래 감정에 휘둘려 제대로 보지 못하고 살아왔지만 마음속 깊이 진심으로 나를 이해하고 받아들입니다.

연상어구 너무나 오래 어둠 속에 살았다/ 감정의 먹구름이 온 마음을 다 가려서/ 감정의 가리개가 온 눈을 덮어서/ 어둠이 어둠인 줄도 모르고 살았다/ 이제 나는 어둠의 저편에 밝음이 있음을 알았다/ 이제 나는 결단코 밝음으로 간다/ 결단코 밝음을 본다/ 어느새 나는 밝음이 된다

이제 나는 사람을 지혜롭게 제대로 본다/ 이제 나는 용감하게 세상을

있는 그대로 본다/ 나는 세상을 있는 그대로 보고 살아갈 실력이 생긴다/ 나는 만물을 직시할 용기가 있다/ 나는 솔직하게 내 내면을 본다/ 나는 관용으로 사람들을 있는 그대로 본다/ 마침내 나는 우주의 삼라만상에서/ 신의 오묘한 섭리를 행복하고 편안하게 본다

맨눈으로 매일 10분 정도 이렇게 EFT를 하고 마지막 날에 기준점이 어떻게 보이는지 확인하고 평가지에 점수를 기록해보라. 드디어 8주 과정이 끝났다. 필요하다면 더 반복해도 되고, 이 과정에서 올라왔던 생각과 감정들을 스스로 EFT로 지워도 된다.

암

● 암보다 암 스트레스로 죽는다

거의 30년 동안 암 환자를 봐온 암 전문의는 이렇게 말한다. "전문의로 28년간 암 환자를 봤지만, 암 자체로 죽은 환자는 딱 한 명이었다. 다들 과도한 스트레스와 영양실조로 죽는다. 암 자체보다는 암으로 인한 자포자기와 절망이 더 무서운 병이다. 암 때문에 무서워서 다들 굶어죽는다.[30] '말기암=죽음'이라는 공포 때문에 환자들은 과잉 치료

30 《암환자는 암으로 죽지 않는다》, 최일봉, 열음사.

를 받거나 민간요법에 매달리거나 아예 절망하고 치료를 포기한다."

그는 또 3기 또는 말기암이라는 진단이 주는 공포와 스트레스에 대해서도 말한다. "말기암은 병의 분류 방식일 뿐이다. 누구나 몸에서 암세포가 생긴다. 다만 50억 개에 이르는 자연살해세포(NK세포)라고 불리는 면역세포가 막 생긴 암세포를 찾아서 죽인다. 암세포가 10만 개 미만이면 잠복암이고, 이 수를 넘어서면 암으로 성장한다. 보통 진단이 가능한 시점까지 성장하는 데에는 2, 3년이 걸린다. 3기 암이라고 해도 60조 개인 전신 세포에서 암 세포의 수는 10억 개이며 무게는 겨우 1그램이다. 보통 증상이 생겨서 병원에 갈 때에는 10그램인 경우가 많다. 곧 겨우 이 1~10그램 때문에 다들 좌절하는 것이다."

그리고 또 이렇게 말한다. "암 환자의 63퍼센트가 영양실조 증상을 보인다는 발표가 있다. 암 진단을 받아서 입맛 떨어지고, 입맛 떨어진다고 더 안 먹고, 이러다보면 영양실조로 인한 체중감소가 직접적인 원인이 되어 사망한다.[31]" 곧 상당수의 암 환자는 암이 아니라 암에 대한 공포와 좌절로 영양실조에 걸려 죽는다는 것이다. 이런 일이 한국에만 있는 일일까? 1974년에 미국 테네시 주 내슈빌에서 소화기 암 전문의 클리프턴 메도어Clifton Meador는 샘 론드Sam Londe라는 70대 노인의 식도암을 수술했다. 하지만 얼마 뒤에 다시 증상이 나타났다. 메도

31 앞의 책.

어는 식도암이 재발했으며 상태는 심각하다고 진단했다. 그는 당연히 몇 주 뒤에 사망했다.

그런데 우연히 메도어는 론드를 부검하게 되었고, 결과는 충격이었다. 그는 간과 폐에 미세한 암세포가 있었지만 목숨에 지장을 줄 정도는 전혀 아니었고, 게다가 결정적인 사망의 원인이었던 식도에는 암이 아예 없었다. 그런데 그는 도대체 왜 죽었을까? 이에 대해 그는 30년 뒤 이렇게 말한다. "그 당시에 식도암의 사망률은 100퍼센트였어요. 전혀 생존 가능성이 없었죠. 그래서 나도 환자도 주변 사람들도 모두 그렇게 믿고 있었어요." 결국 론드에게는 암이라는 믿음이 실제 암보다 더 치명적이었던 셈이다. 메도어는 이 일 이후로 30년 내내 자신이 론드를 죽게 했다는 생각에 시달렸다. "내가 그의 희망을 꺾지 않았더라면 그는 결코 죽지 않았을 거예요."[32]

또 1950년 미국에 라이트Wright라는 남자 환자가 있었다. 그는 림프절에 악성 종양을 가지고 있었는데, 일반적인 치료법은 다 해보았지만 차도가 없었고, 상태가 너무 심각해서 더 이상 얼마 살지 못할 것 같았다. 그의 목, 겨드랑이, 가슴, 복부, 사타구니 등에는 오렌지 크기의 암 덩어리가 튀어나와 있었고, 산소마스크를 낀 채로 날마다 2리터 이상의 복수를 빼내야 할 정도였다. 그럼에도 그의 생존 의지는 대

32 〈Placebo: Cracking the Code〉, Health Discovery Channel, 2003

단했다. 크레비오젠이라는 획기적인 새 항암제가 개발되었다는 소문을 듣고 의사에게 간청했다. 처음에 담당 의사는 그의 요청을 거절했다. 그 약은 최소한 3개월 이상의 기대수명을 가진 환자에게만 실험하고 있었기 때문이었다. 하지만 그의 끈질긴 요청에 마지못해 금요일에 이 약을 주사했지만, 이 환자가 주말을 넘기지 못하리라고 생각하면서 퇴근했다.

그런데 다음 주 월요일에 놀랍게도 라이트가 병상에서 일어나 걸어 다니고 있는 것이 아닌가! 그뿐만 아니라 환자의 종양도 마치 난로 위에 놓인 눈덩어리처럼 반 이하로 줄어버렸는데, 이것은 가장 강한 X선으로도 불가능한 강력한 효과였다. 게다가 라이트는 10일 만에 퇴원했고, 의사의 진단으로도 암이 깨끗이 나아버렸고, 퇴원할 때는 스스로 자가용 비행기를 운전해서 갈 정도로 원기를 회복했다. 그렇게 2달을 건강하게 살다가 크레비오젠이 림프절 암에 아무런 효과가 없다는 기사가 신문에 실리기 시작했고, 너무나 완고하게 과학적이고 합리적인 사고를 가진 라이트는 이를 보면서 증상이 재발해버렸다.

암은 전처럼 다시 심각해졌고, 이에 담당 의사는 고민 끝에 플라시보 효과를 쓰기로 결정했다. 의사는 라이트에게 새로 개발되어 2배 이상으로 강력한 새 크레비오젠을 주사하겠다고 말하면서 사실은 증류수를 주사했다. 이번에도 결과는 극적이었다. 종양이 녹아내리고 복수도 사라졌다. 그는 이후에 2달 동안 아무 증세가 없이 잘 살았는데, 어느 날 미국 의사 협회가 크레비오젠이 암에 아무런 효과가 없음이 최종적으로 밝혀졌다고 발표했다. 이를 접한 라이트는 바로 암이 재발했고, 이틀 후에 죽었다. 이 사례는 극적인 만큼 너무나 유명해서 여러 책에서 흔히 인용되고 있다.[33]

나는 개인 상담과 집단 상담을 통해 적어도 3백 명 이상의 암 환자를 만나서 심층 면담을 했다. 그들의 암 종류와 병기는 다양했다. 병기로는 1기에서 4기까지 또 종류별로는 위암, 간암, 담도암, 폐암, 갑상선암, 뇌암, 후두암 등이었다. 그들은 병기나 암 종류에 상관없이 다들 심각한 심리적 문제를 갖고 있었다. 만약에 암이 없다면 그들은 그냥 심각한 우울증, 불안장애, 공황장애, 정신분열증 환자라고 할 수 있었다. 당연히 이런 심리 상태는 그들의 암에 엄청난 영향을 주고 있었다. 이런 스트레스 때문에 암 환자 중에서는 암으로 죽기 전에 자살로 먼저 생을 마감하는 경우도 종종 있다는 것도 알게 되었다. 그래서 암 치료에서는 암치료 자체보다 암 환자의 마음을 치료하는 것이 더 중요할 수가 있고, 이런 상황에 EFT가 엄청난 도움이 된다. 실제로 아주대학교병원 암센터와 경희대학교 한방 병원에서도 EFT를 암 환자들에게 쓰고 있다.

33 《홀로그램 우주》, 마이클 탤보트, 정신세계사, 137~138쪽.

● 암과 마음은 어떤 관련이 있는가?

암에 걸리면 반드시 죽는다고 생각함으로써 드는 좌절감이 몸에 미치는 영향력은 엄청나다. 〈사이언스〉 1982년 4월호에는 긍정 심리학으로 유명한 셀리그만 등이 발표한 논문이 실렸다. 이 논문의 실험에서 그들은 암에 걸린 쥐를 두 무리로 나누어 전기 자극을 주는 실험을 했다. 한 무리는 전기 자극을 받으면 우리를 탈출할 수 있었지만, 다른 무리는 빠져나갈 수 없었다. 두 무리 다 같은 양의 전기 자극을 받았고, 유일한 차이는 탈출 여부였을 뿐이었다. 일정 시간의 시험이 끝난 뒤에 결과를 분석해보니 탈출할 수 없었던 쥐는 탈출할 수 있었던 쥐에 비해 평균적으로 암에 대한 면역력이 절반밖에 되지 않았고, 사망률도 2배로 높았다. 또 탈출이 가능했던 쥐들은 63퍼센트, 탈출이 불가능했던 쥐들은 겨우 27퍼센트, 대조군으로 전기 자극을 받지 않은 쥐들은 54퍼센트가 암에서 회복했다. 결국 좌절감이 암에 대한 면역력에 큰 영향을 미쳤던 것이다.[34]

좌절과 관련해서 한 가지 더 말해보자. 2007년 12월 기름유출 사고로 피해를 입은 태안의 한 마을에서 사고 이후 암 환자가 크게 늘었다. 사고 이후 2010년 10월 18일 현재까지 이 마을에서 모두 15명의 암 환자가 발생했다. 330여 가구에 겨우 630여 명이 살고 있는 이 마

---

34 《통증혁명》, 존 사노, 국일 미디어, 202~203쪽.

을에서 10명이 넘는 암 환자가 발생한 것이다. 이에 관해 최장렬 파도리 어촌계장은 이렇게 걱정했다. "기름유출 사고 이전에는 60~70대 고령자 중 해마다 2~3명가량이 암에 걸리는 정도였는데 사고 이후 크게 늘었다. 40~50대 젊은 주민들 사이에서도 암 환자가 나오고 있어 더욱 심각하다."[35]

상황이 이 지경에 이르자 이 지역 국회의원이 2011년 국가 예산으로 태안에 암 검진센터를 세우려한다는 보도까지 나왔다. 보도에서는 태안 주민들이 원유 제거 작업을 하느라고 원유에 많이 노출되어서 그렇다고 추측했지만 나는 좌절감이 원인이라고 생각한다. 방송에 몇 번 보도된 태안 주민들의 생활은 한마디로 좌절 그 자체였다. 매달 몇 백만 원씩 남부럽지 않던 소득을 안겨주던 어장과 갯벌이 황폐화되고 더불어 관광객도 다 끊어져 지역 경제 자체가 완전히 파탄나면서 암이 아니라 자살로 목숨을 끊는 사람도 여럿 나오고 있었다. 어쩌면 그들의 암은 그들이 극복할 수 없는 상황에 대한 또 다른 형태의 자살(생물학적 심리적 자살)이라고 할 수도 있을 것이다.

그동안 수백 명 이상의 암 환자들을 보고서 상태가 심각한 암 환자들에게 공통적인 심리 상태가 있음을 깨달았다. "삶에서 더 이상 희망이 없다. 여기서 벗어나고 싶다." 그들의 무의식은 사실 죽음을 원하

35 "태안 기름유출 마을 2년 새 암환자 급증 왜?", 서울신문, 2010. 3. 18.

고 있었다. 그들의 상황은 다음과 같았다.

- 폭력적인 남편에게 수십 년 동안 시달렸다. 같이 살 수도 없지만 나이 60에 이혼도 못한다.
- 사양 산업인 인쇄업을 30년 넘게 했다. 이것밖에 할 줄 아는 게 없는데, 빚만 는다. 게다가 부부 사이가 안 좋아서 도저히 낙이 없다.
- 적성에 안 맞는 직장에서 30년 넘게 일했다. 이 일이 죽기보다 싫은데, 막상 다른 일도 할 게 없다.

그들에게 암이란 이런 절망적인 삶에서 벗어나고 싶은 무의식의 표현이었다. 나는 이렇게 생각한다. '암이 무서운 게 아니라 그들에겐 삶이 무섭다! 삶의 무서움과 버거움이 암이 되었다.' 암 환자들을 많이 보면서 이제는 암에 걸릴만한 사람도 보인다. 그럼 가장 확실한 암 예방법은 무엇인가?

"기쁨을 느끼는 삶을 살아가라. 그것이 최고의 암 예방법이자 치료법이다."

어렵게 암 치료가 끝났다고 문제가 끝나는 것이 아니다. 암 생존자들을 연구한 바에 따르면 생존자들은 보통 사람에 비해서 두 배 이상 불안장애나 우울증이나 또는 이 두 가지가 결합된 증상을 겪게 되어서 미국에서만 거의 250만 명이 불안장애나 우울증 약을 복용한다.

이 수치는 암이 없는 일반인의 거의 두 배에 해당하는 수치이다.[36] 게다가 암은 환자 가족에게도 심각한 스트레스를 준다. 국립암센터에서 암 환자 보호자 990쌍을 대상으로 연구한 바에 따르면 가족의 82.2퍼센트가 우울증을, 38.1퍼센트는 불안을, 17.7퍼센트는 자살 충동을 느꼈고 심지어 2.8퍼센트는 자살 시도를 했다.[37] 실제로 남편이 암에 걸리자 그 스트레스로 부인이 암에 걸리고, 그러자 남편의 어머니가 충격으로 자살하는 경우를 본 적도 있다. 내가 보기에 암은 환자와 그 가족에게 전쟁을 경험하는 것 이상의 트라우마가 된다.

또 암 치료에 대한 두려움이 각종 증상을 악화시킨다. 새로운 항암제의 효과를 알아보기 위해서 시행된 실험이 뜻밖의 놀라운 결과를 보여주었다. 연구자들은 무작위로 환자들을 두 집단으로 나누었다. 실험군은 새 항암제를 주사로 맞았고, 대조군은 새 항암제처럼 보이지만 실제로는 생리식염수를 주사로 맞았다. 그런데 놀랍게도 대조군의 30퍼센트인 40명이 탈모를 겪었다. 단순히 그저 항암제를 맞고 있다는 생각에서 오는 두려움 때문에 이렇게 된 것이다.[38]

---

36 Use of Medications for Treating Anxiety and Depression in Cancer Survivors in the United States A. Hawkins, Ashwini Soman, Natasha Buchanan Lunsford, Steven Leadbetter, and Juan L. Rodriguez J Clin Oncol 34. @ 2016 by American Society of Clinical Oncology

37 연합뉴스, 2013. 4. 14.

38 J. W. Fielding et al., "An Interim Report of a Prospective, Randomized,

성격과 암의 상관성도 어느 정도 드러나고 있다. 대체로 독점욕이나 명예욕이 강한 사람이나 지기 싫어하는 사람들이 암에 잘 걸린다. 스트레스 잘 받는 사람이 암에 더 잘 걸리고, 조급한 사람이 암 치료 과정을 잘 못 견딘다. 유럽의 연구 결과에 따르면 C 타입이라고 불리는 유형이 암에 잘 걸린다. 이 유형은 내성적이며 화를 꾹 참는 경향이 있다. 이렇게 화를 참으면 면역세포의 기능이 많이 떨어진다. 이와 관련해서 '극단적인 성격'을 고치는 것이 암 치유에 효과적일 수 있다는 내용의 논문이[39] 발표됐다.

이 논문에서는 암을 성공적으로 완치했거나 호전되고 있는 상태의 환자 19명을 대상으로 심층 면접을 진행했다. 이들 중 절반인 10명은 "극단적인 성격을 버려 마음을 편하게 가지는 것"을 암 극복의 가장 큰 요인으로 꼽았다. 48세의 신장암 2기 환자인 모씨는 모든 사물이 제자리에 있어야 편하다는 정리 정돈 강박을 버렸다. 51세 폐암 2기 환자인 모씨는 타인의 평가에 너무 예민한 성격을 고쳐서 타인의 시비에 대한 관심을 끄는 법을 배웠다. 특히 43세 대장암 2기인 모씨의 말은 특히 인상적이다. "내 경우 암 발생 이유의 60~70퍼센트는 그릇

Controlled Study of Adjuvant Chemotherapy in Operable Gastric Cancer: British Stomach Cancer Group," World Journal of Surgery 7, no. 3 (May 1983): 390 99.

39 〈암과 동아시아 전통적 커뮤니케이션의 역할〉, 성균관대 신문방송학과 김정균 교수 연구팀, 2005. 8.

된 성격에서 비롯됐다고 본다. 성격을 바꾸지 않으면 신체의 다른 곳에서 암 재발 가능성이 100퍼센트라고 생각한다."

감정을 잘 표현하고 풀어야 암에 덜 걸린다는 사실도 통계에서 잘 드러난다. 다음 통계에서 드러나듯이 남자들은 자신들의 감정을 제대로 알지 못하고, 그것을 제대로 표현하거나 전달하지 못해서, 암에 더 많이 걸리고, 일단 암에 걸리면 더 잘 죽는다. 그래서 평균 수명이 무려 여자보다 7세 적으며, 자살률은 여자들의 2배다.

	남자	여자	출처
스트레스 인지율	25.2%	31.7%	보건복지부, 질병관리본부 국민건강영양조사
누적 암 발생률	37.9%	32.7%	2011년 보건복지부 중앙암등록본부 통계
암 생존율	53.2%	72.4%	2011년 보건복지부 중앙암등록본부 통계
평균 수명	77세	84세	2011년 보건복지부 중앙암등록본부 통계
십만 명당 자살률	41.4명	21.0명	2010년 통계청

스트레스를 풀면 암치료에 도움이 된다는 사실도 실험을 통해 드러나고 있다. 분노나 두려움 같은 스트레스를 푸는 것이 면역계를 아주 빨리 강화시킬 수 있다. 한 실험에서 10주간 스트레스 관리 과정을 들

은 유방암 환자들은 그렇지 않은 유방암 환자들에 비해 백혈구 수치가 상당히 증가했다.[40] 또 다른 실험에서 6주 동안 스트레스 관리 과정과 이완 기법을 배운 흑색종 환자들은 그렇지 않은 흑색종 환자들에 비해 자연살해세포의 활동성이 뚜렷하게 증가했다.[41]

또 다른 실험을 보자. 자발적으로 즉각적인 치료를 선택하지 않은 초기 전립선암 환자들을 두 집단에 무작위로 배분하였다. 한 집단은 "주의 관찰" 대상으로 치료는 받지 않고, 연구진이 정밀하게 상태를 관찰했다. 또 다른 집단은 "대체 요법" 대상으로 야채가 풍부한 식사, 날마다 운동하기, 스트레스를 풀어주고 행복감을 늘려주는 감정 처리 기법을 받았다. 두 집단 모두 병 상태가 안 좋다고 느끼면 언제든지 실험에서 빠져서 치료를 받을 수 있었다. "주의 관찰" 집단에서는 6명이 암이 악화되어 실험에서 탈락한 뒤 항암치료를 시작했다.

반면에 "대체 요법" 집단에서는 한 명도 암이 악화되지 않았고, 종양 지표가 평균 4퍼센트까지 감소했다. 반면에 "주의 관찰" 집단에서

40 B. A. McGregor et al., "Cognitive-Behavioral Stress Management Increases Benefit Finding and Immune Function Among Women with Early-Stage Breast Cancer," Journal of Psychosomatic Research 56, no. 1 (January 2004): 1 8.

41 F. I. Fawzy et al., "Malignant Melanoma: Effects of an Early Structured Psychiatric Intervention, Coping, and Affective State on Recurrence and Survival Six Years Later," Archives of General Psychiatry 50, no. 9

는 종양 지표가 6퍼센트까지 증가했다.[42] 추적 조사 결과는 더욱더 놀라웠다. 대체 요법 집단은 애초에 종양 유전자가 발현되어 있었는데 겨우 3개월 만에 이 유전자의 발현이 억제되었다. 정리하자면 스트레스를 풀고 행복감을 고취시킴으로서 그들의 암 유전자 발현을 억제하고 이미 나타난 암 세포도 줄일 수 있었다는 것이다.

● 불치의 암을 고치기 위한 9가지 조건[43]

켈리 터너는 일찍이 주변의 친구와 가족 몇 명을 암으로 잃고서, 자연스럽게 암에 관심을 갖게 되었다. 그래서 그녀는 캘리포니아 대학에서 '종양 사회 복지학' 분야에서 석사학위를 받았고, 암 병동에서 암 환자들과 심리 상담을 하는 일을 하게 되었다. 그러던 어느 날 그녀는 암의 자연 치유spontaneous healing 사례를 보고 깜짝 놀란다. '과연 이게 가능해? 어떻게 병원 치료도 안 받고 암이 저절로 낫지? 이게 진실이라면 왜 온갖 언론에서 떠들썩하게 보도하지 않는 거야?'

마침내 켈리 터너는 급진 소퇴(암의 자연 치유) 현상을 찾아보았고, 그녀가 발견한 것에 충격을 받았다. 벌써 천여 개의 사례가 의학 저널

42 D. Ornish et al., "Intensive Lifestyle Changes May Affect the Progression of Prostate Cancer," Journal of Urology 174, no. 3 (September 2005): 1065 69, discussion 1069 70.

43 《하버드 의대는 알려주지 않는 건강법》, 켈리 터너, 에쎄.

에 발표되어 있었는데, 그녀 자신이 미국의 주요 암 치료 병원에서 일하고 있었지만 이런 것들을 들어본 적이 없었다. 이에 관해서 파고들면 파고들수록 그녀는 더 좌절했다. 누구도 심각하게 이런 사례들을 연구하지 않고, 이런 사례를 추적 조사하려는 시도조차도 하지 않고 있었다. 더 나쁘게도 그녀가 만난 대부분의 급진 소퇴 생존자들이 의사들에게 말을 했지만 그들이 어떻게 나았는지 관심을 갖는 의사는 아무도 없었다고 말했다. 심지어 몇 생존자들은 의사들이 대기실에 있는 환자들에게 이런 사실을 절대로 말하지 말라는 말을 했다고 했다. 거짓된 희망을 줄 수 있다는 이유 때문이었다.

그러던 어느 날 켈리 터너는 쌍둥이를 둔 31살 3기 유방암 환자를 상담하게 되었다. 그녀가 흐느끼면서 말했다. "도대체 무얼 해야 좋아지죠? 무엇이라도 말해줘요. 무엇이든 할 게요. 나는 우리 애들이 엄마 없이 자라게 할 수 없어요." 그녀는 머리가 빠지고 탈진한 그녀를 보면서 천여 개의 급진 소퇴 사례를 떠올리면서 말했다. "나도 몰라요. 하지만 당신을 위해서 찾아볼게요." 바로 이 순간 켈리는 이것으로 박사 논문을 쓰기로 결심했고 또 급진 소퇴에 대해서 인생을 바쳐서라도 알아내기로 다짐했다.

켈리 터너는 암에 대해서 자연 치유spontaneous healing라는 말 대신에 급진 소퇴radical remission라는 말을 쓴다. 그녀는 기존의 의료계가 자연 치유라는 말로 암이 낫는 현상을 우연으로 폄하한다고 본다. 암은 저절로 낫는 것이 아니라 환자의 적극적인 노력과 치료에 의해서 낫는 것으로 절대 자연 곧 우연이 아니라는 것이다. 그래서 대신에 그녀는 급진 소퇴라는 말을 사용한다. 그럼 과연 그녀가 말하는 급진 소퇴는 무엇인가? 일단 급진 소퇴란 통계적으로 나을 가능성이 거의 없는 암이 사라지는 현상을 말하는데, 크게 다음 세 가지의 범주가 있다.

- 일반적인 병원 치료를 받지 않고 불치의 암이 사라진다.
- 암 환자가 일반적인 병원 치료를 받았으나 암이 줄어들지 않아서 대체 요법으로 바꿔서 암이 사라진다.
- 암 환자가 병원 치료와 대체 요법을 동시에 받아서 5년 생존율이 25퍼센트 미만인 암이 사라진다.

이런 급진 소퇴가 드물다고 하지만, 실제로는 수천 명 이상의 환자들이 경험했다고 한다. 그녀는 만날 때마다 모든 암 전문 의사들에게 급진 소퇴 현상을 본 적이 있느냐고 물었는데, 모두 보았다고 말했다. 다시 그녀는 그들에게 시간을 내어서 이런 현상을 발표하거나 논문으로 쓴 적이 있느냐고 물었는데, 모두 없다고 말했다. 바로 이런 사실 때문에 급진 소퇴는 엄연히 일어나는 현상이지만 아무도 모르게 된 것이다. 곧 급진 소퇴는 실재하면서도 실재하지 않는다고 할 수 있다.

그녀는 의학 저널에 발표된 천여 개의 급진 소퇴 사례를 연구하면서 대체로 두 집단이 무시되고 있다는 사실을 발견하고서 놀랐다. 첫 번째 집단은 바로 급진 소퇴를 경험한 환자들 자체였다. 이들의 사례를 발표한 의사들이 정작 이 환자들이 무엇을 해서 좋아졌는지는 전혀 물어보지도 않았고, 따라서 관련 연구도 당연히 하지 않았다는 사실에 충격을 받았다. 그래서 그녀는 학위 연구를 위해서 이들 환자에게 직접 묻기로 했다. "도대체 왜 당신이 좋아졌다고 생각하나요?"

두 번째로 무시되고 있는 집단은 바로 대체 요법사들이었다. 대부분의 급진 소퇴는 기존 병원 치료가 없이 일어났는데도 아무도 이런 대체 요법사들이 어떻게 암을 치료하는지를 연구하지 않았다. 그녀가 만난 많은 급진 소퇴 생존자들은 전 세계 각지에서 온갖 치료사들을 수소문해서 만났다고 했다. 그래서 그녀도 지구 전체를 돌며 50명의 대체 요법사들에게 암의 치료법을 물었다. 그녀는 이들을 만나려고 무려 10달 동안 브라질, 태국, 일본, 중국을 포함한 10개국의 정글과 산을 헤맸다. 이 여행은 그녀의 인생을 바꿨고 마침내 그들의 비결도 찾았다.

애초에 학위 논문을 내기 위해서 20명을 만나고 나서도 그녀는 다시 무려 100여 명을 더 만나고 1,000여 건의 자연 소퇴 발표 사례를 분석했다. 체계적이고 질적으로 이 모든 것을 분석하면서 몸과 마음과 영성을 포괄하는 75개의 요소들을 일단 가설적으로 찾아냈다. 그런데 더 분석해 들어가니 이 중에서 9가지가 거듭 반복해서 나타난다는 것을 알게 되었다. 곧 생존자들은 이 9가지를 모두 공통적으로 실천하고 있었다.

물론 이 9가지는 아직 암 치료법의 가설이며 과학 이론은 아니다. 하지만 이것을 이론으로 검증하는 데에는 앞으로 수십 년의 세월이 더 필요할 것이다. 그녀는 이런 중요한 사실을 수십 년 동안 묵혀둘 수는 없었다. 물론 이 9가지로 암을 절대적으로 치료할 수 있다고 말할 수는 없지만 이것은 급진 소퇴가 일어나는 조건에 대한 의미 있는 가설이라고 말할 수는 있을 것이다.

① 식사를 바꿔라

설탕, 고기, 유제품, 정제 식품을 줄이거나 먹지 마라. 야채와 과일의 섭취량을 늘려라. 유기농 음식과 정수된 물을 섭취하라.

② 건강에 대해서 스스로 책임을 져라

당신의 건강 문제를 논의해줄 의료인을 찾아라. 스스로 필요한 건강 정보를 찾고 검색하라. 신체적 · 심리적 · 영적인 면에서 고치고 개선해야 할 부분을 생각하고 실천하라.

③ 직관을 따르라

먼저 마음속으로 이렇게 질문하라. "무엇이 나를 이렇게 아프게 했을까? 낫기 위해서 내 몸과 마음과 영혼에 필요한 것은 무엇일까?"

④ 약초나 건강보조제를 활용하라

소화를 촉진시키고 몸을 해독하고 면역력을 올리는 데에 도움이 되는 약초나 건강보조 식품을 먹어라.

⑤ 마음속에 쌓인 감정을 풀어라

날마다 생각과 감정을 일기로 쓰면서 마음을 관찰하라. 상처받은 과거 사건들을 죽 적어보고 감정을 풀어라. 날마다 상처를 준 사람을 한 명씩 생각하면서 용서하라. 스트레스 관리법을 배워라. 감정을 풀어줄 수 있는 치료사에게 치료 받아라. 최면 같은 심리기법을 활용하여 묵은 감정을 풀어라.

⑥ 긍정적인 감정을 키워라

날마다 웃고 감사하라. 스트레스를 줄일 수 있도록 언론 매체를 적게 보라. 재미있게 놀 친구를 찾아라. 적극적으로 다양한 활동을 하라. 자기 전에 적어도 하루에 한 번은 행복했는지 물어보라.

⑦ 영성을 길러라

날마다 명상하고 기도하라. 영성 추구 집단에 참가하라.

⑧ 지지해주는 인간관계를 만들어라

날마다 사랑하는 사람과 전화하라. 암 환자를 위한 집단 활동에 참가하라. 가족이나 친구에게 과감하게 도움을 요청하라.

⑨ 살아야 할 강력한 이유를 만들어라

몇 살까지 살고 싶은지 적어보라. 이상적인 삶을 마친 당신의 추도문을 상상해서 작성해보라. 살아야 하는 모든 이유를 다 적어보라. 무엇이든 할 수 있게 된다면 어떤 삶을 살고 싶은지 적어보라.

자세히 살펴보면 놀랍게도 이 책의 9가지 중의 두 가지(1번과 4번)만이 육체적 요소다. 나머지는 정신적 요소다. 그녀가 처음에 이 연구를 시작했을 때에는 상당 부분이 육체적 · 물질적 요소일 것이라고 생각했다. 커피 관장, 채식, 운동, 건강 기능 식품 등 말이다. 그래서 누구보다도 이런 사실에 그녀가 제일 많이 놀랐다. 실제로 관찰해보면 암 환자들이 제일 많이 찾는 것이 항암 식품과 식단인데, 이들 식품이 암 치료에서 차지하는 비중은 별로 크지 않은 것 같다. 왜냐하면 암을 극복한 환자들이 먹은 음식과 건강식품은 모두 달랐기 때문이다. 예를 들어 누구는 포도주를 먹었고, 누구는 먹지 않았다. 그래서 이 9가지의 방법을 다시 요약하면 이렇게 될 것이다.

"마음을 고쳐야 암을 고친다."

● 병원도 포기한 암을 고치는 6가지 치료 전략[44]

앞서 수많은 암 극복 환자들을 연구하고 면담함으로써 켈리 터너가 9가지 치유 공식을 만들었음을 설명했고, 결국 그 9가지의 본질이 마음 치유임을 설명했다. 그리고 여기에 마음 치유가 암 치료의 본질임을 주장하는 또 하나의 전문가를 소개한다. 그렉 앤더슨Greg Anderson은 1984년에 4기 폐암 진단을 받았다. 의사는 그에게 겨우 한 달 정도 살 거라고 말했다. 그는 이런 절망적인 예후를 거부하고, 치유의 방법을 찾고자 했다. 그래서 의사에게 살지 못할 거라는 말을 들었지만 살아남은 암 환자들을 찾기 시작했다. 그는 일단 몇 년 동안 500명 정도를 면담해서 그 비결을 찾았고, 놀랍게도 그동안 그도 살아남았다.

그리고 30여 년 동안 무려 16,000명 이상의 불치의 암 생존자들을 면담했고, 그들의 전략과 행동 지침을 국제적인 암 치료 프로그램으로 만들었다. 그 결과 그는 현재 국제적으로 저명한 건강 전문가이자 10여 권 이상의 책을 낸 베스트셀러 저자이기도 하다. 그는 16,000명을 면담한 결과 건강은 그저 아프지 않은 상태인 것만이 아니라는 결론에 도달했다. 따라서 당연히 암은 단순히 미친 세포 덩어리들이 아

---

44 《암 선고를 받았을 때 취해야 할 50가지 필수 수칙》, 그렉 앤더슨, 동도원.

니라는 것도 알게 되었다. 그의 결론에 따르면 암을 극복하는 것은 단순히 병을 치료하는 것이 아니라 건강을 포함한 행복, 곧 전인적인 건강 및 행복 상태를 만드는 것이다.

그렇다고 그가 현대 의학을 거부하라고 하는 것은 아니다. 그의 주장에 따르면 현대 의학에 대체 보완 의학을 결합한 통합적 치료가 결과가 더 좋고, 부작용도 적고, 삶의 질 향상에도 좋다. 현대 의학적 치료만으로는 말기암 생존의 효과가 떨어진다. 그는 초기에는 현대 의학의 기초인 세포 생물학을 치료의 시작점으로 삼았지만 그것은 실수임을 깨달았다. 그의 통합적인 암 치료법은 기존 현대의학 모델의 한계를 넘어선 종합적인 기반 위에서 만들어졌다. 그는 개인의 건강을 신체와 마음과 영혼이라는 요소들의 다양한 상호작용의 결과로 본다.

세포 생물학은 이런 구성 요소의 하나이기는 하지만 많은 삶의 선택들이 빚어내는 마지막 결과이지 원인이 아니다. 이런 삶의 선택에는 영양, 운동, 심리적 태도, 인간관계 및 영성이 포함된다. 구체적으로 나열해보면 다음과 같다.

육체적 웰빙

- 영양가 있는 음식을 섭취하는가?
- 매일 운동하는가?
- 유능한 건강 전문가로부터 건강 지도를 받는가?

심리적 태도에 관련된 웰빙

- 나는 내 시간과 타인을 위한 시간 사이에 균형을 맞추는가?
- 나는 쉴 시간이 있는가? 일중독은 아닌가?
- 나는 도움을 요청할 줄 아는가? 아니면 그저 혼자서 다 하는가?

정서적 웰빙

- 나는 감정을 잘 표현하는가? 아니면 억누르는가?
- 나는 쌓인 감정을 잘 풀었는가?

이것은 현대 의학적 사고와 어긋난다. 이것은 세포 생물학의 범위를 넘어서고 기존 의학의 정통 방법론과 상치된다. 현대 의학은 건강을 오로지 신체적 문제로 규정하고 신체를 기계로 간주한다. 따라서 질병은 일종의 기계 고장일 뿐이다. 이 관점으로 보면 질병은 그저 특정 부위의 고장이며 그 부분만 고치면 된다. 그래서 암에 걸리면 수술과 방사선과 화학제제로 특정 부위만 고치면 된다. 물론 이런 치료가 일정한 효과를 발휘하는 부분이 있다. 하지만 결코 주된 위치를 차지할 수 없다는 것을 그는 알게 되었다.

대신에 25년의 연구 끝에 그는 이런 치료는 암이라는 부담을 덜어주는 일시적인 수단이라는 것을 알게 되었다. 일단 부담이 줄면 인체는 건강을 회복하기 시작한다. 이것이 과격한 주장이라는 것을 그도 안다. 하지만 이것이 완전히 정확하고 완벽하게 믿을만한 것이라고 그는 생각한다. 그에 따르면 일단 암이라는 부담을 덜어내고 몸이 스스로 나을 수 있도록 가능한 모든 것을 하는 것이 유독하고 침습적이고 실험적인 암치료를 무한 반복하는 것에 대한 합리적인 대안이다. 암은 복합적이고 다양한 차원의 문제다. 암은 다양한 원인과 간접 원인을 갖고 있다. 이에는 유전, 영양, 스트레스, 환경 인자 및 감정까지 포함된다.

1984년에 그는 겨우 한 달 정도 살 것이라는 진단을 받았다. 4달 전에 폐암 수술을 받고 한쪽 폐를 들어냈는데 다시 암이 갈비뼈와 림프계에 재발한 것이다. 의사가 그의 어깨를 짚고 말했다. "그렉, 호랑이가 우리를 탈출했어요. 암이 다시 돌아와 으르렁거리고 있어요. 한 달 정도 살 수 있을 거예요." 하지만 그 의사는 틀렸다. 그 어떤 의사도 질병에 대한 환자의 반응을 예측할 수는 없고 환자의 반응이 어떤 결과를 만들지 모르니까. 그는 며칠 동안 죽을 거라고 믿고 있다가 중대한 결심을 했다. "나는 살 거야." 그의 이 말이 단순히 현실 회피가 아님을 분명히 이해할 필요가 있다.

'그는 살겠다고 결정함으로써 암에게 이기기 위해 할 수 있는 모든 것을 하겠다는 결정을 내렸다.' 그는 그에게 주어진 매일을 가능한 최상으로 살기로 결심했다. 그는 의사의 말이 주는 절망에 집중하지 않으려했다. 대신에 그는 희망의 자세를 지키려고 했다. 이런 결심은 그의 병과 인생을 바꾸었다. 이렇게 함으로써 그는 더 나은 날과 또한 더 많은 날을 살 수 있게 되었다. 그는 모든 암 환자들도 이런 결정을 함으로써 비슷한 결과를 얻으리라고 생각한다. 이런 그를 거짓 희망을 퍼뜨린다고 많은 의료인들이 비난한다. 하지만 이에 대해 그는 간단하고 직접적으로 이렇게 대답한다.

> "거짓 희망이란 없다. 오직 타당한 희망이 있을 뿐이다. 타당한 희망은 대량으로 섭취할만한 가치가 있는 좋은 약이다. 도리어 인간의 수명에 한계를 정하는 의사의 진단이 거짓 절망이다. 신이 아닌 인간이 한 인간이 얼마나 살 수 있을지 어떻게 알 수 있는가? 그러니 당연히 이것은 거짓 절망이며 전문가답지 못하며 비윤리적이다."

그는 거의 25년 동안 불치 진단을 받고서 살아남은 16,000명 이상의 암 생존자들을 면담하고 조사했다. 이들은 모두 이런 말을 들었다. "남은 삶을 정리하시죠. 더 이상 살기 어렵습니다." 그들은 한때 희망이 없었고 의사들이 포기한 환자들이었다. 하지만 그들은 용감했고 살아남았다. 500명을 면담하고 나니 패턴이 분명히 보이기 시작했다. 예를 들면 그들 대부분은 결코 그저 우연히 나았다고 믿지 않았다. 승리한 환자들은 날마다 좋아지도록 노력했다. 그들은 모두 의사 덕분이라고 말하지 않았고, 심지어 의사의 역할이 가장 크다고 생각하지도 않았다. 대신에 이들 특별한 환자들은 몸과 마음과 영혼을 모두 변화시켜서 온전한 행복과 건강에 도달하려고 노력했다.

이런 암 생존자들에게 일관된 패턴이 드러났고, 그는 1988년에 처음으로 이것을 요약해서 8개의 전략 프로그램으로 만들었다. 2006년에 수천 명을 더 면담하고서 그는 그것들을 6개의 쉬운 개념으로 더 정리해서 모두가 이해하고 쓸 수 있게 만들었다. 현재 그는 그의 '국제 암 극복 재단'을 통해서 무려 500만 명이 이 원리를 길잡이와 전략 계획으로 사용해서 그들의 건강을 회복하고 삶을 풍요롭게 살 수 있도록 해왔다. 다음이 6대 전략이다.

① 현대의학적 치료

96퍼센트의 환자들은 일단 기존 병원 치료를 한 번은 받았다. 그러니 현대 의학적 치료를 무시하지는 말고 신중하게 받아라.

② 영양

지방과 염분과 설탕이 적은 음식을 먹어라. 유기농 음식과 야채와 신선한 과일과 가공이 덜 된 곡식을 먹어라. 순수한 물을 많이 마셔라.

③ 운동

암 생존자들은 어떤 형태로든 날마다 운동을 하고 있다. 20분간 날마다 빨리 걷고 이틀에 한 번씩 가벼운 근력 운동을 하는 것이 이상적이다.

④ 심리 태도

생존자들은 그들이 살 수 있다고 믿었다. 그들은 믿음을 선택했고, 이 믿음이 태도가 되었고, 마침내 치유를 촉진하는 감정을 창조했다. 이것이 바로 마음과 몸의 관계이며 이것은 너무도 강력하다. 한 30대 여성은 이렇게 말했다. "나는 암이 있어도 내 삶을 최선으로 살 거야. 나는 두려움과 절망 속에서 죽지는 않을 거야." 심리적 태도가 암 생존에서 가장 중요한 핵심이다. 이런 믿음과 태도는 병원 치료에서부터 온갖 부작용에 이르기까지 모든 부분에서 영향을 준다. 생존자들은 그들의 치료가 효과적이며 부작용은 적고 감내할 수준이라고 믿고 기대한다. 놀랍게도 그들은 치료에서 그들 자신이 절대적으로 중요한 역할과 책임이 있다고 믿는다. 이런 그들의 태도는 실질적으로 모든 권한을 의사에게만 내맡기는 수백만의 생존하지 못한 일반 암 환자와 확연히 다르다.

⑤ 지지해주는 인간관계

암 생존자들은 치료 과정에서 해로운 인간관계를 정리하고, 힘이 되는 인간관계에 집중한다. 그들은 최소한 한 명이라도 눈치 보지 않고 모든 것을 공유할 수 있는 사람이 있다. 이것은 엄청나게 강력한 치료제로 작용한다.

⑥ 영성

암 생존자들은 치유 과정에서 영적인 차원을 접하게 된다. 그들 모두는 죽음과 접하면서 삶을 그전과 완전히 다르게 보게 되었다고 거듭 말한다. 반면에 보통의 암 환자들은 여기저기 다 망가진 육신에만 집착하면서 병으로 깨져버린 과거의 꿈을 한탄한다. 암 생존자들은 종종 그를 놀라게 했다. 그들은 암이 아니라 '지금 여기'에 집중하는 높은 차원의 삶을 터득한 것처럼 보였기 때문이다. 50대 직장암 환자가 그렉에게 말했다. "나는 오늘이 있잖아요. 그게 참 감사할 일이에요."

영성은 어떤 전략이라고 부르기에 맞지 않다. 그들은 심오한 영적 변화를 경험한다. 그들에게는 영성이 온 삶의 중심 목표가 된다. 한마디로 그들은 새로운 사람이 된다. 그들의 이런 영적인 변화는 종교와는 무관하다. 많은 생존자들은 기존 종교를 거부하는 사람들이었다. 핵심은 종교가 아니라 영성이다. 차고 안에 오래 있다고 해서 당신이 차가 될 수 없듯이, 당신이 교회에 오래 다닌다고 해서 영성을 터득하는 것은 아니다. 이런 영성은 그저 고리타분한 명언 명구들을 되뇜으로써 얻는 것도 아니다. 적극적으로 내면의 평화, 고요함, 자신감, 감사 및 기쁨을 느끼는 방식으로 살면서 터득하는 것이다.

다시 처음으로 돌아가 그의 말을 정리해보자. 그는 처음에 건강의 정의에 대해 검토했다. 건강이란 몸과 마음과 영혼의 상호작용의 결과다. 세포생물학은 이런 건강을 구성하는 작은 요소일 뿐이며 전체가 아니며, 또 우리가 살아온 삶의 모든 방식의 결과물이지 원인이 아니다. 모든 생존자들은 암을 극복하는 것은 몸과 마음과 영혼을 통합적으로 다루는 포괄적인 방식이라는 것을 보여준다. 그들은 그들 내면에 엄청난 치유력이 있고 이것에 동조해서 나았다고 믿는다. 그들은 이렇게 생각한다.

> "치유는 내면에서 일어난다. 나는 그저 하느님과 함께 그것을 풀어주었을 뿐이다."

그렉 앤더슨의 치료 전략을 간단히 이렇게 비유할 수 있다. 어둡고 바람이 통하지 않는 습한 곳이 있다. 시간이 지나면 당연히 곰팡이가 낀다. 이 곰팡이를 없애기 위해서 약물도 뿌리고, 칼로 긁어내기도 한다. 그러나 시간이 지나면 다시 곰팡이가 낀다. 왜? 여전히 어둡고, 바람도 안 통하고, 습하니까. 바로 이 곰팡이가 암이며, 곰팡이를 만드는 조건들이 바로 진짜 암의 원인이다. 근원적으로 곰팡이를 제거하려면 곰팡이의 생성 조건을 없애야 하듯, 근원적으로 암을 치료하려면 암의 생성 조건을 없애야 한다. 그것이 바로 6대 전략으로 마음을 치료하는 것이다.

● EFT는 암 치료에 어떤 도움을 주는가?

개리 크레이그의 홈페이지emofree.com에는 약 3,000여 개의 EFT 사례가 있다. 나는 암에 EFT가 어떤 효과를 내는지 알아보기 위해서 이 중에서도 암 치료 사례만 모아서 분석해보았다. 다 모아보니 약 90여 개의 사례가 나왔고, 책 한권 분량의 적지 않은 내용이었다. 나는 이들 사례를 꼼꼼히 분석해보고, 유형별로 분류해보았다. 다음에 대표적인 사례들만 추려서 요약해서 유형별로 모아보았다. 독자들은 이들 유형을 보면서 EFT가 암 치료에 실제로 어떤 도움이 될지 가늠할 수 있을 것이다.

① 암과 암치료에 관련된 충격과 스트레스를 줄여준다

암 환자들은 처음 암 진단을 받는 순간부터 중간에 온갖 검사와 치료를 받고, 심지어 치료가 끝난 뒤에도 온갖 심리적 고통을 겪는다. 이런 온갖 심리적 문제에 EFT를 쓰면 좋다.

사례 1 의사에게 암 진단을 받는 게 어떤 것인지 겪어보지 않은 사람은 모른다. 압도당하는 느낌, 공포, 무기력, 절망과 충격 등을 느끼게 된다. 찰리는 2년 전에 백혈병 4기 진단을 받고, 당일 바로 화학 요법을 받지 않으면 몇 달 안에 죽는다는 말을 들었다. 게다가 상태는 더 나빠질 것이고 어떤 것도 도움이 되지 않을 것이며 화학 요법은 피할 수 없는 고통스런 죽음을 좀 더 늦출 뿐이라는 말까지 들었다. 화학 요법은 처음에는 도움이 되었지만 병은 재발했다. 그러다 다양한 대체 요법을 시도하다가 마침내 좋은 반응을 얻고 있었지만 마음은 더 불안해졌다. 병이 재발할 수도 있다는 생각이 떠나지 않았기 때문이다. 그는 이런 부정적 생각이 충분히 실현될 수 있다는 것을 깨닫고 전문가에게 EFT를 받았고 편안한 마음을 갖고 치유에만 집중하게 되었다.

사례 2 30대의 앤은 두 아이의 엄마로 빠르게 성장하는 유방암에 걸렸다. 앤은 처음에는 화학 요법을 거부하고 자연요법을 시도하였으나 별 효과를 보지 못했다. 그러나 EFT로 화학 요법에 대한 두려움과 거부감이 사라져서 화학 요법과 수술을 잘 받게 되고, 화학 요법의 부작용도 적게 겪었고, 수술 뒤에도 심리적 충격이 적었다.

② 때때로 급진 소퇴도 일어난다

암은 누구나 죽는 병으로 알고 있고, 병원에서 못 고친다고 하면 다 죽는 줄 알지만 실제로 이런 암도 낫는 경우가 종종 있다. 켈리 터너는 이런 현상을 급진 소퇴라고 명명했는데, EFT로 이런 급진 소퇴가 일어나는 경우도 여러 건 있었다.

사례 1 2004년 캐나다에 사는 사이먼은 신장에서 원발암을, 척추에서 전이암을 발견하였다. 의사의 진단은 심각했다. 수술 받더라도 그가 5년 이상 생존할 확률은 별로 없다고 했지만, 방법이 없으므로 드디어 척추와 신장의 암을 제거하는 수술을 받았고, 수술로도 암을 완전히 제거할 수는 없고 남아 있는 암세포가 다시 얼마든지 자랄 수 있다고 의사가 말했다. 애초에 그는 남자답게 두려워하는 모습을 보이지나 않고 죽고 싶다는 단순한 소망으로 EFT 전문가를 찾았다. 그는 EFT 전문가를 만나 살지 못한다고 진단 받은 충격과 암으로 자신이 13살 때에 돌아가신 아버지의 기억 등을 죽 지웠다. 그리고 다시 수술 결과를 확인하는 2번째 검사를 받았는데, 암이 깨끗하게 없어진 것이다. 그의 주치의가 놀라서 희귀 사례이므로 추적 조사를 할 수 있게 해달라고 부탁할 정도였다. 2년이 지난 뒤에도 그는 여전히 깨끗한 상태이고, 암의 재발률도 90퍼센트에서 10퍼센트로 줄었다.

사례 2 미국의 샌드라는 유방암으로 2번의 수술을 받고 나서도, 유방암이 재발해서 혈액과 임파선까지 퍼졌다는 진단을 받자 더 이상의 병원 치료를 받지 않기로 했다. 그러자 주치의가 의사가 쓴 암 대체 요법 책을 추천했고, 여기서 오래된 심리적 상처를 풀어야 회복력이 좋아진다는 것을 알게 되어, 전문가에게 EFT를 받았다. 그녀는 이 과정에서 거절하지 못해서 늘 온 가족을 책임지고 사느라 힘들었던 상처를 다 풀고, 자신을 보살피는 법을 배웠다. 그리고 2년 뒤에 주치의로부터 암이 깨끗하게 사라졌다는 진단을 받았고, 이제 73살이 된 샌드라는 과거보다 오히려 삶을 더 즐기면서 살게 되었다.

사례 3 59세의 레니는 유방암 4기와 심각한 우울증을 앓고 있었다. 그녀의 암은 폐와 림프계까지 퍼져있었고, 친구의 권유로 잃을 것이 없다는 생각으로 EFT 전문가를 찾았다. 그녀는 이제 마지막이라는 생각으로 한 달 전에 지인들을 다 모아서 파티까지 열었다. EFT로 레니의 다양한 상처를 지우고 일주일 뒤에 그녀는 다시 검사를 받았는데, 오히려 의사가 상태가 좋아지고 있다고 했다. 다시 1년이 지나서 그녀는 이제 암이 완전히 사라져서 잘 지내고 있다.

사례 4 줄리는 난소암 3기 진단을 받았다. 의사는 암이 복부로 퍼진 것이 거의 확실하다고 했고, 화학 요법은 암 덩어리를 전혀 줄이지 못하고 있었다. 그래서 원래 2주 뒤에 받기로 한 수술이 이틀 뒤로 갑자기 잡힌 상태에서 줄리는 급하게 EFT 전문가를 만났다. 이 전문가는 그녀에게 EFT로 어떤 결과를 얻고 싶으냐고 물었다. 줄리는 의사가 배를 열어보고서 암이 복부로 퍼지지도 않고 그냥 사라진 것을 발견했으면 좋겠다고 했다. 동성애자인 줄리는 최근에 동거녀와 오랜 갈등 끝에 헤어져서 자책감과 분노가 극심했고, 전문가는 EFT로 이 상처와 암에 대한 두려움을 2시간 동안 지워주었다. 이틀 뒤에 수술은 4시간 걸릴 예정이었으나 고작 한 시간도 안 돼 끝났다. 놀랍게도 암은 사라졌고, 당연히 복부로 퍼진 것도 없었다. 난소에 고작 암의 조그만 흔적만 남아 있어서 바로 쉽게 제거했다. 의사는 너무 놀라서 기적이 일어났다고 말했다. 전과 달리 이제 그녀는 완치를 희망하며 화학 요법을 시작했다.

사례 5 바버라는 2006년 10월에 유방암으로 고작 6주 정도 살 수 있다는 판정을 받았다. 그녀는 친구에게 EFT를 소개 받고, 2007년 2월부터 전문가에게 EFT 상담을 받는다. 그녀는 무려 9번의 수술과 8회차의 화학 요법, 31회차의 방사선 요법을 받았고, 그동안 내내 EFT로 큰 효과를 보았다. 그녀는 1회차 방사선 치료를 받을 때에는 EFT를 하지 않았고, 5일 동안 심하게 구토를 해서 침대에 누워만 있다가 9일째가 되어서야 겨우 식사할 수 있었다. 하지만 2회차부터는 방사선 요법의 부작용과 두려움에 대해서 EFT를 했고, 그러자 아예 토하지도 않고, 불과 이틀만에 식사를 할 수 있게 되었다. 게다가 활력도 좋아져서 휠체어 없이 잘 걷게 되었다. 간호사들이 너무 놀라서 말했다. "EFT로 무엇을 하는지는 모르지만 꾸준히 하세요." 그녀는 같이 치료받는 환자들 중에서 가장 경과가 좋았고, 주치의는 그녀에게 대놓고 말했다. "당신은 말 그대로 기적이에요."

또한 그녀는 치료 과정에서 극심한 통증을 느껴서 강력한 진통제를 맞았는데도 진정되지 않았고, EFT를 하자 신기하게도 통증이 확 줄거나 사라졌다. 그녀는 8회차의 화학 요법을 마치자 무려 31회차의 방사선 요법을 받았다. 그런데 방사선 요법의 부작용에 대해서 EFT를 해서 피부가 검게 타기는 했으나 갈라져 터지고 감염되는 일은 생기지 않았다. 또한 이렇게 EFT를 하면서 유방암의 핵심 주제가 되는 생각들이 드러났다. 그녀는 평생 '나는 못나고 부족해. 아무도 나를 이해해주지 않아'라는 생각을 많이 했고, 이 생각과 관련된 기억들도 EFT로 지웠다. 불과 1년 반 전에 6주밖에 못 살 것이라는 판정을 받았던 바버라는 2008년 3월 11일에 마침내 의사로부터 암이 완전히 사라졌다는 판정을 받았다.

사례 6 오스트리아의 EFT 전문가 버니스에게 자궁암 3기로 즉각 수술을 권고 받은 38세 여성이 찾아왔다. 그녀는 하혈이 심했는데, 수술을 3달 뒤로 일단 연기하고, 채소 주스 해독 요법을 하고 있었지만 하혈이 줄지 않았다. 그녀는 네 명의 아이가 있었고, 둘째를 낳은 뒤에는 산후 우울증을 앓았고, 9살짜리 막내는 날 때부터 피하 혈관종이 심해서 꾸준한 치료가 필요했다. 그녀는 아이가 이렇게 태어나서 엄청난 충격을 받았고, 당시에도 그 충격은 여전해서 EFT로 이 문제를 다루자 그녀는 엄청나게 오열했다. 그리고 24시간 안에 당장 하혈이 멎었다. 그리고 그들은 온갖 다양한 상처들을 EFT로 지웠다. 그녀는 집에서도 꾸준히 EFT를 하고 해독 요법도 병행했다. 마침내 4개월 뒤에 그녀는 다시 검사를 받았고, 놀랍게도 암이 완전히 사라졌다는 판정을 받았고, 수술해야한다고 한 의사는 완전히 충격을 받았다. 그 뒤 다시 2년이 지났는데도 그녀는 여전히 건강했다.

사례 7 텍사스의 캐런은 예후가 상당히 나쁜 췌장암에 걸렸다. 그녀는 일체의 병원치료를 혐오해서 거부하고 대체요법으로 암을 고치려고 했다. 그녀의 췌장 두부에 악성 종양이 생겨서 주변 조직을 압박해서 그녀는 황달이 생기고, 식욕도 잃었다. 캐런은 EFT 전문가를 찾아갔고, 전문가와 그녀는 함께 내적 평화 과정을 했다. 그녀는 특히 통제가 심했던 엄마와 시어머니에 대한 분노가 심했고, 자기 자신을 끊임없이 비난하고 있었다. 이런 모든 분노의 기억을 EFT로 지워나가자 1주만에 식욕이 회복되었고, 2주가 지나자 황달이 사라졌다. 그녀의 남편이 빨리 병원에 가서 수술을 받으라고 재촉하는 바람에 EFT상담을 1달 반 정도 하고 그녀는 마침내 병원으로 가서 CT촬영과 혈액 검사를 받았다. 놀랍게도 첫 검사와 달리 모두 정상이었다. 췌장 두부의 종양이 완전히 사라진 것이다. 이에 의사는 얼이 빠져서 말했다. "오랫동안 치료하면서 암이 저절로 사라진 사람은 처음 봤어요." 1년이 지난 뒤에도 그녀는 여전히 멀쩡하다.

사례 8 2004년 5월에 개리는 7명의 암 환자들을 집으로 초청해서 9일 동안 EFT를 해주고서 그 효과를 확인하고 동영상으로 이 과정을 기록하는 실험을 한다. 여기에 조너스라는 50대 전립선암에 걸린 남자도 참석한다. 개리는 조너스의 증상 자체보다는 누적된 감정을 제거했다. 조너스는 어렸을 때 부모에게 학대를 많이 당해 분노가 하늘을 찌를 정도였지만, 너무 착한 성격에 분노를 표현할 줄도 모르고 꾹 삭이면서 살다가 암에 걸렸다. 개리는 조너스의 이런 분노를 표현시키면서 EFT로 풀어 주었고 그 결과 PSA(전립선암 지표 인자)가 5.9에서 2.4로 떨어지고 전립선암 증상도 모두 사라졌다. 2년 뒤에 다시 확인을 했는데 여전히 좋은 상태를 유지하고 있었다.

사례 9 또 이 자리에는 헬렌이라는 60대 여성이 있었는데, 그녀는 당시에 말기(4기) 유방암으로 한쪽 유방을 절제했지만, 암세포가 너무 커서 완전히 다 제거하지는 못한 상태였다. 그녀는 한 주에 한두 번씩 가슴을 유리 조각으로 그어대는 극심한 통증을 호소했고, 개리와 그녀는 이와 관련해서 평생 동안 느꼈던 죄책감을 EFT로 지웠다. 9일간의 치료 결과 그녀의 통증은 완전히 사라졌고, 1년 뒤에 다시 확인했을 때에는 놀랍게도 남은 종양마저 다 사라지고 완전히 건강한 상태였다. 활력이 넘쳐서 심지어 40킬로미터나 되는 거리를 자전거로 즐겨 다니게 되었는데 과거에는 전혀 불가능한 것이었다.

③ 항암치료의 부작용을 줄이고 효과는 증진시킨다

EFT와 기존의 항암 치료가 결합되면 항암 치료 부작용은 감소하고, 항암 치료의 효과도 급증한다는 사례가 여러 건 있었다. 따라서 기존 항암 치료에 EFT를 병행하는 것이 누구나 쉽게 받아들일 수 있으면서도 효과적인 암 치료법이라고 생각한다.

사례 1 엘리아는 유방암으로 오른쪽 유방과 유방 주변의 인대와 건, 액와 결절까지 예방 차원에서 모두 제거했다. 그 결과 팔을 쓰는 것이 불편했고, EFT를 하자 팔의 상태와 움직임도 모두 좋아져서, 심지어 관절 운동 범위는 거의 수술 전과 같아졌다.

사례 2 한 실험에서 EFT가 유방암 환자들에게 다용되는 타목시펜과 아로마타제 억제제의 부작용을 줄여준다는 사실이 밝혀졌다. 타목시펜과 아로마타제 억제제의 부작용 때문에 많은 유방암 환자들이 호르몬 요법을 중단하게 된다. 이들 유효한 약을 끊어서 사망률과 조기 재발률도 늘어난다. 이 연구의 목적은 EFT로 주로 환자의 감정 상태를 개선하고 부가적으로 홀몬 요법을 받는 유방암 환자들이 흔히 겪는 폐경기 증후군과 피로 및 통증의 상태를 개선하는 데에 그 효과 정도를 평가하는 것이었다.

41명의 참가자들은 매주 1회 3시간씩 3주간 EFT 과정을 받았고, 다시 이후에 9주 동안 자가 치료를 하도록 했다. 자가 설문지로 각각 6주와 12주가 되었을 때에 기분 상태, 통증, 피로, 작열감, 야간 발한 및 기타 폐경 증상을 평가하게 했다. 특히 작열감은 일지로 작성을 하게 했다. 전체적인 기분 상태가 좋아지고 걱정과 우울감과 피로가 통계적으로 상당히 의미 있는 수준으로 줄었다. 게다가 작열감 정도와 횟수도 상당히 줄었다.[45]

사례 3 브라질의 세실리아는 10년 전에 유방암에 걸렸고, 이번 2월에 다시 복부에 암이 생긴 것을 알았다. 그녀의 배는 액체상태의 암세포로 가득했고, 4월에 입원했지만 화학 요법이 전혀 듣지 않았다. 59세의 세실리아는 너무나 많은 심리적 문제가 있었다. 그녀는 20대에 남편을 잃고서 딸에게 집착이 심해서 둘 사이에는 심한 애증이 교차하고 있었

45 Emotional Freedom Techniques (EFT) to reduce the side effects associated with tamoxifen and aromatase inhibitor use in women with breast cancer: A service evaluation. Baker, B. Hoffman, C. (2014). European Journal of Integrative Medicine.

다. 의사는 그녀가 며칠도 못 버틸 것이라고 말했다. 그녀는 먹을 수도 없었고, 밤낮으로 잠만 자고 있었고, 너무 쇠약했다. 이에 EFT 전문가와 EFT를 아는 그녀의 딸이 그녀에게 병원에서 며칠 동안 EFT를 계속 해주었고, 마침내 암세포가 억제되어서 며칠 지나서 퇴원했다.

④ 통증과 암 증상을 줄여준다

EFT는 진통제보다 강력한 진통제라고 할 수 있을 정도로 통증 완화 효과가 좋다. 게다가 암 때문에 나타나는 다양한 증상들에도 상당한 효과를 낼 수 있다.

사례 1 호주의 버니스는 79세 할머니에게 한 번 EFT를 해주었다. 그녀는 대장암과 암 통증을 앓고 있었는데, 통증은 약물로도 제어되지 않았다. 그녀는 최근에 남편을 요양원에 보내어서 죄책감과 후회를 많이 느끼고 있었고, 이런 감정을 EFT로 지워주었다. 2달 뒤에 확인했는데 통증은 사라졌다.

사례 2 멕시코의 EFT 전문가 호세는 말기암과 화학 요법으로 정신이 몽롱하고 체중이 확 빠지고 극심한 통증을 느끼는 할머니를 치료하게 되었다. 그녀는 며칠 동안 아무것도 먹지 못해서 심한 탈수 상태였다. "이 통증이 지겹다. 제발 쉬게 해줘. 제발 안 아프게 해줘. 이제 그만 벗어나고 싶어. 멍하고 화가 나고……" 그러자 할머니는 정신을 차리고 고맙다고 했다. 호세는 그녀에게 더 해도 괜찮은지 물었고, 그녀는 고개를 끄덕였다. "나는 편하지가 않아. 멍해. 너무 약하고 목이 말라……" 이렇게 말하면서 두드려주자 할머니가 물을 달라고 해서 빨대로 몇 모금을 잘 마셨다. 가족들이 이에 모두 놀랐다. 그녀는 며칠 동안 자꾸 토해서 물을 마시지 못해서 입술만 겨우 적셔주는 식으로 수분 공급을 했기 때문이었다.

한 주 동안 내내 호세는 병원에 가서 10~20분씩 할머니를 두드려 주었다. 그러자 그녀는 의식을 회복했고, 토하지도 않았고, 마음도 편안해졌고, 통증도 많이 줄었다. 가족들은 그녀가 살아날지도 모른다고 기뻐했다. 그녀는 죽기 바로 전날에 나에게 말했다. "두드림 치료로 정신을 차려서 자식들에게 작별 인사와 축복도 하고, 평화롭고 존엄하게 죽을 수 있게 해줘서 고마워요." 그녀는 이렇게 모두를 축복하고 잠시 뒤에 잠에 들었고, 그 다음 날 세상을 떴다. 호세는 이 모습에 슬픔과 동시에 평화를 느꼈고, 그녀가 EFT 때문에 천국에 가서 천국의 사람들에게 EFT를 알릴지도 모른다는 생각을 했다.

⑤ 급진 소퇴는 아니지만 암이 사라지다

암이 의심되어서 처음 검진을 받고 확진을 받기를 기다리는 동안 EFT를 해서 암이 사라졌다는 경우가 여러 건 있었다. 또한 말기 암은 아니지만 암이 예상과 달리 급속히 줄거나 사라지는 경우도 여러 건 있었다.

사례 1 매리는 대장암 수술을 받았다. 의사는 9개월짜리 화학 요법을 권유했지만 매리는 거부했다. 수술 직전에 다시 검사해보니 간 쪽에도 뭔가가 보이는데, 암이라면 10퍼센트의 생존 가능성이 있고, 아니라면 별 문제가 되지 않는다고 했다. 이에 매리는 EFT 전문가를 만나서 인생의 온갖 상처를 말하고 EFT로 지웠다. 그러다 전문가가 매리에게 물었다. "당신에게 암보다 나쁜 것은 무엇일까요?" "암 걸리기 전처럼 죽도록 일하는 거죠." 이에 전문가가 자세히 물어보니 매리는 직업이 정원사였는데, 일을 마칠 무렵 늘 하늘을 보면서 늘 이렇게 말했다고 했다. "제발 어떻게 해서든 이 지긋지긋한 일 좀 그만하게 해주세요." 결국 그녀는 암에 걸려서 일을 그만둘 수 있게 되었던 것이다. 그래서 전문가는 이 심리적 역전도 EFT로 지워주었고, 매리는 여전히 화학 요법을 받지 않았지만 얼마 지나지 않아 암이 없다는 판정을 받았다.

사례 2 50대 초반이던 임상심리학 박사 대머리스 드루리Damaris Drewry는 2006년 12월에 극심한 갈등과 혼란을 겪고 있었고, 약간씩 하혈을 했다. 산부인과에서 검사를 받으니 자궁에 큰 용종이 있어서 소파

술로 제거했다. 의사는 용종은 대부분 양성이라 별 문제는 없을 것이라고 했다. 그러나 10일 뒤에 나온 조직검사 결과지는 충격적이었다. "내막성 암종, 2기, 자궁과 좌우 난소 적출을 권고함." 그녀는 20년 이상 심리 치료를 하고, 다양한 심리 치료법을 배웠고, 몸과 마음의 상관성에 대해서도 깊이 이해하고 있었으므로 이 결과를 보는 순간 외쳤다.

"암은 몸이 내게 보내는 신호야. 내가 혼란에서 벗어나 중심을 잡으라고 외치는 거야." 이에 그녀는 95년에 남편이 갑자기 사망한 충격과 기타 인간관계 스트레스 등 당시 겪던 온갖 심리적 문제들을 EFT로 풀었다. 6일 뒤에 마침내 그녀는 수술을 받았고, 제거된 기관에 대해 수술실에서 바로 조직검사를 해보니 놀랍게도 암이 모두 사라졌다. 그래서 더 이상 다른 항암 치료를 받을 필요가 없어졌다.

⑥ 더 이상 방법이 없을 때에 EFT가 마지막 수단이 될 수 있다

2005년 일본의 한 자료에 따르면 병원의 암 치료에 만족하지 못해 여기저기로 떠도는 암 환자가 70만 명에 이른다고 한다. 이런 환자들을 '암 난민'이라고 한다. 말기암 환자들이 대체로 암 난민이 된다. 말기암 환자는 병원이 싫어하는데, 검사와 치료가 초기에 집중되기 때문에 돈이 안 되어서 서둘러 내보낸다. 특히 척추암은 다들 말기암이라고 해서 치료를 하지 않는다. 그래서 척추암 환자 대부분은 마비가 와서 침대에 누워만 있다가 죽는데 그 수가 매년 2만 명에 이른다. 게다가 암 사망 환자의 70퍼센트는 척추에서 암이 발견된다. 곧 모든 암이 척추로 전이가 잘 된다. 한해 3~5만 명의 말기암 환자가 생긴다.[46]

기존 의료제도 내에서는 암 난민에 대한 대책이 없다. 말기암 환자들은 병원에서 검사도 치료도 못하니까 분명히 환자는 아픈데도 그냥 돌려보낸다. 이런 암 난민에게 EFT가 아주 절실하다. 죽음을 직면하고 있는 환자의 마음을 EFT로 풀어주고, 암 통증이나 기타 증상 관리에도 EFT를 쓰면 아주 탁월한 효과가 날 수 있다. 나한테도 종종 암 난민에 해당하는 환자들이 오는데 증상도 다양하다. 유방암 말기로 6개월 시한부 판정을 받고 병원에서 방법이 없다고 바로 퇴원 조치된 어느 40대 여성이 왔다. 그녀는 판정 받은 지 4년이 넘었는데도 멀쩡히 살아있었다. 다만 통증과 불면증이 너무 심했는데 치료받을 곳이 없어 여기저기 전전하다가 내게 와서, 몇 달 동안 EFT를 해서 이 두 증상은 사라졌다. 몇 년 전에 치료했던 분인데 아직 잘 살아계시리라고 본다.

사례 1 미국의 EFT 전문가 테드 로빈슨의 강의에 어느 날 뇌종양에 걸린 12살짜리 딸을 둔 엄마가 참가했다. 그녀는 EFT로 딸을 고쳐주

46 《암환자는 암으로 죽지 않는다》, 최일봉, 열음사.

고 싶다고 했고, 테드는 EFT의 통증 제어 효과는 강력하지만 암을 없앤다고 보장할 수는 없다고 말했다. 하지만 그녀는 굴하지 않고 강의와 EFT에 열심히 참여한 뒤 집으로 갔다. 그러다 갑자기 그녀가 테드에게 전화를 해서 감사를 표했다. 그녀는 떨리는 목소리로 딸이 6개월 전에 죽었지만 EFT가 딸의 인생을 바꿨다고 했다. 딸은 병이 악화됨에 따라 아무것도 할 수 없게 만드는 끔찍한 통증에 지속적으로 시달렸고, 그때마다 딸은 이 엄마에게 와서 말했다. "엄마 두드려 줘." 엄마는 기꺼이 두드려주었고 통증은 가라앉았다고 했다. "딸이 내 눈앞에서 고통 받는 것을 보면서 아무것도 할 수 없어서 앉아서 바들바들 떨던 것이 없어졌어요. 이제 내가 뭔가 해줄 수 있게 되었으니까요. EFT 덕분에 딸은 마지막까지 편안했어요. 언니가 죽고 나서 개 동생도 죽을지도 모른다는 두려움이 생겼는데, EFT로 풀어주었어요. 큰딸을 잃은 충격도 EFT 덕분에 그렇게 크지 않네요. 고마워요."

● 암 환자 치료 사례

① 갑상선 암

30대 여교사가 건강검진에서 갑자기 갑상선 암이라는 진단을 받고 상담을 신청했다. 첫 병원에서 암 판정을 받은 뒤 부분 절제 수술을 권유받았고 다른 병원에서는 갑상선 전체 절제 수술을 권유받았다. 하지만 젊은 나이의 그녀는 수술보다는 자연 치유를 원했고, 갑작스러운 암 판정에 엄청난 두려움과 혼란을 느끼고 있었다. 나는 그녀에게 이런 상황이 도리어 치유와 성장의 기회가 될 수 있다고 말하고 상담에 들어갔다.

먼저 몸과 마음의 상관성에 관한 책을 추천했고, EFT로 내면 아이를 치유하면서 사랑받지 못한 상처와 쌓인 스트레스를 풀어나갔다. 또한 학교에서 아이들과 겪는 문제를 풀 수 있는 행동 지침과 갑상선 암을 치료하기 위한 태도도 알려주었다. 첫 상담에서는 갑상선 암에 걸렸다는 사실을 받아들이지 못하는 마음이 가장 큰 문제였다. 그래서 먼저 이런 암에 대한 저항감을 다뤘고 그다음에는 수술받기 싫다는 두려움을 다뤘다. 이렇게 하나하나 풀어나갔다.

나는 상담에서 긍정확언을 잘 하지 않는다. "나는 수술 없이 낫는다." 이런 확언을 일절 하지 않고 상처 받은 내면 아이의 마음을 알아주고 풀어주는 것에만 집중했다. 그렇게 상담을 받으면서 주 1회씩 5번의 상담을 마치고 문자가 왔다. "오늘 병원 다녀왔는데 종양의 위치도 안전하고 크기도 작으니 걱정할 것 없다고 1년에 한 번씩만 초음파 검사만 받으면 된다고 하네요. 정말 다행이에요."

분명히 수술을 받기 전에는 우리나라에서 가장 권위 있는 대학병원 두 곳에서 강력하게 수술 권유를 했었다. 하지만 상담을 받으면서 찾아 본 다른 병원에서 수술 안 해도 되고 걱정할 필요도 없다고 말을 한 것이다. 맨 처음에 그녀는 수술을 받으면 평생 약을 먹어야 하고 후유증도 심각할 거라고 걱정을 많이 했는데, 이렇게 자연스럽게 일이 잘 풀려버린 것이다.

참고 앞의 사례는 EFT 상담가로 활동하는 신수진 님의 사례이다. 처음에 수술이 필요한 암이라고 했다가 한 달 뒤에는 단순 종양으로 진단이 바뀌었다. 이런 경우가 앞에서 말한 '급진 소퇴는 아니지만 암이 사라지다'에 해당하는 사례다. 그러면 진짜 암이 단순 종양으로 바뀐 것일까? 아니면 애초에 암이 아니었던 것일까? 두 가지 다 가능하다. 내 경험상 초기 암은 이렇게 쉽게 형태가 바뀔 수 있는 것 같다.

② 전립선암

어느 날 전립선암으로 진단받은 60대 남성이 왔다. 그는 몇 년 동안 전립선 비대 증상으로 소변을 시원하게 보지 못했다. 그러다 1년 전에 혈액 검사로 전립선암의 가능성이 의심되어 다시 조직검사를 받았는데, 정상 판정을 받았다. 하지만 다른 병원에서 또 혈액 검사를 받으니 또 전립선암의 가능성이 높다고 나왔고, 조직검사를 또 권유받았다. 그런데 그는 조직검사를 받을 때에 한동안 소변도 못 보고, 혈뇨도 나오고, 고통도 너무 심해서 도저히 다시 이 검사를 받을 엄두가 나지 않았다. 그래서 조직검사를 안 하자니 암을 키울까 두렵고, 조직검사를 하자니 도저히 아파서 죽을 것 같아서, 이러지도 저러지도 못한 채로 1년 이상 거의 얼빠진 사람처럼 살다가 내게 왔다.

내게 오기 전에 용하다는 기 치료도 받아보고, 스님을 통해 천도제도 지내보는 등 온갖 방법을 다 썼는데도 여전히 암과 죽음이 무서워서 바들바들 떨며 살고 있었다. 그는 한마디로 암이 있는 불안장애 환자이자 암 공포증 환자였다. 핵심 주제를 찾기 위해서 그의 인생사를 들었다. 시골 깡촌에서 형제 많은 가난한 집에서 태어나, 공부도 제대로 못하고 20살도 되기 전에 서울로 올라왔다. 먹고 살기 위해서 노점상을 하다가, 온갖 고생 끝에 마침내 동대문시장에서 의류 도매상을 하고 있었다.

지금까지 살면서 느꼈던 극심한 생존의 두려움이 이제는 암에 대한 두려움이 되어 확 터지고 있음이 분명했다. 그래서 EFT로 이런 상처들을 몇 달 동안 지우자 그는 마음의 평정심을 찾았다. 그러자 그는 조직검사의 이득과 손실을 더 나아가 전립선암 자체의 이득과 손실까지 차분히 생각해보고 더 이상 검사를 받지 않기로 결심했다. 그는 암 수술을 받으면 소변장애 등의 심각한 후유증이 생길 수 있고, 나이도 적지 않은 나이라서 수술로 얻을 이득이 크지 않다고 보았다. 치료가 끝나고 2년 뒤에 가족을 통해서 그의 소식을 들었다. 그는 치료 뒤에 인생에서 가장 행복한 시절을 보내면서 만나는 사람마다 EFT를 홍보하고 있다고 했다.

참고 이렇게 EFT로 마음이 편안해지면 검사와 치료 과정에서 내려야하는 다양한 결정을 쉽게 할 수 있게 된다.

③ 말기 유방암

어느 날 40대 중반의 유방암 말기 환자가 내게 왔다. 몇 년 전에 유방암 수술을 받았는데, 이번에 재발했고, 뼈까지 전이되어서 가망이 없다는 진단을 받은 상태였다. 처음 내게 왔을 때 그녀는 모든 의사들이 다 사기꾼이라며 온통 분통을 터뜨렸다. 얼마 전에 남편 친구인 의사에게서 진단을 받고서, 남편이 치료가 가능하냐고 물었더니 이렇게 말했다는 것이다. "이거 말기암이야. 치료가 어디 있어. 그냥 죽는 거야!" 그녀와 남편은 이런 배려 없는 말을 듣고 엄청난 충격을 받았다. 혹시나 하는 마음으로 암 전문 한의원으로 발길을 돌렸는데 또 실망했다.

"거기는 치료도 못하면서 돈만 밝혔어요." 그래서 처음에는 나에게도 의심과 반감도 있었다. 그럼에도 무심하게 치료를 시작했다. 상담하면서 들은 그녀의 인생은 참 비참했다. 딸이라는 이유로 엄마에게 늘 차별받았고, 아버지는 일찍 돌아가셨다. 집이 가난해서 대학도 못 갔고, 고졸로 일찍 사회에 진출해서 피땀 흘려 번 돈은 어머니가 다 써버렸다. 게다가 어린 동생까지 엄마 대신 자신이 돌보았다. 그러다 결혼을 했는데 이번에는 시댁에 엄청난 빚이 있어서 결혼 생활 내

내 15년 이상 대신 갚았고, 그 와중에 남편은 억울하게 직장에서 잘렸다. 이렇게 살다 보니 그녀의 마음속에는 온통 분노와 불안과 억울함만 가득했다.

죽는 것이 두려운데 또 사는 것도 괴로워서 죽지 못해 사는 인생! 내가 관찰한 바에 따르면 상당수의 말기 암 환자들의 삶이 이러했다. 그녀도 죽는 것이 두려운 것이지 그렇다고 그다지 살고 싶은 생각도 없었다. 한 번도 사는 게 즐거웠던 적이 없었으니까. 2달 정도 그녀의 이런 상처들을 EFT로 죽 지워나갔다. 그러자 그녀가 조금씩 웃기 시작했고, 불안과 우울감도 확 줄었다. 그러는 가운데 그녀는 마지막 삶을 조용한 곳에서 정리하고자 전원주택을 샀다. 그리고 태어나서 처음으로 어머니와 화해했고, 시어머니에 대한 미움도 정리했다.

나는 그녀에게 EFT로 암을 좀 더 치료해보기를 권했으나, 이렇게 말했다. "이 정도만 되어도 행복해요. 제 인생에서 이렇게 편안했던 적은 없어요. 어쨌든 고마워요." 그녀는 더 이상 삶에 미련이 없었다. 그 뒤에 그녀가 얼마나 더 살았는지는 모르지만, 어쨌든 EFT로 그 이후의 삶이 더 행복하고 편안해졌음은 분명하다.

참고 이런 분들이 암 난민이다. 치료할 병원도 없고, 마음속에서는 죽음을 앞둔 상태에서 극심한 혼란과 두려움을 경험한다. 이런 환자들에게도 EFT는 좋은 치료와 위안의 수단이 된다.

④ 폐암

어느 날 4달 전에 폐암 판정을 받은 50세 여성이 찾아왔다. 몇 기인지 물었으나, 그녀는 병원에서 손 쓸 수 없는 암이라서 치료도 못 받고 속수무책으로 지내고 있다는 말만 했다. 전형적인 암 난민이었다. 병원에서는 안 받아주니 갈 데가 없어서, 용하다는 무당에게 살려준다는 말만 믿고 매달리다 사기도 당했고, 당시에는 가슴 쪽에 송곳으로 콱 찌르는 통증이 수시로 생겨서 힘들어하고 있었다. 살면서 힘들었던 일을 물었다. 엄한 아버지 밑에서 불안했던 일, 남편과 함께 30년째 하던 사업이 사양길에 접어들어 갈수록 적자가 누적되었던 일, 그리고 남편과의 불화 등을 얘기했다. 이런 상처들을 두 달 동안 EFT로 지워 나가자 그녀는 암과 생존의 공포에서 벗어나 웃기 시작했고, 그렇게 극심하던 암 통증도 사라졌다. 그녀는 이 과정에서 극심한 스트레스를 주던 사업도 정리했고, 교외의 한적한 곳으로 이사했다.

참고 암은 종종 극심한 통증을 동반하는데, 진통제도 안 듣는 경우가 많다. 이런 암 통증에 EFT는 종종 탁월한 효과를 발휘한다.

⑤ 피부섬유성육종

어느 날 40대 남성 치과 의사가 왔다. 그는 오랫동안 꼬리뼈 위쪽에 엄지손가락 끝마디만한 혹이 있었고, 워낙 오래 된 것이고 게다가 그

때까지 의사들은 단순한 혹이라고 했기 때문에 이에 별로 신경은 쓰지 않았다. 그러다 차에서 내리다 이 혹이 차 문에 걸려서 찢어지는 바람에 병원에 가서 제거 수술을 받고, 간 김에 조직검사도 받았다. 피부섬유성육종dermatofibrosarcoma의 가능성이 있으니 정기적인 관찰과 재검이 필요하다는 전문의의 소견이 나왔다. 이것이 18개월 전인데 이 진단을 받자마자 그는 완전히 공황 상태에 빠져서 매일 죽음의 공포와 처자식만 남겨두고 갈지 모른다는 슬픔에 빠져서 폐인처럼 지내다 나에게 왔다.

그에게 살면서 힘들었던 일을 물었다. 어렸을 때 엄마와 떨어져서 할머니에게 맡겨져서 자랐던 것, 임신했던 여자 친구를 차버린 죄책감, 삼수까지 했으나 원하는 대학에 가지 못한 좌절감, 너무나 권위적인 아버지에 대한 두려움과 부담, 그런 아버지에게 시달리는 엄마에 대한 미안함 등이 나왔다. 이것들을 EFT로 죽 지웠다. 첫 두 달에는 매주 한 번 EFT를 하다가 나머지 두 달에는 한 달에 두 번 정도로 줄였다. 그 과정에서 그는 공포와 불안과 슬픔이 싹 사라지면서 웃음과 활기를 되찾았다. 문제는 마지막 검사 결과였다. 다행히 검사는 이상 없음으로 나왔다. 원래 이상 없던 것이었을까 아니면 EFT를 하는 동안에 세포가 바뀐 것일까?

참고 이 사례도 '급진 소퇴는 아니지만 암이 사라진'에 경우에 해당한다. 과연 암 세포가 정상 세포로 바뀐 것인지 아니면 원래 정상이었는지 확인할 수는 없다. 하지만 암 초기에는 이렇게 세포의 성격이 바뀌거나 암 세포가 사라지는 경우가 흔히 있는 것으로 보인다.

⑥ 암 치료 후의 극심한 피로

어느 날 40대 중반의 의사가 찾아왔다. 그는 1년 전에 갑상선 암 치료를 마쳤는데, 그 무렵부터 극심한 피로를 느꼈다. 그의 피로는 특징이 있었다. 딱 오후 진료를 하는 2~7시 사이에만 피로가 극심해서 가까스로 환자를 보는 상태였다.

내 경험상 피로감의 주 원인은 좌절이다. 그래서 그에게 단도직입적으로 물었다. "인생에서 좌절한 경험이 무엇인가요?" 그러자 온갖 것이 나왔다. 그도 나처럼 마음을 고쳐야 병이 낫는다고 느껴서 10년 넘게 온갖 수련과 명상을 했는데, 결국 나중에 사이비 단체로 밝혀져서 마음에 상처만 입고 나왔다고 했다. 이런 경험을 한 시간 동안 EFT로 죽 지웠다. 그러고 나서 그 다음 주에 오기로 했는데, 예약을 취소했다. 전화로 확인해보니 다 나아버렸다는 것이 아닌가. 나 스스로도 믿을 수 없어하는데 마침 몇 달 뒤에 그가 나의 EFT 강의에 참석해서 다시 확인해보니 여전히 피로감이 없다는 것이 아닌가. 그가 말했다. "오후만 되면 좀비처럼 늘어져서 시간을 보냈는데, 요즘 피로감이 사라지니까 오후가 너무 길고 심지어 뭘 해야 될지 몰라 당황스러워요."

참고 항암 치료를 받는다고 암을 만드는 원인이 되었던 심리 상태가 바뀐 것은 아니다. 이런 심리 상태가 지속되면 암이 재발한다고 나는 생각한다. 그런 점에서 이분의 좌절감은 암을 만든 핵심 주제였고, 그 좌절감을 없애자 만성 피로가 확 사라진 것이고, 암의 재발 방지에도 도움이 될 것이다.

⑦ 췌장암이 정상 세포로 바뀌는 기적이 일어나다

어느 날 50세 이혼 여성이 찾아왔다. 그녀는 약 6개월 전 검진에서 갑상선암과 암이 될 수 있는 유방 종양이 있다는 진단을 받고서, 갑상선의 절반과 유방의 일부를 잘라냈다. 그러다 최근에 생리통이 심해 산부인과에 갔더니 자궁 근종이 있다는 진단을 받아서, 근종을 떼어내는 수술을 받았다. 그런데 떼어낸 조직에서 이형성증(암이 될 수 있는 세포 상태)이 발견되어서 그녀는 다시 자궁 전체를 적출해야한다는 진단을 받았다. 게다가 떼어낸 자궁에 실제로 암이 있으면 항암 치료까지 받아야한다는 충격적인 진단까지 들었다.

채 6개월도 안 되는 시간 속에서 갑상선 암과 유방 종양에 이어 자궁암까지 있다는 진단을 받고서 그녀는 어마어마한 충격에 빠졌다.

겨우 50살밖에 안 된 나이에 죽을지도 모른다는 두려움과 허무함이 쓰나미처럼 그녀를 덮쳐서 그녀는 정신을 차릴 수 없었다. 그러다 그녀는 유나방송을 통해 EFT를 알게 되어 나를 찾아왔다. 먼저 그녀의 일생에서 힘들었던 것들을 물어보았다. 무능하고 폭력적인 아버지, 아버지를 대신해서 돈 버느라고 그녀를 내팽개친 어머니, 화재 사고로 숨진 다정했던 오빠, 늘 폭언과 폭행을 일삼던 전남편, 이혼하면서 두고 온 자식들을 떠올렸다. 곧 이것이 바로 핵심 주제였고, 이것을 한 시간 동안 EFT로 다뤘다.

곧바로 수술을 받을 예정이라 그녀는 한 번밖에 상담을 받지 못했지만, 수술 받기 전까지 유나방송에서 나의 EFT 강의를 들으며 꾸준히 EFT를 했다. 그리고 열흘 뒤에 그녀는 자궁을 다 들어내는 수술을 받았고, 조직 검사 결과 세포가 모두 깨끗하게 정상이라는 놀랍고도 기쁜 소식을 들었다. 그녀는 '혹시 EFT를 해서 세포가 정상으로 바뀐 것일까?'하는 의문이 들었지만 그냥 우연으로 치부하고 넘겼다.

그러다 다시 넉 달이 지나서 이번에는 사진상으로 췌장에 종양이 보인다는 진단을 받았다. 대체로 췌장 부위의 종양은 예후가 안 좋고, 진행이 빠른 것으로 유명한데, 주치의의 진단은 더욱더 절망적이었다. "사진상으로만 봐도 너무 악성입니다. 수술을 하고 조직검사를 해야 확진할 수 있지만, 그래도 큰 기대는 안 하는 게 좋겠습니다." 그녀는 이번에는 정말 확실하게 죽음을 각오해야 했다. "이제는 정말 죽을

지도 모른다."

이런 충격 속에서도 그녀는 혹시나 하는 마음으로 다시 나를 찾아 왔다. 이번에는 주 일회씩 3주간에 걸쳐서 앞서 말한 핵심 주제를 다시 EFT로 다뤘다. 그녀는 그 과정에서 많이 울었고, 격하게 분노했다. 심지어는 진료실이 온통 흔들릴 정도로 대성통곡을 했다. 과연 그녀의 수술 결과가 어떻게 나올지 궁금했지만 부담이 될지도 모르기 때문에 연락해서 물어보지는 않았다. 그러다 몇 달이 지나서 그녀가 마침 나의 EFT 강의를 들으러 왔다. 반갑고 궁금한 마음에 그녀에게 안부를 물었다.

그러자 그녀는 흥분하며 말했다. "선생님 글쎄 의사 선생님이 이렇게 말했어요. '종양이 겉으로는 아주 악독하게 생겼는데, 속은 아주 얌전하고 멀쩡해요. 의사 생활 수십 년 하면서도 이런 것은 처음 봐요. 완전 정상이에요. 다행이에요.'" 그래서 그녀는 수술 후 항암 치료도 받지 않은 채 한 달 뒤 퇴원했다고 했다. 그녀는 이렇게 말했다. "처음에 자궁이 정상이라고 했을 때에는 솔직히 그냥 우연이라고 생각했는데, 췌장암이 정상으로 바뀐 것을 보고서는 EFT가 확실히 암세포를 바꿨다고 생각을 해요. 쌓여있던 감정을 EFT로 풀어주는 것이 암 치료에 엄청난 효과가 있다는 것을 이제는 정말 믿어요."

과연 그녀의 말대로 EFT를 통해 그동안 쌓였던 감정이 풀어지면서 암세포가 정상 세포로 바뀐 것일까? 물론 반드시 그렇다고 단언할 수는 없지만 다양한 사례들을 종합해서 판단해볼 때, "EFT로 암의 급진 소퇴가 일어날 수 있다!" 정도의 주장은 할 수 있을 것 같다.

3. 인생을 바꾸는 EFT

모델링

미국 한 호수 관광지에 펠리컨이 살고 있었다. 처음에 펠리컨은 스스로 먹이를 구하였으나 점차 관광객들이 주는 음식물을 받아먹기 시작하면서 스스로 먹이를 잡지 않게 되었다. 그러다 관광객들이 주는 먹이로 인하여 호수 주변의 환경이 심각하게 오염되자 공원 관리자들은 펠리컨에게 먹이 주는 것을 금지했다. 그러자 예상치 않은 일이 생겼다. 펠리컨이 하나둘씩 굶어 죽어가는 것이었다. 펠리컨은 이미 야생성을 잃어 스스로 먹이 잡는 법을 잊어버린 것이다. 만일 이때 여러분이 관리자라면 어떻게 이런 펠리컨을 살리겠는가? 혹 이 질문을 듣고 많은 사람들이 펠리컨이 알아서 먹이를 잡게 될 때까지 내버려두면 된다고 생각한다면 정답이 아니라는 것을 미리 알아두도록 하라. 상당수의 사람들이 나의 질문에 이렇게 대답했는데 이 방법으로는 펠리컨은 계속 그저 굶어 죽어가기만 했을 뿐이라는 것을 명심하라! 자 어떻게 하면 이 펠리컨을 살릴 수 있을까? 자, 미리 부탁하건대 반드시 여기서 잠시 책장을 덮고 답을 30초만 생각해보라.

생각해보았다면 이제 답을 말해보자. 정답은 '야생 펠리컨 몇 마리를 넣는다'이다. 기존의 펠리컨들이 야생 펠리컨이 물고기를 잡는 것을 보고 모방함으로써 먹이 잡는 법을 배우게 되는 것이다. 바로 여기에 인간의 모든 문제의 해결책에 대한 힌트가 있다. 이것을 일단 다음과 같이 말할 수 있다. "모든 문제에는 해결한 사람과 그의 해결책이 있다. 그러니 모방이 최고의 스승이다." 이제 벌써 성공의 실마리가 눈에 보이지 않는가!

● 모방이 최고의 스승이다

많은 사람들이 성공을 원한다. 하지만 성공하기 위해 정작 목표를 정했지만 목표를 달성할 방법을 몰라 그 자리에 머무는 경우가 많다. 이렇게 현재 상황에서 원하는 목표를 결정했지만 방법을 모를 때에는 어떻게 할까? 그럼 이렇게 생각해보자. "지금 내가 겪고 있는 문제를 다른 누군가도 같이 경험했을 것이다. 그중에는 이런 문제를 탁월하게 해결한 사람이 있다. 내가 이 사람을 모방할 수 있다면 나도 똑같이 내 문제를 탁월하게 해결할 수 있을 것이다." 자 이 원리를 이용하면 인간의 거의 모든 문제를 해결할 수 있다. 예를 들어보면 다음과 같다.

- 성폭력과 자존감 저하 등 심신의 문제를 겪고 있는 여성은 오프라 윈프리를 연구하면 된다.
- 성공에 목마른 클럽 밴드라면 비틀즈의 성공과정을 연구하면 된다.
- 가난한 의사라면 당신의 처지와 유사한 상태에서 성공을 일군 부자 의사를 모방하면 된다.
- EFT를 잘하고 싶다면 개리 크레이그를 모방하면 된다.

이렇게 유사한 문제를 가진 사람의 성공방식을 모방하는 것을 모델링이라고 하고 본받을 사람을 역할 모델role model이라고 한다. 사실 모델링은 모든 학습의 기본원리이다. 아이들은 태어나자마자 백지상태에서 부모의 성격과 감정과 행동을 모방함으로써 사회화의 과정을 시작한다. 대부분의 사람들이 문제 속에서 허덕이면서도 해결하지 못하는 이유는 역할 모델이 없어 자신의 과거 방식만을 모델링하기 때문이다.

그럼 모델링을 잘 하는 비결은 무엇일까? 그 비결은 다음과 같다. 첫째, 나와 유사한 상황을 겪었으나 잘 해결한 사람이 있다면 누구인지 찾아서 역할 모델을 삼는다. 이 첫 단계가 가장 중요하다. 많은 사람이 이 단계에서 자포자기해서 아무 해결책이 없다는 좌절감 속에서 역할 모델이 있다는 생각조차 못 하고 있다. 그래서 다시 한 번 강조한다. "동서고금의 한 시점에서 나와 유사한 문제를 겪었지만 잘 해결한 사람이 반드시 누군가는 있다."

둘째, 이렇게 역할 모델을 찾았다면 이 사람의 모든 것을 탐구해야 한다. 마치 연기자가 새로 맡은 배역을 연구하는 것과 같다. 예를 들어 연기자 김명민은 이순신의 배역을 맡았을 때 어떻게 했을까? 아마도 할 수 있는 한 관련된 모든 자료를 구해서 이순신이라는 사람을 마음속에서 수도 없이 그려보고서는 그 사람의 모습을 재현해 냈을 것이다. 바로 이것이다. 또 탁월한 연기자 박신양은 〈쩐의 전쟁〉이라는 드라마에서 사채업자와 노숙자의 역할을 잘 해내어 호평을 받았다. 그는 이런 역할을 어떻게 해냈을까? 알려진 바에 의하면 그는 직접 노숙자와 사채업자를 만나 한 달씩 생활했다고 한다. 이순신과 달리 이런 사람들은 생존해 있기 때문에 직접 만나보는 것이 최고의 모델링 기법이다. 그래서 부자가 되고 싶은 서민들은 역할 모델이 될 수 있는 부자들을 직접 자주 찾아가고 가능하다면 생활도 같이 해보는 것이 좋다.

셋째, 연구가 마무리되면 이제 내가 마치 그 사람인 것처럼 연기해야 한다. 배역 탐구의 목적은 배역을 연기하는 것이듯 모델링의 궁극적 목적은 그 사람의 역할을 하는 것이다. 이제 나는 이 문제 상황에서 마치 그 사람인 것처럼 나의 문제를 해결해 나가는 것을 연기하는 것이다. 이때 문제의 고비마다 이런 질문을 하는 것이 많은 도움이 된다. "내가 그 사람이라면 지금 이 상황에서 어떻게 할까?"

● 모델링에 EFT를 적용하기

① 1단계 - 목표 설정

먼저 내 인생에서 달성하고 싶은 목표를 정한다. 이 목표는 정말 당신이 원하는 것이어야 한다. 부모나 선생님이 달성해야 한다고 말하는 것이나 언뜻 나에게 좋아보여서 달성해야 한다고 생각하는 것이어서는 안 된다. 다시 강조하건대 정말 내가 원하는 것이어야 함을 명심하라.

② 2단계 - 모델 설정

이제 내 꿈(목표)을 이미 달성한 사람을 한번 생각해보라. 이 사람이 내가 목표에 도달할 때까지 가이드가 되어줄 것이다. 예를 들어보자. 성악을 잘 하고 싶다면 조수미를 골라라. 암을 극복하고 싶다면 랜스 암스트롱을 골라라. 그는 암뿐만 아니라 인생까지 극복했다. 아름다운 몸매를 갖고 싶다면 건강미가 넘치는 이효리는 어떤가? 돈을 많이 벌고 싶다면 스티브 잡스나 빌 게이츠를 고를 수 있을 것이다. 나에게 모델이 되어 성공의 방법을 보여줄 수 있는 사람이라면 누구라도 좋다. 이왕이면 대충 고르지 말고 정말 닮고 싶고 존경하는 사람을 고르는 것이 좋다.

혹시 어디서 모델을 찾아야 할지 막막하다면 다음과 같이 EFT를 해보자.

- 나는 도대체 어떻게 모델을 찾아야 할지 막막하지만 마음속 깊이 진심으로 나 자신을 이해하고 받아들입니다.
- 나는 정말 내가 원하는 모델이 있을까 하는 조바심과 불안감이 있지만 마음속 깊이 진심으로 나를 이해하고 받아들입니다.

이렇게 해서 어느 정도 불안과 의심과 막막함이 사라지면 다음과 같이 확언을 해보자.

- 나는 내 꿈을 이룰 맞춤 모델을 찾는다.
- 내 삶의 모델이 어느 순간 짠 하고 나타난다.

이렇게 EFT와 확언을 하고 편안한 마음으로 지내다 보면 조만간 직접 볼 수도 있고 간접적으로 책이나 영화나 신문이나 인터넷을 통해 찾을 수도 있을 것이다. 지구상의 모든 정보는 인터넷으로 소통되듯 내가 원하는 정보는 무의식의 연결을 통해 다 소통되니 그저 편안하게 지켜보라.

③ 3단계 - 모델 탐구

모델을 찾았으니 이제는 이 모델을 탐구할 시간이다. 나의 모델에 관해 알 수 있는 모든 자료를 찾아서 보고 듣고 읽어라. 그들의 자서전을 읽어라. 그들의 책을 보라. 그들이 나오는 동영상을 보고 들어라. 그래서 어느 정도 모델에 대한 탐구가 이뤄지고 그들이 어떤 사람인지 감을 잡아라. 감이 잡히면 이제 확언해보라. '나는 ______처럼 ______하다(또는 이다).' 앞서 예로 든 사람들을 이 확언에 넣으면 다음과 같이 된다.

- 나는 조수미처럼 노래를 잘 한다.
- 나는 랜스 암스트롱처럼 암을 잘 극복하고 건강해진다.
- 나는 이효리처럼 섹시하다.
- 나는 잡스처럼 창의성있고 부유한 사업가다.

또는 '나는 ______이다'라고 하는 것도 좋다. 다시 예를 들어보자. 강렬한 느낌이 들고 흥분되지 않는가?

- 나는 차세대 조수미이다.
- 나는 한국의 랜스 암스트롱이다.
- 내 몸매는 이효리 몸매다.
- 나는 한국의 스티브 잡스다.

이렇게 확언할 때 어떤 느낌이 드는가? 아마 많은 사람들이 처음에는 이렇게 확언하자마자 이 말을 부정하거나 의심하는 생각과 감정이 더 많이 올라올 것이다. 처음에는 누구에게나 당연한 일이니 미리 겁먹을 필요는 없다. 우리에게는 EFT란 강력한 도구가 있으니까! 예를 들어 갑순이는 '나는 잡스처럼 창의성 있고 부유한 사업가다'라고 확언하자마자 다음과 같은 꼬리말들이 죽 올라온다.

- 하지만 아직 멀었어.
- 하지만 나는 창의성이 없어.
- 정말 잡스처럼 돈을 많이 벌 수 있을까.
- 사업에는 운이 따라야 돼.
- 이런다고 정말 뭐가 될까?

자 그럼 이제 이런 부정적인 생각과 감정을 EFT로 지우자.

- 나는 아직 멀었다고 생각하고 겁먹지만 잡스도 처음에는 별 볼 일 없었을 것이다. 그러니 어쨌든 나를 이해하고 받아들입니다.
- 나는 창의성이 없다고 생각하지만 두뇌는 계발하기 나름이지 않을까. 어쨌든 나 자신을 이해하고 받아들입니다.
- 잡스처럼 돈을 많이 벌 수 있을까 하는 의심이 들지만 잡스도 처음에는 자기가 그처럼 부자가 될 줄 몰랐을 것이다. 어쨌든 나 자신을 이해하고 받아들입니다.
- 사업에는 운이 따라야 된다고 생각하지만 아직 나의 운도 다 시험해보지 못한 것은 아닐까. 어쨌든 깊이 진심으로 나를 받아들입니다.
- 나는 이런 짓이 부질없게 느껴지지만 부질없는 한탄과 좌절보다는 나은 것 같다. 어쨌든 있는 그대로 나 자신을 이해하고 받아들입니다.

이렇게 떠오르는 부정적인 생각과 감정을 EFT로 두드려 지운 다음 다시 처음의 확언을 해보라. '나는 잡스처럼 창의성 있고 부유한 사업가다' 아마 처음보다 훨씬 더 쉽게 믿음직하게 마음에 와닿을 것이다. 하지만 확언을 하면서 아직 불편한 생각과 감정이 떠오른다면 다시 이런 생각과 감정에 대해 EFT를 적용하라. 이런 느낌들이 다 사라질 때까지 두드려라. 그리고 다시 확언을 해보라. 아마도 새로운 부정적인 생각과 감정이 올라올 수도 있다. 혹 이런 생각일지도 모른다. '그 정도까지 돈이 많아서 뭐 해. 신경만 쓰이고 머리 아플 텐데.' 바로 이런 생각도 EFT로 지워야 할 생각이다. '그 정도까지 벌어서 뭐하나하는 생각이 들지만 어쨌든 나 자신을 이해하고 받아들입니다.' 이렇게 한참을 두드리다 보면 의심이나 두려움 등의 부정적인 감정이 느껴지기보다는 멍해지거나 지루해질 것이다. 그 정도면 오늘 해결해야 할 분량은 대부분 한 것이다.

이제부터는 틈틈이 자주 나의 모델을 탐구하면서 앞에서 한 대로 확언하라. 이때마다 한동안은 매 순간 새로운 의심과 걱정과 두려움 등의 부정적인 생각과 감정이 떠오를 것이다. 그럴 때마다 앞서 본 대로 하나씩 이런 부정적인 생각들을 수용확언으로 만들어 EFT를 해서 지워버려라. 그러다보면 어느 순간 내가 정말 나의 모델이 된 것처럼 느껴질 것이다. 바로 이때가 모델링이 대략 완성되는 시점이다. 앞서 말한 김명민이 이순신이 되는 순간이고, 박신양이 정말 누구에게나 사채업자나 노숙자로 보이고 스스로도 그렇게 느껴지는 순간이다. 앞서 예든 갑순이가 '나는 정말 잡스인 것 같아'라고 혼잣말을 하게 되는 순간이다.

④ 4단계 - 실천

연기자가 대본을 받고 배역 탐구를 열심히 하고 나면 이제 실제로 연기를 해야 할 순간이 온다. 앞의 3단계는 배역 탐구라면 이 단계는 연기 단계다. 이제껏 탐구한 모델을 현실에서 실천할 순간이며 바로 행동의 순간이다. 앞의 3단계를 한동안 열심히 하다 보면 이제는 더 이상 두드려 지울 생각도 감정도 별로 없어지는 순간이 온다. 그렇다면 지금이야말로 내 목표를 달성하기 위해 필요한 것들을 실천할 순간이다. 처음에는 목표로 가기 위해 그저 간단한 초보적 행동을 몇 개 해보거나 심지어는 뭘 할지 알아보는 정도일 수도 있다. 어쨌든 가장 중요한 것은 당신이 원하는 곳으로 데려갈 길을 일단 찾아서 한 발이라도 움직이는 것이다.

일단 한 발이라도 움직이기 시작하면 무의식의 마음은 당신이 원하는 것을 얻고 끌어당기는 쪽으로만 집중해서 주파수를 맞추게 된다. 행동이 믿음을 증명하는 법이다. 이 첫발이 이 우주와 세상에 당신이 정말 그것을 원하고 있음을 선언하는 것이다. 또 하나 중요한 것은 이런 실천 과정에서 1~3단계에서는 모르고 지나쳤던 무의식의 저항이 올라온다는 점이다. 그럴 때마다 당연히 두드려서 이 저항들을 지워야 한다. 갑순이를 예로 들어 설명해보자.

- 돈이 너무 많은 것도 피곤한 일이야.
- 너무 유명해지면 사생활이 사라져.
- 돈을 많이 벌려면 뼈 빠지게 일해야 해.

이제 이런 생각들에 또 EFT를 적용해보자.

- 돈이 너무 많아도 피곤하다고 생각하지만 지금은 없어서 더 피곤하다. 이제는 돈 없는 피곤함보다는 돈 많은 피곤함을 더 느껴보고 싶다. 게다가 돈이 많으면 비서나 도우미를 쓸 수도 있지 않은가! 그러니 어쨌든 나 자신을 이해하고 받아들입니다.
- 너무 유명해져서 사생활이 사라질까 걱정되지만 돈 없어도 돈 버는 기계로 살면 사생활이 없는 것은 마찬가지다. 사생활을 찾고 싶으면 해외에서 놀아도 되지 않나? 그러니 어쨌든 나 자신을 이해하고 받아들입니다.
- 뼈 빠지게 일해야 돈을 번다고 생각하지만 누구나 매일 24시간을 살면서 돈을 버는 법이다. 게다가 심지어 죽어서도 저작권으로 돈 버는 가수나 작가도 있다. 그러니 정말 뼈 빠지게 일하는 것만이 유일한 돈 버는 방법일까. 그러니 어쨌든 나 자신을 이해하고 받아들이고 쉽게 버는 것을 선택합니다.

때때로 4단계를 적용하다 보면 모델에 대한 정보나 이해가 부족하다고 느껴질 때가 있을 것이다. 그럴 때는 다시 3단계로 돌아가 다시 모델을 탐구할 시간이다. 나의 모델에 대해 아는 것이 많을수록 더 자연스럽게 나의 문제를 해결하고 목표를 달성하게 된다. 그러니 모델 탐구를 틈 날 때마다 꾸준히 하라. 많이 탐구할수록 많이 닮아갈 것이다.

확언과 EFT와 상상은 물론 정말로 강력하고 그 효과도 의심할 바가 없다. 하지만 많은 사람들이 '원하는 것을 얻기 위해서는 행동해야 한다'는 당연한 명제를 놓친다. 기회가 나타나기를 확언하면서 기다리는 것도 좋은 방법이고 때때로 큰 효과도 난다. 그러나 너무 오래 기다리고만 있다면 지금 당장 그 어떤 것이라도, 목표로 가는 어떤 작은 길이든 방법이든, 일단 뭔가를 하라. 그러다 보면 더 많은 기회가 나타나고 세상과 우주가 뜻하지 않은 방식으로 당신을 돕기도 한다. 명심하라. '길을 아는 것과 길을 가는 것은 다르다.'

● 모델링은 과학적으로 어떻게 설명할 수 있을까

모델링과 관련하여 꼭 소개하고 싶은 과학 실험이 하나 있다. 1996년 이탈리아 파르마 대학의 '지아코모 리촐라티' 연구팀은 뇌 연구 과정에서 신기한 세포를 발견하였다. 이 연구팀은 돼지꼬리원숭이의 뇌에 전극을 부착하고 땅콩을 바닥에 놓아두어, 그 원숭이가 손으로 이를 낚아챌 때에 어떤 특정한 행동 뉴런이 반응하는지 관찰하였다. 이 단계까지는 예상대로 손의 움직임을 관장하는 뉴런이 반응했다. 그런데 문제는 그 다음 단계였다. 연구팀은 조금 전의 그 원숭이를 이번에는 투명한 판막이 뒤에 가두어 땅콩을 집을 수 없게 만든 다음 연구원이 땅콩을 집는 것을 그냥 보게 만들었다.

이제 원숭이의 뇌에서 어떤 반응이 일어났을까? 놀랍게도 땅콩을 집는 것을 보는 것만으로도 좀 전의 동일한 그 행동 뉴런이 반응하였다. 한마디로 직접 땅콩을 주울 때나 그 동작을 볼 때나 원숭이 뇌의 뉴런의 반응은 동일하게 일어난 것이다. 학자들은 너무 놀란 나머지 자신의 눈을 믿지 못할 지경이었다. 실험에 참여한 그 원숭이의 경우에 특정한 행동을 자기 손으로 직접 행하는 것이나, 아니면 그가 트레이너의 행동을 오로지 머릿속으로 따라 하는 것이나, 이 두 가지 경우에 신경세포의 움직임은 정확하게 동일했다.

이 실험으로 리촐라티는 '미러 뉴런' 이라는 새로운 개념을 만들어 냈다. 미러 뉴런이란 한마디로 행동할 때와 마찬가지로 그 행동을 마음(뇌)으로 재현할 때에도 동일하게 반응하는 신경세포를 의미한다. 이러한 미러 뉴런의 개념은 너무나 뇌 연구에 너무나 혁신적이고 포괄적이어서 얼마 후에는 전 세계의 대학과 연구소에서 이것을 연구하게 되었다. 이후 전 세계에서 더 많은 연구가 진행되면서 미러 뉴런은 보는 것뿐만 아니라 듣는 것, 읽는 것에도 반응한다는 사실이 점차 알려졌다. 정리하자면 뇌는 보고 듣고 읽으면서 상상한 것을 그대로 몸으로 재현할 수 있음이 밝혀진 것이다.

● 모델링 사례

사례 1 한 20년 전에 이면우 교수의 'W 이론'이라는 경영학 이론이 참 유명했었다. 하루는 그의 책을 보는데 아주 재미있는 사례가 하나 나왔다. 미국의 어느 기자가 카우보이 명사수들을 찾아다니며 그들의 성공법을 취재했다. 만날 때마다 그들의 사격 솜씨를 보고 함께 쏘다보니 어느새 그도 명사수의 반열에 들게 되었다. 이처럼 모델과 직접 자주 접하는 것이 모델과 같아지는 최고의 방식이다. 그러니 부자가 되고 싶으면 부자를 많이 만나고, 우등생이 되고 싶으면 우등생을 자주 만나고, 챔피언이 되고 싶으면 챔피언을 자주 만나고, 저명한 작가가 되고 싶으면 좋은 작가를 자주 만나라. 그저 모델을 자주 만나고 보는 것만으로도 그 영향을 받을 것이다. 이렇게 무의식은 나도 모르게 나를 그렇게 만들어준다.

사례 2 여러 해 전에 처음 EFT를 접한 뒤 개리 크레이그의 동영상을 80여 개 보면서 그의 방법을 열심히 익혔다. 나는 개리 크레이그처럼 'EFT의 달인'이 되어, 그가 전 세계에 EFT를 전파하듯 한국에서 'EFT의 전도사'가 되고 싶었다. 그래서 그의 동영상을 볼 때마다 '나는 한국의 개리 크레이그다'라고 확언하면서 타점을 두드렸다. 이렇게 확언하고 타점을 두드리면서 동영상을 보다보니, 개리와 완전한 일체감이 느껴지면서 마치 내가 개리가 되어 내담자와 상담하고 두드려주는 것 같았다. 나중에는 누군가 나에게 개리의 역할을 하라고 하면 할 수도 있을 것 같았다. 그럼 과연 이 모델링의 결과는 어떻게 나타났을까?

이렇게 얻은 EFT 연구 결과를 블로그에 올렸다. 그때만 해도 EFT는 한국에서 전혀 알려지지 않은 상태였다. 네이버에서 검색어로 EFT

를 입력해도 전혀 나오는 것이 없을 정도였다. 블로그에 몇 달간 글을 올리던 어느 날 갑자기 나의 글에 관심을 느낀 한 분이 나에게 전화를 해왔다. 그분이 바로 지금 EFT KOREA의 창립 회원으로 부산에 계신 이경종 선생님이었다. 이 선생님과 통화하는 순간 우리는 바로 개리 크레이그의 박애주의와 EFT의 강력함에 공감했고 마치 오랜 지인을 만나는 느낌이었다.

그 다음 날 또 다른 EFT KOREA의 창립 회원인 정유진 선생님이 이경종 선생님의 소개로 한의원으로 나를 찾아왔다. 그 순간 나는 마침 EFT로 몇 년째 걸음을 잘 걷지 못하던 할머니를 걷게 하고 있던 참이었다. 이에 이미 깊은 인상을 받은 정유진 선생님과 나는 이 날도 마찬가지로 개리와 EFT에 관해 깊이 공감했고, 나를 EFT KOREA의 모임에 초대했다.

그런데 놀랍게도 매주 열리던 정기 모임이 나의 한의원의 바로 맞은편에 있는 이정환 원장님의 한의원(서울 강북구 미아동)에서 열리고 있는 것이 아닌가! 게다가 정유진 선생님도 바로 건너편의 우이초등학교에서 근무하고 있었다. 그래서 매주 목요일마다 EFT KOREA의 정기 모임에 합류해서 같이 EFT를 연구하다가 나중에는 정규 회원이 되어 마침내는 EFT 정규 강사까지 되었다. 이렇게 강사가 되어 어느 정도 활동하다, 한국에서 최초로 《5분의 기적 EFT》라는 EFT 전문서를 내었고, 이것이 한동안 건강 베스트셀러가 되었다. 그러다 유나방송에서 난생 처음으로 EFT에 관해 방송까지 하게 되었고 지금은 고정 애청자까지 확보하고 있다.

당시 한국에 전혀 알려지지도 않은 EFT라는 것에 같이 공감하고 인생을 바칠 사람이 몇 명이나 되었을까. 또한 있다 한들 그 몇 명이 한 곳에 있을 확률이 얼마나 될까. EFT를 아는 사람이 책을 낼 확률이 얼마나 되며 그 책이 베스트셀러가 될 확률이 얼마나 될까. 또한 방송을 해본 적도 없고 아직 부산 사투리가 뚜렷한 내가 방송을 할 확률은 얼마나 될까. 바로 이 희소한 확률을 모두 거친 끝에 마침내 나는 한국에서 'EFT 전도사'가 되었던 것이다. 확언이 이루어지는 과정을 보다보면 이렇게 우연처럼 보이는 필연들이 중첩되는 것을 많이 보게 된다. 이것이 바로 무의식의 힘이자 신비가 아닐까.

이번에는 'EFT 달인'이 된 과정에 대해 설명해보자. EFT KOREA에서는 내가 매달 EFT 워크숍에서 강의를 한 것을 촬영해왔다. 나는 워크숍이 끝나면 귀찮아서 촬영된 것을 잘 보지 않는데, 어느 날 우연히 나의 강의 동영상을 보게 되었다. 그런데 정말 기가 막히게도 한국말이라는 것만 빼면 내가 마치 개리 크레이그인 것처럼 보였다. 개리 특유의 유머와, 개리 특유의 몸짓과, 개리 특유의 표정과 개리 특유의 말투와 심지어 개리 특유의 미소까지 그대로 나를 통해 표현되는 것이 아닌가! 나는 말 그대로 한국판 개리 크레이그가 되어있었던 것이다. 그 순간 나는 이 동영상을 보면서 무의식의 마음이 가진 무한한 능력에 전율을 느껴 온몸이 오싹해졌다. 무의식의 마음은, 확언으로 원하는 것을 명확히 의도하기만 하면, 나의 상상과 예상을 초월하는 범위까지 그것을 구현해내는 능력이 있었던 것이다. 다시 한 번 강조한다. '당신이 의도하기만 하면 무의식의 마음은 나도 모르게 나를 그렇게 만들어준다.'

사례 3 나는 대학생 시절 김용옥 교수에 심취했었다. 그의 철학 방법과 통찰력에 깊은 감명을 받아서 그때까지 시중에 나온 그의 책은 모두 다 2~3번씩 정독했다. 몇 년간 그렇게 읽다 보니 나도 모르게 그의 사유방식과 말투까지 닮아갔다. 그러던 어느 날 한의학과 관련된 철학적 문제에 대해서 교내 통신망BBS에 장문의 글을 올렸는데 댓글로 혹시 이 글이 김용옥 교수의 글이 아니냐고 묻는 것이 아닌가! 문제의식이나 논리 전개 방식, 문체까지 김용옥 교수의 글과 똑같았던 것이다. 나는 당시에 김용옥 교수를 직접 만나거나 동영상으로 본 적도 없고 오로지 그의 글만 읽었을 뿐이니 글을 통한 모델링의 효과도 상당하다는 것을 여기에서 알 수가 있을 것이다.

사례 4 모델링의 효과를 확실하게 깨달은 뒤로 나는 상담 치료에도 이 방법을 많이 응용한다. 어느 날 따돌림을 당해 힘들어하는 중1 남학생이 부모와 함께 왔다. 자세한 상황을 물어보니 3~4명의 거친 아이들이 지우개 가루를 머리에 뿌리기도 하고, 자신의 물건을 다른 아이의 가방에 몰래 넣고서는 도둑으로 몰기도 하고, 발표할 때면 뒤에서 '우-우-' 하고 비웃는다고 했다. 그럴 때마다 어떻게 반응하느냐고 물으니 기죽어서 아무 반응도 못하고 그저 가만있다고 했다.

부모의 성격과 아이의 성격을 보아하니 모두 너무 얌전해서, 아이가 부당한 행동에 적절하게 항의하는 법을 배우지 못한 것 같았다. 게다가 이 아이의 소극적인 반응이 거친 아이들에게 오히려 더 재미를 불러일으켜 더 하게 만드는 것 같았다. 그래서 이 아이에게 거칠게 항의하는 법을 가르쳐서 스스로를 방어할 수 있게 모델링을 활용하기로 했다. 우선 부모가 할 수 없는 역할 모델은 내가 되어주기로 했다. 나도 인상 쓰면 제법 무섭고, 기 싸움에 져본 적은 없으니까.

나: 자, 애들이 나한테 귀찮은 짓 할 때 이렇게 해야 해. (인상을 콱 쓰고 큰 소리로) 야-아, 하지 마-아.

아이: (수줍은 표정과 목소리로) 야, 하지 마.

나: 자, 다시. 내 얼굴과 표정을 똑바로 보면서 목소리까지 똑같이 크게 따라 해봐.

아이: (내 얼굴을 보고 목소리에 집중하여 좀 더 무섭게) 야-아, 하지마-아.

이런 식으로 대화하면서 30분 정도 계속 반복하자, 이 아이의 무의식에 나의 표정과 목소리가 각인되어, 정말 아이의 표정과 목소리에 분노와 힘이 실렸다. 그 다음 주에 아이가 다시 찾아왔길래, 학교생활은 어땠는지 물었다. "처음 몇 번 귀찮게 해서 나도 모르게 '야-아, 하지마-아'라고 소리를 질렀더니 나중에 애들이 얌전해졌어요." 이 모델링의 효과는 탁월해서 이후에 이 아이는 아주 편안하게 학교를 다니게 되었다.

사례 5 여러 해 전의 일이다. 그때 나는 벌써 몇 해 동안 끝이 없는 깜깜한 터널에 빠져 있었다. 경제적으로는 이미 누적된 손실이 더 이상 감당할 수 없을 정도여서 파산을 고민할 정도였다. 지인에게 빌려준 막대한 돈을 회수할 가능성도 없고, 돈이 들어올 구멍도 없었다. 사업적으로는 운영하고 있는 한의원이 전혀 나아질 기미도 없었고, 전체 한의계도 불황이었다. 그렇다고 이 상황을 타개할 새로운 비전도 계획도 서지 않았다. 한마디로 그때 나는 사업적으로도 경제적으로도 심리적으로도 완전히 파산 상태였다. 그 당시에 나는 한 해 내내 망하는 일만 생각했다. 또 그 생각 때문에 두렵고 불안해서 아무것도 못해, 모든 상황이 더 나빠지는 최악의 악순환에 빠져있었다.

그러던 어느 날 나의 이런 못난 모습에 문득 넌덜머리가 났다. '내가 왜 이렇게 못나게 살아야 하는가? 이게 나의 전부가 아니야. 이왕 망할 바에야 후회라도 남기지 않게 뭔가 해보자.' 그러자 약간의 용기가 갑자기 생겼다. 그러면서 이런 생각이 들었다. '지금 나는 한마디로 죽을 상황이다. 그렇다면 나처럼 이렇게 죽을 상황에서 살아난 사람이 혹시 없을까?' 그러자 이순신 장군이 명량대첩에서 13척 대 333척으로 왜군을 격파한 것이 생각났다. '맞아. 이순신 장군의 명량대첩이나 지금 나의 상황이나 절체절명의 상황이라는 점에서는 똑 같아.' 그러면서 이순신의 승전 비법을 알면 나도 살아날 수 있을 것 같았다.

그때부터 이순신에 대해 무작정 연구했다. 한 달 동안 수천 쪽의 자료를 읽었다. 문제의식은 오직 하나였다. '이순신은 어떻게 죽을 수밖에 없는 상황에서 살아났는가?' 특히나 가장 극적인 상황인 명량대첩에 집중했다. 이렇게 연구한 결과 이순신의 승리의 비결이 드러났다. 그것은 바로 이순신 장군의 생사관, 누구나 아는 그 유명한 '사즉생 생즉사'死則生 生則死와 '당사즉사'當死則死, 죽어야 된다면 죽을 뿐였다.

이 두 마디의 말은 이순신의 인생 전체를 관통하는 신념이었고, 문제의 그날 적선이 시커멓게 앞을 가로막은 명량대첩에서도 시퍼렇게 질려 도망가려는 부하들에게 그는 이 말을 비장하게 외쳐, 결국 적진으로 돌진하게 만들었다. 그 상황과 장면과 이순신이 내 마음속에 다 그려졌고 그러다 문득 내가 이순신이 된 느낌이 들었다. '그렇다. 죽어야 한다면 죽어야 한다. 인간은 모두 삶을 원하지만 때로는 죽어야만 하는 상황이 온다. 죽어야 하는데도 살려고 버둥거리면 더 죽는다. 차라리 죽어도 된다고 생각하면 살지도 모른다. 어차피 한 번은 죽는 것이다. 그래 죽자.' 그 순간 이순신의 신념이 나의 신념이 되었다.

그러다 갑자기 '이순신이 지금 나의 입장이라면 어떻게 할까?'라는 의문이 들었다. 문득 이런 생각이 들었다. '망해야 된다면 망할 뿐' 그러자 갑자기 망하는 것에 대한 두려움이 순식간에 사라지고 무엇이든 할 수 있는 최선을 다해보자는 생각이 들었다. 그것은 마치 내 마음속에 꽉차있던 두려움의 안개가 확 사라지고 밝은 햇살이 쨍 비치는 느낌이었다.

이후에 내 모습은 지금 생각해도 무서웠다. 생사와 존망을 넘어선 결연한 의지로 매일 닥치는 위기 상황들을 무심히 넘기면서, 그저 실낱같은 가능성이라도 보이면 무엇이든 다 시도해보았다. 그러다가도 종종 이런 생각이 들었다. '이것이 과연 될까?' 하지만 그럴 때마다 나는 이순신처럼 되뇌었다. '죽어야 한다면 죽을 뿐. 망해야 한다면 망할 뿐.' 그러면 털끝만치의 미련도 두려움도 의심도 모두 사라졌다. 나는 이순신으로 완벽히 되살아난 것이다.

이렇게 나의 내면이 변화하자, 몇 달이 지나면서 신기하게도 외면의 상황도 같이 변화하기 시작했다. 마치 온 하늘이 나를 승리를 돕는 듯 변화했다. 더 이상 자금을 융통할 수 없는 지경에서 갑자기 급전으로 수천 만 원이 들어오기도 하고, 새로운 사업 거리들이 보이기 시작했다. 이런 과정들을 통해서 나는 한의사 이외에도 저술가와 동기유발 강사와 라이프 코치라는 직업을 갖게 되었고, 성공할 수밖에 없는 비전을 만들어내었고, 경제적으로도 윤택해졌다. 또, 전에는 없던 EFT 전문 한의원을 만들었고, EFT 상담센터를 만들었고, 누구도 따라오기 힘든 전국구 한의사가 되었다.

한마디로 그때의 죽을 수밖에 없는 상황에서 이순신 장군을 모델링한 것이 지금 나의 모습이 된 것이다. 이제는 벌써 여러 해가 지났지만 나는 종종 아산 현충사, 통영 충렬사, 사천, 남해, 거제 등 이순신 장군의 흔적이 남은 곳을 찾아 참배한다. 그때마다 내 안에서 뜨거운 불기둥이 솟는다. 그리고 되뇐다. '死則生, 生則死. 當死則死.' 이제 내게는 더 이상 실패도 죽음도 없다. 죽은 자는 다시 죽을 수 없다. 나는 실패와 죽음의 두려움에서 벗어났다. 그러니 내게 남은 것은 삶과 승리뿐이다!

연애와 결혼

부부 또는 연인 문제로 많은 사람들이 나의 상담실을 찾는다. 악화된 부부 관계로 이혼 위기에 처해 부부가 함께 찾아오기도 하고, 이른바 '나쁜 남자'들에게만 눈이 꽂혀서 이런 자신에게 넌덜머리가 나서 찾아오는 아가씨도 있다. 좋은 남자 다 놓치고 곁에 있던 만만한 남자와 결혼해서 실망과 좌절과 우울감에 찾아온 새댁도 있고, 30년 동안 폭력 남편에게 시달리면서 몸과 마음에 온통 골병이 들어 찾아온 주부도 있다.

짚신도 짝이 있다는데 왜 많은 사람들이 짝을 찾기가 왜 이렇게 힘든 것일까. 게다가 실제로 맺어져도 왜 이렇게 괴로운 사이로만 맺어지는가. 많은 사람들이 이런 일이 벌어지면 기껏 점이나 사주를 보거나 부적을 쓰고 그냥 주저앉아 팔자만 탓하곤 한다. 그런데 안타깝게도 실제로는 행복한 관계를 막는 장애물은 단지 그들의 내면, 즉 무의식에 있다는 것을 잘 모른다. 그래서 일단 이런 장애물을 알아차리고 치울 수만 있다면 정말 황홀한 연애 또는 부부 생활을 경험할 수 있다는 것도 잘 모른다. 물론 이런 무의식의 장애물을 확인해서 지우고 긍정적으로 바꾸는 데 확언과 EFT가 엄청난 도움을 줄 것이다.

많은 이들이 끝없이 사랑을 찾아 헤매지만 마침내 좌절하거나 실패한다. 일부는 사랑을 찾는 것 자체가 너무 힘들고 어렵고, 다른 일부는 찾았지만 서로 상처만 주는 관계를 반복하기 일쑤다. 왜 이렇게 사랑을 찾고 사랑을 하는 것이 힘들고 어려울까? 우선 힘든 사랑에는 다음과 같은 세 가지 패턴이 있다.

첫째, 너무나 잘못된 사랑과 사람에 이끌린다.

둘째, 내가 좋아할 만한 사람을 잘 모른다.

셋째, 좋은 사람이 있어도 잡지 못한다.

이것을 뒤집으면 반대로 좋은 사랑을 하는 법이 된다. 자 그럼 한 번 뒤집어보자.

첫째, 잘못된 사랑과 사람에게서 벗어난다.

둘째, 내게 맞는 사랑과 사람을 안다.

셋째, 이런 사람을 찾아서 잡는다.

● 잘못된 사랑과 사람에게서 벗어나기 – 부모와 비슷한 유형에게 자꾸 끌릴 때

당신이 잘못된 사람에게 이끌릴 때, 그 대가는 너무 크다. 일단 시간과 노력이 낭비되고, 관계 자체가 엄청난 고통이다. 때때로 이런 관계는 헤어날 수 없는 중독과 같아서 새로운 좋은 사람을 찾거나 만날 기회도 날리게 만든다. 왜 그들은 잘못된 사람에게 이토록 끌리는 것일까?

우리는 자라면서 부모의 성격 특징에 따라, 좋건 나쁘건 간에 미래의 배우자(연인) 상을 만들게 된다. 물론 이 과정은 철저히 무의식화되어 있어 우리가 알아차리지는 못한다. 그러다 연애의 시기가 되면 우리는 부모의 특징을 가진 상대에게 무의식적으로 이끌린다. 이 때 좋은 특징은 문제가 되지 않지만 나쁜 특징은 당사자에게 큰 문제가 될 수 있다.

예를 들어 여러 장점을 가진 한 아버지가 있다고 하자. 지적이고 강하고 유머도 있지만 안타깝게도 너무나 무심하고 차갑다. 이런 아버지 밑에서 자란 딸은 지적이고 강하고 유머가 있지만 차갑고 무심한 남자가 이 지구상에서 가장 매력적이라고 느낄 가능성이 크다. 이런 여성은 종종 이렇게 말하기도 한다. '무심하고 냉정한 것 빼고는 다 좋아. 하지만 때로는 이것도 매력으로 느껴져.' 너무나 익숙한 레퍼토리가 아닌가? 다른 예로 한 남자가 정이 많고 잘 베풀지만 심약한 엄마 밑에서 컸다면 그는 어떤 성향의 여자에게 끌리겠는가? 아마도 엄마와 비슷한 모습의 여성에게 이끌릴 가능성이 크다. 하지만 꼭 아들은 엄마의 성향에 끌리고 딸은 아빠의 성향에 끌리는 것은 아니라는 점에 유의해야 한다. 종종 우리의 무의식에 숨은 배우자 상은 엄마와 아빠의 통합된 모습일 수도 있다.

실습 여러분 부모님의 부정적 성격 특징을 생각해보라. 그다음에 종이에 아버지와 어머니의 단점을 시간을 들여 죽 적어보라. 이제 이것들을 표로 만들어 일목요연하게 비교해보면서 이제껏 사귀었던 사람들과 어떤 공통점이 있지 않은지 잠시 생각해보라. 아마도 대다수는 깜짝 놀랄 것이고 상당수는 심지어 경악할 것이다. 뭔가 공통된 패턴이 보이지 않는가?

아버지의 단점	엄마의 단점

첫 애인의 단점	둘째 애인의 단점

부모가 아주 큰 부정적 성격 특징을 갖고 있을 때, 그들의 자녀는 아이로서 필수적인 욕구가 충족되지 못한 채 자라게 된다. 예를 들어 앞서 무심하고 냉정한 아버지를 말한 적이 있다. 이런 경우에 그 딸은 성장기에 친밀감의 부족을 절감하고 이것을 강하게 열망하게 된다. 그래서 친밀감을 느낄 때 종종 한 인간으로서의 존재 가치와 행복감을 가장 크게 느끼게 된다. 이윽고 이 딸은 성인이 되면 부모와 같은 성향의 남자에게 이끌려 사귀게 된다. 그러다 관계가 진전되기 시작하면서 이 딸은 충족되지 못한 성장기의 욕구를 이 남자가 충족시켜주기를 바란다. 그러나 이 남자나 그 부모나 모두 비슷한 성향이니 그것이 어찌 가능하겠는가. 결국 그녀에게는 아빠도 냉담하고 애인도 냉담하다.

이런 상황에 지쳐 이 여성은 새로운 상대를 찾지만 냉담한 남성만을 거듭 만날 가능성이 크다. 그래서 이 여성은 알 수 없는 운명의 힘이 그녀의 팔자를 꼬이게 한다고 믿게 되어 종종 사주나 점을 보러 가기도 한다. 하지만 그 운명의 정체가 바로 그녀의 무의식에 있다는 것은 그 어떤 점술가도 말해주지 않을 것이다. 한마디로 비록 의식하지는 못해도 부모와 닮은 상대에게 이끌려 사귀면서 또한 부모에게 받은 상처를 그(또는 그녀)에게서 회복하려고 하다 보니 애정과 배신감의 이중적인 감정의 악순환에 빠지게 되는 것이다.

이런 관계에서 생기는 모순은 당신이 당신의 욕구를 결코 충족시켜줄 수 없는 상대에게 이끌린다는 점이다. 비유하자면 물을 찾으러 강이 아니라 사막으로 가는 것과 같다. 당연히 당신의 욕구를 충족시켜줄 상대를 만나야 하지 않겠는가? 그래서 당연히 무의식의 이런 모순된 욕구를 인식하고 바로잡을 필요가 있다. 그럼 어떡하면 이런 악순환의 고리에서 벗어날 수 있을까? 그 답은 부모에게서 받은 아동기의 상처를 회복시키는 것이다. 이 상처에서 회복되기만 하면 당신은 더 이상 부모와 같은 단점을 가진 사람에게 끌리지 않게 되고 정말 당신이 원하는 바를 충족시켜줄 사람에게 끌리게 된다. 앞서 예로 든 여성은 상처가 회복되면 더 이상 냉담한 사람에게 끌리지 않게 되고 친밀감을 줄 수 있는 사람에게 끌리게 될 것이다.

그럼 이제 여기서는 EFT로 어렸을 때 부모님에게 받은 상처를 지우는 법을 배워보자.

첫째, 어렸을 때의 아버지 모습을 떠올려보라. 어떤 상처가 떠오르는가? 예를 들면 다음과 같을 것이다.

- 초등학교 때 수시로 성적이 나쁘다고 혼냈다.
- 중학교 때까지 아빠는 이유도 없이 수시로 화냈다.
- 중2 때 우수상을 받았는데도 별 것 아니라는 듯이 무시했다.

둘째, 어렸을 때의 엄마 모습을 떠올려보라. 어떤 상처가 떠오르는가? 예를 들면 다음과 같을 것이다.

- 초등학교 내내 제대로 못한다고 잔소리를 했다.
- 초등 3학년 때 아빠와 싸우고서는 괜히 나한테 트집 잡고 불같이 화냈다.
- 어렸을 때 엄마는 수시로 내 앞에서 아빠 욕을 했는데 너무 듣기 싫었다.

대략 이 정도 떠오르면 이런 기억과 생각과 감정을 EFT로 지워보자. 위에 나온 것들을 수용확언으로 만들면 다음과 같을 것이다.

- 아빠가 초등학교 때 성적이 나쁘다고 수시로 혼냈지만 …(중략)… 받아들입니다.

- 아빠가 중학교 때까지 이유도 없이 수시로 화냈지만 …(중략)… 받아들입니다.
- 중 2때 우수상을 받았는데도 아빠는 별 것 아니라는 듯이 무시했지만 …(중략)… 받아들입니다.
- 엄마는 초등학교 내내 못한다고 잔소리를 했지만 …(중략)… 받아들입니다.
- 초등 3학년 때 엄마는 아빠와 싸우고서는 괜히 나한테 트집 잡고 불같이 화를 냈지만 …(중략)… 받아들입니다.
- 어렸을 때 엄마는 수시로 내 앞에서 아빠 욕을 해서 듣기 싫었지만 …(중략)… 받아들입니다.

이렇게 틈나는 대로 아빠와 엄마에게서 받았던 상처를 떠올려보고 EFT로 지우다보면 차츰 상처받았던 기억들이 희미해지고 사라지기 시작한다. 그리고 그만큼 잘못된 상대에게서 쉽게 벗어나게 된다.

참고로 우리의 무의식은 익숙한 것과 매력 있는 것을 혼동하는 경향이 있는 것 같다. 이와 관련해서 '설득의 비밀'이라는 EBS 다큐에 재미있는 실험이 나온다. 16명의 실험자들의 얼굴 사진을 찍어 다시 좌우변환 사진을 만든다. 이제 각각의 실험자와 그의 지인에게 가장 잘 생긴 사진을 고르게 한다. 다음이 그 결과이다.

	원본	좌우가 변환된 것
본인이 고른 것	2 개	14 개
타인이 고른 것	15 개	1 개

이 실험이 의미하는 바는 무엇일까? 실험자들은 좌우변환 사진이 거울로 보는 익숙한 모습이고, 타인들은 원본이 자기들이 보는 익숙한 모습이므로 익숙한 모습을 더 잘생긴 것이라고 판단하여 선택하게 된다. 이것이 이른바 '미운 정도 정이다'라는 속담을 증명하는 좋은 실험이 아닐까.

잘못된 사랑과 사람에게서 벗어나기 – 부모와 반대되는 유형에게 자꾸 끌릴 때

인간은 자유의지를 가진 존재라 부모와 비슷하게 상처주는 유형에게 끌릴 수도 있지만 부모와 반대되는 유형에게 끌리기도 한다. 일종의 보상 심리가 작용하는 것인데, 알기 쉽게 예를 들어보자. 어떤 20대 아가씨는 어렸을 때부터 아버지가 너무나 폭력적이고, 무섭고, 이기적이었다. 그녀는 아빠를 정말 많이 미워했는데, 나중에 결국 한 남자를 만나 결혼까지 생각하게 되었다. 그 남자는 너무나 순박하고 다정다감했지만 다른 한편으로는 경제적 능력이 많이 부족했다. 한마디로 사람은 좋은데 능력은 없는 남자를 만난 것이다. 이에 온 가족들과 친구들이 '사랑이 아무리 좋아도 굶고 살거냐'며 기를 쓰고 반대하는 데도, 그녀는 '내가 먹여 살려도 된다'는 막무가내를 쓰며 그 남자에게 매달렸다.

왜 이런 일이 일어났을까? 폭언과 폭행을 일삼고 너무나 매서웠던 아버지를 겪으면서 그녀의 내면 자아는 다정다감한 사람을 갈망하게 되었고, 마침내 그런 갈망을 충족시키는 사람을 만나자마자 이성이 온통 마비되어 버린 것이다. 어렸을 때 찢어지게 가난해서 한이 맺혔던 여자가 남자가 돈만 많으면 된다는 식의 심리가 형성되는 것과 같다. 그런데 문제는 상처로 인해서 생긴 갈망은 같이 살게 되는 순간 몇 년이 못가서 사그라들게 된다는 점이다. 그렇게 되면 처음에는 보이지 않던 온갖 단점들이 보이기 시작하면서 둘의 사이가 온통 나빠진다. 처음에는 갈망 때문에 좋은 점만 보다가 나중에는 갈망이 사라지면서 온갖 단점이 보여서 그렇게 좋았던 사람이 이렇게 나쁜 사람이 되는 것이다!

원래 정상적인 판단이란 장단점을 모두 보고서 장점을 보되 단점은 감수할 각오를 할 때 일어나는 것인데, 상처로 생긴 갈망이 이런 정상적인 판단 과정을 모두 막아버리는 것이다. 그럼 이런 지나친 갈망은 어떻게 해결할 수 있을까? 이런 갈망의 원천은 부모로부터 받은 상처이다. 그 해결책도 앞에서 말한 '부모에게 비슷한 유형에게 끌릴 때'

에서 제시한 대로 EFT를 하면 된다. 이렇게 EFT를 하다 보면 차츰 갈망이 줄어들면서 편안하게 마음에 드는 사람을 찾을 수 있게 된다.

사랑은 술이나 마약보다 중독성이 강하고 이성을 쉽게 마비시키는지라 이미 헤어진 사람이거나 다시 만나서는 안 될 사람이라는 것을 알면서도 그 사람에게서 벗어나지 못하는 경우가 많다. 예를 들면 다음과 같다.

- 애인한테 차이고 나서 몇 달째 두문불출하거나 밤낮으로 술만 들이켜는 등의 폐인 짓만 한다.
- 남자 친구가 능력도 인간성도 개차반인데 도저히 관계를 깰 수가 없다.
- 아무리 생각해도 헤어져야 한다는 결론은 변함이 없는데 우물쭈물하면서 심지어 이런 나를 자학까지 한다.

왜 이런 일이 일어날까? 이런 사람들의 내면에는 보통 다음과 같은 내면 논리가 있는 경우가 많다.

- 다시는 이런 여자(남자)를 못 만날 거 같아.
- 그 여자(남자)보다 나은 애는 별로 없어.

낚시꾼에게 가장 큰 물고기는 방금 놓친 물고기이듯 우리의 무의식은 잡았던 것을 놓을 때 과장하려는 심리가 있는 것 같기도 하다. 그런데 가장 중요한 것은 그것은 사실이 아니라는 점이다. 그러니 무의식이 주는 착각 때문에 폐인이 될 필요가 있을까! 만약 이런 느낌이 들어서 잘못된 사랑에서 벗어나지 못한다면 다음과 같이 EFT를 해보자.

- 다시는 이런 사람을 못 만날 것 같아서 우물쭈물 망설이며 자학하고 있지만 …(중략)… 받아들입니다.
- 다시는 더 나은 사람을 못 만날 것 같아서 그 사람이 자꾸 생각나서 아무것도 못하고 있지만 …(중략)… 받아들입니다.

EFT로 어느 정도 감정이 지워지면 다음과 같이 확언을 해보자.

- 내일은 새로운 바람이 불듯, 새로운 여자(남자)가 생긴다.
- 세상은 넓고 남자(여자)는 많다.
- 세상의 반은 남자(여자)다.

내게 맞는 사랑과 사람을 알고 만나기

짚신도 짝이 있다는데 도대체 내 짝은 어디에 있는 것일까? 여기서는 내 짚신 짝을 찾는 법을 말해보자. 일단 들어가기 전에 자신감을 갖기 위해 다음 확언을 10번 크게 외치면서 손날점을 두드려라. "세상은 넓고 여자(남자)는 많다." 자 이제 이렇게 외쳤으면 본론으로 들어가자. 최상의 결혼 상대를 구하는 법은 크게 3단계로 구분된다.

① 나는 어떤 상대를 원하는가?

이와 관련해서 내가 상담했던 한 50대 이혼 여성의 사례가 생각난다. 그녀는 어렸을 때 아버지의 과음과 주사에 워낙 시달렸는데, 막상 결혼할 때가 되어 한 사람을 소개받았다. 소개하는 사람이 남자가 술을 전혀 안 마신다고 해서, '술만 안 마시면 되지'하는 생각에 몇 번 만나다 결혼을 했다. 그런데 아뿔싸, 이 남자는 술을 안 마시는 대신에 상습 도박꾼이 아닌가! 월급도 차압당하고, 심지어 아내가 병원에서 자연유산으로 치료를 받고 있는 중에도 도박을 하느라 집에 들어오지 않는 지경에까지 이르러 결국 이혼하게 되었다고 했다.

이상에서 본 것처럼 많은 부부들이 불행한 결혼을 한다. 그 가장 큰 이유는 선불리 결혼 상대를 결정하기 때문이다. 집과 차는 온갖 견적을 내어서 비교하고 따져보면서 가장 큰 인생사인 결혼은 왜 이렇게 쉽게 결정하는 것일까? 그래서 이제 여기서 결혼 상대를 고르는 법을 설명하고자 한다. 상대에게 내가 반드시 원하는 자질과 특징과 조건은 무엇인가? 또 내가 결코 용납할 수 없는 상대의 특징과 성향과 조건은 무엇인가? 이것을 표로 작성해보라. 예를 들면 다음과 같다.

	내가 원하는 점	내가 결코 원하지 않는 점
필수 요소	자신감, 책임감, 안정적인 직장, 대화가 잘 통함	알코올 중독, 도박, 거짓말, 외도, 독불장군, 정리정돈 불량, 지저분함, 지나친 수다
부가 요소	다정다감함	천박한 치장

여기서 한 가지 주의할 사항을 말해보자. 상대가 내가 원하는 점을 아무리 많이 갖고 있어도 반드시 내가 결코 원하지 않는 점이 있는지 반드시 찾아보라. 함께 살다보면 큰 문제가 아닌 사소한 것들 때문에 결국 이혼까지 하게 된다. 예를 들면 너무 심한 코골이로 잠을 못 잔다, 아내가 너무 지저분해서 정이 뚝 떨어진다, 남편이 너무 어질러서 도저히 참을 수가 없다 등의 이유다. 보통 연애할 때에는 좋은 점만 보이다 같이 살다보면 싫은 점이 보여 사이가 멀어지는 경우가 많다. 그러니 처음부터 원하지 않는 점이 없는지 꼼꼼히 살펴서 상대를 구하는 것이 좋다.

② 상대에 대한 자신감과 적극성

첫째, 자신감과 관련해서 내가 그런 사람을 얻을 자격이 얼마나 되는가? 이 질문에 적어도 답이 60퍼센트 이상은 되어야 원하는 상대를 만날 수가 있다. 이게 없으면 좋은 남자나 여자를 먼발치에서 바라보다 끝난다. 그러니 자신감이 떨어진다면 EFT와 확언을 하라. 용감한 사람만이 미인을 얻는다Only the brave deserves the beauty고 하지 않던가! 만약 자신감이 떨어진다면 다음과 같이 EFT와 확언을 해보자.

수용확언 나는 키가 작고 볼품 없어서 그 사람이 나를 좋아할까 두렵지만 …(중략)… 받아들입니다.

수용확언 나는 학력도 경제력도 부족해서 그 사람만 보면 작아지지만 …(중략)… 받아들입니다.

수용확언 집안이 너무 차이가 나서 감히 다가서기 어렵지만 …(중략)… 받아들입니다.

확언 나는 이런 남자를 만날 자격이 있다. 나는 나에게 이런 남자를 만날 자격을 준다.

확언 나 만나면 네 복이지, 나 놓치면 네 손해지.

둘째, 적극성과 관련해서 내가 그런 사람을 얻기 위해 얼마나 적극적으로 노력할 것인가? 이 질문에 답이 적어도 60퍼센트 이상은 되어야 원하는 남자나 여자를 잡을 수가 있다. 객관적으로도 좋은 남자나 여자가 짝이 없는 이유는 대체로 적극성 부족이다. 그러니 적극성이 부족하다면 다음과 같이 확언하라.

- 나는 이런 남자(여자)를 만나기 위해서 어쨌든 최선의 노력을 다 한다.

③ 나는 상대에게 얼마만큼 줄 수 있는가?

모든 관계가 지속되기 위해서는 윈-윈win-win 관계가 되어야 한다. 다시 말해 너도 좋고 나도 좋아야 한다. 나만 좋은 관계는 영원할 수 없다. 그럼 윈-윈 관계란 무엇인가? 바로 주고받는 것이다. 나는 그 사람에게 무엇을 줄 수 있는가? 줄 수 있는 만큼 받을 것이다.

그러자 한 어여쁜 아가씨가 흐느끼면 말한다. "하지만 저는 돈도 배경도 집안도 없어요. 줄 거라고는 마음밖에 없어요." 마음밖에 줄 게 없다는 이 어여쁜 아가씨의 절절한 호소에 심장에 약간의 진동이 일어나지만 안심하시라. 바로 그 마음이 바로 최고의 선물이다.

여자가 남자에게 줄 수 있는 최상의 것은 믿음과 사랑이다. 평강공주의 믿음과 사랑은 바보 온달을 장군 온달로 만들지 않았던가! 반대로 남자가 여자에게 줄 수 있는 최상의 것은 온 세상을 헤치고 나갈 자신감과 어떤 일이 있어도 아내와 자식을 챙기겠다는 책임감이다.

그래서 다음과 같이 확언을 해보자.

- 좋은 조건보다는 좋은 마음이다.
- 나는 그에게 믿음과 사랑을 듬뿍 주고 다시 듬뿍 받는다.
- 나는 그녀에게 자신감과 책임감을 듬뿍 보여주고 믿음과 사랑을 다시 듬뿍 받는다.
- 내가 그(그녀)에게 보낸 것은 나에게 돌아온다.
- 남자는 세상을 지배하고 여자는 그 남자를 지배한다.
- 세상을 지배하는 남자는 멋있다. 그 남자를 지배하는 여자는 아름답다.
- 나는 평강 공주다. 나는 나의 남자를 세상의 왕자로 키운다.

결혼하고 싶은 선남선녀들은 반드시 종이에 위의 질문들에 대한 답을 적어보고 적당한 확언과 EFT를 매일 꾸준히 하라. "인생에서 가장 큰 실패는 결혼의 실패이며 가장 큰 성공도 결혼의 성공이다." 이미 실패한 사람은 어떡하냐고? 세상은 넓고 여자(남자)는 많다. 그러니 이 방법대로 다시 해서 성공해라.

● 사례

사례 1 27세의 아가씨 김미연(가명) 님은 수시로 폭언과 폭행을 일삼는 아빠 밑에서 벌벌 떨고 그런 아빠를 죽도록 증오하면서 자랐다. 또 아빠는 엄마를 수시로 때리고 엄마는 반항도 없이 그저 맞기만 했는데 그런 엄마가 한 없이 불쌍했다. 그러다 애까지 있는 이혼남과 깊은 관계에 빠졌다. 3년째 사귀는 동안 처음 몇 개월은 상냥해서 너무나 좋았는데, 차츰 정이 들자 남자의 본색이 드러났다. 조금만 늦으면 찻집이 떠나가게 소리 지르며 화를 내고, 핀잔과 욕설 같은 언어폭력은 예사였다. 학대와 같은 언어폭력에 시달리고, 가족과 친구들이 모두 말리는데도 그녀는 이상하게도 그 관계를 끊을 수가 없었다.

이런 문제로 그녀는 나와 EFT 상담을 하게 되었다. 몇 번 상담이 진행되고 그녀에게 EFT를 할 때의 일이다. "그 남자의 어떤 부분에서 매력을 느끼죠?" "입술이 보통 사람보다 두터운데 저는 이상하게 그 입술에 매력을 느껴요. 그 입술을 잊을 수가 없어서 항상 생각나요." "그 입술이 왜 그렇게 좋을까요?" "모르겠어요." 이에 나는 그녀 몸의 타점들을 두드리면서 물었다. (참고로 EFT를 하다 보면 무의식의 신념이 저절로 튀어나오는 경우가 많다.) "그 입술이 왜 좋을까?" 질문이 10여 차례 반복될 무렵 그녀가 갑자기 놀라서 소리쳤다. "어머나, 그 입술이 바로 제가 그렇게 죽이고 싶도록 미워했던 아빠의 입술과 똑같아요. 세상에 내가 아빠의 입술을 좋아하고 있었다니! 말도 안 돼."

애증이 교차한다고 하는데 우리가 그토록 싫어했던 게 나중에는 도리어 좋아하는 것이 되기도 하는 게 무의식의 진실이다. 그 외에도 그 남자의 언어폭력이나 분노 성향도 알고 보니 아빠의 모습과 아주 비슷했다. 결국 그녀가 그토록 끊을 수 없었던 남자의 매력의 정체는 그녀가 죽도록 미워했던 아빠의 모습 바로 그 자체였던 것이다. 그녀는 석 달 동안 EFT를 하면서 아빠로부터 받은 상처를 꾸준히 지웠다. 그 결과 마침내 6개월이 지나자 그 남자와도 완전히 헤어져서 새로운 남자를 만난다고 연락이 왔다.

사례 2 30세의 김수연(가명) 님은 시골에서 너무나 가부장적이고 아들만 위하는 부모님 밑에서 자랐다. 그녀의 기억에 제일 많이 남아있는 부모님의 말은 이런 것들이었다. '딸은 키워도 별 소용없다.' '네가 오빠보다 잘 하는 게 뭐냐.' '여자는 능력이 있어도 소용없다.' 그녀는 이런 부모님에게 항상 반감이 들었지만, 너무나 드센 부모님 앞에서 기가 죽어 별말을 할 수는 없었다. 그러다 도시에 나와서 번듯한 직장을 잡아서, 적금과 재테크를 통해서 제법 목돈도 모았다.

어느덧 나이가 들면서 여러 명의 남자들이 호감을 표시하고, 그중 객관적으로도 꽤 괜찮은 남자 2명은 한동안 따라다니면서 '좋아하니 사귀자'고 여러 번 말을 했지만 모두 거절했다. EFT 상담을 하면서 그 이유를 물으니 "제가 괜찮고 예쁘다고 말해도 도저히 믿기지 않았어요"라고 말했다. 상담을 하면서 직접 본 그녀는 키가 훌쩍 크고 미모도 상당하고 게다가 성격도 정말 순박해서 남자 입장에서 객관적으로 보아도 훌륭한 신부감이었고 남자들이 쫓아다닐 만했다. 그러나 어렸을 때 부모님에게 워낙 비판과 지적을 많이 받아서 자존감이 너무 떨어진 그녀만은 그런 말을 아무리 들어도 믿기지 않았던 것이다.

그렇게 좋은 남자들을 다 떠나보내고 나니 학교 동창으로 알고 지내던 남자 친구 하나만 곁에 남아있었다. 처음에는 그냥 친구였는데 몇 년 동안 도시에서 같이 지내다보니 정이 들었다. 그런데 그 남자 친구는 그녀와 사귀는 동안에 몇 번 다른 여자를 만나다 들키기도 하고, 천성이 게을러서 제대로 된 직업도 없는 상태였다. 그런데도 그녀는 그 남자와의 관계를 끊을 수가 없었다. EFT를 해주면서 물으니 "그 사람 말고 누가 나를 좋아하겠어요?"라는 대답이 나왔고 이에 나는 깜짝 놀랐다. 이렇게 괜찮은 아가씨가 속으로는 이런 생각을 하고 있다니!

두 달에 걸쳐 EFT를 하면서 나는 그녀가 부모에게 받은 상처를 지워주었고, 그 만큼 그녀의 자신감도 올라갔다. 상담이 한 달쯤 진행되었을 때, 그녀는 남자 친구와 헤어지겠다고 했고 실제로도 그랬다. 두 달이 되어서 상담은 끝났고, 2년이 지나서 그녀에게서 이메일이 왔다. "선생님 3년 전에 제가 자신이 없어서 떠나보냈던 남자를 다시 만나서 결혼까지 했어요. 사실은 아이가 생겨서 서둘러 결혼했어요. 선생님 덕분입니다. 정말 감사합니다."

● 연애와 결혼에 성공하기 위한 즉석 EFT

시작하기 전에 어렸을 때 엄마와 아빠에게 받았던 상처를 2가지 정도 먼저 떠올린다. 다음과 같이 EFT를 하고 떠오르는 부정적인 감정이나 생각이 있으면, 이것들을 다시 EFT로 지운다. EFT에는 '빌려 쓰는 이익'Borrowing Effect이라는 기법이 있는데, 남의 EFT를 공감하면서 따라하는 것만으로도 나의 문제가 더불어 해결되는 것이다. 그러니 다음 예시로 든 EFT를 최대한 공감하면서 반복하는 것만으로도 상당한 효과가 있을 것이다.

지문 시작하기 전에 어렸을 때 엄마와 아빠에게 받았던 상처를 2가지 정도 먼저 떠올린다. 다음과 같이 EFT를 하고 떠오르는 부정적인 감정이나 생각이 있으면, 이것들을 다시 EFT로 지운다.

① 부모와 비슷한 유형에게 자꾸 끌린다

수용확언 나는 늘 좋은 남자(또는 여자)를 만나겠다고 다짐하지만 실제로는 나에게 상처주고 힘들게 하는 사람을 만나고 있지만 마음속 깊이 진심으로 이런 나도 이해하고 믿고 받아들이고 사랑합니다.

나는 늘 넌더리를 내면서도 매번 비슷한 남자(여자)를 만나 고생하지만 마음속 깊이 진심으로 이런 나도 이해하고 믿고 받아들이고 사랑합니다.

나는 벌써 몇 번이나 아빠나 엄마를 닮은 사람을 만나 고생하지만 마음속 깊이 진심으로 나를 이해하고 믿고 받아들입니다.

연상어구 아빠는 늘 나에게 화를 내었다/ 아빠는 나에게 관심이 없었다/ 화내는 게 유일한 관심의 표현이었다/ 엄마는 늘 나에게 잔소리를 했다/ 엄마는 늘 나를 통제하려고 했다/ 그런 아빠와 엄마가 너무 싫었다/ 그런 아빠와 엄마가 너무 미웠다/ 절대로 아빠(엄마)같은 남자(여자)를 만나지 않아야겠다고 결심했다

그런데 나도 모르게 자꾸 그런 남자(여자)와 만난다./ 마음은 익숙한 것과 좋은 것을 구분하지 못하나보다/ 그래서 늘 이렇게 아빠나 엄마를 닮은 남자(여자)를 만나는 것일까/ 미운 정도 정이라더니 엄마와 아빠에게 미운 정이 든 것일까/ 아빠 엄마의 상처주는 모습과 남자(여자) 친구의 그 모습이 너무 닮았다/ 나는 나도 모르게 엄마 아빠와 비슷한 상처를 주는 사람과 만난다/ 그게 너무 지겨우면서도 차마 벗어나지 못한다/ 왜 이런 사람만 눈에 들어오는 것일까

엄마와 아빠에 대한 미움이 이런 사람을 더 끌어들인다/ 이제 이런 사람을 내 인생에 그만 끌어들이고 싶다/ 그러니 엄마와 아빠에 대한 미움도 원망도 이제 모두 내려놓는다/ 엄마와 아빠에 대한 원망이 내 마음을 가린다/ 그래서 좋은 사람을 볼 수 없고 도리어 그런 사람만 보인다/ 이제 그런 사람 그만 보고 싶다/ 그러니 무조건 엄마와 아빠에 대한 원망을 다 지운다/ 원망과 미움이 사라지고 나니 문득 좋은 사람이 보인다

② 부모와 반대되는 유형에게 이끌린다

수용확언 나는 엄마와 아빠에게 받지 못했던 것을 보상받으려는 듯 자꾸 아빠(엄마)와 반대되는 사람에게 마음이 끌려서 조절할 수가 없지만 마음속 깊이 진심으로 나를 이해하고 받아들입니다.

나는 그저 엄마 아빠와 달리 내게 다정하게 대하면 정신을 차리지 못하고 빠져들지만 마음속 깊이 진심으로 나를 이해하고 받아들입니다.

나는 그 사람이 다정한 것만 빼고는 바람둥이에 능력도 없다는 것을 뻔히 알면서도 그를 거부할 수가 없지만 마음속 깊이 진심으로 나를 이해하고 받아들입니다.

연상어구 나는 정에 굶주렸다/ 나는 다정함에 굶주렸다/ 나는 관심에 굶주렸다/ 아빠와 엄마는 나에게 이런 것을 한 번도 주지 않았다/ 그래서 다정하기만 하면/ 관심을 보여주기만 하면/ 미처 생각할 겨를도 없이/ 그 사람에게 마음을 주게 된다

이게 벌써 몇 번인가/ 그것들만 빼면 그냥 정말 나쁜 사람인데/ 차마 끊지 못한다/ 이것은 사랑이 아니라 중독이다/ 고통스러워하면서도 차마 끊지 못한다/ 이런 사람이라도 없으면 못 살 것 같다/ 이 사람이

떠나면 아무도 없을 것 같다/ 새로운 사람이 없을 것 같다

과거의 상처가 나를 이런 사람에게 이끈다/ 이것은 사랑이 아니라 고통이고 중독이다/ 이제 나는 벗어나고 싶다/ 엄마와 아빠가 준 상처를 모두 내려놓는다/ 그 모든 상처를 지운다/ 그만큼 조금씩 마음의 상처에 새살이 생기고/ 문득 그 사람에게 무심해진다/ 이제 새 사람이 보인다.

주식 투자와 도박

● 주식과 도박에서 돈을 따는 방법

나의 주업 중 하나가 자기 계발과 심리 치료이다 보니 온갖 계층의 내담자들을 많이 만난다. 그중에서도 많은 사람들이 격심한 스트레스로 인해 병이 생겨 오기도 하는데 이들 중에서 전업 주식 투자자나 펀드 매니저도 여러 명 있었다. 그만큼 주식 투자가 대중화되어 있고, 또 이것으로 골병 앓는 사람도 많다는 의미가 되기도 할 것이다. 나는 이런 사람들과 상담하면서 이런 질문이 자꾸 내 안에서 고개를 들었다. '이들은 하루 종일 이것만 하는데 왜 이들 중 일부만 돈을 벌고 나머지는 못 벌까?' 내가 비록 주식 전문가는 아니지만 전문가들의 고민을 함

께 해결해주다 보니 같이 공부하면서 이런 의문에 대한 답을 얻게 되었다. 그 답이 역시나 무의식에 있음도 알게 되었다. 그럼 이제 주식과 무의식에 관해 한번 논해보자.

먼저 재미있는 이야기를 하나 해보자. 전국시대에 중국 제나라에 전기라는 장군이 있었다. 전기는 자주 제나라의 왕이나 공자들과 액수가 큰 경마 도박을 벌이곤 하였지만, 크게 이기거나 지지 않는 고만고만한 상태였다. 이때에 전기의 손님으로 머물던 손빈(위대한 병법가인 손자의 손자)은 기수들의 능력에는 큰 차이가 없으나 말에는 상중하의 등급이 있음을 알아차리고 전기에게 말했다. "되도록 큰돈을 거십시오. 제가 당신을 이기도록 해드리겠습니다." 전기는 이 말을 믿고 제나라 왕이나 여러 공자들과 함께 도박을 하면서 막대한 돈을 걸었다. 막상 시합 때가 되자 손빈이 말했다. "장군의 하등급 말과 상대편의 상등급 말이 겨루게 하고, 장군의 상등급 마와 상대편의 중등급 말을 겨루게 하고, 장군의 중등급 말과 상대편의 하등급 말을 겨루게 하십시오." 이렇게 경기를 하고 끝내자 전기는 2승 1패로 마침내 제나라 왕의 천금을 따게 되었다.

독자 여러분들은 이 이야기를 읽고서 어떤 생각이 드는가? 말은 바뀌지 않았는데 승자는 바뀌었다. 신기하지 않은가. 이런 승리의 비결을 바로 '전략'이라고 한다. 누구나 그저 그런 평범한 전략을 쓸 때, 손빈은 먼저 상황을 있는 그대로 간파하고, 이 상황에서 승리할 수밖에 없는 전략을 짜냈던 것이다. 이 이야기에서 대부분의 전업 투자자와 전문가들의 실패 요인을 파악할 수 있는 실마리가 보인다. 그들은 시장에서 승리할 수 있는 전략이 없다. 바로 이것이 첫 번째 실패 요인이다. 다음으로 두 번째 실패 요인을 말해보자. 그들은 승리의 전략이 없을뿐더러 있다 하더라도 그들의 전략을 스스로 지키지 않고 있었다. 전략이 없는 것이나 지키지 않는 전략이나 이기지 못하는 것은 매한가지이다. 그럼 어떻게 이들 요인을 해결할 것인가?

첫째, 시장을 있는 그대로 보고 이해하라.

많은 사람들이 시장을 있는 그대로 이해하기보다는 반대로 시장에 그들의 온갖 감정과 신념을 투사한다. 시장이 자기만 애먹인다고 말하기도 한다. 그러나 분명히 말해보자. 시장은 사실상 당신을 모르며 신경 쓰지도 않는다. 시장이 당신을 애먹이려고 존재하는 것은 아니다. 시장은 그저 당신에게 뭔가를 말해주고 있지만, 당신은 시장 — 사실상 인간은 늘 감정이입하는 존재라 주위의 모든 것, 즉 친구나 아내나 사업 등 — 에 당신의 생각과 감정을 열심히 주입하려고만 할 뿐이다. 한마디로 정리해보자. 시장은 결코 자신의 어떤 의견도 감정도 없으며 오직 인간만이 그러할 뿐이다! 그럼 왜 시장을 있는 그대로 보지 못할까?

먼저 탐욕이다. 주식으로 부자가 되는 법은 간단하다. 거래에서 손실은 빨리 줄이고 이익은 꾸준히 남기는 것이다. 이것이 사실상 유일한 방법이다. 그런데 탐욕 때문에 우리는 이 유일한 승리의 규칙을 저버린다. 손실장에서 미련을 못 버려 한 번에 다 날리기도 하고, 욕심에 눈이 멀어 엉뚱한 종목에 투자했다가 팔아버린 종목이 급상승하기도 한다. 탐욕에 일그러진 당신의 판단력과 직관 때문에 명백히 잃는 상황을 회복될 거라고 믿기도 하고, 더 나은 기회를 차버리기도 한다. 이렇게 탐욕의 에고가 우리를 지배하게 되면 우리는 시장을 있는 그대로 보기보다는 보고 싶은 대로 보려고 한다. 물론 그 결과는 명백한 손실이다.

다음으로 두려움이다. 손실에 대한 두려움으로 너무 소심한 거래를 해서 그저 미미한 수익을 얻거나 때로는 두려움이 너무 커서 투자의 판단력이 거의 마비되기도 한다. 주식 투자에서 경제적 성패를 좌우하는 것은 옳은 판단으로 상승 종목에 투자했을 때 정말 얼마나 버느냐이다. 그런데 두려움이 너무 크면 실컷 상승 종목을 선택하고도 푼돈을 벌게 된다.

이런 면에서 주식 투자란 한마디로 마인드 게임이다. 주식 시장 그 자체도 총 투자자들의 탐욕과 두려움의 반영이다. 마음이 시장을 움직이고 시장이 다시 마음을 요동치게 만든다. 그래서 어느 정신과 의사는 이렇게 말하는 것도 들었다. '20년간 마음을 치료하는 것보다 몇 년간 주식 투자를 하면서 나에 관해 더 많이 배우게 되었어요.' 대체로 제법 큰 돈이 결부되면 에고의 욕망과 두려움이 우리를 지배하기 마련이고, 옳은 투자란 이런 에고의 지배에서 벗어나는 과정이라고 볼 수도 있다. 불안하거나 흔들리면 투자할 수가 없다. 더 정확히 말하면, 할 수는 있지만 반드시 후회하기 마련이다.

둘째, 시장에서 승리할 전략(투자 시스템)을 수립하라.

시장을 있는 그대로 볼 줄 알게 되면 시장에서 손빈의 비법과 같은 전략이 필요하다. 투자 시스템을 어떻게 만들지에 관해서는 사실 내가 별로 할 말이 없다. 내가 이 방면의 전문가는 아니기 때문이다. 주식 투자에 관해서는 나는 심리 전문가mental coach이지 기술 코치technical coach가 아니기 때문이다. 하지만 다방면의 경험을 살려 한마디 한다면, 당신이 5년 이상 이 분야에 전념해왔다면 충분히 당신에게 맞는 투자 시스템을 만들 수 있을 것이라고 말하고 싶다.

셋째, 수립된 투자 시스템을 무심하게 따르라.

투자 시스템이 만들어져도 이를 당신이 어기지 않는 것은 쉬운 일이 아니다. 눈앞에 급박하게 상황이 벌어지면 당장 이에 반응하고 싶어지고 이것을 참는 것은 수도자의 고행만큼이나 괴로울 수도 있다. 게다가 우리는 '나는 항상 옳아야 된다'는 완벽주의의 집착에 쉽게 빠져 조그만 실수에도 집착하기 마련이다. 세계 최고 수준을 자랑하는 투자자나 투자기관이라 하더라도 기껏해야 40~50퍼센트 정도의 건수만 성공시킬 뿐이지만 그들의 수익은 엄청나다. 손실이 작아야만 당신은 승자가 될 수 있지만 분명히 손실은 있기 마련이다. 문제는 당신의 에고는 이런 손실에 안달하기 마련이라는 것이다.

사실상 우리는 우리가 이성적으로 옳다고 알고 있는 것에 상관없이 감정적으로 움직이기 마련이고 그 결과 돈을 잃게 된다. 한마디로 거의 모든 투자 실패는 감정적 판단에 기인한다. 우리는 현명한 투자 시스템 보다 우리가 더 현명하다고 여기고 이것을 저버릴 때 실패한다. 역시 여기에서도 투자자들은 탐욕과 두려움이라는 감정에 쉽게 휘둘리기 마련이다. 그 결과 투자자들은 종종 나름대로 시장을 예측하다 꼭대기에서 사서 바닥에서 파는 경험을 하게 된다. 그러다 보면 큰 건에 눈을 돌리게 된다. 그 결과 주식 투자는 도박이 된다. 주식 투자에 에고가 개입되면 시장의 현실을 냉정하게 보기보다는 시장에 나의 신념과 기대를 투사하게 된다. 바로 이것이 가장 위험하다.

● EFT로 탐욕과 두려움을 다스려라

이제 구체적으로 어떻게 주식 투자에 EFT를 적용할 것인지 논의해보자. 무엇이든 주식 거래와 관련되는 것을 하게 되면 EFT를 해서 마음을 가라앉혀라. 에고가 탐욕과 두려움이라는 두 얼굴을 언뜻 쉽게 내

들기 마련이다. 관련 자료를 읽고 분석하고 거래 준비를 하고 결과를 검토할 때마다 EFT를 같이 하다 보면 관련 변수들이 생길 때 편안하게 다룰 준비가 된다. EFT를 하다 보면 결국은 이것은 그저 게임일 뿐이라는 느낌이 들면서 무심함이 길러진다. 때로는 두드리다 보면 투자와 관련된 부정적인 신념이나 생각이나 기억들이 떠오르기도 한다. 그럴 때마다 두드려서 지우면 더 이상 이것들에 휘둘려 잘못된 투자를 하지 않게 된다.

무심한 마음을 갖는 것은 이외에도 중요한 의미가 있다. EFT를 꾸준히 하다 보면 과거의 투자 실패로 인한 상처와 부정적인 감정이 사라진다. 그렇다고 EFT가 적절한 수준의 조심성마저 사라지게 할까봐 두려워할 필요는 없다. EFT를 한다고 해서 명백한 현실의 위험을 무시하게 되거나 적절한 투자 규칙을 무시하고 오만방자하게 만들지는 않는다. EFT를 통해 얻을 것은 크게 두 가지다. 첫째, 당신은 마음의 평정 상태에서 투자를 준비하고 투자를 하게 된다. 둘째, 당신은 손실이라는 불가피한 현실을 편안하게 받아들이게 된다. 그러다보면 당신은 시장에 당신의 의견을 강요하기보다는 시장에 귀를 기울이게 될 것이다. 가장 중요한 것은 이것이다. 당신은 손실을 조기에 줄이고 유망 종목은 당신의 투자 시스템이 요구하거나 시장이 정지 신호를 줄 때까지 보유하게 될 것이다.

게다가 당신은 이 과정을 통해서 당신과 인생 자체에 대해서도 배우게 될 것이다. 투자자로서 자신의 성향과 실패 요소를 아는 것은 필수적이다. 지금 배우지 못한다면 막대한 돈을 수업료로 시장에 바쳐가면서 결국은 배워야 하기 마련이다. 가장 순수한 자기 인식은 돈을 시장에 투자하는 순간 생겨난다. 물론 그런 인식은 긍정적 요소와 부정적 요소를 모두 포함한다. 갑자기 당신은 오랫동안 숨겨왔던 허점을 인식하게 된다. 준비가 안 된 사람에게는 이런 내면 인식이 너무 고통스러울 수도 있다.

내가 얼마나 어리석은지를 깊이 통찰하는 것은 그리 유쾌한 것은 아니다. 특히 맨 처음 나의 어리석음에 직면하게 되었을 때에는 더욱 그렇다. 처음에는 울다 지쳐 잠이 드는 한이 있더라도 적극적으로 EFT를 하라. 에고가 너무 강하면 인생과 시장에서 교훈을 얻는 것이 늦어지기 마련이다. 사실상 거의 대부분의 사람의 자기 인식은 심각하게 박약하다. 그 결과가 지금까지 경험해온 손실과 고통이다. 자기 인식의 첫 순간이 쉽지는 않지만 그렇다고 언제까지 막대한 시간과 돈을 들여가면서 과거의 실패를 반복할 것인가. 과거의 반복인 미래를 생각하면 등골에 한기가 느껴질 정도로 끔찍하지 않은가? 웬만한 투자자라면 당신의 성향에 맞는 투자 시스템이 있고 이것을 꾸준히 따르는 데에는 별다른 어려움이 없을 것이다. 또한 아마도 문서화된 투자 전략도 있을 것이다. 만일 이런 것이 아예 없다면 당신은 장기 투자를 못하는 95퍼센트의 철새 투자자에 해당할 것이다.

● **사례**

사례 1 김길수(가명) 님은 전업 투자자로서 주식 투자와 관련된 문제들에 EFT를 적용해왔다. 그의 사례는 주식투자에 EFT를 활용할 때 얼마나 놀라운 일이 일어나는지를 잘 보여준다. 그는 몇 년 동안 다양한 파생 상품 거래를 취급해왔다. 이런 거래의 특성상 항상 시간은 촉박하고 스트레스는 상상을 초월할 정도로 심했다. 이런 극단적 스트레스 상황에서 그는 '내가 생각하는 나'와 '실제의 나'는 상당한 차이가 있다는 것을 알게 되었다. 그는 스스로 보수적이라고 생각했는데, 무모한 도박 성향이 있음을 자주 보게 되었다. 또 손실을 이성적으로 잘 다룰 수 있다고 생각했지만, 종종 이 때문에 생긴 좌절감과 충격에 며칠째 잠을 못 이루고 줄담배만 피워대며 어쩔 줄 몰라 하는 자신의 모습도 종종 보았다.

그는 자신이 만든 투자 원칙과 시스템을 굳게 지킬 거라고 결심했지만, 시장 상황이 급변할 때마다 스스로 종종 깨버렸고, 이런 자신에게 분노가 치밀다 못해 자기혐오감까지 생길 정도였다. 그는 벌써 몇 번이나 거래 통장을 깡통으로 만들었고, 다시 거래를 시작할 때마다 또 이런 일이 벌어질까봐 갈수록 더 두려워졌다. 자주 그는 감정의 진흙탕에서 허우적거리고 있었고, 주식 투자는 결국 심리적 문제라는 것까지 깨달았지만 해결책을 알 수가 없었다. 많은 사람들이 심리적 장벽과 감정적 장애물을 없애라고 했지만 구체적인 방법은 누구도 일

러주지는 못했다.

그러다 그는 마침내 EFT를 알게 되었고, 주식 투자와 관련된 문제에 EFT를 써보기 시작했다. 손실의 두려움, 기회를 놓치는 두려움, 막대한 이익에 대한 두려움, 규칙을 지키는 것에 대한 불안과 의심, 투자에 따르는 온갖 스트레스 등에 EFT를 쓰기 시작하자 처음에는 거래하는 것이 편안해졌고, 좀 더 쉽게 투자 결정을 내릴 수 있게 되었다. 그러다 그가 정한 투자 규칙과 시스템을 의심과 두려움과 주저함이 없이 실행할 수도 있게 되었다.

이것만으로도 놀랍지만 가장 큰 성과는 다른 데에 있었다. 그는 EFT를 함에 따라 전에는 없던 영감과 직관이 생기면서 완전히 새로운 투자 시스템을 개발했고, 그것은 그의 취향과 성격에도 딱 맞아서 거래를 하는 내내 편안해졌고 자신감마저 생겼다. 그는 이 시스템을 계속 열심히 개선하고 보완해서 한 해가 지나자 오로지 이 시스템으로만 거래를 하게 되었고, 제법 쏠쏠한 성과를 보였다.

그는 이제 이렇게 바뀐 자신이 너무나 자랑스럽고 뿌듯해졌다. 그는 아무런 감정의 동요가 없이 이미 정한 시스템과 규칙에 따라 시장에 들어간다. 그러다 다시 그 당시 시장에 대한 그의 순간적인 의견이 어떠하든 규칙에 따라 때가 되면 아무런 집착 없이 시장에서 나온다. 이제 그는 손실에 대한 두려움도 기회를 놓치면 어쩌나 하는 집착도 없다. 심지어는 일련의 손실이 생겨도 주저 없이 그의 시스템을 죽

따른다. 이제 그는 자신감 있게 돈이 되게 거래를 할 수 있다고 느끼게 되었다. 그의 새로운 거래 시스템은 너무나 단순하고 편안하면서도 막강한 효과가 있고, 게다가 그는 이 거래에서 더없이 즐겁고 편안해서 차라리 즐길 정도가 되었다. 이렇게 그는 EFT로 주식 투자의 방식을 바꾸었고, 그 과정에서 인생관과 성격까지 바뀌었다.

사례 2[47] 프로 포커 선수에게 EFT를 가르치면서 감정 앞에 이성이 얼마나 허약한지를, 또 이것이 얼마나 위험한지를, 하지만 그럼에도 EFT로 이것을 바로잡는 것이 또한 얼마나 쉬운지를 깨닫게 되었다. 로또나 슬롯머신처럼 순전히 우연과 확률에만 의존하는 도박이 있는데 이것에는 기술이 필요 없다. 이런 도박에서 꾼이 선택할 것은 오로지 이번 판에 참가할 것인가 말 것인가의 여부뿐이다. 이런 게임에서는 매 판마다 승부의 확률은 항상 그저 일정하다. 반면에 포커는 단순한 확률 싸움이 아니다. 한 당사자가 어떤 카드를 받을지는 물론 순전히 확률에 의해 결정되지만, 받은 카드로 어떻게 게임을 운영하느냐는 당사자에게 달려있고 그 방법도 정말 다양하다. 훌륭한 포커 선수는 상대들의 운영 패턴을 잘 읽을 뿐만 아니라 그들이 자신을 어떻게 운영할 거라고 예측할 것인지도 고려한다. 이런 모든 요소는 어떤 카

47 Gene Monterastelli, emofree.com

드를 받느냐 하는 확률과는 완전히 다른 요소이다. 그래서 포커는 단순히 확률 싸움이 아니라 확률성을 띤 기술 경기이다.

포커에는 기본적으로 확률 요소가 있기 때문에 단기적으로는 - 잠시 몇 판 동안은 - 받는 카드에 좌우된다. 하지만 시간이 지나면서 점차 선수의 기술이 승부를 좌우하게 된다. 게임이 오래 진행될수록 결국에는 더 나은 선수가 승자가 될 가능성이 커진다. 프로 포커 선수들은 이 사실을 명백하게 이해한다. 그들은 한 판의 승리나 한 회기의 승리보다는 일반적인 승률이라는 관점에서 생각한다. 탁월한 선수들은 일반적 승률을 심지어 시간당 임금으로까지 계산할 줄 안다. 예를 들어 이런 선수는 최소 20달러 정도를 베팅할 수 있다면 자신의 기술로 시간 당 40달러 정도 벌 것이라고 예상할 것이다.

이와 유사한 것이 주식 투자이다. 주가와 시장은 매일 이러저리 요동치지만 장기적으로는 일정한 경향성을 띤다. 훌륭한 투자자는 일정하게 오래 투자할수록 이런 경향과 맞게 되어서 마침내 일반적인 수익이 난다는 것을 안다. 포커 선수가 이런 확률의 요동을 극복하는 방법은 되도록 많은 판을 두는 것이다. 많이 두면 둘수록 확률 요소는 누구에게나 공평한 평균점으로 가기 마련이다. 인터넷 포커가 도래하면서 선수들은 여러 창을 띄워 한 번에 여러 게임을 할 수 있게 되었다. 일부 선수들은 이런 확률 변수를 극복하기 위해서 한 번에 연속으로 6개의 온라인 게임장에 참가하여 10~12시간 동안 각각 100판씩

두기도 한다. 이것을 한 게임장의 판수로 계산하면 무려 6천 판이나 된다.

이 정도로 게임을 하려면 얼마나 많은 집중력이 필요하겠는가! 선수는 새로운 카드를 받을 때마다 매 판의 확률 변수를 다시 계산해야 하고 또한 동시에 여기에 참가한 나머지 8명의 게임 경향도 계속 추적해야 한다. 경기가 진행됨에 따라 선수들은 쉽게 감정에 치우치게 된다. 90퍼센트 이상의 승률이 있는 판을 지면 누구라도 짜증이나 분노가 치밀기 마련이다. 반면에 안 좋은 카드로 기가 팍 죽어있던 판에서 운 좋게 이기면 억제할 수 없는 기쁨이 느껴지기도 한다.

하지만 이런 상황들은 모두 똑같이 아주 위험할 수 있다. 게임에 감정이 개입되면, 분노든 지나친 기쁨이든 어떤 종류의 감정이든 간에, 선수들은 치우친 판단을 할 수가 있다. 포커 용어로 이것을 '씌웠다'고 한다. 선수가 일단 이렇게 씌워지면 전에는 보통 주의하던 것들에 관심을 주지 않게 되면서 서툰 게임을 하기 시작한다. 씌워진 선수는 몇 시간이나 며칠 동안 벌었던 돈을 불과 한두 판에 잃기도 한다.

최근에 존이라는 프로 포커 선수가 이런 문제로 나에게 의뢰했다. 존은 하루에 주 5일 6~8시간 정도 게임을 하는데, 이것이 그의 주 수입원이었다. 존은 하루에 얼마 동안 게임에 집중할 수 있는지를 알았다. 그는 하루에 8시간 이상은 게임을 하지 않았다. 그 시간을 넘으면 정신이 멍해져서 집중력이 떨어져서 좋은 판단을 하지 못해 승자가 되지 못하기 때문이다.

존의 문제는 요즘 한 회기에 지고 나면 컴퓨터 앞을 떠나지 못하고 계속 게임을 한다는 점이었다. 쉽게 말해서 그는 요즘 계속 잃고 있었다. 그는 승패란 요동치기 마련이란 것도 이해했다. 마침내 오래 경기를 하면 그가 이길 거라는 것도 알았지만 한 회기에 지면 손 떼고 일어나는 것이 너무나 힘들었다.

엎친 데 덮친다고 이 문제가 어떻게 악화될지 예측하기는 어렵지 않았다. 그는 최상의 컨디션이 이미 아닌데도 한 회기 동안 너무 장시간 게임을 하고는 다 잃곤 했다. 최상의 컨디션은 이미 지났으므로 잘못된 게임을 하다 더 잃곤 했던 것이다. 이러다 결국 그는 '씌었다.' 이렇게 씌자 그는 더 나쁜 게임을 하고 그 결과 더 많이 잃곤 했다. 이런 악순환은 그가 가진 돈을 다 잃어서 어쩔 수 없이 좌절을 곱씹으며 그저 일어나 갈 수 밖에 없게 되어야만 멈췄다.

나는 존이 최근에 잃었던 회기에 집중하여 그 느낌을 느껴보게 했다. 그는 다른 모든 선수들보다 실력과 경험이 더 낫기 때문에 이기는 법을 안다고 말했다. 이성적으로는 게임이란 요동이 있기 마련이라는 것을 알지만 감정적으로는 그보다 못한 상대들이 자기를 이긴다는 게 용납되지 않는다고 했다. 그래서 다음과 같은 말로 그 상황에 대해 EFT를 적용했다.

- 나는 비록 저 친구들보다 훨씬 나은 선수라고 생각하지만……
- 나는 비록 포커가 확률적 요소가 있다는 것을 이해하지만……
- 나는 비록 나보다 못한 선수가 확률의 요동 때문에 나를 이길 때가 있지만……
- 나는 비록 결국에는 내가 승자가 될 것이고 게임에는 기복이 있기 마련이지만……

이런 식으로 두드리고 나서 존이 다시 그런 상황으로 돌아가는 것을 상상시켰다. 그가 말했다. "계속 게임하고 싶은 생각은 사라졌는데 그래도 뭔가가 있어요." 그 느낌이 무엇을 연상시키는지 물었다. "이게 무슨 느낌과 관련이 있는지 잘 모르겠지만……" 그러다 그가 문득 청소년 하키 대표 선수를 할 때를 떠올렸다. "코치가 지기만 하면 끔찍할 정도로 윽박질렀어요. 정말 지는 것은 넌덜머리가 나요."

마침내 '절대 지면 안 된다'는 신념을 만든 핵심 사건을 찾은 것이다. 물론 이것이 전부라고 단언할 수는 없다. 우리는 재빨리 그 사건과 관련된 생각과 감정을 EFT로 지웠다. 그리고 다시 최근의 진 게임에 다시 집중하게 했다. "더 이상 컴퓨터 앞에 있고 싶지 않네요." 6주가 지나서 존이 나에게 연락했다. 그동안 몇 회기에서 졌지만 최상의 컨디션 시간이 지나면 그만두었고 그 결과 그의 수익이 그의 예상보다 훨씬 좋아지고 있다고 말했다.

사례 3 몇 년 전에 분노조절장애를 치료하기 위해서 40대 남성이 나를 찾아왔다. 주 1회씩의 상담이 두어 달이 넘어가자, 처음에 그토록 심하던 불안과 분노도 차츰 누그러지기 시작했고 한번은 그가 뜬금없이 이렇게 말했다. "선생님, EFT 덕분에 돈 벌었습니다." 그러면서 그는 자초지종을 이야기하기 시작했다. 회사원인 그는 부업으로 주식 투자를 하고 있었는데 상담 기간 중에 갑자기 주가가 폭락해서 반 토막이 되었고 상당한 재산을 날릴 위기에 몰렸다. 이 때문에 처음 며칠 동안은 정신도 못 차리고 불안에 떨기만 했다. 그러다 문득 EFT가 생각나서 열심히 EFT를 하니 점차 마음이 가라앉았다.

그리고 진정된 마음으로 폭락하고 있는 주식 종목을 가만히 보니 모든 종목이 떨어지고 있었는데, 한 종목만 유난히 천천히 떨어지고 있었다. 그래서 그는 나머지 종목들을 모두 팔고, 이 종목 하나에 모든 돈을 밀어 넣었다. 그렇게 한 달쯤 지나 떨어졌던 주가가 다시 회복되기 시작했고 그가 올인 했던 종목은 원래보다 몇 배 이상 뛰면서 손실도 회복했고, 주가 총액도 도리어 원래보다 2배 이상으로 늘었다고 했다. 그가 말했다. "EFT가 없었으면 돈을 잃을까봐 두려워서 벌벌 떨기만 하다가 아무것도 못해 보고 돈을 다 날렸을 겁니다."

사례 4 내가 아는 한 사장님은 한번씩 스트레스 해소를 위해 태백의 카지노에 들러 슬롯머신을 하곤 했다. 카지노에서 일확천금을 한 적도 없고 그것을 목표로 하지도 않지만 그렇다고 남들처럼 단번에 다 잃지도 않고 그 돈으로 적당히 즐길 정도로 놀 수는 있었다. 당연히 카지노에서 그가 이길 확률은 마이너스이고 기대 금액도 마이너스다. 게다가 슬롯머신은 정해진 확률에 따라 움직일 뿐이며 포커처럼 심리적 요소도 전혀 없다. 한마디로 순전히 우연히 지배하는 슬롯머신 도박에서 어떻게 그 사장님은 남들보다 오래 게임을 할 수 있었을까?

이런 나의 질문에 사장님의 답변은 의외로 간단하면서도 기발했다. "처음에는 적은 돈에서 시작해요. 그러다 안 터지면 조금씩 액수를 올려요. 안 터진 만큼 앞으로 터질 확률은 커지니까요. 그렇게 터질 때 까지 올려가면서 베팅하다 보면 한 번 터지죠. 그때부터는 다시 액수를 줄여 나가요. 이제부터는 한 번 터졌으니까 또 터질 확률은 줄어들거든요." 결국 그분의 비결도 역시나 '좋은 전략과 무심한 마음'이었다.

사례 5 10여 년 전에 내 동생이 한때 취미로 시내 성인 오락실에 들러 슬롯머신을 자주 하곤 했다. 당시에 성인 오락실에서 전 재산을 잃는 사람이 많이 나와서 심심찮게 신문 사회면이 들썩이던 때라 동생에게 그런 도박이 위험하지 않느냐고 물었다. 동생이 말했다. "거기에서 돈을 따려고 하면 당연히 위험하죠. 그런데 나는 놀러가니까 상관없어요." 그때 동생은 오락실에 갈 때에는 만 원 지폐 한두 장을 들고 가는

데 그 돈으로 한 나절은 재미있게 보내다 오는 것이었다. 많은 사람들이 하루에 수십 만 원이나 수백 만 원을 쓰고도 버티지 못하는 곳에서 동생은 어떻게 만 원으로 한나절을 보낼 수 있었을까? 모두 똑같은 확률의 슬롯머신이고 어차피 손님에게는 동일하게 마이너스 승률일 텐데. 그래서 동생에게 물었더니, 비결은 역시나 기가 막힌 전략과 무심한 마음의 승리였다!

"형님, 성인 오락실은 모두 조폭들과 연계되어 있고 확률이 조작됩니다. 그래서 절대로 이길 수가 없습니다. 그런데 한번씩 대박이 터지지 않으면 손님이 안 오니까 의도적으로 일정시간마다 대박을 터뜨려 환상을 심어줍니다. 그리고 날마다 돌아가면서 다른 기계가 대박이 터지도록 설정이 되어있습니다. 나는 처음 며칠 동안 서빙하는 직원에게 무조건 팁을 만 원씩 주고 게임 시작합니다. 그러다 어쩌다 작게라도 터지면 꼭 직원에게 10퍼센트 정도를 팁으로 줍니다.

그래서 한동안은 게임비가 남들처럼 많이 들지만 나중에는 직원과 친밀감과 신뢰감이 형성됩니다. 이렇게 친밀감과 신뢰감이 형성되고 나면 그날부터 직원이 나를 '오늘은 여기 앉으세요'라고 넌지시 안내를 해줍니다. 그러면 그 자리가 바로 그날의 대박자리가 됩니다. 일단 이렇게 되면 그날의 게임비는 건집니다. 만 원만 들고 가도 한나절은 실컷 베팅하고 스트레스 풀 정도는 됩니다. 단 놀기 위해서 해야지 돈 벌려고 하면 절대로 안 됩니다."

공부와 시험

내담자 가운데는 중고생이나 대학생도 많다. 처음에는 우울증이나 왕따 후유증 등의 문제를 해결하러 왔는데, 학생이다 보니 꼭 시험 기간을 거치기 마련이었다. 그러다 보면 심리적 문제로 공부도 못 하고 심지어 학교도 잘 못 가는데, 시험은 어김없이 다가와, 그 스트레스로 문제가 악화되는 경우도 많다. 그래서 이런 아이들에게 EFT로 공부 효율과 성적을 올려 주게 되면 더 자신감을 갖게 된다. 그래서 학생들에게는 으레 이것을 해주게 되었다. 게다가 나의 전작 《5분의 기적 EFT》를 보고서 오로지 이런 문제 때문에 오는 학생이나 수험생도 종종 있어서, 하여튼 학습 능력과 시험 성적을 올리는 데에 제법 많은 경험과 성과를 쌓게 되었다. 여기서는 그 방법을 한번 말해보자.

● 부정적 기억과 경험을 EFT로 지우기

- 고2 경식이는 원래 수학 천재였는데, 어느 날 기말고사에서 컨디션이 안 좋은 데다가 갑자기 당황해서 수학 시험을 최악으로 망쳤다. 이후로 모의고사는 괜찮은데, 중간이나 기말고사를 볼 때는 너무 긴장해서 문제를 잘 풀 수가 없고, 그러다 보니 점수가 전보다 확 떨어지면서, 이제는 자신감마저 잃었다.

- 중3 미선이는 영어 시간에 선생님에게 억울하게 혼이 났다. 그 이후로 영어 선생님이 무척 싫어졌고, 수업에도 집중이 안 되고, 마침내 영어 자체가 싫어지면서 성적도 뚝 떨어졌다.

- 고시생 이지연은 대학교 때 장학생이었지만 남모르는 자격지심이 심했다. 남들보다 2배 이상 시간을 들여 공부했는데, 성적은 친구들보다 약간 나은 수준에 불과하다는 생각이 늘 들었다. 그래서 자기는 머리가 나빠서 남들보다 많이 해야 겨우 남만큼 성적을 받는다는 생각에 공부 양이 절대적으로 많은 고시 준비가 너무 힘들고 안 될 것 같다는 생각이 자꾸 든다.

이상의 예들은 이름은 가명이지만 실제로 나에게 상담을 의뢰했던 사람들의 사례들이다. 이렇게 시험이나 공부와 관련된 부정적인 기억 때문에 성적이 오르지 않고 공부가 안 되는 경우가 너무 많다. 이런 경우에 이와 관련된 기억들을 영화관 기법으로 지워버리면 바로 좋아질 수 있다. 그래서 이들에게 영화관 기법을 쓰자 다음과 같이 되었다.

- 경식이는 본래대로 수학에 자신감을 갖게 되었고, 모의고사뿐만 아니라 중간 및 기말고사에서도 좋은 성적을 내게 되었다.

- 미선이는 영어 선생님과 영어에 대한 혐오감이 모두 없어지면서 영어를

좋아하게 되었고, 성적도 점점 올라가고 있다.

- 이지연은 '머리가 나쁘다'는 생각이 사라지면서 고시 공부하는 것이 훨씬 재미있고 편안해졌다.

● 동기 유발하기

현재 한국 교육의 가장 큰 문제는 동기 유발을 시켜주지 못한다는 점이다. 한마디로 '해야 되니까 하는' 공부는 '하고 싶어서 하는' 공부를 절대로 이길 수가 없다. 많은 사람들이 공부가 안 되고 성적이 안 나오는 가장 큰 이유 중의 하나가 바로 이것이다. 그렇다면 동기가 부족한 사람이나 학생들은 아무런 방법이 없는가? 다행히도 여기에 방법이 있다.

- 내가 원하는 대학 학과에 다닌다면 어떻게 될까? 내가 그 대학 학과에 다닌다면 어떻게 생활하게 될까?

- 내가 시험에 붙게 되면 어떻게 될까? 시험에 붙는다면 어떻게 생활하게 될까?

나는 내담자들에게 위의 질문에 대한 대답을 지금 마치 실제로 그렇게 된 것처럼 5개 정도를 써보게 한다. 다음은 실제 그 예들이다.

- 나는 연세대 경영학과에 다니는데, 연대에는 예쁜 여자들이 많아서 학교 가기가 신난다. 의대생이라서 여자들에게 인기가 제법 많아서 미팅이 잘 된다. 부모님이 연대 의대 다니는 아들을 두었다고 주변의 부러움을 많이 받는다. 부모님이 나를 자랑스러워하신다. 연대 교정은 봄에는 온갖 꽃이 많이 피어서 너무 예쁘고 아름답다.

- 나는 사시에 붙어서 이제는 인생의 모든 걱정이 다 사라진 것 같다. 연수원에서도 나는 우수한 성적을 받게 되어 기쁘다. 연수원을 마치고 어느 로펌을 가야할지 행복한 고민을 한다. 나는 그동안 못 만나던 여자 친구도 마음껏 만날 수 있어 기쁘다. 나는 벌써부터 로펌에서 스카우트 제의가 들어와서 어떡해야 할지 기쁜 고민을 하고 있다.

내담자들은 불과 10여 분 만에 이런 답을 쓰자마자 시험과 공부의 부담보다는 보람과 즐거움을 느끼면서 바로 표정이 바뀐다. 좀 전까지 그토록 심각하고 찌들었던 표정은 온데간데없다. 이렇게 동기 유발의 효과는 강하다. 나는 내담자들에게 동기 유발을 위해 위의 질문에 대한 답 5개를 서로 다른 내용으로 매일 일기 형식으로 쓰게 한다. 그러면 그 효과는 정말 강력하다. 부담감과 의무감이 모두 사라지고 보람과 기쁨을 느끼며 공부하게 된다.

● 긴장과 부담감 지우기

나는 삼수를 해서 대학에 갔다. 모의고사에서는 대한민국의 어느 대학에나 갈 수 있는 성적이 나왔지만 실제 시험에서는 그렇지 않았다. 왜 그랬을까? 내가 재수를 할 때의 일이다. 어느 봄날 학원에서 열심히 공부하는데, 갑자기 심장이 마치 가슴 밖으로 뛰쳐나올 듯 쿵쾅거리는 것이 아닌가. 처음에는 20~30분 정도 그러다 말았는데, 그 뒤로는 수시로 쿵쾅거려서, 공부는 둘째 문제고 이러다 죽기라도 하는 것이 아닌가하는 공포까지 밀려왔다. 그러니 실제 시험 때에는 그 불안이 어떠했겠는가!

나는 이것이 '불안장애'anxiety disorder라고 하는 병인 줄을 한의사가 되고서도 한참 뒤에야 알았다. 나는 그 당시에 나도 모르게 '절대 떨어지면 안 돼. 꼭 붙어야 돼'라는 생각을 많이 했고, 이런 생각이 지나친 부담감을 일으켜 불안장애가 되었던 것이다. 그 뒤로 수험생 이외에도 운동선수, 연예인, 기업가 등 온갖 사람들이 이런 부담감에 시달린다는 것도 알게 되었다. 그리고 그들이 EFT로 이 부담감을 지울 때 얼마나 놀라운 결과를 얻는지도 너무나 많이 보았다. 나부터 종종 이런 후회를 한다. '내가 그때 EFT를 알았더라면 전국 어느 대학 어느 학과든 다 갔을 텐데'라고 말이다.

그러니 독자 여러분들은 이런 후회를 하지 않도록 EFT를 해보자. 다음은 긴장과 부담감이 심할 때 흔히 나타나는 증상을 수용확언으로 만들어 본 것이다. 이것들을 참고하여 여러분들이 느끼는 부담과 긴장감을 수용확언으로 잘 표현해서 지워보라. 불안이 심한 사람들은 매일 EFT를 하면서 시험 볼 때까지 편한 상태를 유지하는 것이 좋다.

- 나는 꼭 붙어야 된다는 생각에 심장이 쿵쾅거리고 정신이 하나도 없지만……
- 나는 혹시나 떨어지면 어떡하나하는 생각에 머리가 하얘지지만……
- 나는 시험 볼 생각만 해도 손발에 땀이 나고 잠이 안 오지만……
- 나는 시험에 떨어지면 끝장이라는 생각에 심장이 오그라들지만……

● 안전지대 comfort zone에서 벗어나기

나는 학창 시절에 운동을 지독히 싫어하고 못했다. 초등학교 때가 생각난다. 운동회에서 참가만하면 누구나 받던 지우개 하나 또는 공책 한 권 받은 기억이 없다. 다른 모든 과목은 '수'인데도 체육만은 항상 '우'였다. 게다가 나의 100미터 달리기 실력은 겨우 여학생과 같은 수준이었던 걸로 기억한다. 그러다 보니 나는 항상 소위 '몸짱'이 아닌 '몸꽝'이라는 생각이 들었고, '나는 결코 운동을 할 수 없다'는 생각은 '나는 남자다' 만큼이나 확실한 진실이었다.

그러다 대학에 입학하고 카투사로 군대에 가게 되었다. 겨우 일병을 막 달았을 무렵에 친하게 지내던 후임에게 후배가 면회를 와서 세 명이서 함께 시간을 보내게 되었다. 그때 그의 후배는 서울대 체육 교육과 출신으로 영어와 일어에 능통한 데다, 럭비 부원으로 운동에도 발군의 소질을 갖고 있었다. 한마디로 문무를 겸비한 사람이었다. 그날 영내 수영장에서 같이 수영을 하는데 역삼각의 몸매를 뽐내며 멋지게 자유형과 배영을 하는 것이 아닌가! 이에 나의 오랜 자격지심이 확 올라오면서 문득 이런 생각이 들었다. '학문으로는 나도 지는 것은 없는데, 몸과 운동으로는 도저히 내가 상대가 되지 않는구나. 하지만 그렇다고 이대로 질 수는 없잖아!'

다행히도 나는 지독한 승부 근성을 가지고 있다. 종종 '죽는 것은 참아도 지는 것은 못 참는다'는 생각을 할 정도이다. 일단 이렇게 운동에 대한 나의 승부 근성이 발동되기는 했지만, 그렇다고 '내가 운동을 잘 할 수 있다'는 생각이 도저히 들지는 않았다. 앞서 말한 대로 그것은 '나는 남자다' 만큼이나 당연한 신념이었으니까. 하지만 '그렇다면 할 수 있는 만큼만 해보자'라는 신념까지는 가질 수 있었다. 그런데 이 정도의 신념의 변화가 어떤 일을 낼지는 처음에는 몰랐다!

일단 이런 생각을 품게 되자 그 다음 날부터 아침마다 5킬로미터 달리기를 했다. 첫날은 몇 백 미터나 못 가서 하늘이 노래지고 숨을 헐떡이는데 심장이 온통 튀어나올 듯 쿵쾅거렸다. 하지만 꿋꿋이 '할 수 있는 만큼만 더 해보자'는 생각으로 뛰었다. 그렇게 한두 달을 매일 뛰는데, 어느 날 영내에 10킬로미터 단축 마라톤 대회를 한다는 현수막이 보였다. 이에 별 뜻 없이 '이왕 뛰는 것, 참가에 의의를 두자'라고 생각하면서 참가했다. 그런데 놀랍게도 마치 내 경쟁자들을 보이지 않는 손이 하나씩 잡아 채가는 것처럼 처음에는 후루룩, 나중에는 한 둘씩 떨어져 나가는 것이 아닌가! 지금도 그때의 이런 모습이 마치 영화 장면처럼 슬로우 모션으로 보인다.

그러다 마침내 결승선이 보였고 3등으로 들어왔다. 이때 일주일의 포상 휴가를 받았던 것이 기억난다. 그리고 다시 몇 달 뒤에 또 다른 대회에 참가했고, 이번에는 무려 2등을 했다. 이 두 번의 경험으로 '나는 몸꽝이다'는 신념은 완전히 깨졌고, '나도 운동을 잘 할 수 있다'는 신념이 뇌리에 콱 박혔다. 이후로 나는 몸과 운동에 대한 모든 콤플렉스를 완전히 벗었다. 나는 '할 수 있는 만큼만 해보자'는 신념을 갖는 것만으로도 이렇게 엄청난 결과를 냈던 것이다. 그 후부터 이 경험은 나에게 가장 자산이 되었고, 또 가장 큰 깨달음을 주었다.

모든 사람들은 내가 운동에 대해 느꼈던 것처럼 너무나 익숙해져서 너무나 당연하고 도저히 바뀌지 않을 것 같은 무의식적 신념들이 있다. 이것을 심리학 용어로 '안전지대'comfort zone이라고 한다. 그것들은 개인의 오랜 경험에 기초한 것일 수도 있고, 일반적인 상식에 기초한 것일 수도 있다. 공부와 시험에만 국한해서 예를 들면 다음과 같다.

- 나는 아무리 해도 토익 점수를 800점 이상 받을 수 없다.
- 영어 단어를 외우는 것은 지겹다. 그냥 끈기 있게 하는 수밖에 없다.
- 공부란 원래 어렵고 힘든 것이다. 꾹 참고 하는 수밖에 없다.
- 확률과 통계는 원래 어렵다. 찍는 게 최고다.

하지만 이런 신념들에 EFT를 해보자.

- 나는 경험상 아무리 해도 토익 점수를 800점 이상 받을 수 없다고 생각하지만 마음속 깊이 진심으로 이런 나를 받아들입니다.
- 나는 영어 단어 외우는 것이 너무 지겨운데 그냥 꾹 참고 하는 수밖에 없다고 생각하지만 좀 더 쉽게 재미있게 공부하면 어디가 덧나나. 어쨌든 무조건 이런 나도 이해하고 받아들입니다.
- 공부란 원래 어렵게 하는 거라고 생각하지만 쉽게 재미있게 편안하게 하면 성적이 떨어진다는 법칙이라도 있나. 어쨌든 무조건 이런 나도 이해하고 받아들입니다.
- 확률과 통계는 원래 어려워서 찍어야 된다고 하지만, 어려워서 어려운 걸까. 어렵다고 생각하니 어려운 걸까. 어쨌든 무조건 이런 나도 이해하고 받아들입니다.

이렇게 EFT를 하고 나면 시험과 공부에서 전혀 새로운 경험과 결과를 얻게 된다. 그러니 독자 여러분들도 '안전지대'에 묶어두는 신념이 무엇인지 찾아서 EFT를 해보라. 신념이 변화하는 만큼 전혀 새로운 인생과 현실을 보게 될 것이다.

나는 인간의 뇌(또는 무의식)는 무한한 역량을 갖고 있다고 믿는다. 물론 이 믿음은 20년 이상 무의식에 관해 연구해 온 나의 경험에서 나온 결론이다. 우리의 무의식은 가능하다고 믿기만 하면 어떤 것이든 모두 실현시키는 능력이 있다. 이와 관련해서 NLP의 창시자이자 최고의 최면가인 리차드 밴들러의 경험담을 하나 말해보자. 밴들러가 하루는 한 내담자를 깊은 최면 상태에 빠뜨려서 상담하고 있는데, 저명한 학자인 그레고리 베이트슨이 찾아왔다. 그를 지켜보던 베이트슨이 내담자에게 거꾸로 말을 하게 하라고 부탁했다. 이에 밴들러는 기존의 상식(안전지대)으로는 그것이 과연 가능한지 확신이 들지 않아 망설였다.

하지만 거듭되는 성화에 못 이겨 그렇게 하도록 시켰더니 놀라운 일이 일어났다. 한 번도 거꾸로 말을 해본 적이 없던 내담자가 정말로 능숙하게 그렇게 하는 것이 아닌가. 게다가 한술 더 떠서 베이트슨도 이 내담자에게 같이 거꾸로 말을 주고받는 것이 아닌가. 이윽고 내담자를 최면에서 깨어나게 한 다음 밴들러가 어떻게 그렇게 할 수 있었는지를 물었다. 내담자가 대답했다. "그 지시를 듣는 순간 하고자 하는 말이 모두 글자로 눈앞에 보였어요. 그래서 그것을 그저 거꾸로 읽었을 뿐이에요." 참고로 베이트슨은 평소에 말을 거꾸로 하는 연습을 해 와서 최면 상태에서 그것이 가능한지 궁금해서 시켜보았다고 하였다.

왜 이런 일이 일어났을까? 내담자가 최면에 들지 않았더라면 그런 명령을 받아도, 안전지대에 빠진 의식적인 마음이 그것을 의심하고 거부해서 아무런 일도 없었을 것이다. 하지만 최면 상태에서는 내담자의 마음(무의식)이 완전한 수용 상태에 들게 되고, 어떤 명령이든 의심 없이 받아들여서, 오직 그것을 이룰 방법만 찾아서 실제로 이뤄 버린 것이다. 바로 이것이 무의식이 가진 무한한 역량이다. 나는 종종 이렇게 말한다.

"모든 사람의 무의식은 천재다. 다만 그것을 쓰는 방법이 바보다."

시뮬레이션

전투기 한 대 가격보다 한 명의 조종사 양성 비용이 더 비싸다고 할 정도로, 비행사가 되는 데에는 많은 시간과 비용이 든다고 한다. 그도 그럴 것이 비행에서 생길 수 있는 모든 상황을 상정해서 훈련하기 때문이다. 예를 들어 한쪽 엔진이 고장 나서 비행기가 추락한다면 조종사는 어떻게 해야 할까? 그런데 이때 실제 비행기를 추락시킬 수 없기 때문에 시뮬레이션 비행이라는 것을 한다. 모형 조종석에 앉으면 앞에 놓인 스크린과 스피커에서 마치 실제 상황인 듯 소리와 장면이 나오고 심지어 진동까지 만들어준다. 조종사는 이런 가상 비행 훈련을 통해 어떤 상황도 통제할 수 있는 능력을 기르게 된다.

이런 방법을 시험에도 쓸 수 있다. 수능이나 고시는 1년에 한 번 밖에 없어서, 실제 시험장에서 어떨지는 장담할 수 없지만 평소에 시뮬레이션 훈련으로 최대한 성과를 올릴 수 있다. 그럼 그 방법을 알아보자. 첫째, 수험생은 실제 시험을 보는 것처럼 최대한 생생하게 상상한다. 둘째, 그 상상 속에서 잘 되지 않는 부분을 종이에 적는다. 셋째, 이런 부분에 EFT를 한다. 넷째, 시험을 최대한 쉽게 편안하게 잘 보는 것을 상상될 때까지 이상의 방법을 반복한다.

실제 사례를 한번 보자. 영수는 실력에 비해 수학 성적이 낮게 나와 나를 찾아왔다. 게다다 기말 고사가 바로 한 달 앞이었다. 이에 시뮬레이션 시험을 보게 했더니 영수는 다음과 같이 힘든 점을 적었다.

- 시험지를 기다리는 순간부터 손에 땀이 나면서 긴장돼요.
- 처음 몇 문제는 잘 풀다가 어려운 문제가 나오니 덜컥 심장이 두근거려요.
- 그래서 일단 어려운 것은 건너뛰고 쉬운 것부터 푸는데, 자꾸 그 문제들이 마음에 걸려서 쉬운 문제도 집중이 잘 안 돼요.
- 이렇게 겨우 겨우 한 번 다 보긴 했는데, 이제는 시간이 너무 부족해요.

마지막에 답안지 작성하는데 손이 떨려요.

- 나중에 시험 끝나고 다시 문제지 보면, 어렵게 느꼈던 것들이 평소에는 잘 풀었던 것들이라서 화가 막 나요.

이에 이런 느낌과 생각들을 EFT로 몇 번에 걸쳐 지웠더니 영수는 시험 직전에 다음과 같이 시뮬레이션 소감을 적었고 실제로 최상의 성적을 얻었다.

- 시험지를 편안하게 기다리면서 '나는 잘 할 수 있다'고 속으로 되뇐다.
- 첫눈에 일단 쉬운 문제부터 풀어나가는데, 어려운 문제가 나오면 놓치지 않게 표시를 하고 편안하게 넘긴다.
- 이렇게 끝까지 한번 보니 시간이 많이 남는다. 아직 못 푼 것들 중에서도 풀 수 있을 만한 것만 먼저 꼼꼼하게 느긋하게 푼다.
- 이제는 내 실력으로 풀 수 있는 것들은 다 풀었고, 나머지는 정말 어려운 것들이다. 일단 확실히 푼 것들은 답안지에 답을 적는다. 그런데 아직 시간이 조금 남아서 이들 문제에 도전한다. 풀 수 있는 만큼 풀고, 모르면 답을 찍는다.
- 시험이 끝나고 확인해보니 내가 푼 것들은 다 맞았고, 마지막에 고민했던 다섯 문제 중에서 하나는 다행히 풀었고, 네 문제는 찍었는데 그중에서 또 두 개가 맞았다. 최고의 성과다.

● **확언 활용하기**

나는 내담자들에게 EFT로 시험과 공부에 관한 부정적인 감정과 생각을 어느 정도 지워준 다음에는 적당한 확언을 만들어주고서는 매일 이 확언을 반복하게 한다. 다음은 내가 많이 해주는 확언의 예들이다.

공부할 때 하는 확언	시험 볼 때 하는 확언
– 공부가 점점 재미있고 할 만하다. – 한 번 봐도 잘 생각난다. – 점점 이해가 잘 된다. – 단어가 잘 외워진다. – 지금 보는 것이 시험에 나온다.	– 본 것이 잘 생각난다. – 아는 것은 잘 맞추고 모르는 것은 잘 찍는다. – 편안하게 여유 있게 시험을 본다.

그중에서 특히 재미있는 것은 '아는 것은 잘 맞추고 모르는 것은 잘 찍는다'는 확언인데, 많은 학생들이 이 확언의 효과를 보았다. 우울증이나 왕따 등의 문제로 내게 온 학생들은 수업도 많이 빠지는데 당연히 공부는 할 시간도 의욕도 별로 없다. 그렇다고 시험이 이런 학생들을 피해가는 것도 아니니, 준비 없이 닥친 시험에 학생들은 엄청난 스트레스를 받는다. 그래서 이런 학생들에게 나는 종종 말한다. "시험 당일 컨디션에 따라 성적이 +10퍼센트도 되고 -10퍼센트도 돼. 더 공부하라는 말은 안 할 테니, 시험지 기다리는 동안에 이 확언만 반복해."

그러면 처음에 이 확언을 듣자마자 많은 학생들이 킥킥거린다. 그런데 몇 주가 지나서 성적이 나오면 이런 소리들을 한다. "선생님 그 확언 정말 좋아요. 5개 찍었는데, 다 맞았어요." "선생님 4개 찍었는데, 다 맞았어요. 제 평생에 이런 것은 처음이에요." "전에는 찍은 것 모두 다 틀렸는데, 이번에 3개 찍어서 다 맞았어요." 중학생이 평생이라고 말할 때는 사실 좀 우스운데, 하여튼 이 확언의 효과는 대단하다. 이 확언을 하면 아이들은 마치 답의 냄새를 맡기라도 하는 것 같다.

● **사례**

① 토익 성적이 올랐어요

대학생 김영미 님은 몇 년째 토익 시험을 보는데, 성적이 850점 이상을 넘지 못했다. 분명히 공부는 갈수록 많이 하고 영어 실력도 전보다 확실히 늘었는데도 성적은 그대로이니 속이 타고 미칠 지경이었다. 이른바 '안전지대'에 빠진 것이다. 그러다 마침 며칠 뒤에 또 토익 시험을 보게 되었다. 그래서 시험에 대한 좌절과 불안으로 안절부절못하던 차에 내게 EFT를 배운 부모님께서 이에 관해 약간의 EFT를 해주었다. 원래 김영미 님은 시험 때가 되면 엄청나게 공부를 많이 했었는데, 이번에는 엄두가 나지 않았다. 그냥 다 포기해버리고 EFT만 조금 한 뒤 바로 시험을 보았다. 그런데 놀랍게도 900점의 성적이 나온 것이 아닌가! 이렇게 무의식의 안전지대가 깨질 때 나타나는 효과는 종종 놀라울 정도이다.

② 외고에 합격했어요

중3 선미는 우등생으로 경기도의 어느 외고에 가고 싶어 했다. 그런데 이 외고는 성적 이외에도 면접을 보는데, 선미는 너무 내성적이어서 남 앞에서 말을 하는 데 소질이 없는 것이 문제였다. 또 자기네 학교에서 자기보다 잘 하는 애들도 지원을 해서 경쟁률이 너무 세다는 점도 문제였다. 한마디로 객관적인 정황으로는 선미가 이 외고에 합격할 가능성은 크지 않았다. 일단 선미의 면접 점수를 올리기 위해서 시뮬레이션을 활용했다. 면접 상황을 생생하게 상상하게 했더니, 손발에 땀이 나고 심장이 쿵쾅거려서 도저히 아무 말도 하지 못했다. 이런 모든 느낌을 매주 1회씩 8회에 걸쳐 EFT로 지웠고 상담은 끝났다. 몇 달 뒤에 선미의 어머니로부터 문자가 왔다. "면접을 무사히 보고 3차 시험까지 모두 통과해서 외고에 합격했습니다. 경쟁률이 너무 높아서 선미보다 성적이 더 좋은 친구도 떨어졌는데, 다행히 붙어서 너무 감사합니다."

③ 최고의 내신을 받았어요

어느 날 고3 미정이가 내게 왔다. 미정이는 서울의 명문대 의대를 지망하는 우등생이었는데, 문제는 성적이 너무 들쑥날쑥하다는 점이었다. 학원 선생님도 과외 선생님도 모두 실력은 충분하다고 하는데, 성적은 속담에 '미친년 널뛰기 한다'고 하듯 예상할 수 없게 날뛰었다.

고1 때까지는 괜찮았는데, 고2 1학기 때 시험을 한 번 망친 이후로 계속 이런 상태여서 시험 공포증까지 생긴 상태였다. 상담을 해보니 성격이 너무 다혈질인 것이 원인으로 드러났다. 시험을 볼 때 컨디션이 좋으면 성적도 좋은데, 이런저런 이유로 한 번 긴장하거나 흥분하면 제어가 안 되어 결국 시험을 다 망치고 있었다. 이렇게 몇 번 망치다 보니 이제는 시험 때만 되면 온통 공황 상태에 빠져 이미 공부한 것도 알던 것도 틀리는 최악의 상태에 있었다.

그래서 매주 1회씩 8회에 걸쳐 이런 문제들을 해결해나갔다. 처음에는 시험을 망친 기억들을 영화관 기법으로 지워주었고, 그다음에는 시뮬레이션으로 실제 시험을 보는 느낌을 떠올린 다음에 문제가 되는 생각과 감정을 꾸준히 지워주었다. 덧붙여 앞서 말한 시험과 공부에 관한 확언도 꾸준히 하게 했다. 이렇게 상담이 끝나고 한 달 뒤에 연락이 왔다. "이번 마지막 내신에서 최고의 성적을 올렸습니다. 감사합니다."

맺음말

"EFT로 더 좋은 세상을 만들자"

2007년부터 EFT를 강의하고, EFT에 관한 책을 쓰고, EFT 교육 단체인 EFT KOREA를 만들어 운영하면서, 다음과 같은 EFT의 철학을 만들었다. 나는 앞으로 이런 철학의 바탕 위에서 EFT와 확언을 널리 퍼뜨리고자 한다.

〈EFT의 철학〉

- 힘은 우리 안에 있다 : 확언과 EFT는 우리 안의 힘을 찾고 발휘하게 하는 최상의 도구이다.
- 사람이 가장 소중한 자원이다 : 확언과 EFT로 사람이라는 자원을 최상으로 계발할 수 있다.
- 사람의 본성은 선하다 : 확언과 EFT로 부정적인 생각과 감정이 사라질수록 선한 바탕이 드러난다.

- 나의 진정한 변화는 내 무의식의 변화이다 : 무의식이 인간 경험의 모든 영역(감정, 생각, 행동, 성격, 건강 등)을 결정한다. 확언과 EFT는 무의식을 바꿔 인간을 바꾸는 최상의 도구이다.
- 내가 바뀌면 세상이 바뀐다 : 좋은 제도 이상으로 좋은 사람이 세상의 변화에 필수적이다. 확언과 EFT는 좋은 사람이 되는 데에 가장 좋은 도구이다.

이런 철학을 실천하기 위해 나는 다음과 같은 선언문도 만들었다. 이 선언문은 사실 먼저 나 자신에게 하는 다짐이기도 하다. 이번에 《5분의 기적 EFT》의 전면 개정판을 내면서 이제는 한국의 EFT 수준이 원산지인 미국의 수준과 비교해도 결코 뒤지지 않는다고 감히 말할 수 있다.

〈EFT KOREA의 다짐〉

- 세상을 아름답게 만드는 일이 돈도 된다 : 확언과 EFT로 우리 안의 힘과 가능성을 발휘할 때에 돈을 버는 것과 세상을 아름답게 만드는 일이 같이 갈 수 있다. EFT KOREA는 그런 사람과 세상을 꿈꾼다.
- EFT KOREA는 확언과 EFT로 가르치는 것의 모델이 된다 : 우리는 말이 아니라 행동으로 건강과 행복과 성공의 모델이 되고자

한다.

- EFT KOREA는 확언과 EFT에 관한한 가장 유능한 단체이다 : 확언과 EFT에 관한 한 우리는 좋은 것에 만족하지 않고 최상이 되고자 한다.
- EFT KOREA는 확언과 EFT로 더 나은 세상을 만들 수 있다고 믿는다 : 우리는 확언과 EFT로 건강/행복/성공을 실현하는 문화 운동을 펼친다.